UTB 2434

Eine Arbeitsgemeinschaft der Verlage

Beltz Verlag Weinheim · Basel
Böhlau Verlag Köln · Weimar · Wien
Wilhelm Fink Verlag München
A. Francke Verlag Tübingen und Basel
Haupt Verlag Bern · Stuttgart · Wien
Lucius & Lucius Verlagsgesellschaft Stuttgart
Mohr Siebeck Tübingen
C. F. Müller Verlag Heidelberg
Ernst Reinhardt Verlag München und Basel
Ferdinand Schöningh Verlag Paderborn · München · Wien · Zürich
Eugen Ulmer Verlag Stuttgart
UVK Verlagsgesellschaft Konstanz
Vandenhoeck & Ruprecht Göttingen
Verlag Recht und Wirtschaft Heidelberg
VS Verlag für Sozialwissenschaften Wiesbaden
WUV Facultas Wien

Grundriss Allgemeine Geographie

herausgegeben von Heinz Heineberg
begründet von Paul Busch

Elmar Kulke

Wirtschaftsgeographie

Ferdinand Schöningh
Paderborn · München · Wien · Zürich

Der Autor:
Prof. Dr. rer. nat. Elmar Kulke; seit 1994 Professor für Wirtschaftsgeographie am Geographischen Institut der Humboldt-Universität zu Berlin. Seine Schwerpunkte in Forschung und Lehre liegen in der theoriegeleiteten und anwendungsorientierten Wirtschaftsgeographie von Industrie und Dienstleistungen (insbesondere Einzelhandel) mit den Bezugsräumen Mitteleuropa und Südostasien.

Umschlagabbildung:
Moderne Raffinierie in Singapur. Photo E. Kulke.

Bibliographische Information Der Deutschen Bibliothek

Die Deutsche Bibliothek verzeichnet diese Publikation in der Deutschen Nationalbibliographie; detaillierte bibliographische Daten sind im Internet über http://dnb.ddb.de abrufbar.

Gedruckt auf umweltfreundlichem, chlorfrei gebleichtem
Papier (mit 50% Altpapieranteil)

© 2004 Ferdinand Schöningh, Paderborn
(Verlag Ferdinand Schöningh GmbH, Jühenplatz 1, D-33098 Paderborn)
ISBN 3-506-99008-X

Internet: www.schoeningh.de

Das Werk, einschließlich aller seiner Teile, ist urheberrechtlich geschützt. Jede Verwertung außerhalb der engen Grenzen des Urheberrechtsgesetzes ist ohne Zustimmung des Verlages unzulässig und strafbar. Das gilt insbesondere für Vervielfältigungen, Mikroverfilmungen und die Einspeicherung und Verarbeitung in elektronischen Systemen.

Printed in Germany.
Herstellung: Ferdinand Schöningh, Paderborn
Einbandgestaltung: Atelier Reichert, Stuttgart

UTB-Bestellnummer: ISBN 3-8252-2434-1

Inhalt

Vorwort 9

1 Wirtschaftsgeographie als wissenschaftliche Disziplin 11

1.1 Konzeption des Lehrbuchs 11
1.2 Entwicklung von Forschungsansätzen der Wirtschaftsgeographie 11
1.3 Gliederung der Wirtschaftsgeographie 16

2 Standorte und Standortsysteme wirtschaftlicher Aktivitäten ... 21

2.1 Gliederung und Dynamik der Wirtschaftssektoren 22
2.2 Räumlicher Einfluss der Akteursgruppen 33
2.2.1 Unternehmen/Betriebe 33
2.2.2 Nachfrager/Konsumenten 42
2.2.3 Planer/Politiker 44
2.3 Organisation der Beziehungen zwischen den Akteuren 48

3 Standorte und Standortsysteme landwirtschaftlicher Aktivitäten 53

3.1 Modell agrarer Bodennutzung 54
3.2 Ergänzende Ansätze räumlicher Landnutzung 59

4 Standorte und Standortsysteme in der Industrie 65

4.1 Statische Ansätze von Industriestandorten 66
4.1.1 Rational ökonomische Standortwahl 66
4.1.2 Verhaltenswissenschaftliche Standorterklärung 78
4.2 Dynamische Ansätze von Industriestandorten 81
4.2.1 Produktlebenszyklushypothese 83
4.2.2 Theorie der Langen Wellen 90
4.2.3 Regulationstheorie 95
4.3 Systemische Ansätze von Industriestandorten 101
4.3.1 Interne Merkmale von Betrieben und Unternehmen 101
4.3.2 Externe Vernetzungen von Betrieben und Unternehmen 111

5 Standorte und Standortsysteme von Dienstleistungen 123

5.1 Statische Ansätze von Dienstleistungsstandorten 127
5.1.1 Bedeutung von Standortfaktoren 127
5.1.2 Modelle der räumlichen Verteilung 131
5.1.3 Modelle der räumlichen Konzentration 141
5.1.4 Typische Standortsysteme 145
5.2 Dynamische Ansätze von Dienstleistungsstandorten 147
5.2.1 Standortwandel durch Angebotsveränderungen 150
5.2.2 Standortwandel durch Nachfrageveränderungen 159

6 Räume und Raumsysteme wirtschaftlicher Aktivitäten 165

6.1 Grundbegriffe 165
6.2 Räumliche Disparitäten 167
6.2.1 Ökonomische Indikatoren 167
6.2.2 Gesellschaftliche/soziale Indikatoren 174
6.2.3 Umweltökonomische Indikatoren 180
6.3 Räumliche Mobilitätsprozesse und Mobilitätshemmnisse 181
6.4 Erklärungsansätze für räumliche Entwicklungsunterschiede 184
6.4.1 Interne Erklärungsansätze 185
6.4.2 Externe Erklärungsansätze 188

7 Internationale Raumsysteme 193

7.1 Rahmenbedingungen der Weltwirtschaft 195
7.2 Internationale Wirtschaftsbeziehungen 199
7.2.1 Austausch von Waren und Dienstleistungen 199
7.2.2 Direktinvestitionen 211
7.2.3 Entwicklungszusammenarbeit 219
7.2.4 Mobilität von technischem Wissen 223
7.3 Teilräume globaler Systeme 227
7.3.1 Supranationale Integrationsräume 227
7.3.2 Außenwirtschaftspolitik von Nationalstaaten 230
7.3.3 Global Cities 234

8 Nationale und regionale Raumsysteme 239

8.1 Regionale Wachstums- und Entwicklungsprozesse 240
8.1.1 Neoklassischer Ansatz räumlicher Entwicklung 243

8.1.2	Polarisationsansatz räumlicher Entwicklung	245
8.1.3	Ansätze zu Stufen räumlicher Entwicklung	246
8.2	Regionalpolitische Strategien	254
8.2.1	Ansätze von Strategien der räumlichen Integration	257
8.2.2	Ansätze von Strategien der räumlichen Dissoziation	261
	Literatur	267
	Sachregister	277

Vorwort

Als Wissenschaftler, dem die Vertretung seines Fachgebietes in Lehre und Forschung am Herzen liegt, fühlt man sich geschmeichelt und bestätigt, wenn ein renommierter Wissenschaftler und Herausgeber einer anerkannten Lehrbuchreihe darum bittet, die Bearbeitung eines Teilbandes zu übernehmen. Entsprechend sagte ich Herrn Heineberg im Jahre 1997 spontan zu, das Lehrbuch Wirtschaftsgeographie für die Reihe „Grundriss Allgemeine Geographie" zu erarbeiten. Diese Zusage basierte auf den Überlegungen, dass die neue Gestaltung der Reihe sich in inhaltlicher und methodischer Hinsicht außerordentlich überzeugend darstellte und dass für mich der Aufwand nur gering wäre; die Wirtschaftsgeographie unterrichte ich ja laufend und entsprechend müsste ich nach der Vorlesung nur „mal schnell" die Inhalte aufschreiben und schon wäre das Buch fertig.

Unmittelbar nach der Zusage kamen dann aber erhebliche Zweifel. Denn zum einen gibt es ja über die Wirtschaftsgeographie schon ausgezeichnete Lehrbücher, was soll da noch ein weiterer Aufguss? Zum anderen geht die Erstellung ganz und gar nicht „mal schnell"!

Dass ich das Vorhaben dann doch nicht aufgegeben habe liegt daran, dass die Konzeption der Lehrbuchreihe die Umsetzung meines eigenen Lehransatzes in inhaltlicher und methodischer Hinsicht besonders gut erlaubt. Dabei wird die Wirtschaftsgeographie in eine Mikro-Ebene, welche sich mit Standorten und Standortsystemen wirtschaftlicher Aktivitäten beschäftigt, und eine Makro-Ebene, welche ökonomische Raumsysteme betrachtet, untergliedert. Zur Erklärung räumlicher Strukturen und Entwicklungen der Wirtschaft finden die Einfluss nehmenden Gruppen von Akteuren – Unternehmen/Betriebe, Nachfrager, Politiker/Planer – hierbei besondere Berücksichtigung. Und zudem bestärkten Herr Prof. Dr. Heineberg als Herausgeber und Herr Dr. Sawicki als Vertreter des Verlages mich in den Phasen des Zweifelns, an dem Vorhaben festzuhalten; dafür möchte ich mich noch einmal herzlich bedanken.

Die tatsächliche Erstellung nahm dann drei Jahre in Anspruch, in denen ich kontinuierlich jeden Moment, der nicht durch andere Aufgaben als Hochschullehrer belegt war, für die Bearbeitung nutzte. Die Quellenarbeit, die Ausformulierungen und vor allem die Zusammenstellung der das besondere Profil der Reihe ausmachenden Materialien geht eben nicht „mal schnell". Unterstützung erhielt ich dabei von Frau Regine Lindner, die in bewährter Weise die Korrekturen des Textes vornahm. Herr Gerd Schilling und Herr Marc Winkelbrandt berieten mich kompetent bei den Abbildungen und nahmen mit großem Engagement die Erstellung dieser vor. Frau Hadla Köhler unterstützte mich in technischer Hinsicht und meisterte die undankbare Aufgabe der Korrektur des Literaturverzeichnisses. Bei ihnen allen bedanke ich mich herzlich.

Besonderen Dank schulde ich meiner Ehefrau Heidrun, die nun schon seit Jahren die Last meines dauernden Schreibtisch- und Reisedaseins trägt und das Familienmanagement übernimmt. Ich widme dieses Buch unseren Kindern Niklas, Louisa und Vincent; es soll ihnen auch zeigen, mit welchen Dingen sich Ihr Papa in seiner beruflichen Welt beschäftigt.

Lehrte, im November 2003
Elmar Kulke

1 Wirtschaftsgeographie als wissenschaftliche Disziplin und Ansatz dieses Lehrbuches

1.1 Konzeption des Lehrbuches

Die Wirtschaftsgeographie, eines der großen Teilgebiete der Humangeographie, besitzt in Forschung und Lehre sowie für die berufliche Tätigkeit von Geographen große Bedeutung. Vielfältige Felder, von der Analyse und Gestaltung internationaler Handelsströme bis zur kleinräumigen Standortwahl eines Einzelhandelsbetriebes, sind Gegenstand wirtschaftsgeographischer Arbeiten. Entsprechend liegt bereits eine größere Zahl wirtschaftsgeographischer Lehrbücher vor, die jeweils unterschiedliche konzeptionelle Vorgehensweisen wählen; in manchen dominiert z.B. eine stärkere Theorieorientierung (z.B. DICKEN/LLOYD 1999, SCHÄTZL 2001), in anderen ein raumorientierter Ansatz (z.B. RITTER 1991, VOPPEL 1999, WAGNER 1994) oder eine sektorale Betrachtung (z.B. MAIER 2000, SCHAMP 2000). Innerhalb dieser vielfältigen Publikationslandschaft setzt sich **das vorliegende Lehrbuch** ein spezifisches **didaktisches Ziel**, ein **systemares Ziel** und ein **sektorales Ziel**.

Zum ersten soll, entsprechend der Konzeption der Lehrbuchreihe „Grundriss Allgemeine Geographie", durch eine starke Orientierung auf erläuternde Materialien Neueinsteigern in das Themenfeld Wirtschaftsgeographie (z.B. Oberstufenschüler, Studienanfänger) ein verständlicher Zugang eröffnet und ein umfassendes Basiswissen vermittelt werden. Zum zweiten soll, durch die Orientierung auf einen Akteursgruppenansatz, ein den komplexen Strukturen und Prozessen räumlicher wirtschaftlicher Aktivitäten besser entsprechender systemarer Erklärungsansatz entwickelt werden. Zum dritten umfassen die Betrachtungen nicht nur den Industriesektor, sondern auch Dienstleistungen; der Agrarbereich wird schwerpunktmäßig in einem anderen Lehrbuch dieser Reihe behandelt. Dienstleistungsaktivitäten nehmen dabei breiteren Raum ein, was einen entscheidenden Unterschied gegenüber der industrieorientierten sektoralen Betrachtung vorliegender Lehrbücher darstellt. Denn trotz zahlreicher „junger" Lehrbücher zur Wirtschaftsgeographie gilt die von BOESCH 1977 (S. 254) getroffene Feststellung noch immer: „In Lehrbüchern der Wirtschaftsgeographie wird im allgemeinen dem tertiären Produktionssektor nur wenig oder überhaupt kein Platz eingeräumt."

1.2 Entwicklung von Forschungsansätzen der Wirtschaftsgeographie

Bis in das 19. Jahrhundert hinein dominierten in der Geographie – und entsprechend auch in der Wirtschaftsgeographie – länderkundliche Beschreibungen und Dokumentationen des Wissens über Raumeinheiten (vgl. zum folgenden Boesch

> **M 1-1 Entwicklungsphasen der Wirtschaftsgeographie**
>
> 1. bis Mitte des 19. Jahrhunderts
> Geographie als länderkundliche Beschreibung und Dokumentation des Wissens über Räume
>
> 2. Zweite Hälfte des 19. Jahrhunderts
> Dokumentation der räumlichen Verteilung von landwirtschaftlichen Produkten und Rohstoffen (Produktenkunde), des internationalen Warenhandels (Welthandelsgeographie) und von statistischen Informationen über Raumeinheiten (Wirtschaftskunde); Erklärung wirtschaftlicher Aktivitäten durch natürliche Einflussfaktoren (Naturdeterminismus)
>
> 3. Erste Hälfte des 20. Jahrhunderts
> – Wirtschaftsraum/Wirtschaftslandschaft/Wirtschaftsformation als Beschreibung der durch den wirtschaftenden Menschen gestalteten Raumeinheiten und Erklärung aus natürlichen und gesellschaftlichen Einflüssen
> – Modelltheoretische Ansätze zur allgemeinen Erklärung von Standorten und räumlichen Verteilungen wirtschaftlicher Aktivitäten durch ökonomische Einflussfaktoren
>
> 4. Zweite Hälfte des 20. Jahrhunderts
> Quantitative Revolution mit kritischem Rationalismus und Orientierung auf quantitative Forschungsmethoden
> – funktionaler Ansatz mit der empirischen Analyse räumlicher wirtschaftlicher Handlungsweisen
> – verhaltenstheoretischer Ansatz mit der Erklärung räumlicher Verteilungen wirtschaftlicher Aktivitäten durch subjektiv rationales Handeln von Menschen
> – Wohlfahrtsansatz mit Identifikation von Entwicklungsunterschieden, ihrer moralischen Bewertung und der Erarbeitung von Maßnahmenempfehlungen zu ihrem Ausgleich
> – raumwirtschaftlicher Ansatz mit der ökonomischen Erklärung räumlicher Strukturen und Entwicklungen durch Theorien/Modelle, ihrer empirischen Analyse und Überprüfung sowie der Ableitung regionalpolitischer Handlungshinweise
>
> 5. Beginn des 21. Jahrhunderts
> – Neue Wirtschaftsgeographie (New Economic Geography) mit in wirtschaftliche und gesellschaftliche Strukturen und Prozesse eingebundener Theoriebildung
> – Geographical Economics mit Einbeziehung räumlicher Komponenten (z.B. unvollkommene Märkte, Transport-/Transaktionskosten, externe Effekte, economies of scale) in wirtschaftswissenschaftliche Betrachtungen
>
> Quellen: BATHELT 2001, BOESCH 1977, KULKE 2000, OSMANOVIC 2000, SCHAMP 1983, SCHÄTZL 2001

1977, KULKE 2000, SCHÄTZL 2001, siehe M 1-1). Wissenschaftler besuchten ferne Gegenden und dokumentierten ihre Erfahrungen und Erkenntnisse in Karten und Büchern. Mit der Transformation von einer ländlich-agrarisch geprägten Gesellschaft zu einer städtisch-industriellen kam es ab Mitte des 19. Jahrhunderts in Europa zur Herausbildung spezieller wirtschaftsgeographischer Fragestellungen. Wichtige Bedeutung erlangten die Dokumentation der Verbreitung von Rohstoffen und Ag-

1.2 Entwicklung von Forschungsansätzen

M 1-2 Deutschlands Handel mit dem Auslande

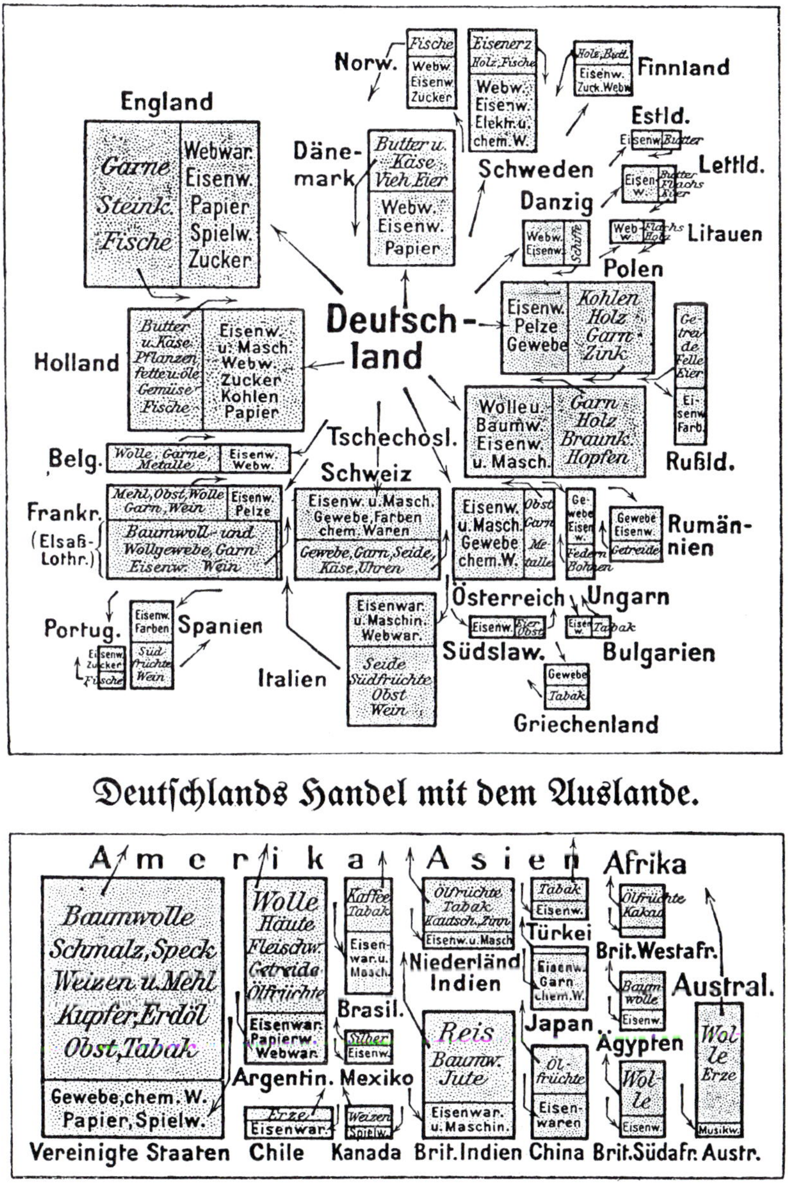

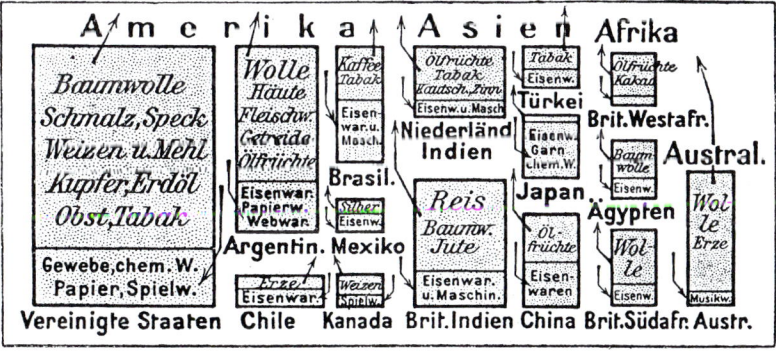

Quelle: HARMS, H./SIEVERT, A. 1927: Erdkundliches Arbeitsbuch, Leipzig, S. 121

rarprodukten (Produktenkunde), von Handelsverflechtungen (Welthandelsgeographie, M 1-2) oder wirtschaftlicher Daten von Raumeinheiten (Wirtschaftskunde). Die Erklärungsansätze waren auf eine naturdeterministische Sichtweise orientiert, d.h. als prägend für Merkmale und Verbreitungen von wirtschaftlichen Aktivitäten und Produkten galten natürliche Bedingungen der Raumeinheiten (M 1-3).

In der ersten Hälfte des 20. Jahrhunderts bildeten sich zwei spezielle wirtschaftsgeographische Sichtweisen heraus. Zum einen wurden durch den wirtschaftenden Menschen gestaltete Raumeinheiten identifiziert und deren Merkmale aus natürlichen und sozialen Einflüssen erklärt. Diese in verschiedenen Ansätzen (z.B. zum Wirtschaftsraum, zur Wirtschaftslandschaft, zur Wirtschaftsformation) berücksichtigte Betrachtungsweise besaß lange Zeit prägende Bedeutung, was sich noch in dem einleitenden Satz des Lehrbuchs von BOESCH aus dem Jahr 1966 (zitiert aus der 4. Aufl. 1977, S. 11) zeigt: „Wirtschaftsgeographie handelt in erster Linie von den gegenseitigen Beziehungen, welche zwischen den Menschen und der Erde bestehen". Zum anderen entwickelten sich, überwiegend in Verbindung mit angrenzenden Wissenschaften, erste modelltheoretische Ansätze. Während die meisten Geographen die Individualität der Landschaft in ihrer natur-, kultur- und wirtschaftsräumlichen Differenziertheit behandelten, abstrahierten diese Ansätze die räumlichen Komponenten auf einen homogenen Raum, legten restriktive Annahmen zu Grunde und identifizierten dann entscheidende ökonomische Einflussfaktoren auf räumliche Strukturen. Beispielhaft dafür sind die vom Agrarökonomen J. H. v. THÜNEN (1875) abgeleitete Landnutzungstheorie, die vom Geographen W. CHRISTALLER (1933) identifizierten Systeme von Versorgungszentren und die vom Regionalökonomen A. WEBER (1909) erstellte Industriestandorttheorie.

In den sechziger Jahren des zwanzigsten Jahrhunderts kam es in der Geographie – und entsprechend auch in der Wirtschaftsgeographie – zu einem radikalen Paradigmenwechsel, der mit dem Schlagwort „Quantitative Revolution" verbunden ist. Entscheidenden Einfluss hatten auf internationaler Ebene die Arbeiten von P. HAGGETT und in Deutschland die Diskussionen des Kieler Geographentages 1969. Mit der quantitativen Revolution war nicht nur die Orientierung auf den Einsatz quantitativer Methoden für räumliche Analysen verbunden, sondern auch ein Wechsel in der wissenschaftlichen Betrachtungsweise hin zu einem kritischen Rationalismus mit

---

M 1-3 Naturdeterministische Sichtweise in der Wirtschaftsgeographie

„Die Höhe des Lohnes wird unmittelbar beeinflußt von Boden und Klima. In heissen Ländern, wo der Mensch weniger Nahrung bedarf und doch die Produktion derselben leichter ist als in kalten, wird die Bevölkerung rascher zunehmen und besonders in jenen Klassen, welche nicht viel arbeiten, sondern nur das eben Genügende thun wollen, um im übrigen der klimatisch bedingten Trägheit zu leben. Der Menschen sind dann viele, der Arbeit wenig, und infolgedessen sind die Arbeitslöhne abnorm gering".

Quelle: RATZEL, F. 1882: Anthropo-Geographie. Stuttgart, S. 324.

dem Ziel von Modell- und Theoriebildungen. Seitdem wird die Wirtschaftgeographie primär definiert als die „Wissenschaft von der räumlichen Struktur und Organisation der Wirtschaft und/oder Gesellschaft sowie von deren Entwicklungsprozessen" (BARTELS 1980, S. 44).

Innerhalb der auf quantitative Methoden orientierten Wirtschaftsgeographie erlangte vor allem der **raumwirtschaftliche Ansatz** prägendes Gewicht („...neue Lehrbücher (...) lassen bei ihrer Lektüre sogar vermuten, dies sei der einzige zeitgenössische Ansatz der Wirtschaftsgeographie." SCHAMP 1983, S. 75). Der raumwirtschaftliche Ansatz (siehe vor allem DICKEN/LLOYD 1990, SCHÄTZL 2001) strebt eine ökonomische Erklärung der räumlichen Ordnung und Organisation der Wirtschaft an und bezieht dabei modelltheoretische Ansätze der Regionalökonomie ein. L. SCHÄTZL (1996) (vgl. M 1-4), der im deutschsprachigen Raum wichtigste Vertreter des raumwirtschaftlichen Ansatzes, gliedert die Wirtschaftsgeographie in eine erklärende Ebene (Raumwirtschaftstheorie), eine beschreibende Ebene (empirische Raumwirtschaftsforschung) und eine gestaltende Ebene (Raumwirtschaftspolitik). Betrachtungsgegenstand sind ökonomische Raumsysteme, die sich aus den Elementen Struktur (räumliche Verteilung ökonomischer Aktivitäten), Interaktion (räumliche Bewegungen von mobilen Produktionsfaktoren und Gütern/Dienstleistungen) und Prozess (räumliche Veränderungen aufgrund externer und interner Wachstumsdeterminanten) zusammensetzen.

Als weitere, weniger prägende wirtschaftsgeographische Konzeptionen lassen sich der **verhaltenswissenschaftliche Ansatz**, der **funktionale Ansatz** und der **Wohlfahrtsansatz** identifizieren (vgl. SCHAMP 1983). Der verhaltenswissenschaftliche Ansatz erklärt räumliche Differenzierungen der Wirtschaft durch subjektiv rationales Handeln von Menschen (Verhalten als „Satisficer", d.h. Entscheidungsträger, der mit dem Erreichen eines suboptimalen Anspruchniveaus zufrieden ist). Eingeschränkte Informationen, selek-

---

M 1-4 Definitionen der Wirtschaftsgeographie

„Wirtschaftsgeographie handelt in erster Linie von den gegenseitigen Beziehungen, welche zwischen den Menschen und der Erde bestehen."..."Der Mensch, homo oeconomicus, ist der zentrale Punkt, auf den wir alle beobachteten Tatsachen beziehen." BOESCH 1977, S. 11

„Economic Geography: A geography of people's struggle to make a living. As such it should concern itself with the sustainable and human production, use and reproduction of the social, natural and material conditions of human existence." JOHNSTON 1995, S. 147.

Nach heute vorherrschender Lehrmeinung läßt sich die Wirtschaftsgeographie definieren als die Wissenschaft von der räumlichen Ordnung und der räumlichen Organisation der Wirtschaft. Ihre Objekte sind ökonomische Raumsysteme unterschiedlicher Maßstabsgröße."..."Es ist Aufgabe der Wirtschaftsgeographie, Beiträge zur Erklärung, Beschreibung und Gestaltung ökonomischer Raumsysteme zu leisten." SCHÄTZL 1996, S. 1295.

tive Wahrnehmungen und individuelle Präferenzen von Entscheidungsträgern führen zu suboptimalen räumlichen Strukturen und Entwicklungen. Der funktionale Ansatz betrachtet Verflechtungen zwischen Objekten und Räumen sowie gruppenspezifische Aktionsräume überwiegend auf empirischer Ebene. Beim Wohlfahrtsansatz steht das soziale Ziel wissenschaftlichen Arbeitens im Vordergrund; entsprechend werden Abweichungen von sozialräumlichen Gerechtigkeitsnormen gemessen und Umverteilungsmaßnahmen erarbeitet.

Gegenwärtig entwickeln sich neben dem immer noch dominierenden raumwirtschaftlichen Ansatz zwei neue wirtschaftsgeographische Betrachtungsweisen (vgl. BATHELT 2001, OSMANOVIC 2000), die beide die Bezeichnung „neue Wirtschaftsgeographie" für sich beanspruchen. Geographen, vor allem aus dem angelsächsischen Raum (vgl. z. B. BARNES/GERTLER 1999, Scott 1998, STORPER/WALKER 1989), erarbeiteten – als Gegenposition zum dominierenden raumwirtschaftlichen Ansatz – ein noch nicht vollständiges Konzept einer „New Economic Geography". In diesem finden kulturelle, soziale und gesellschaftliche Rahmenbedingungen („cultural turn") sowie die Einbindung der Akteure in ihr Umfeld („embededdness") besondere Berücksichtigung. Entsprechend werden räumliche Phänomene durch Vernetzungen und Beziehungen von Personen, Unternehmen und Institutionen, deren gestaltenden Einfluss, und evolutionäre Prozesse erklärt. Das neue Lehrbuch von BATHELT/GLÜCKLER (2002) greift diesen Ansatz auf und entwickelt daraus eine „**relationale Wirtschaftsgeographie**", als deren Ionen (im Sinne von Betrachtungselemente) sie Organisation (z. B. Transaktionskosten, embeddedness, Cluster), Evolution (z. B. Einfluss historischer Strukturen, Entwicklungspfade), Innovation (z.b. interaktive Modelle technologischen Wandels, Organisation des Innovationsprozesses) und Interaktion (z. B. Lernen, Vertrauen in und zwischen Unternehmen) identifizieren.

Insbesondere durch den Ökonomen P. KRUGMAN (1991, 1998) vorangetrieben entstand in den Wirtschaftswissenschaften ein Arbeitsbereich, der sich ebenfalls „New Economic Geography" nennt. Aus geographischer Sichtweise wählt BATHELT (2001) jedoch für diesen Ansatz die treffendere Bezeichnung „**Geographical Economics**". Ausgangspunkt ist die Beobachtung, dass es entgegen der neoklassischen Vorstellung eine räumliche Dimension in der Volkswirtschaft gibt, die sich in räumlichen Ballungsprozessen und regionalen Disparitäten zeigt. Als Erklärungsfaktoren finden steigende Skalenerträge, externe Effekte, unvollkommene Märkte und Transportkosten Berücksichtigung (siehe BATHELT 2001, OSMANOVIC 2000).

1.3 Gliederung der Wirtschaftsgeographie

In dem hier vertretenen Ansatz erfolgt eine Untergliederung in eine **einzelwirtschaftliche Ebene** (Standorte und Standortsysteme) und eine **gesamtwirtschaftliche Ebene** (Räume und Raumsysteme) (M 1-5). Diese unterschiedliche Orientierung lässt sich in den meisten Theorieansätzen und auch in der überwiegenden Zahl empirischer Untersuchungen beobachten. Obwohl zwischen beiden Ebenen starke Interdependenzen bestehen – welche sich in besonderem Maße beispielsweise bei

1.3 Gliederung der Wirtschaftsgeographie

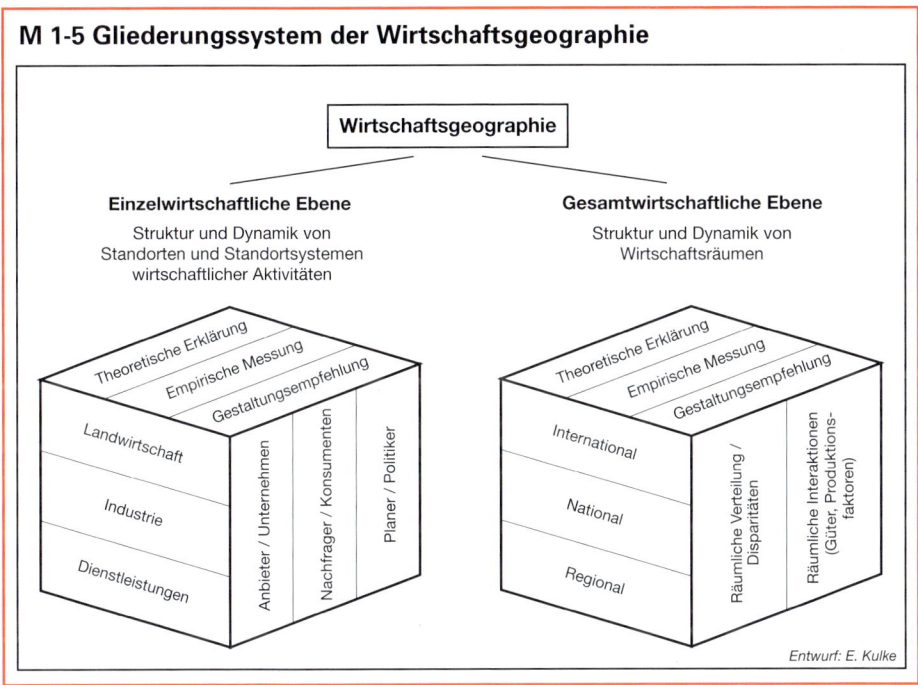

M 1-5 Gliederungssystem der Wirtschaftsgeographie

den gegenwärtig zu beobachtenden Prozessen von Globalisierung und Regionalisierung zeigen –, findet die Untergliederung aus didaktischen Gründen in diesem Lehrbuch Berücksichtigung; an gegebenen Stellen wird jeweils auf die Interdependenzen hingewiesen. Beide Ebenen untersuchen sowohl räumliche Strukturen, also Verteilungen zu einem Zeitpunkt, als auch deren Dynamik, also Veränderungen im zeitlichen Ablauf.

Der **einzelwirtschaftliche Ansatz** (die mikroökonomische Ebene) der Wirtschaftsgeographie betrachtet Standorte (Ort im Raum) von verschiedenen Arten wirtschaftlicher Aktivitäten und die sich insgesamt für diese Arten ergebenden räumlichen Standortsysteme (Gesamtverteilung dieser Standorte über den Raum); mit dieser Betrachtungsebene beschäftigen sich die Kapitel 2, 3, 4 und 5 dieses Buches. Als übliche Untergliederung nach Arten dient die Zuordnung in **Sektoren** der Wirtschaft und innerhalb dieser ggf. eine detailliertere Betrachtung einzelner Branchen (z. B. Eisen- und Stahlindustrie, unternehmensorientierte Dienstleistungen) oder spezieller Typen wirtschaftlicher Aktivitäten (z. B. Stahlwerke, Supermärkte). Dieses Vorgehen entspricht der klassischen Gliederung der Wirtschaftsgeographie in Teildisziplinen wie die Agrargeographie, die Industriegeographie oder die Dienstleistungsgeographie. Trotz sich verstärkender Verflechtungen insbesondere zwischen Industrie und Dienstleistungen erleichtert die sektorale Gliederung den inhaltlichen Einstieg in das einzelwirtschaftliche Themenfeld. Die wissenschaftliche Betrachtungsweise innerhalb dieser Sektoren orientiert sich am in den letzten Jahrzehnten dominierenden raumwirtschaftlichen Ansatz, welcher jeweils **theoretische Erklärungen und Modellbildungen, empirische Beschreibungen bzw. Analysen** sowie die **Entwicklung von Gestaltungsempfehlungen** berücksichtigt.

Um die Vielfalt der auf Standorte einwirkenden Einflussgrößen zu systematisieren erweist sich der junge **Akteursgruppenansatz** als besonders tragfähig (vgl. KULKE 1992, SEDLACEK 1994). Demnach nehmen auf die Struktur und Dynamik von Standorten/Standortsystemen und Räumen/Raumsystemen die **Anbieter/Unternehmen/Betriebe**, die **Nachfrager/Konsumenten** und die **Planer/Politiker** Einfluss (M 1-6). Innerhalb dieser Hauptgruppen lassen sich auch spezielle Teilgruppen von Akteuren untergliedern; zu den Akteursgruppen gehören auch die sie vertretenden Einrichtungen (u. a. IHKs, Gewerkschaften, Verbraucherverbände, Parteien).

Unternehmen wählen Standorte und räumliche Verflechtungen entsprechend ihrer aufgrund interner Merkmale (z. B. Flächenbedarf, Anforderungen an Infrastruktur) sich ergebenden Anforderungen und

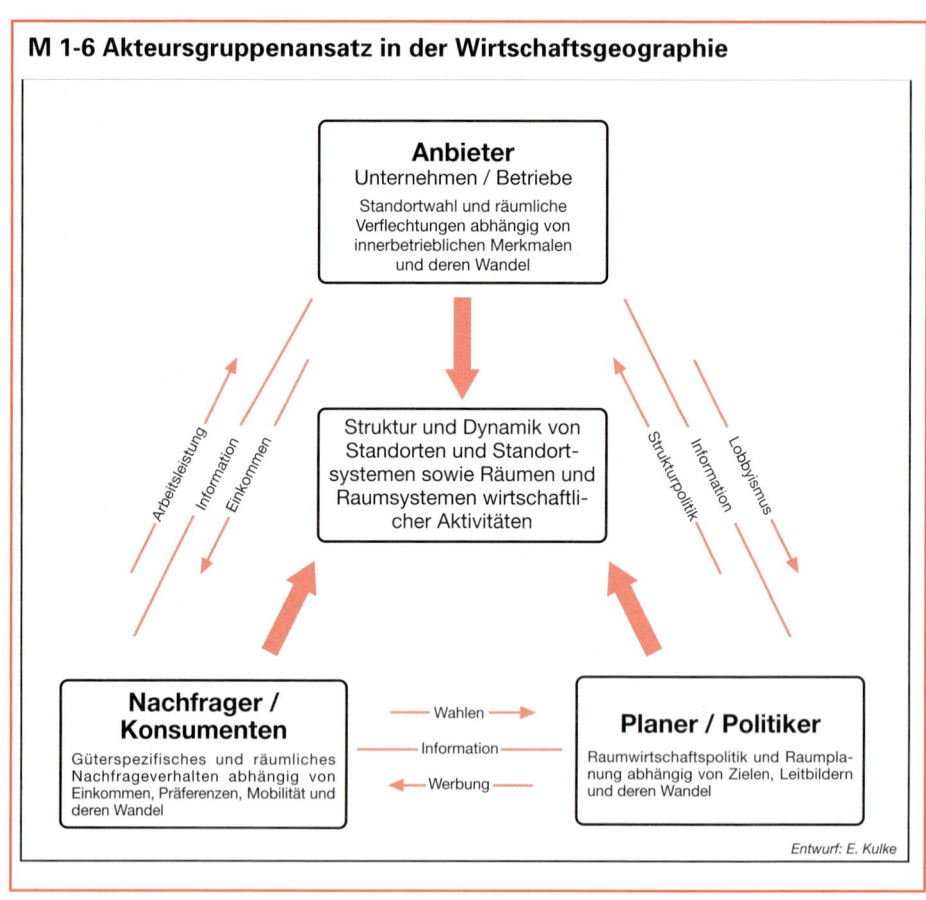

M 1-6 Akteursgruppenansatz in der Wirtschaftsgeographie

1.3 Gliederung der Wirtschaftsgeographie

der externen Einflüsse durch die anderen Akteure (beispielsweise Nähe zu anderen Unternehmen, lokales Nachfragepotential, raumwirtschaftspolitische Einflussnahme). Nachfrager (Endverbraucher) wirken durch ihr von internen Merkmalen (u. a. bei Endverbrauchern das Einkommen, persönliche Präferenzen, Mobilität) abhängiges güterspezifisches und räumliches Nachfrageverhalten standortprägend. Planer/Politiker setzen schließlich – entsprechend ihrer raumwirtschaftspolitischen Zielvorstellungen oder räumlicher Leitbilder – Instrumente der Standortgestaltung (u. a. Wirtschaftsförderung, raumplanerische Darstellungen) ein. Über die standortrelevanten Einflüsse der Akteursgruppen hinaus bestehen zwischen ihnen auch direkte Verflechtungen (z.B. Konsumenten als Arbeitnehmer oder Wähler), die zu sekundären Standortwirkungen führen können.

Das vorliegende Lehrbuch fühlt sich dem Akteursgruppenansatz besonders verpflichtet, da dieser auch komplexere Erklärungsmöglichkeiten eröffnet. Klassische Theorien der Wirtschaftsgeographie und auch etablierte Lehrbücher beschränken sich dagegen häufig auf die Betrachtung nur einer Akteursgruppe. So berücksichtigen z.B. die meisten Ansätze zur industriellen Standortwahl nahezu ausschließlich die unternehmerische Ebene.

Das gewählte Gliederungssystem in **Sektoren** bzw. Arten wirtschaftlicher Aktivitäten, wissenschaftliche **Betrachtungsebenen** und einflussnehmende **Akteursgruppen** erlaubt auch eine gezielte Analyse einzelwirtschaftlicher Module, wie beispielsweise (siehe M 1-5)
– die theoretische Erklärung der Standortwahl von Industrie-unternehmen,
– die empirische Messung des räumlichen Nachfrageverhaltens nach Dienstleistungen,
– Gestaltungsempfehlungen für die räumliche Landwirtschafts-politik.

Zugleich eröffnet es die Möglichkeit einzelwirtschaftlicher Querschnittsbetrachtungen, wie sie in anderen Lehrbüchern (z.B. Industriegeographie, Wirtschaftsgeographie-Theorie) vertreten werden.

Der **gesamtwirtschaftliche Ansatz** (d.h. die makroökonomische Ebene) betrachtet die Gesamtheit wirtschaftlicher Aktivitäten in verschiedenen Räumen oder Raumsystemen; mit dieser Betrachtungsebene beschäftigen sich die Kapitel 6, 7 und 8 dieses Buches. Als Maßstäbe finden üblicherweise internationale (weltweit oder zwischen Ländern), nationale (innerhalb eines Landes) und regionale (zwischen oder innerhalb von Regionen) Einheiten Berücksichtigung, jedoch können auch andere Zwischenstufen von Gebietseinheiten (z.B. supranationale Integrationsräume wie die EU, lokale Teilgebiete einer Stadt) jeweils herangezogen werden. Die wissenschaftlichen Betrachtungsebenen entsprechen dem einzelwirtschaftlichen Ansatz; sie umfassen ebenfalls Theorien oder Modelle, empirische Messungen bzw. Analysen sowie Gestaltungsansätze und -empfehlungen. Wichtige Untersuchungsgegenstände sind räumliche Verteilungen bzw. räumliche Disparitäten sowie die zwischen den Raumeinheiten auftretenden wirtschaftlichen Interaktionen (Mobilität von Gütern oder Dienstleistungen und Produktionsfaktoren). Auch diese gesamtwirtschaftliche Gliederung erlaubt die Betrachtung typischer Teilmodule, wie z.B. die theoretische Erklärung des internationalen Güteraustauschs oder die empirische Messung nationaler Disparitäten, sowie von Querschnitten (z.B. Wirtschaftsgeographie von Entwicklungsländern).

Literaturauswahl zur Ergänzung und Vertiefung

Lehrbücher zur Wirtschaftsgeographie:
Bathelt/Glückler 2001, Boesch 1977, Dicken/Lloyd 1999, Eliot Hurst 1972, Reichart 1999, Ritter 1991, Schätzl 2001, Sedlacek 1994, Voppel 1999, Wagner 1994
Entwicklung und Arbeitsansätze der Wirtschaftsgeographie:
Bartels 1980, Bathelt 2001, Haggett 2001, Kulke 2000, Osmanovic 2000, Schamp 1983, Schätzl 1996
Ergänzende Lehrbücher/Lexika zu Teilbereichen
Arnold 1997, Barnes/Gertler 1999, Brücher 1982, Chapman/Walker 1992, Clark/Feldman/Gertler 2000, Haggett 2001, Johnston 1994, Krugman 1991a, Krugman 1991b, Krugman 1994, Kulke 1992, Maier 2000, Massey 1995, Porter 1993, Schamp 2000, Scott 1998, Storper/Walker 1989

2 Standorte und Standortsysteme wirtschaftlicher Aktivitäten

Bild 2-1 Spezialgeschäft für Lederhandschuhe im Zentrum von Lissabon. Nur durch die Kopplungsmöglichkeiten zu anderen Anbietern der Umgebung kann eine ausreichend große Kundenzahl generiert werden. (Photo E. Kulke)

Bild 2-2 Großserienproduktion von Spülmaschinen im Raum Hannover. Verfügbare Flächen im Großstadtumland begünstigen die Ansiedlung von flächenbeanspruchender sachkapitalintensiver Produktion. (Photo E. Kulke)

Wie in der Gliederungssystematik bereits erläutert, lassen sich als wissenschaftliche Aufgaben bzw. Betrachtungsebenen der Wirtschaftsgeographie die empirische Beobachtung, die Modell- und Theoriebildung sowie die Entwicklung von Gestaltungsempfehlungen identifizieren. Auf der einzelwirtschaftlichen Ebene sind Gegenstand dieser Betrachtungsweisen die Wirtschaftssektoren und die Akteursgruppen.

2.1 Gliederung und Dynamik der Wirtschaftssektoren

Einzelwirtschaftliche Aktivitäten können verschiedenen Wirtschaftssektoren zugeordnet werden. Betriebe bzw. Unternehmen der **Sektoren**, bzw. als Untergruppen der **Branchen**, weisen jeweils ähnliche Merkmale hinsichtlich der Art der Produkte und ihrer Erstellung auf. Zudem lassen sich, und dies ist in geographischer Hinsicht das entscheidende Gliederungskriterium, jeweils sektorenspezifische typische betriebliche Standorte und Standortsysteme beobachten.

Üblicherweise erfolgt eine Aufgliederung der Gesamtheit wirtschaftlicher Aktivitäten in drei Sektoren. Demnach lassen sich (M 2-1) ein **primärer Sektor** (Landwirtschaft), welcher der Produktion materieller Güter organischer Natur (z. B. Agrarprodukte) dient, ein **sekundärer Sektor** (Verarbeitendes Gewerbe/Industrie), welcher materielle Güter verarbeitet (insbesondere Industrie) bzw. anorganische Urprodukte bearbeitet (z. B. Bergbau), und ein **tertiärer Sektor** (auch Dienstleistungen), welcher immaterielle Güter (Dienste) erbringt, unterscheiden. Die Abgrenzung des Dienstleistungssektors ist dabei am schwierigsten; lange Zeit galt dieser als Restgröße, zu welcher alle nicht eindeutig den anderen Sektoren zuzuordnenden Aktivitäten gezählt wurden. Heute lassen sich jedoch charakteristische Merkmale identifizieren (M 2-2, vgl. ELLGER 1993, KULKE 1998a, STAUDACHER 1995). Während im primären und sekundären Sektor materielle Sachgüter wie eine Kartoffel oder ein Auto hergestellt werden, erbringt der tertiäre Sektor **immaterielle Güter** wie einen Haarschnitt oder eine Beratung. Ein weiteres Charakteristikum ist, dass diese immateriellen Güter eine weitgehend fehlende Lagerfähigkeit aufweisen, d.h. die Leistung eines Haarschnittes kann man nicht aufbewahren und bei Bedarf verwenden.

M 2-1 Sektorale Gliederung der Wirtschaft

- Primärer Sektor
  (Urproduktion) Landwirtschaft, Forstwirtschaft, Fischerei
- Sekundärer Sektor
  (Verarbeitende Wirtschaft = Sachgüterproduktion durch Bearbeitung und Verarbeitung sowie anorganische Urproduktion) Bergbau, Industrie, Handwerk
- Tertiärer Sektor
  (Dienstleistungswirtschaft = Erstellung immaterieller Güter) Handel, Verkehr, Finanzwesen, Gesundheitswesen, Bildung, Öffentliche Dienste u.a.

Quellen: MALERI 1994, WILLMS 1991

2.1 Gliederung und Dynamik der Wirtschaftssektoren

> **M 2-2 Merkmale von Dienstleistungen**
>
> – Immaterialität der Produkte
> – fehlende Lagerfähigkeit der Produkte
> – Interaktionsprozess zwischen Anbieter und Nachfrager
> – uno-actu-Prinzip, Produktion und Verwendung der Dienstleistung fallen zeitlich und räumlich zusammen
> – relativ hoher Anteil menschlicher Arbeitsleistung, hohe Humankapital- bzw. Arbeitsintensität

Für die Nutzung einer Dienstleistung müssen zudem der Anbieter und der Nutzer in unmittelbaren Kontakt treten (**Interaktionsprozess**), und bei der Erstellung der Dienstleistung fallen deren Produktion und Verwendung zeitlich und räumlich zusammen (**uno-actu-Prinzip**). Schließlich gilt für den Vorgang der Erbringung der Dienstleistung, dass hierfür ein relativ hoher Anteil menschlicher Arbeitsleistung erforderlich ist, der sich nicht im gleichen Umfang wie in den anderen Sektoren durch Sachkapital (d. h. Maschinen und Geräte) ersetzen lässt. Innerhalb der einzelnen Wirtschaftssektoren sind darüber hinaus Untergliederungen in verschiedene Wirtschaftszweige oder Branchen mit gemeinsamen Merkmalen üblich (M 2-3).

Die **Drei-Sektoren-Hypothese** bzw. **Sektorentheorie** besagt (CLARK 1940, FISHER 1939, FOURASTIE 1949), dass zwischen dem Entwicklungsstand einer Volkswirtschaft – z. B. gemessen am Pro-Kopf-Einkommen – und den Anteilen der Wirtschaftssektoren ein Zusammenhang besteht (M 2-4). In gering entwickelten Volkswirtschaften dominiert der primäre Sektor mit einem BIP- und Beschäftigtenanteil von ca. 80 %. Im Verlauf der wirtschaftlichen Entwicklung gewinnt der sekundäre Sektor an Bedeutung und erreicht einen maximalen Anteil von über 50 % der

> **M 2-3 Systematik der Wirtschaftszweige**
>
> – Land- und Forstwirtschaft, Fischerei
> – Produzierendes Gewerbe
>   . Bergbau und Gewinnung von Steinen und Erden
>   . Verarbeitendes Gewerbe
>   . Energie- und Wasserversorgung
>   . Baugewerbe
> – Dienstleistungsbereiche
>   . Handel, Reparatur von Kfz und Gebrauchsgütern, Gastgewerbe
>   . Verkehr und Nachrichtenübermittlung
>   . Kredit- und Versicherungsgewerbe
>   . Grundstückswesen, Vermietung, Unternehmensdienstleister
>   . Öffentliche Verwaltung, Verteidigung, Sozialversicherung
>   . Erziehung und Unterricht, Gesundheits-, Veterinär- und Sozialwesen, sonstige öffentliche und private Dienstleister, häusliche Dienste
>
> Quelle: Statistisches Jahrbuch der Bundesrepublik Deutschland, Stand 2001

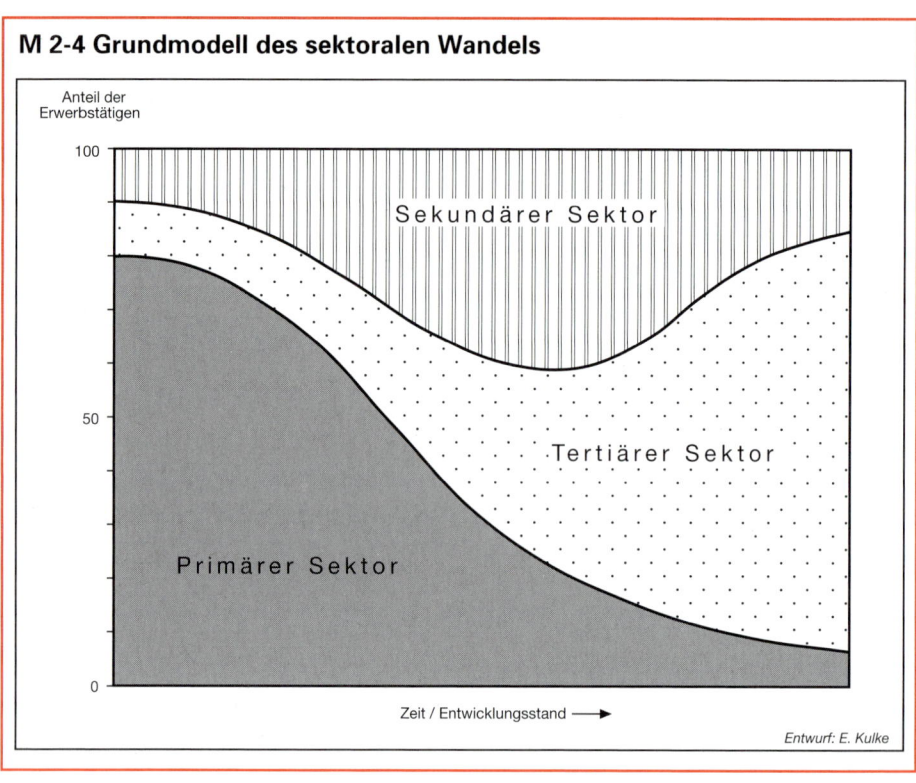

M 2-4 Grundmodell des sektoralen Wandels

Arbeitskräfte. Mit weiter fortschreitendem Wirtschaftswachstum wird der Dienstleistungsbereich immer wichtiger; in hochentwickelten Ländern entfallen auf den tertiären Sektor Beschäftigtenanteile von über 60 %.

Als wichtigste Triebkräfte des sektoralen Wandels gelten auf der Angebotsseite, d. h. bei den Betrieben oder Unternehmen, die **Erhöhung der Arbeitsproduktivität** und auf der Nachfrageseite, d.h. bei den Nachfragern oder Konsumenten, die bei **Einkommensanstieg** auftretenden verschiedenen Einkommenselastizitäten der güterspezifischen Nachfrage (M 2-5). Arbeitsproduktivitätsanstieg und Nachfrageelastizitäten sind in den Wirtschaftssektoren unterschiedlich ausgeprägt und sie gelten auch als Unterscheidungskriterium zwischen den Sektoren (M 2-6).

Im Verlauf der Entwicklung einer Volkswirtschaft kommt es zu einem **Einkommensanstieg** und damit zur Erhöhung der **Nachfrage** (CLARK 1940, FISHER 1939). Entsprechend dem Gesetz der Engelkurven (M 2-7, ENGEL 1857) steigt bei zunehmendem Einkommen die Nachfrage nach Grundbedarfsgütern (z. B. Lebensmittel) nur geringfügig, d. h. Güter des primären Sektors sind einkommensunelastisch. Demgegenüber erhöht sich die Nachfrage nach einkommenselastischen höherwertigen Gütern (u. a. Bekleidung, langlebige Konsumgüter) des sekundären

2.1 Gliederung und Dynamik der Wirtschaftssektoren

M 2-5 Definitionen zu Produktivität und Elastizität

Allgemeine Produktivität: Kennziffer der Ausbringungsmenge (Output) pro Einheit der Einsatzmenge (Input)

Arbeitsproduktivität: Kennziffer der Ausbringungsmenge (Output, z.B. gemessen im Umsatz) pro Einheit der eingesetzten Arbeitsmenge (z.B. pro Arbeitsstunde, pro Beschäftigten)

Fortschritt der Arbeitsproduktivität: Anstieg der Ausbringungsmenge pro Einheit der eingesetzten Arbeitsmenge; verursacht durch technischen Fortschritt (z.B. neue Produktions- oder Organisationsformen) und/oder höheren Kapitaleinsatz (z.B. moderne Maschinen und Geräte)

Allgemeine Elastizität: Prozentuale Änderung einer beeinflussten Größe pro prozentualer Änderung der beeinflussenden Größe

Einkommenselastizität: Veränderung der Nachfrage nach einem bestimmten Gut bei Veränderung des Einkommens von Personen/Haushalten.
Bei einkommensunelastischen Gütern verändert sich die Nachfrage bei Veränderung des Einkommens nicht oder nur wenig.
Bei einkommenselastischen Gütern verändert sich die Nachfrage bei Veränderung des Einkommens stark und ggf. überproportional.

M 2-6 Abgrenzungskriterien der Wirtschaftssektoren

nach	Abgrenzungs-kriterium	Merkmale der Wirtschaftssektoren		
		primärer Sektor	sekundärer Sektor	tertiärer Sektor
FISHER 1939	Einkommens-elastizität der Nachfrage	unelastische Nachfrage	elastischere Nachfrage	elastische Nachfrage
FOURASTIE 1949	Fortschritt in der Arbeits-produktivität	mittlerer Produktivitäts-zuwachs	hoher Produktivitäts-zuwachs	geringer Produktivi-tätszuwachs
Wolfe 1955	Dominanz von Produktions-faktoren	Boden	Kapital	Arbeit

Quellen: MALERI 1994, MEYER 1985, WILLMS 1991

Sektors überproportional. Bei weiterem Einkommensanstieg werden schließlich immer mehr immaterielle Güter des tertiären Sektors (beispielsweise Freizeitdienstleistungen) nachgefragt. Der Nachfragezuwachs begünstigt somit die Verlagerung des sektoralen Schwergewichts vom primären über den sekundären zum tertiären Sektor. Auch innerhalb des sekundären Sektors führt der Nachfragezuwachs zu Strukturveränderungen; Branchen mit Produkten hoher Einkommenselastizität

M 2-7 Einkommensabhängige Verbrauchshäufigkeit von Gütern in einer definierten Zeiteinheit (Engel-Kurven)

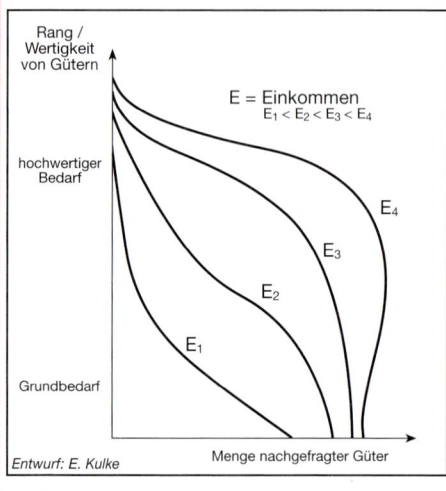

M 2-7 zeigt die Menge der nachgefragten Güter (die Fläche, welche von der x-Achse, der y-Achse und der Kurve eingeschlossen wird) in Abhängigkeit von verschiedenen Einkommensniveaus ($E_1 - E_4$). Bei niedrigem Einkommen (E_1) wird nur eine kleinere Gesamtmenge nachgefragt, und von dieser entfällt der größte Anteil auf Waren des Grundbedarfs, z.B. Lebensmittel. Bei hohem Einkommen (E_4) wird eine wesentlich größere Menge an Gütern erworben, aber das Volumen von Gütern des Grundbedarfs ist nur geringfügig größer, während die Einkommensbezieher viele hochwertige Güter (z.B. Unterhaltungselektronik) kaufen.

(z. B. hochwertige Konsumgüter) expandieren, während Branchen, die Güter geringerer Elastizität herstellen (z.B. Lebensmittelindustrie), stagnieren. Empirische Untersuchungen zeigen, dass sich etwa 50 % der Strukturausprägung und 70 % des Anteils des sekundären Sektors statistisch aus der Einkommenshöhe erklären lassen (WILLMS 1991, S. 348).

Zugleich können auf der Seite des **Angebots** durch technischen Fortschritt (z. B. durch den Einsatz von Maschinen und Geräten) Erhöhungen in der **Arbeitsproduktivität** erzielt werden. Annahme ist dabei, dass im primären Sektor mittlere, im sekundären Sektor hohe und im tertiären Sektor geringe Produktivitätszuwächse möglich sind (FOURASTIE 1949). Dies führt zuerst in der Landwirtschaft und später in der Industrie zur Freisetzung von Arbeitskräften, die im nachfragebedingt expandierenden tertiären Sektor Beschäftigung finden. Der Anstieg der Arbeitsproduktivität steht dabei in unmittelbarem Zusammenhang mit Einkommenserhöhungen; höhere Arbeitsproduktivität erlaubt eine höhere Entlohnung des Produktionsfaktors Arbeit.

Diese klassischen Ansätze berücksichtigen jedoch nicht in ausreichendem Maße die Verflechtungen zwischen den Sektoren (z.B. zwischen Landwirtschaft und Lebensmittelindustrie, Industrie und unternehmensorientierten Dienstleistungen) und erklären deshalb auch nicht vollständig die gegenwärtig in den hochentwickelten Volkswirtschaften zu beobachtenden Expansionsprozesse von Dienstleistungen. Ergänzende Ansätze, welche deren Zuwachs begründen, sind die **Externalisierungs-**, die **Interaktions-** und die **Parallelitätsthese** (vgl. ALBACH 1989, HÄUßER 1999, STRAMBACH 1993; nähere Erläuterungen in Kapitel 5.2). Die Externalisierungsthese nimmt an, dass bei modernen Produktionskonzepten Industriebetriebe

2.1 Gliederung und Dynamik der Wirtschaftssektoren

ehemals selbst erbrachte Leistungen an spezialisierte Servicebetriebe vergeben. Die Interaktionsthese erklärt den Zuwachs von Dienstleistungen durch gesteigerte Ansprüche des sekundären Sektors, der aufgrund kürzerer Produktzyklen, neuer Produktionskonzepte und stärkerer internationaler Arbeitsteilung mehr Dienste nachfragt. Die Parallelitätsthese geht davon aus, dass mit wirtschaftlichem Wachstum neue zusätzliche Dienstleistungsaktivitäten entstehen und sich eigene Märkte erschließen.

Empirische Ergebnisse des langfristigen sektoralen Wandels der hochentwickelten Länder in Europa und Nordamerika bestätigen die Annahmen der Sektorentheorie (vgl. KULKE 2000b). So waren im Deutschen Reich 1882 noch 42.2 % der Beschäftigten im primären Sektor tätig, während auf den sekundären Sektor erst 35.6 % entfielen (M 2-8). Im weiteren Verlauf der Industrialisierung gewann das Verarbeitende Gewerbe immer mehr an Bedeutung und erreichte in West-Deutschland den maximalen Beschäftigtenanteil von 48.9 % im Jahr 1970. Seitdem sinkt die Zahl der Erwerbstätigen im sekundären Sektors, während der Dienstleistungsbereich einen kontinuierlichen Zuwachs verzeichnet. In der Landwirtschaft sind

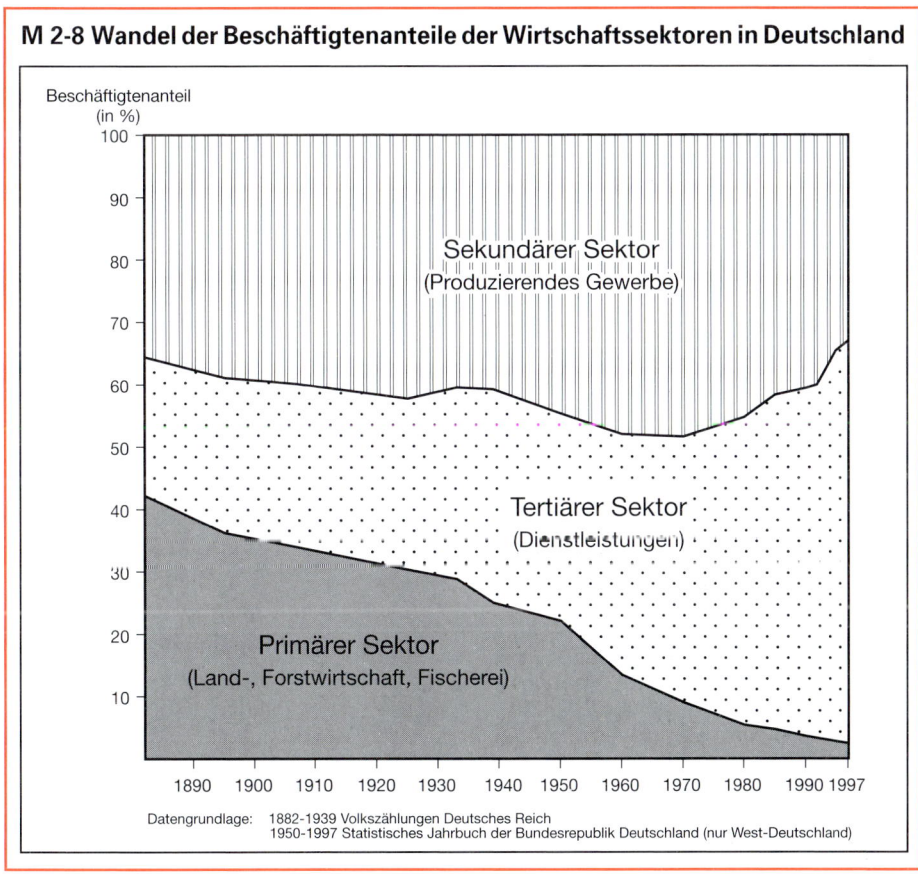

M 2-8 Wandel der Beschäftigtenanteile der Wirtschaftssektoren in Deutschland

Datengrundlage: 1882-1939 Volkszählungen Deutsches Reich
1950-1997 Statistisches Jahrbuch der Bundesrepublik Deutschland (nur West-Deutschland)

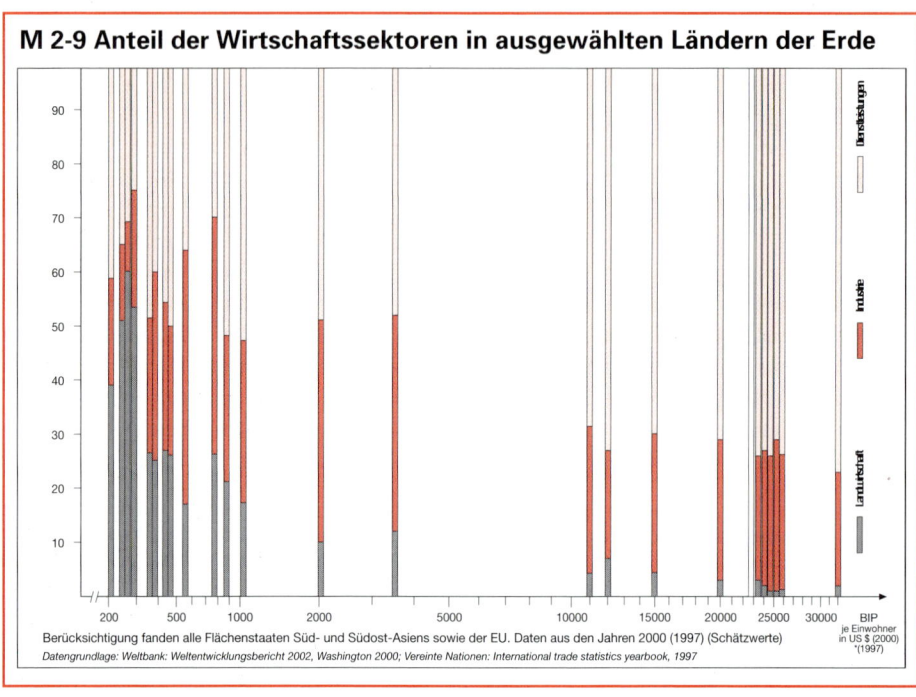

nur noch ca. 2 % der Beschäftigten tätig, die jedoch aufgrund moderner Anbaumethoden und Geräte eine hohe Produktivität erzielen und große Mengen herstellen.

Der **internationale Vergleich** der Sektoralstrukturen der Länder der Erde zeigt ebenfalls (M 2-9), dass mit steigendem Entwicklungsstand (gemessen am Pro-Kopf-Einkommen) der Anteil der Landwirtschaft zurückgeht und jener von Dienstleistungen steigt (vgl. KULKE 1995b). Allerdings erfolgt in den Entwicklungsländern häufig ein direkter Übergang von der Landwirtschaft zu formellen und informellen Aktivitäten im Dienstleistungsbereich, während der Beschäftigtenanteil des Verarbeitenden Gewerbes deutlich niedriger ist, als er im Entwicklungsverlauf der westeuropäischen Länder war. Auffällig ist dort der hohe Beschäftigtenanteil des sogenannten „**informellen Sektors**" (M 2-10; vgl. ESCHER 1999, GERTEL 1999) und eines aufgeblähten öffentlichen Dienstleistungsbereichs (z. B. Verwaltung, Militär, Bildung, Gesundheitswesen).

Dieser sich vom Entwicklungsverlauf der westeuropäischen Industrieländer unterscheidende Entwicklungspfad lässt sich durch den rascheren Anstieg der erwerbsfähigen Bevölkerung (hoher natürlichen Bevölkerungszuwachs) und durch die stärkere Freisetzung aus dem primären Sektor (Import moderner Technologien aus Industrieländern) erklären (M 2-11). Der Zu-

2.1 Gliederung und Dynamik der Wirtschaftssektoren

M 2-10 Definition des informellen Sektors

Informeller Sektor beschreibt wirtschaftliche Aktivitäten - überwiegend in Entwicklungsländern -, die sich staatlicher Kontrolle und Regelung weitgehend entziehen (z.B. Beschäftigungs-, Sicherheits-, Steuerregeln), aber auch ohne staatliche Unterstützung bestehen. Zumeist handelt es sich um Kleinstunternehmen (Selbstbeschäftigung mit wenigen Fremdbeschäftigten) mit geringer Kapitalausstattung, die in Bereichen mit niedrigen Marktzugangsbarrieren (u. a. Fachkenntnisse, Kapitalbedarf) vielfältige arbeitsintensive Tätigkeiten (z. B. Schuhputzer, Straßenhandel, Transport- oder Reparaturdienste) ausüben.

---

wachs an Erwerbsfähigen ist größer als die Zahl neu entstehender Arbeitsplätze im produzierenden Gewerbe; entsprechend erschließen sich die Arbeitslosen Tätigkeitsfelder mit geringen Marktzugangsbarrieren und geringen Investitionskosten für den Beginn einer selbständigen unternehmerischen Tätigkeit. Für einen späteren Zeitpunkt wird aufgrund des einkommensbedingten Nachfrageanstiegs mit einer Expansion des sekundären Sektors und später des hochwertigen konsumenten- und unternehmensorientierten Dienstleistungsbereichs gerechnet (M 2-12).

Auch auf **standörtlicher Ebene** bestehen unterschiedliche Verteilungen der Wirtschaftssektoren. Aufgrund der Abhängigkeit vom Produktionsfaktor Boden (M 2-6) dominiert der primäre Sektor in kleinen Siedlungen des ländlichen Raumes. Mit zunehmender Siedlungsgröße ist die Effizienz, definiert als Produktivität pro Flächeneinheit, für den sekundären und tertiären Sektor größer (Lo/Salih 1978).

M 2-11 Phasenmodell des sektoralen Wandels in Entwicklungsländern

Phase 1
– Abwanderung aus ländlichen Räumen (aufgrund von hohem natürlichen Bevölkerungszuwachs, Freisetzungen aus der Landwirtschaft) in die Städte.
– Zuwanderung in die Städte übersteigt Anstieg der Zahl neuer formeller Arbeitsplätze (z. B. Industrie, Handwerk). Zuwanderer erschließen sich informelle Arbeitsfelder.
– Öffentlicher Dienst expandiert aus sozialen Überlegungen (Bildung, Gesundheit) und zum Machterhalt der Eliten (Staatsbürokratie).

Phase 2
– Steigende Einkommen führen zu höherer Nachfrage nach industriellen Konsumgütern, deren Produktion expandiert.
– Ausländische Direktinvestitionen fließen aus Marktüberlegungen in das Land.
– Beschäftigtenanteil der Industrie steigt, informelle Aktivitäten verringern sich.

Phase 3
– Weiteres Wachstum von Einkommen und industrieller Produktion führt zur Herausbildung eines modernen konsumenten- und unternehmensorientierten Dienstleistungssektors.

Quelle: nach Häußer 1999

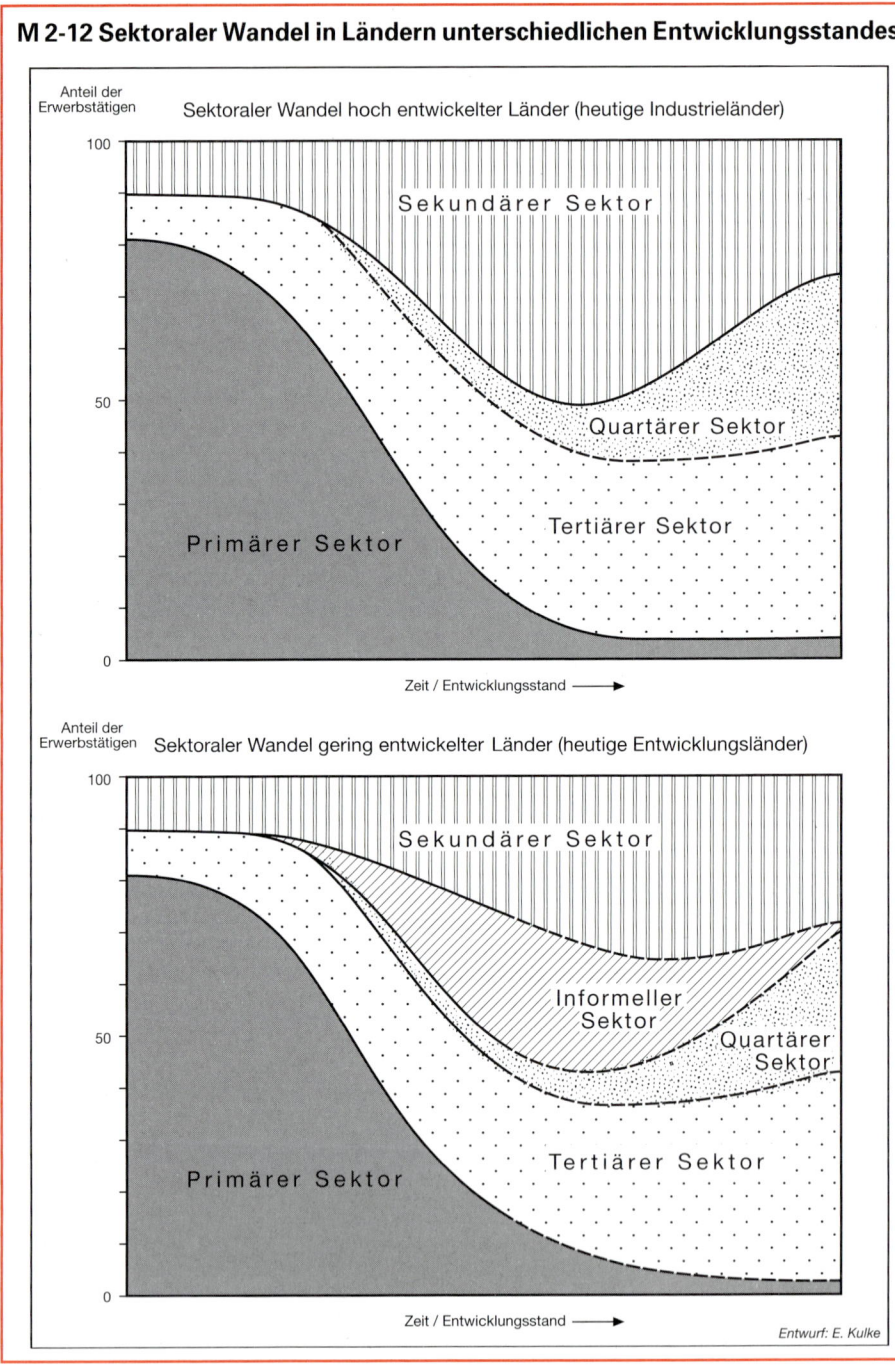

M 2-12 Sektoraler Wandel in Ländern unterschiedlichen Entwicklungsstandes

Entwurf: E. Kulke

2.1 Gliederung und Dynamik der Wirtschaftssektoren

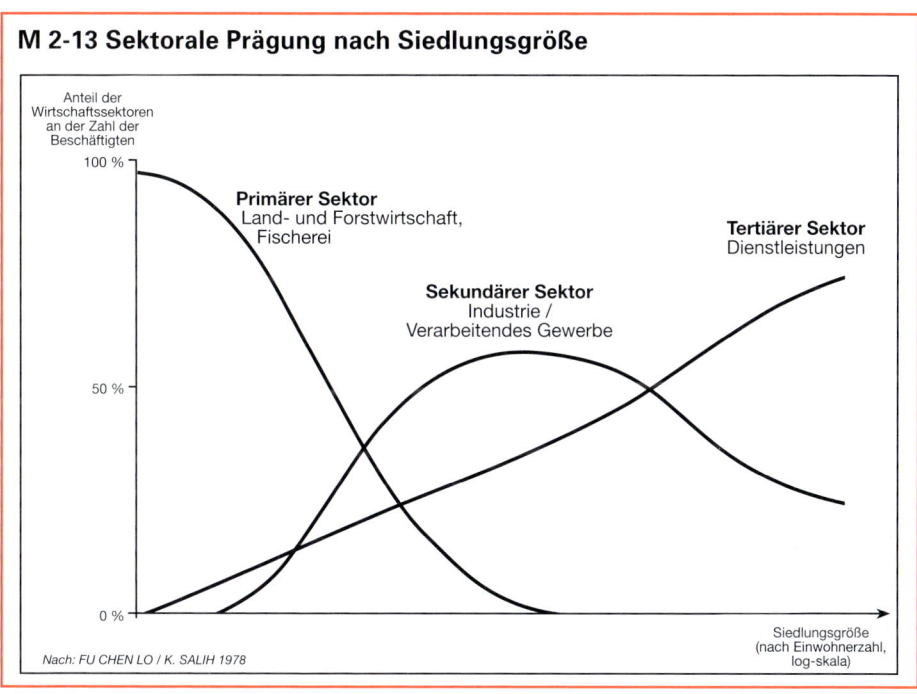

M 2-13 Sektorale Prägung nach Siedlungsgröße

Für sekundäre Aktivitäten besteht erst ab einer gewissen Mindestverdichtung eine ausreichende Effizienz, die dann stark ansteigt und in sehr großen Städten wieder absinkt (z.B. aufgrund zu hoher Standortkosten und konkurrierender Dienstleistungsaktivitäten mit höherer Flächenproduktivität). Die Effizienz für Dienstleistungen erhöht sich mit der Zunahme der Siedlungsgröße; in Großstädten sind auch hochproduktive quartäre Aktivitäten mit großen Marktgebieten zu finden.

Die Effizienzüberlegungen lassen sich auch als siedlungsgrößenabhängige Beschäftigtenanteile der Sektoren interpretieren (M 2-13). In kleinen Orten besitzt die Landwirtschaft große Anteile, und es sind dort auch einfachere konsumentenorientierte Dienste sowie Handwerksaktivitäten zu finden. Dabei können in ländlichen Siedlungen von gering entwickelten Ländern sehr hohe absolute Beschäftigtenanteile (über 50 %) der Landwirtschaft auftreten, während in Industrieländern – trotz einer großen regionalwirtschaftlichen Bedeutung des landwirtschaftlichen Produktionskomplexes – deren statistisch gemessener absoluter Beschäftigtenanteil kaum 10 % überschreitet (z. B. aufgrund auspendelnder Wohnbevölkerung, die in anderen Sektoren arbeitet). Mit zunehmender Ortsgröße sinkt der Anteil landwirtschaftlich Beschäftigter stark. Mittelgroße Städte werden durch gewerblich-industrielle Aktivitäten (Handwerk, Industrie) geprägt, aber es befindet sich dort auch ein vielfältigerer Dienstleistungsbereich. In Großstädten dominieren schließlich der tertiäre und der quartäre Sektor. Dort sind neben konsumentenori-

M 2-14 Anteil der Dienstleistungsbeschäftigten in den Landkreisen

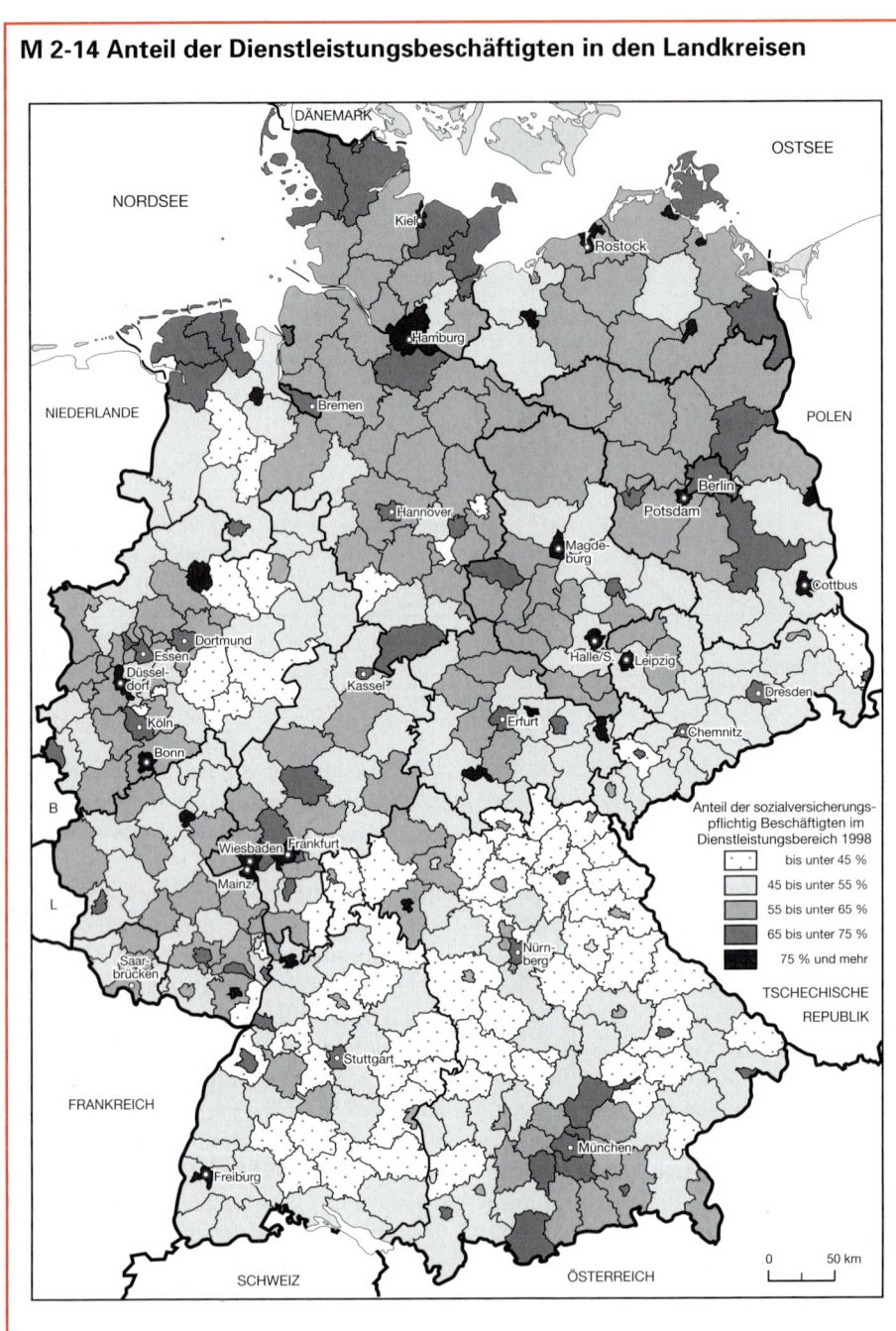

2.2 Räumlicher Einfluss der Akteursgruppen

entierten (z. B. differenziertes Einzelhandelsangebot) und öffentlichen Einrichtungen (u. a. Universitäten) auch hochrangige staatliche Institutionen (z.B. Landesregierungen) und unternehmensorientierte Dienstleister (Banken, Wirtschaftsberatung etc.) angesiedelt. Diese empirische Verteilung zeigt sich beispielsweise deutlich anhand des Beschäftigtenanteils des Dienstleistungssektors in den Landkreisen Deutschlands (M 2-14).

2.2 Räumlicher Einfluss der Akteursgruppen der Wirtschaft

Zur Erklärung der **Struktur und Dynamik von Standorten und Standortsystemen ökonomischer Aktivitäten** berücksichtigt dieses Lehrbuch – wie bereits unter 1.2 erläutert – einen Akteursgruppenansatz. Als wichtige Hauptgruppen von Akteuren finden dabei **Unternehmen/Betriebe**, **Konsumenten/Nachfrager** und **Planer/Politiker** Berücksichtigung, die durch ihre Standortwahl, ihr raumbezogenes Verhalten und ihre räumliche Gestaltung wirken. Innerhalb der drei Hauptgruppen ist eine weitere Untergliederung in Teilgruppen von Akteuren und ggf. sie vertretende Einrichtungen möglich und üblich (z. B. ist das Industrieunternehmen, das bei einem Zulieferer Teile bezieht, in diesem Fall Nachfrager). Der folgende Abschnitt gibt eine einführende Übersicht über wichtige Einflüsse durch die drei Hauptgruppen von Akteuren; diese werden in den darauffolgenden Kapiteln dann erneut aufgegriffen und anhand von Modellen und Theorien bzw. empirischen Erkenntnissen vertieft.

2.2.1 Akteursgruppe Unternehmen/Betriebe

Herausragende Bedeutung für die räumliche Struktur und Dynamik ökonomischer Aktivitäten besitzen die Standortwahl von **Unternehmen und Betrieben** und deren räumliche Verflechtungen. Die einzelwirtschaftliche Standortwahl ist dabei abhängig einerseits von den betrieblichen Anforderungen an einen Standort und andererseits von der Ausstattung möglicher Standorte. **Betriebliche Anforderungen** ergeben sich aus den **Merkmalen des Betriebes** und dem **Verhalten der Entscheidungsträger**. Die betrieblichen Merkmale, wie die Art der hergestellten oder angebotenen Produkte und des eingesetzten Produktionsprozesses bzw. der erbrachten Dienstleistung, und die erforderlichen externen Verflechtungen (z. B. Rohstofffundorte, Zulieferer, Abnehmer, Dienstleister) führen zu speziellen Anforderungen an einen Ansiedlungsstandort, die nicht überall gleichermaßen gegeben sind. Hinsichtlich des Verhaltens werden zwei Typen von Entscheidungsträgern unterschieden (vgl. CHAPMAN/WALKER 1992, S. 20; SMITH 1971, S. 106). Der **homo oeconomics bzw. Optimizer** verfügt über vollständige Informationen, versteht diese optimal zu verarbeiten und trifft eine ökonomisch-rationale Entscheidung mit dem Ziel der Profitmaximierung. Demgegenüber besitzt der **Satisficer** nur unvollständige Informationen, wertet diese suboptimal aus und trifft dann eine begrenzt rationale, ggf. durch persönliche Präferenzen beeinflusste, an einem individuellen Anspruchsniveau orientierte Entscheidung. Aus betrieblichen Anforderungen und Verhalten der Entscheidungsträger lässt sich für ein Unternehmen/einen Betrieb ein **Standortpräferenzprofil** ableiten, wel-

M 2-15 Gliederung von Produktionsfaktoren

1. Klassische Produktionsfaktoren der Volkswirtschaftslehre
- Arbeit = körperliche und geistige Tätigkeit des Menschen
- Kapital = alle Güter, die zur Produktion anderer Güter dienen (z. B. Werkstoffe, Maschinen, Werkzeuge, Anlagen, Gebäude)
- Boden = Grundstücke der Standorte und die gesamte natürliche Umwelt (auch Rohstoffe und Energie)
- technisches Wissen = Kenntnisse hinsichtlich Produkten, Produktionsverfahren und Organisation

2. Betriebliche Produktionsfaktoren
- Elementarfaktoren = Arbeitsleistung, Betriebsmittel, Werkstoffe
- Dispositivfaktoren = Betriebs-/Geschäftsleitung, Planung, Organisation, Kontrolle
- Zusatzfaktoren = Leistungen von Staat, Verbänden, Banken, Versicherungen usw.

3. Zeitliche Gliederung von Produktionsfaktoren
- klassische Faktoren = Arbeit, Kapital, Boden
- moderne Faktoren = Unternehmen und Unternehmer als Risikoträger, das/der durch seine Innovationsfreudigkeit, Organisationsfähigkeit, Risikobereitschaft und Persönlichkeit zum Träger der Entwicklungsdynamik wird

4. Faktorausstattungen im internationalen Vergleich
- Humanvermögen = Menge, Qualifikation und Kosten des Personals
- Materielle Ressourcen = Fülle, Quantität, Zugänglichkeit natürlicher Ressourcen (z. B. Boden, Mineralien, Zeitzone)
- Wissensressourcen = Fundus eines Landes an wissenschaftlichem, technischem und marktmäßigem Wissen, das Güter und Dienstleistungen betrifft
- Kapitalressourcen = Menge und Kosten des Kapitals, das der Finanzwirtschaft zur Verfügung steht
- Infrastruktur = Art, Qualität und Benutzungskosten der Infrastruktur (z. B. Transport-, Kommunikationssystem, Gesundheitswesen, Kultur, Lebensqualität)

Quellen: 1) MÜHLBRADT 1999; 2) GUTENBERG 1973, WEBER 1985; 3) JOHNSTON 1994 S. 4) PORTER 1993

---

ches die relative Bedeutung verschiedener Ansprüche an Standorte dokumentiert. Besonders wichtige Ansprüche werden als **Standortwahlfaktoren** bezeichnet.

Grundsätzlich ist für unternehmerische Aktivitäten, d. h. zur Erstellung von Produkten oder Dienstleistungen, der Einsatz von **Produktionsfaktoren** erforderlich (M 2-15). Die Volkswirtschaftslehre unterscheidet dabei zwischen den klassischen Produktionsfaktoren Arbeit, Kapital, Boden und technischem Wissen. In jüngeren Ansätzen erfolgt, entsprechend ihrer zunehmenden Bedeutung für wirtschaftlichen Wandel, eine stärkere Berücksichtigung qualitativer Differenzierungen, insbesondere innerhalb der Produktionsfaktoren Arbeit und technisches Wissen. Deshalb werden sie teilweise explizit als unterschiedliche Produktionsfaktoren dargestellt. So erfolgt eine Benennung beispielsweise von Faktoren aus den Bereichen Humanvermögen, Wissensressourcen und betrieblicher Organisation (d. h. dispositive Faktoren wie Betriebs-/Geschäftsleitung, Planung/Organisa-

2.2 Räumlicher Einfluss der Akteursgruppen

> **M 2-16 Definitionen von Standortfaktoren**
>
> „Standortfaktoren sind also solche Merkmale eines geographischen Ortes, die ihn für die Durchführung einer industriellen Produktion attraktiv machen."
> BEHRENS 1971, S. 7
>
> „Auf jeden Punkt der Erdoberfläche wirkt eine Vielzahl verschiedenster Einflussgrößen – physische, ökonomische, politische, kulturelle usw. –, die die Entwicklung des zu gründenden Betriebes entscheidend positiv oder negativ steuern. Solche Einflußgrößen nennt man Standortfaktoren."
> BRÜCHER 1982, S. 36
>
> „Daher wird jede Einflußgröße, die auf die Erfolgssituation des Unternehmens standortspezifisch (d.h. interlokal, von Standort zu Standort verschieden) einwirkt, als Standortfaktor bezeichnet."
> HANSMANN 1974, S. 17 (in PIEPER S. 18)
>
> „Der Begriff Standortfaktor ist bei A. WEBER (1909) als ein Vorteil definiert, der für eine bestimmte Nutzung an einer Örtlichkeit gegeben und erkannt ist."
> VOPPEL 1999, S. 39
>
> „Standortfaktor: Einen seiner Art nach scharf abgegrenzten Vorteil, der für wirtschaftliche Tätigkeiten dann eintritt, wenn sie sich an einem bestimmten Ort oder auch generell an Plätzen bestimmter Art vollzieht."
> WEBER 1909, S. 16

tion/Kontrolle). Daneben gelten Rahmenbedingungen außerhalb der engeren materiellen Leistungserstellung als immer wichtiger; hierbei handelt es sich um Faktoren der Bereiche Infrastruktur (z. B. Transport-, Kommunikationssystem) und des staatlichen bzw. gesellschaftlichen Umfeldes (u. a. Kultur, Banken, Wirtschaftspolitik). Wirtschaftsgeographische Betrachtungen behandeln insbesondere räumliche Differenzierungen und diskutieren die sich innerhalb des Raumes unterscheidenden **Standortfaktoren**.

Standortfaktoren charakterisieren die spezifische Ausstattung von Standorten im Raum (M 2-16). Ältere Ansätze (z. B. WEBER 1909) definierten diese nur als Vorteile eines Standortes, dagegen ist es inzwischen üblich, sie als die Gesamtheit der materiellen und immateriellen Einflüsse an einem Standort zu verstehen. Hinsichtlich der Standortfaktoren liegt inzwischen eine Vielzahl von Gliederungssystemen (M 2-17) vor. Wichtige Differenzierungen sind dabei in **harte Faktoren**, überwiegend in Geldeinheiten quantifizierbare Einflüsse mit unmittelbaren Wirkungen auf Kosten und Erlöse des Unternehmens, und in **weiche Faktoren**, d. h. qualitative Einflüsse mit indirekten Effekten auf den Betrieb und die Beschäftigten. Weiche unternehmensorientierte Faktoren wirken auf den Unternehmenserfolg (z. B. Wirtschaftsklima, Regionsimage), weiche personenbezogene Faktoren haben Einfluss auf die Rekrutierungsmöglichkeiten von und die Arbeitsmotivation der Beschäftigten (u. a. Wohnqualität, Kulturangebot, Freizeiteinrichtungen) (siehe DIFU 1994, M 2-19).

Daneben erfolgt häufig eine Untergliederung der Standortfaktoren entsprechend

M 2-17 Beispiele für Standortfaktoren-Gliederungen

BEHRENS 1971
– Gütereinsatz/Beschaffung (Betriebsraum, Anlagegüter, Arbeitsleistung, Fremddienste, Material und Waren, Kredite, Leistungen von Gebietskörperschaften)
– Transformation (Geologische Bedingungen, Klima, technische Agglomeration)
– Absatz (Bedarf, Kaufkraft, Konkurrenz, Agglomeration, Herkunfts-Goodwill, Absatzhilfe)

BRÜCHER 1982
– Physische Standortfaktoren
– Materialorientierung
– Energieorientierung
– Transportorientierung
– Arbeitskräfte
– Standortvorteile von Ballungsräumen
– Absatz

DIFU 1994
– Harte Standortfaktoren (z. B. Arbeitsmarkt, Flächen, Verkehrsanbindung, Abgaben/Fördermittel, Absatzmarkt)
– Weiche unternehmensbezogene Standortfaktoren (z. B. Wirtschaftsklima, Image)
– Weiche personenbezogene Standortfaktoren (z. B. Wohnen, Umweltqualität, Freizeitwert, Kultur)

SCHÄTZL 1994
– Leistungserstellung (Arbeit, Betriebsmittel, Werkstoffe, Geschäfts- und Betriebsleitung)
– Leistungsverwertung (Bedarf, Kaufkraft, Konkurrenz)
– Agglomerationsfaktoren (Lokalisations-, Urbanisationsvorteile)
– Infrastruktur (materielle, personelle, institutionelle)

SMITH 1971
– Input (Land, Kapital, Material und Energie, Steuern, Wirtschaftsgeist)
– Nachfrage
– Transport
– Sonstige (Agglomeration, staatliche Politik und Planung, historischer Zufall, persönliche Präferenzen)

WEBER 1909
– generelle Standortfaktoren (für alle Betriebe)
– spezielle Standortfaktoren (für bestimmte Branchen)
– natürlich-technische Standortfaktoren
– gesellschaftlich-kulturelle Standortfaktoren

WÖHE 1984
– Materialorientierung
– Arbeitsorientierung
– Abgabenorientierung
– Energieorientierung
– Verkehrsorientierung
– Absatzorientierung
– Umweltorientierung

2.2 Räumlicher Einfluss der Akteursgruppen

M 2-18 Standortfaktoren aus Sicht eines Betriebes/Unternehmens

Betriebliche Seite

- **Interne Merkmale**
  - Produkte und Produktinnovationen
  - Prozesse und Prozessinnovationen
  - Betriebsformen (Betriebsgröße, Angebots- / Fertigungstiefe)
  - Spezialisierung, Flexibilität
  - Organisation betrieblicher Abläufe
  - ...

- **Externe Verflechtungen**
  - Materielle Infrastruktur und Logistiksystem (z.B. Lieferfrequenzen, Warenwirtschaftssystem)
  - Transport, Kommunikation, Transaktion
  - Bedarf an Zulieferern, Dienstleistern, Abnehmern
  - Bedarf an Rohstoffen, Vorprodukten
  - Bedarf an Arbeitskräften (Quantität / Qualität)
  - ...

- **Unternehmensphilosophie**
  - Unternehmensziele
  - Entscheidungsträger (Optimizer, Satisficer)

Nachfrageseite

- **Endverbraucher**
  - Einkommen, Nachfrageprofil, Nachfragevolumen
  - Nachfrageverhalten, Sozialstrukturen
  - ...

- **Betriebliche Abnehmer**
  - Branchen-, Betriebsstrukturen
  - Zulieferbedürfnisse, externe Einflussnahme

- **Überregionale / nationale Märkte**
  - Distanz und Erreichbarkeit anderer Märkte
  - Handelshemmnisse
  - ...

Staatliche Seite / Politik / Planung

- **Politische Rahmenbedingungen**
  - Wirtschafts-, Gesellschafts-, Sozialpolitik
  - Stabilität, Sicherheit
  - ...

- **Betriebliche Politik**
  - Anreiz- und Abschreckungsinstrumente
  - Infrastruktur

- **Standortpolitik**
  - Flächennutzung / Ansiedlungsmöglichkeiten
  - Gewerbeflächen
  - ...

Entwurf: E. Kulke

dem Materialfluss in einem Unternehmen (z. B. BEHRENS 1971, SMITH 1971). Unterschieden wird zwischen Standortfaktoren der **Input-Seite** eines Unternehmens (d. h. alle in den Betrieb für die Leistungserstellung eingehenden Größen, wie beispielsweise Rohstoffe, Vorprodukte, Materialzulieferung, Energie, Arbeitsleistungen), der **Durchführungsseite** (z. B. Reparatur- und Wartungsdienste, Verkehrsverbindungen) und der **Output-Seite,** letztere betrifft alle für die Leistungsverwertung erforderlichen Einflüsse, wie z. B. Nachfragepotential durch Konsumenten oder Weiterverarbeiter.

M 2-18 zeigt aus Betriebs- bzw. Unternehmenssicht relevante Standortfaktoren und berücksichtigt dabei eine den Akteursgruppen zuzuordnende Gliederung. Entsprechend ist ein Standort dadurch gekennzeichnet, inwieweit dort die sich für das Unternehmen aufgrund seiner internen

M 2-19 Wichtigkeit von Standortfaktoren

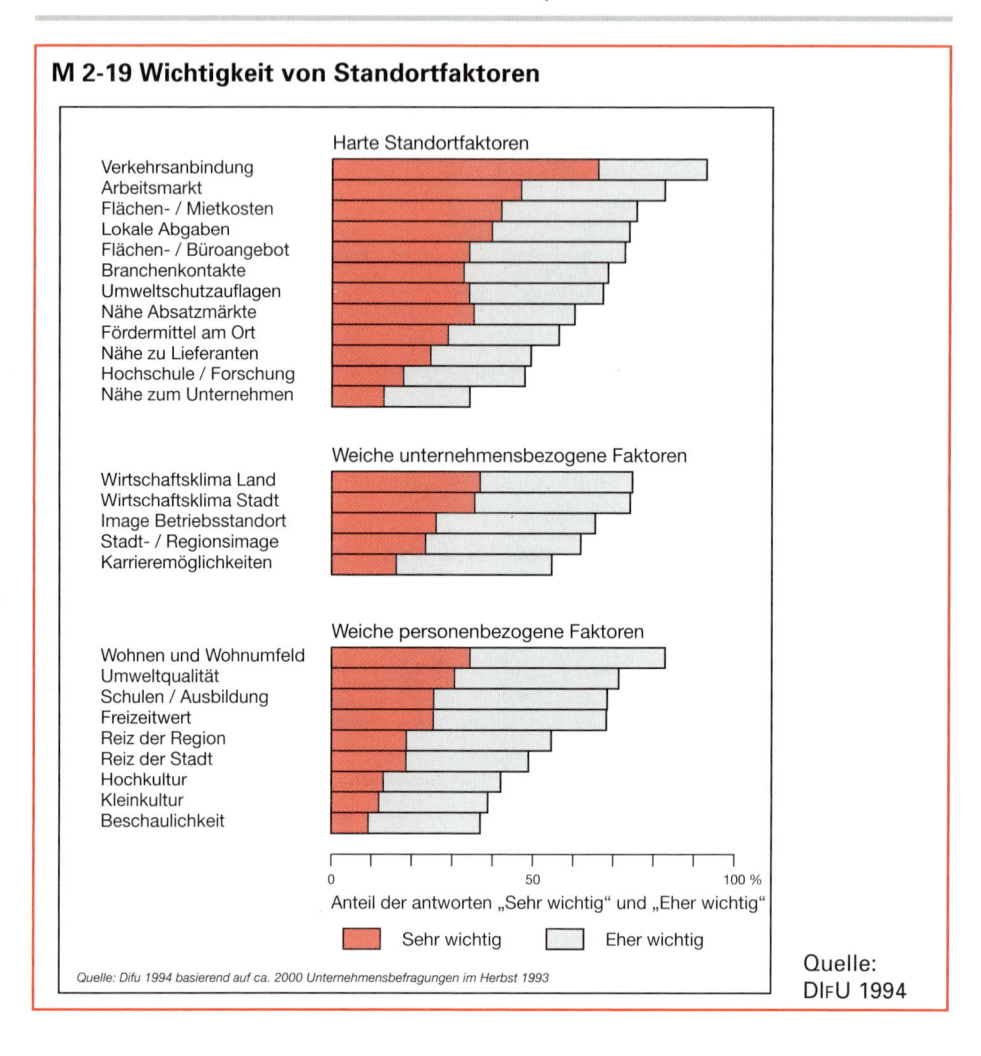

Harte Standortfaktoren
- Verkehrsanbindung
- Arbeitsmarkt
- Flächen- / Mietkosten
- Lokale Abgaben
- Flächen- / Büroangebot
- Branchenkontakte
- Umweltschutzauflagen
- Nähe Absatzmärkte
- Fördermittel am Ort
- Nähe zu Lieferanten
- Hochschule / Forschung
- Nähe zum Unternehmen

Weiche unternehmensbezogene Faktoren
- Wirtschaftsklima Land
- Wirtschaftsklima Stadt
- Image Betriebsstandort
- Stadt- / Regionsimage
- Karrieremöglichkeiten

Weiche personenbezogene Faktoren
- Wohnen und Wohnumfeld
- Umweltqualität
- Schulen / Ausbildung
- Freizeitwert
- Reiz der Region
- Reiz der Stadt
- Hochkultur
- Kleinkultur
- Beschaulichkeit

Anteil der antworten „Sehr wichtig" und „Eher wichtig"

■ Sehr wichtig □ Eher wichtig

Quelle: Difu 1994 basierend auf ca. 2000 Unternehmensbefragungen im Herbst 1993

Quelle: DIFU 1994

Merkmale (z. B. Produkte und Produktionsprozess), externen Verflechtungen (u. a. verfügbare Rohstoffe, Bestand an Arbeitskräften, verkehrliche Erreichbarkeit, vorhandene Unternehmensdienstleister) und der Unternehmensphilosophie ergebenden Erfordernisse erfüllt sind. Daneben ist wichtig, in welchem Umfang Absatzmöglichkeiten (z. B. Marktpotential an Endverbrauchern oder Weiterverarbeitern, Zugänglichkeit anderer Märkte) bestehen und welche Einflüsse Planer/Politiker (u. a. Rahmengesetzgebung, Anreizinstrumente, Flächenverfügbarkeit) nehmen.

Der **Standortentscheidungsprozess** selbst lässt sich in Phasen gliedern (M 2-20; vgl. DICKEN/LLOYD 1999, S. 265; KULKE 1990, S. 6; PEN 1999; PIEPER 1994, S. 19). Zuerst erstellt das Unternehmen ein Präferenzprofil, welches die Standortanforderungen und ggf. maximal noch tolerierten Standortdefizite umfasst. Dieses

2.2 Räumlicher Einfluss der Akteursgruppen

Präferenzprofil wird in mehreren Stufen mit potentiellen Standorten verglichen. Der zuerst durchgeführte großräumige Vergleich (z. B. internationale Ebene) bewertet allgemeine Rahmenbedingungen; dabei erfolgt ein Ausschluss jener Raumeinheiten, die nicht die Mindestanforderungen (u. a. Basisinfrastruktur, politische Stabilität, Investitionssicherheit) erfüllen. Anschließend findet für eine größere Zahl

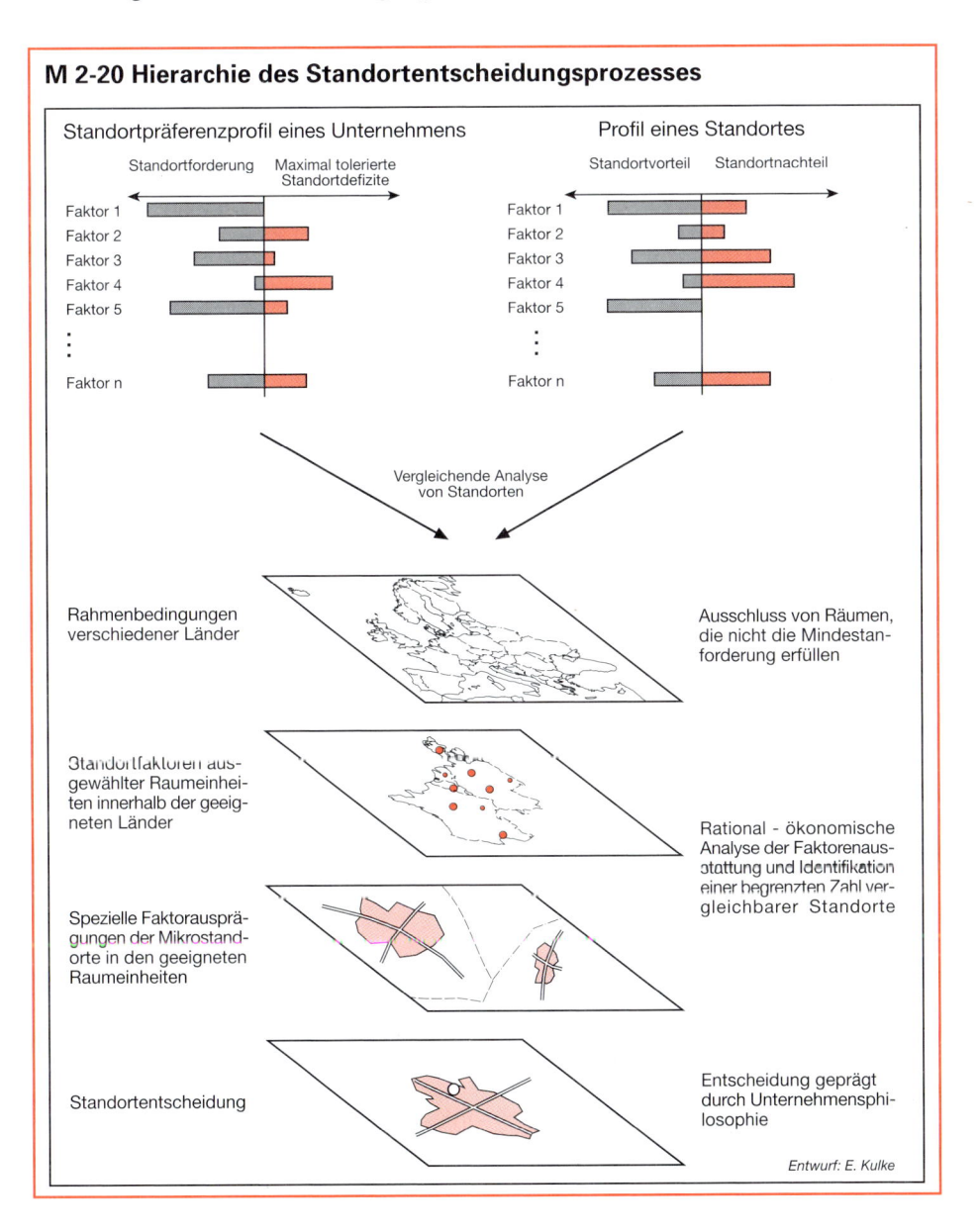

M 2-20 Hierarchie des Standortentscheidungsprozesses

Standortpräferenzprofil eines Unternehmens
- Standortforderung
- Maximal tolerierte Standortdefizite
- Faktor 1
- Faktor 2
- Faktor 3
- Faktor 4
- Faktor 5
- ⋮
- Faktor n

Profil eines Standortes
- Standortvorteil
- Standortnachteil
- Faktor 1
- Faktor 2
- Faktor 3
- Faktor 4
- Faktor 5
- ⋮
- Faktor n

Vergleichende Analyse von Standorten

Rahmenbedingungen verschiedener Länder	Ausschluss von Räumen, die nicht die Mindestanforderung erfüllen
Standortfaktoren ausgewählter Raumeinheiten innerhalb der geeigneten Länder	Rational - ökonomische Analyse der Faktorenausstattung und Identifikation einer begrenzten Zahl vergleichbarer Standorte
Spezielle Faktorausprägungen der Mikrostandorte in den geeigneten Raumeinheiten	
Standortentscheidung	Entscheidung geprägt durch Unternehmensphilosophie

Entwurf: E. Kulke

von Raumeinheiten und Mikrostandorten eine quantitative Analyse der dort vorhandenen konkreten Ausprägung der Standortfaktoren (Vor- und Nachteile) statt. In dieser Phase dominiert eine rational-ökonomische Auswahl (Optimizer-Verhalten) und es verbleibt im Ergebnis nur eine kleine Zahl möglicher Standorte mit vergleichbarer Faktorausprägung. In die abschließende Entscheidung für einen Standort fließen dann häufig wieder persönliche Bewertungen durch die/den Entscheidungsträger in Bezug auf die Unternehmensphilosophie ein (Satisficer-Verhalten).

Der in den Jahren 2000/2001 getroffene Entscheidungsprozess für ein neues BMW-Werk zeigt exemplarisch diese Phasen des Standortentscheidungsprozesses (M 2-21). Die Zahl der Phasen, die Größe des Standortsuchraumes und die Art des Entscheidungsverhaltens differieren allerdings stark in Abhängigkeit von den Unternehmensmerkmalen (z. B. Branchen, Betriebsgröße). Mehrbetriebsunternehmen führen meist eine differenzierte großräumige Standortanalyse durch und treffen eine eher rational-ökonomische Entscheidung, während bei kleinen Einbetriebsunternehmen (u. a. Handwerk, konsumentenorientierte Dienstleistungen) eher ein auf den Nahraum orientiertes Satisficer-Verhalten zu beobachten ist (KULKE 1990).

M 2-21 Standortentscheidungsprozess für ein BMW-Werk

1. Phase: Identifikation der Standortansprüche
Von der BMW-Group werden folgende Kriterien für eine Werkserrichtung mit einer Tageskapazität von ca. 600 Fahrzeugen festgelegt:
– ebene Fläche mit mindestens 250 Hektar, mindestens 800 m von nächster Wohnbebauung entfernt
– gute verkehrstechnische Anbindung an Fernstraßen und Bahn
– gute Verfügbarkeit von Personal (Zahl, Ausbildungsstand, Lohnkosten)
– günstige Gesamtkostensituation

2. Phase: Rational-ökonomische Analyse von Standortalternativen
– Ausschluss von Standorten außerhalb Zentraleuropas aufgrund zu großer Distanzen zu bestehenden Werken
– Analyse von ca. 250 Standortalternativen anhand quantitativer Merkmale
– Identifikation von 5 geeigneten Standorten: Arras/Frankreich, Kolin/Tschechien, Augsburg/D, Leipzig/D, Schwerin/D
– Standortempfehlung der Arbeitsgruppe aus Kostenüberlegungen für Kolin/Tschechien

3. Phase: Standortentscheidung
Aufgrund von Einflüssen der Unternehmensphilosophie Entscheidung für Leipzig/D
– BMW-Vorstandsvorsitzender Joachim Milberg: „Wir haben immer zum Standort Deutschland gestanden und stehen weiter dazu."
– Bundeskanzler Gerhard Schröder begrüßt die Entscheidung als „klares Zukunftssignal für Ostdeutschland".
– Oberbürgermeister Wolfgang Tiefensee unterbricht seinen Urlaub und organisiert im Rathaus ein Willkommens-Fest mit Freibier für alle Leipziger
Grundlage: diverse Pressemeldungen

2.2 Räumlicher Einfluss der Akteursgruppen

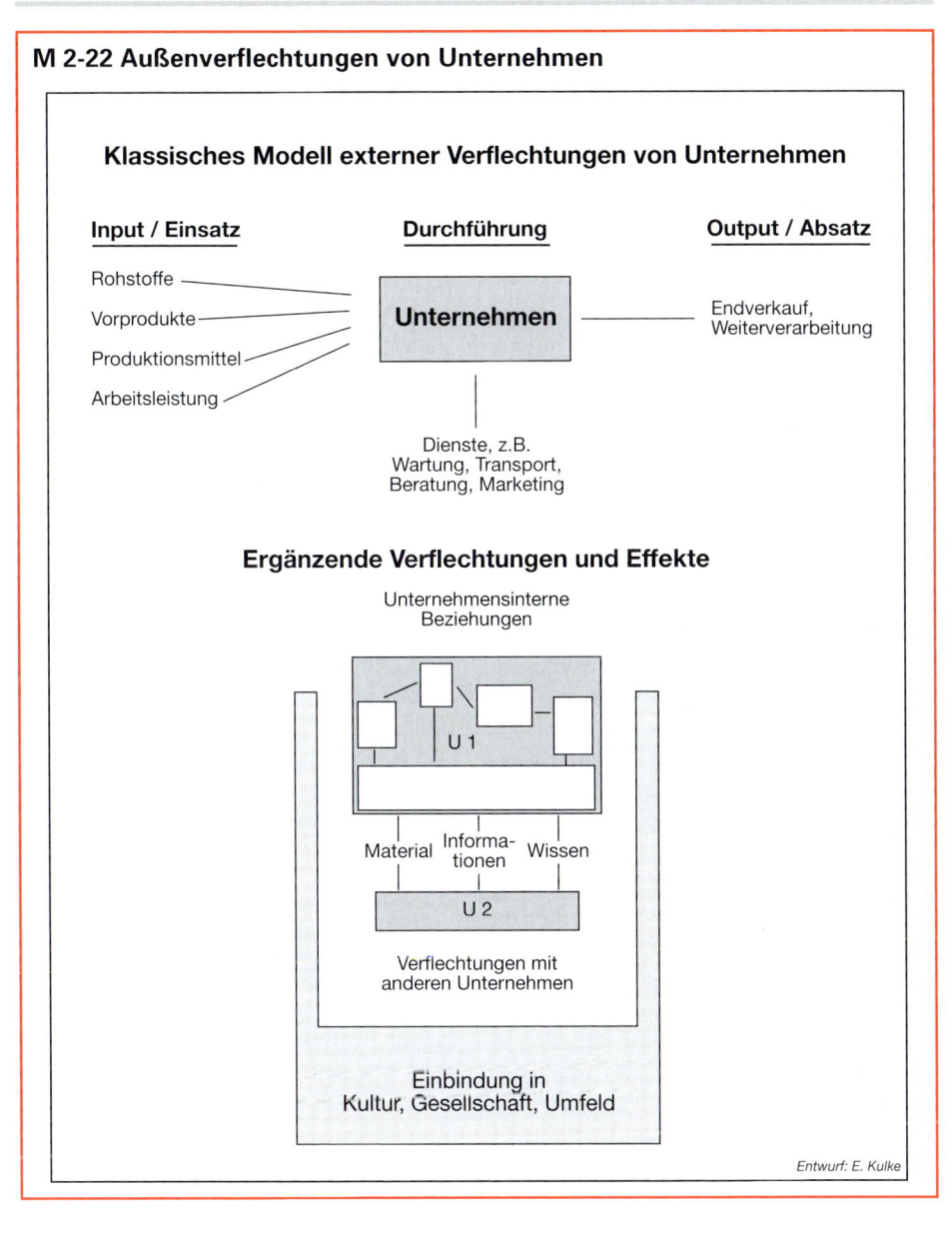

M 2-22 Außenverflechtungen von Unternehmen

Klassisches Modell externer Verflechtungen von Unternehmen

Input / Einsatz
- Rohstoffe
- Vorprodukte
- Produktionsmittel
- Arbeitsleistung

Durchführung: Unternehmen

Dienste, z.B. Wartung, Transport, Beratung, Marketing

Output / Absatz
- Endverkauf, Weiterverarbeitung

Ergänzende Verflechtungen und Effekte

Unternehmensinterne Beziehungen

U 1

Material — Informationen — Wissen

U 2

Verflechtungen mit anderen Unternehmen

Einbindung in Kultur, Gesellschaft, Umfeld

Entwurf: E. Kulke

Für die regionale wirtschaftliche Entwicklung besitzen nicht nur die Standortwahl von Unternehmen große Bedeutung, sondern auch die **räumlichen Verflechtungen** der angesiedelten Einheiten, durch welche wirtschaftliche Wachstumsprozesse induziert werden (M 2-22). Bis vor kurzem beschäftigte sich die Wirtschaftsgeographie vor allem mit dem Themenfeld Standortwahl; in jüngster Zeit gewinnt aber die Betrachtung der Außenverflechtungen und der damit verbundenen **regionalwirtschaftlichen Effekte** immer mehr an Bedeutung.

Als Verflechtungen werden die äußeren Beziehungen eines Betriebes bezeichnet und als Effekte die durch diese in anderen Einheiten auftretenden Wirkungen. Die Gliederung von Verflechtungen und Effekten erfolgte in den klassischen Ansätzen – wie bei den Standortfaktoren – entsprechend dem Materialfluss in einem Unternehmen (vgl. BATER/WALKER 1977, KULKE 1986, SMITH 1971). So lassen sich Verflechtungen auf der Input- oder Einsatzseite (z. B. Bezug von Rohstoffen, Vorprodukten, Produktionsmitteln, Arbeitskräften), deren Wirkungen als **Rückwärtskopplungseffekte** bezeichnet werden, auf der Durchführungsseite (z. B. Wartungsdienste, Transportdienste), die zumeist als **Dienstleistungseffekte** benannt werden, und der Output- oder Absatzseite (z. B. Endverkauf im Einzelhandel, Weiterverarbeitung in anderen Betrieben), die als **Vorwärtskopplungseffekte** betitelt werden, unterscheiden. Über die direkten Effekte eines Unternehmens (beispielsweise die Lohnzahlungen an Arbeitskräfte) hinaus treten zusätzliche Folgewirkungen auf (so geben die Arbeitskräfte den für ihre Arbeitsleistung erhaltenen Lohn in anderen Unternehmen für Güter und Dienstleistungen aus), die sekundäre, über den Umfang des direkten Effektes hinausgehende Impulse induzieren; sie werden als **Multiplikatoreffekte** bezeichnet.

Diese klassische Gliederung der Verflechtungen bzw. Effekte beschränkt sich überwiegend auf materiell messbare Wirkungen (z. B. in Geldeinheiten) und versteht das Unternehmen selbst als „Black Box", dessen interne Abläufe unberücksichtigt bleiben. Die neuen wirtschaftsgeographischen Ansätze (siehe dazu Kap. 4.3) beschäftigen sich dagegen vor allem mit räumlichen Wirkungen von Veränderungen der **internen Abläufe** und mit den **immateriellen Außenverflechtungen**. So führen neue interne Abläufe, wie z. B. in der Industrie das sog. postfordistische Produktionssystem oder im Einzelhandel der Einsatz elektronischer Warenwirtschaftssysteme, zu anderen Außenverflechtungen und zu neu gegliederten Standortmustern. In einer hochentwickelten Wirtschaft gewinnen Kenntnisse oder Wissen und immaterielle Werte wie Kultur, Gesellschaft oder Umfeld immer mehr an Bedeutung. Sie führen zur Herausprägung von Netzwerken, die sowohl durch Vernetzungen zwischen Unternehmen als auch zwischen Personen geprägt sind. Neue interne Abläufe und externe Verflechtungen gelten als ein wesentlicher Faktor für die Herausbildung von räumlichen Konzentrationen bzw. Clusterungen von Branchen bzw. Betriebstypen.

2.2.2 Akteursgruppe Konsumenten/ Nachfrager

Nachfrager oder Konsumenten nehmen durch ihre räumlichen Nachfrageverflechtungen Einfluss auf die Standortwahl und auch die Entwicklungsdynamik von Unternehmen/Betrieben. Dabei besteht eine unmittelbare Wirkung auf jene Branchen, mit denen die Nachfrager in direkten Kontakt treten (Interaktionsprozess, uno-actu-Prinzip); diese gehören überwiegend zum Dienstleistungsbereich. Demgegenüber liegen mit dem sekundären Sektor und der Landwirtschaft (Ausnahme z. B. Direktvermarktung) nur indirekte – also nicht unmittelbar auf den Betriebsstandort wirkende – Nachfrageverflechtungen vor; die Beziehungen zu diesen Warenherstellern übernehmen z. B. der Groß-, Versand-, Einzelhandel oder Transporteure (vgl. dazu die Überlegungen zu Warenketten/Commodity Chains in Kap. 4.3.2). Deshalb besitzt die Akteursgruppe der Nachfrager/Konsumenten zwar erhebliche strukturprägende Bedeutung, beispielsweise auf die Art der hergestellten Produkte, für den primären und sekundären Sektor, aber nur großräumige (z. B. auf nationaler Ebene) Wirkungen auf dessen Standortwahl.

Als prägend für das **räumliche Nachfrageverhalten** lassen sich vier Merkmalsbereiche der Akteursgruppe identifizieren (vgl. KULKE 1992b). Auf die Art und räumliche Orientierung der Nachfrager wirken deren **Einkommen**, die **Verkehrsmittelverfügbarkeit**, **soziale Merkmale** und **Verhaltensweisen**.

Mit steigendem **Einkommen** verlagert sich, wie bereits dargestellt, die Nachfrage von Grundbedarfsgütern zu höherwertigen Gütern und Dienstleistungen (siehe M 2-7). Zugleich steigt das Gesamtnachfragevolumen, d. h. die innerhalb einer Zeiteinheit nachgefragte Zahl von Gütern, was unter der Bedingung der weitgehend konstanten zur Verfügung stehenden Zeit zur Kopplung von Besorgungen (Erwerb mehrerer Güter während eines Besuchs) an Standorten führt (vgl. Kap. 5.2.2); dies begünstigt höherrangige Zentren mit vielfältigem Angebot.

Fehlen leistungsfähige **Verkehrsmittel,** ist die räumliche Nachfrage auf den Nahbereich begrenzt; stehen Verkehrsmittel zur Verfügung, können innerhalb der gleichen verfügbaren Zeit weiter entfernte Standorte erreicht werden, und damit vergrößert sich der Aktionsraum der Nachfrager. Dabei begünstigen die linienhaften öf-

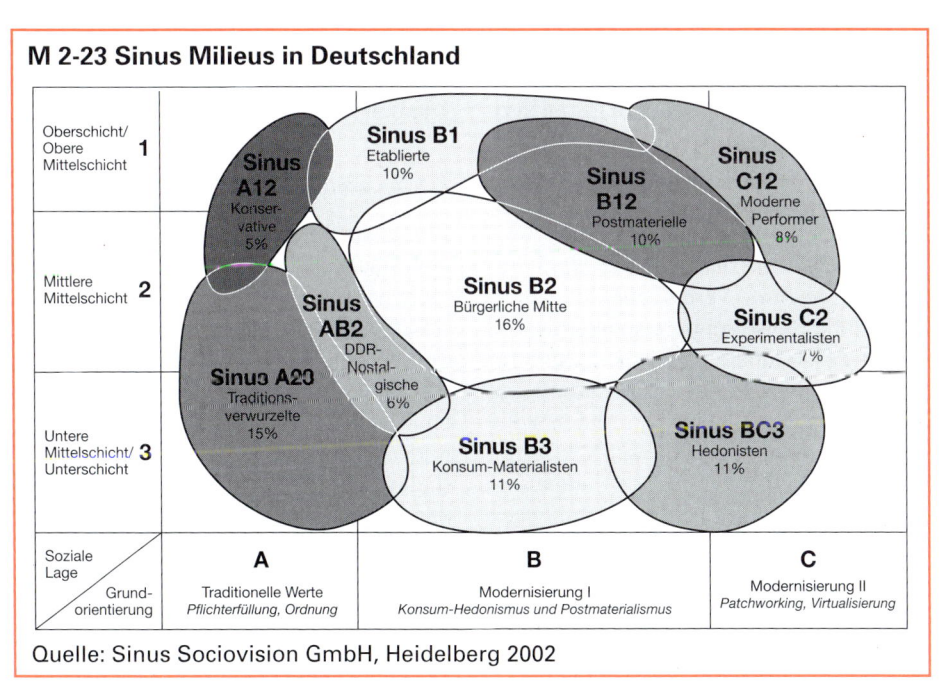

M 2-23 Sinus Milieus in Deutschland

Soziale Lage		Grundorientierung	A Traditionelle Werte *Pflichterfüllung, Ordnung*	B Modernisierung I *Konsum-Hedonismus und Postmaterialismus*	C Modernisierung II *Patchworking, Virtualisierung*
Oberschicht/Obere Mittelschicht	1		Sinus A12 Konservative 5%	Sinus B1 Etablierte 10%	Sinus B12 Postmaterielle 10%	Sinus C12 Moderne Performer 8%
Mittlere Mittelschicht	2		Sinus AB2 DDR-Nostalgische 6%	Sinus B2 Bürgerliche Mitte 16%	Sinus C2 Experimentalisten 7%
Untere Mittelschicht/Unterschicht	3		Sinus A23 Traditionsverwurzelte 15%	Sinus B3 Konsum-Materialisten 11%	Sinus BC3 Hedonisten 11%

Quelle: Sinus Sociovision GmbH, Heidelberg 2002

fentlichen Verkehrsmittel Standorte an den Verkehrsknoten, während Individualverkehrsmittel (z. B. PKW) auch die Erreichbarkeit dezentraler Standorte eröffnen.

Soziale Merkmale wie Alter und Haushaltsgröße prägen die räumliche Orientierung ebenso wie Verhaltensweisen in engerem Sinne (siehe Details im Kapitel Dienstleistungen). Abhängig beispielsweise von Alter und Haushaltsgröße ließen sich in der Vergangenheit typische – unterschiedlich große – Aktionsräume beobachten. Gegenwärtig prägen sich in den hochentwickelten Ländern zusätzlich, die klassischen Sozialgruppengrenzen überschreitend, Lebensstile mit charakteristischen räumlichen Verhaltensweisen heraus (vgl. Heineberg 2001, S. 18; vgl. M 2-23).

Sie stehen in Verbindung mit den seit einiger Zeit zu beobachtenden Veränderungen im **Nachfrageverhalten** im engeren Sinne. In Ländern mit hohem Einkommen kommt es nicht nur zu einer Zunahme der Nachfrage nach höherwertigen Gütern und Dienstleistungen, sondern zugleich zu einer Differenzierung der Verbraucherwünsche. Individuelle, variantenreiche Produkte werden nachgefragt, während der Massenkonsum standardisierter Produkte sich auf den Grundbedarf beschränkt. Hybride Verbraucher, die einerseits stark preisorientiert standardisierte Waren des Grundbedarfs nachfragen (z. B. Mehl und Zucker bei Aldi kaufen) und gleichzeitig für Lifestyle-Produkte hohe Ausgaben nicht scheuen (von Sektsorten bis zu Cabrios), gewinnen an Bedeutung. Dies führt weltweit zu einer zunehmenden Marktüberschneidung bei artähnlichen, aber variierenden Produkten. Lokal bewirkt es die Lösung von auf die jeweils nächsten Angebotsstandorte orientierten räumlichen Verhaltensweisen hin zu sich ständig ändernden räumlich flexiblen Nachfragemustern.

In gering entwickelten Ländern mit begrenzter räumlicher Nachfrageflexibilität (niedrige Einkommen, kleine Aktionsräume) liegt eine hohe lokale Nachfragebindung vor; entsprechend müssen die Anbieter bei ihrer Standortwahl zur Nutzung des ohnehin geringen Nachfragepotentials zugleich noch die unmittelbare räumliche Nähe zu den Nachfragern berücksichtigen. In hochentwickelten Ländern bestehen ein großes Absatzvolumen, eine starke Differenzierung der Nachfragewünsche und eine große räumliche Flexibilität der Konsumenten. Anbieter müssen darauf durch ein variantenreiches Produkt- bzw. Dienstleistungsangebot reagieren, besitzen einen größeren Freiheitsgrad bei der Wahl der Standorte in Bezug auf die räumliche Nähe zu den Konsumenten, können aber ihre Marktchancen nur dann nutzen, wenn ihr Angebot spezifische Vorteile oder eine besondere – ggf. standörtliche (z.B. durch Kopplungsmöglichkeiten) – Qualität aufweist.

2.2.3 Akteursgruppe Planer/Politiker

Planer und Politiker gestalten Standorte und Standortsysteme ökonomischer Aktivitäten durch den Einsatz raumwirtschaftspolitischer Instrumente. Die Art und räumliche Verteilung des Instrumenteeinsatzes sind abhängig von den verfolgten Zielen (M 2-24) und räumlichen Leitbildern. Zugleich begrenzen die zur Verfügung stehenden Mittel und Instrumente die Zielrealisierungsmöglichkeiten (vgl. KULKE 1992b).

Üblicherweise wird zwischen drei **raumwirtschaftspolitischen Zielen**, dem Wachstums-, Stabilitäts- und Ausgleichsziel, unterschieden (vgl. FÜRST/KLEM-

M 2-24 Ziele der Raumwirtschaftspolitik

Wachstumsziel: Maximierung des gesamtwirtschaftlichen Wachstums durch Lenkung der Produktionsfaktoren an Standorte mit höchstem Wachstumspotential.
Stabilitätsziel: Diversifizierung der Wirtschaftsstruktur von Raumeinheiten zur Verringerung der konjunkturellen und strukturellen Krisenanfälligkeit.
Ausgleichsziel: Sicherung ausreichender Lebensbedingungen in allen Teilräumen. Bei Verfolgung des Einkommensziels wird ein Abbau räumlicher Disparitäten, bei Orientierung auf das Versorgungsziel eine Mindestausstattung der Raumeinheiten mit Versorgungseinrichtungen (z. B. Infrastruktur, öffentliche Einrichtungen) und bei Ausrichtung auf das Ökologieziel die Schaffung von geeigneten Umweltbedingungen in den Teilgebieten angestrebt.

Quellen: FÜRST/KLEMMER/ZIMMERMANN 1976, S. 99f; SCHÄTZL 1986

MER/ZIMMERMANN 1976, S. 99f). Das **Wachstumsziel** verfolgt die Maximierung des gesamtwirtschaftlichen Wachstums (z. B. gemessen am BIP oder der Beschäftigtenzahl). Entsprechend setzt die Wirtschaftspolitik ihre Instrumente an Standorten ein, die das höchste Wachstumspotential besitzen; dies sind zumeist bereits vorhandene urban-industrielle Zentren mit Agglomerationsvorteilen. Mit dem **Stabilitätsziel** wird eine Diversifizierung der Wirtschaftsstruktur von Raumeinheiten angestrebt, um deren konjunkturelle und strukturelle Krisenanfälligkeit zu verringern. Räumliches Ziel des Instrumenteeinsatzes sind zumeist urbane Standorte, an denen eine Wirtschaftsbranche dominierende Bedeutung besitzt (z. B. Standorte der Eisen- und Stahlindustrie). Nach dem **Ausgleichsziel** sollen vorhandene Unterschiede in der wirtschaftlichen Leistungsfähigkeit verringert werden; dabei kann ein vollständiger Ausgleich angestrebt werden oder nur die Sicherung der Mindestversorgung. Der dem Ausgleichsziel entsprechende Instrumenteeinsatz erfolgt vor allem an Standorten des ländlichen Raumes, in Peripheriegebieten oder mittelgroßen Städten. In jüngerer Vergangenheit wird häufig auch noch als viertes Ziel das **Ökologieziel** als Orientierungsgröße der regionalen Wirtschaftspolitik genannt (vgl. SCHÄTZL 1986, S. 25). Bei dessen Verfolgung streben die Entscheidungsträger eine nachhaltige, wenig belastende Raumwirtschaftsstruktur an. Entsprechend der räumlichen Ansatzpunkte lassen sich nicht alle Ziele gleichzeitig verfolgen, und es können Konflikte – z. B. zwischen dem Wunsch der Maximierung des nationalen Wachstums und der Bestrebung, einen räumlichen Ausgleich zu erreichen – entstehen.

Als wichtige kontrastierende **räumliche Leitbilder** (vgl. HEINEBERG 2001, S. 115f zu Leitbildern in der Stadtentwicklung) lassen sich die funktionsräumliche Arbeitsteilung, die dezentrale Konzentration und die Schaffung ausgeglichener Funktionsräume unterscheiden. Die funktionsräumliche Arbeitsteilung strebt eine Trennung von differierenden Funktionen (z. B. gewerbliche Aktivitäten, Dienstleistungen, Wohnfunktionen, Grünflächen) sowohl innerhalb von bebauten Gebieten als auch großräumig zwischen wirtschaftlichen Schwerpunkträumen und gering verdichteten landwirtschaftlichen bzw. ökologischen Ausgleichsräumen an. Bei der dezentralen Konzentration soll eine Verdich-

Bild 2-3 Industriepark in Berlin. Flächenbereitstellung und Infrastrukturausbau stellen wichtige Instrumente der Wirtschaftsförderung auf kommunaler Ebene dar. (Photo E. KULKE)

tung wirtschaftlicher Aktivitäten in ausgewählten Zentren erfolgen, die jeweils über ein weniger intensiv genutztes Umland verfügen. Bei Verfolgung des Leitbildes der ausgeglichenen Funktionsräume (und entsprechend in Verdichtungsgebieten das Leitbild der kompakten durchmischten Stadt) sollen dagegen alle Raumeinheiten eine vergleichbare diversifizierte Funktional- und Wirtschaftsstruktur erhalten.

Hinsichtlich der **Instrumente** gibt es Unterscheidungsmöglichkeiten in Instrumente der „**harten**" oder der „**weichen**" Verhaltenssteuerung und der „**direkten**" oder „**indirekten**" Einflussnahme (M 2-25). Bei Einsatz harter Instrumente wird durch unmittelbare Einflussnahme der Entscheidungsspielraum des Unternehmens eingeschränkt (z. B. Gebote, kostenwirksame Auflagen), während weiche Instrumente durch räumlich differenzierte Anreize auf die Standortwahl einwirken. Direkte Instrumente setzen bei den Unternehmen und deren konkreten Bedürfnissen an, während indirekte Instrumente die allgemeinen wirtschaftlichen Rahmenbedingungen betreffen.

M 2-25 Instrumente der Raumwirtschaftspolitik

Direkte Instrumente

– **Informationsmittel**
  . Standortmarketing und Öffentlichkeitsarbeit, Werbung in Broschüren auf Messen oder in Anzeigen
  . Beratung, Coaching, Ausbildung für Betriebe

– **Anreiz- und Abschreckungsmittel**
  . Bereitstellung von Gewerbeflächen, Mietgebäuden
  . Errichtung von Gewerbehöfen, Gründerzentren, Technologiezentren mit ergänzenden Dienstleistungen
  . Senkung laufender Kosten durch Verringerung von Steuern und Abgaben (z. B. Gewerbesteuer, Umsatzsteuer)
  . Senkung laufender Kosten durch Zuschüsse/Subventionen (z. B. Tarifvergünstigungen für Gas/Wasser/Strom, direkte betriebliche Zuschüsse)

2.2 Räumlicher Einfluss der Akteursgruppen

. Senkungen der Investitionskosten durch Investitionszulagen
. Erhöhung der Einnahmen durch staatliche Auftragsvergabe
- **Zwangsmittel**
. Vergabe von standortgebundenen Produktionslizenzen
. Verbot bestimmter Arten wirtschaftlicher Aktivitäten (z.b. Umweltauflagen) an definierten Standorten

Indirekter Instrumenteeinsatz

- **Infrastrukturpolitik**
Ausbau der materiellen (z. B. Verkehrswege, Ver- und Entsorgung) und institutionellen (z. B. Verwltung, Bildung) Infrastruktur

- **Flächennutzungs-/Raumordnungspolitik**
Darstellung von Ansiedlungsflächen

- **Arbeitsmarktpolitik**
Ausbildungsmaßnahmen oder Arbeitsförderungsmaßnahmen (z. B. Lohnkostenzuschüsse)

- **Wirtschaftspolitische Rahmengesetzgebung**

Quellen: FÜRST/KLEMMER/ZIMMERMANN 1976, HOLLBACH-GRÖMING 1996, SCHÄTZL 1986

Bei den direkten Instrumenten finden Informationsmittel die häufigste Verwendung. Ihre Wirksamkeit ist jedoch auf Grund des nahezu ubiquitären Einsatzes begrenzt. Anreizmittel wirken kostensenkend bzw. erlössteigernd für das Unternehmen; als Abschreckungsmittel erhöhen sie die Kosten. Auf kommunaler Ebene ist eine starke Orientierung auf die Flächenpolitik zu beobachten (M 2-26). Diese umfasst die kostengünstige Bereitstellung von Betriebsflächen und auch das Vorhalten von Mietflächen in fertigen Betriebsgebäuden, durch welche die Anfangsinvestitionskosten gesenkt werden können. Zusätzlich werden in Zentren für bestimmte Arten von Betrieben (z. B. für Neugründungen in Gründerzentren, technologieorientierte Betriebe in Technologiezentren, Handwerksbetriebe in Gewerbehöfen) Dienstleistungen (u. a. Sekretariat, Unternehmensberatung) bereitgestellt, um deren betrieblichen Entwicklungsverlauf zu unterstützen. Eher auf regionaler bzw. nationaler Ebene erfolgt die Gewährung von Zuschüssen zu laufenden Kosten (Subventionen) oder von einmaligen Unterstützungen (Investitionszulagen). Indirekte Instrumente setzt vorwiegend die nationale Raumwirtschaftspolitik ein. Neben der allgemeinen Rahmengesetzgebung (z. B. Steuer/Finanzpolitik, Außenwirtschaftspolitik) besitzen als raumwirtschaftspolitische Instrumente der Ausbau der materiellen Infrastruktur (u. a. Verkehrswege, Energieversorgung) und arbeitsmarktpolitische Maßnahmen (z. B. Ausbildung, Qualifizierungsangebote) hohe Bedeutung.

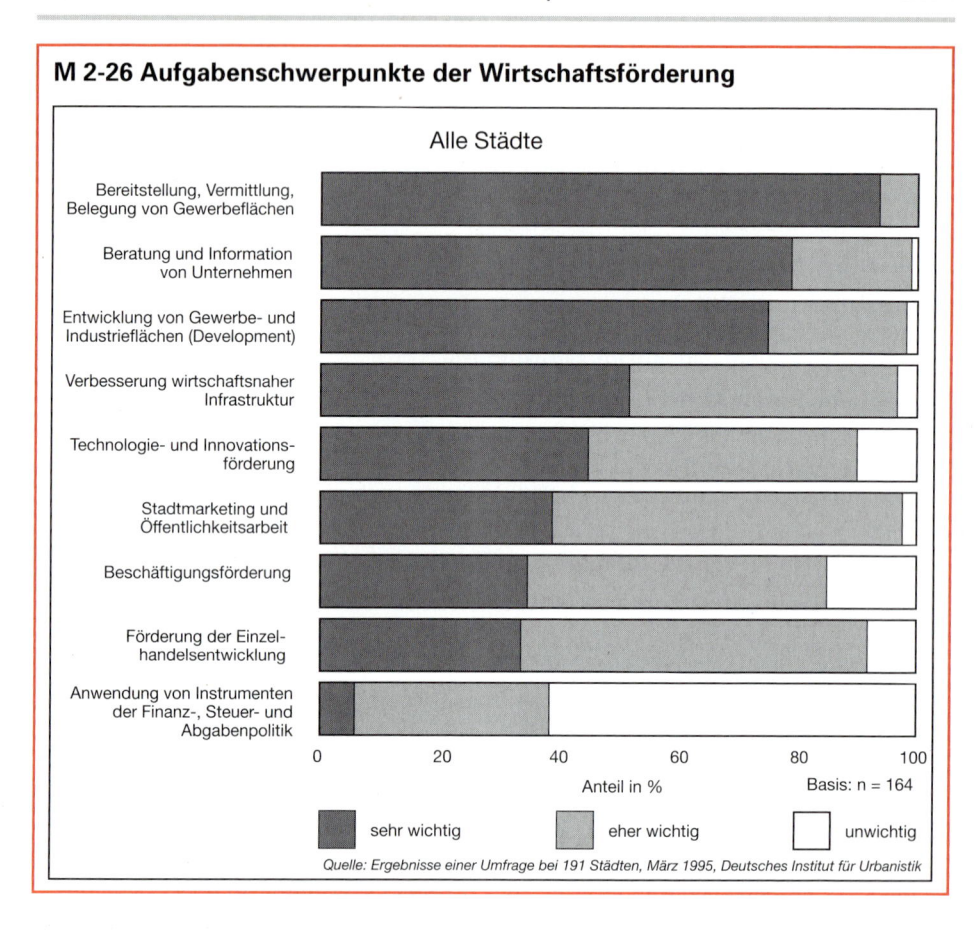

M 2-26 Aufgabenschwerpunkte der Wirtschaftsförderung

Alle Städte

Aufgabe	sehr wichtig	eher wichtig	unwichtig
Bereitstellung, Vermittlung, Belegung von Gewerbeflächen	~90	~8	~2
Beratung und Information von Unternehmen	~80	~18	~2
Entwicklung von Gewerbe- und Industrieflächen (Development)	~75	~22	~3
Verbesserung wirtschaftsnaher Infrastruktur	~65	~30	~5
Technologie- und Innovationsförderung	~45	~45	~10
Stadtmarketing und Öffentlichkeitsarbeit	~40	~50	~10
Beschäftigungsförderung	~35	~50	~15
Förderung der Einzelhandelsentwicklung	~30	~55	~15
Anwendung von Instrumenten der Finanz-, Steuer- und Abgabenpolitik	~5	~35	~60

Anteil in %, Basis: n = 164

Quelle: Ergebnisse einer Umfrage bei 191 Städten, März 1995, Deutsches Institut für Urbanistik

2.3 Organisation der Beziehungen zwischen den Akteuren

Die Organisation der Beziehungen zwischen verschiedenen Akteuren und deren handlungsleitende Bedingungen stellen gegenwärtig den Gegenstand einer intensiven wissenschaftlichen Diskussion dar. Allerdings gilt die Fülle der in den verschiedenen Wissenschaftsdisziplinen entwickelten Ansätze noch als „verwirrend" (SCHAMP 2000, S. 15). Wichtige neue Beiträge stammen aus dem Bereich der „**Institutionen-Ökonomie**", die auch Überlegungen zu „**Transaktionskosten**", zu „**Property-Rights**" und „**Prinzipal-Agent-Ansätzen**" umfasst. Berücksichtigung finden in den Ansätzen das Verhalten der Akteure und die Form der Koordinierungsmechanismen zwischen ihnen (vgl. zum folgenden insbesondere LICHTENBERG 2003, S. 37f sowie BATHELT/GLÜCKLER 2002, S. 156f; LIEFNER 2001, S. 44f; SCHAMP 2000, S. 15f; THOMI 2001, S. 4f).

Hinsichtlich des **Verhaltens der Akteure** wird das übliche Bild des Entschei-

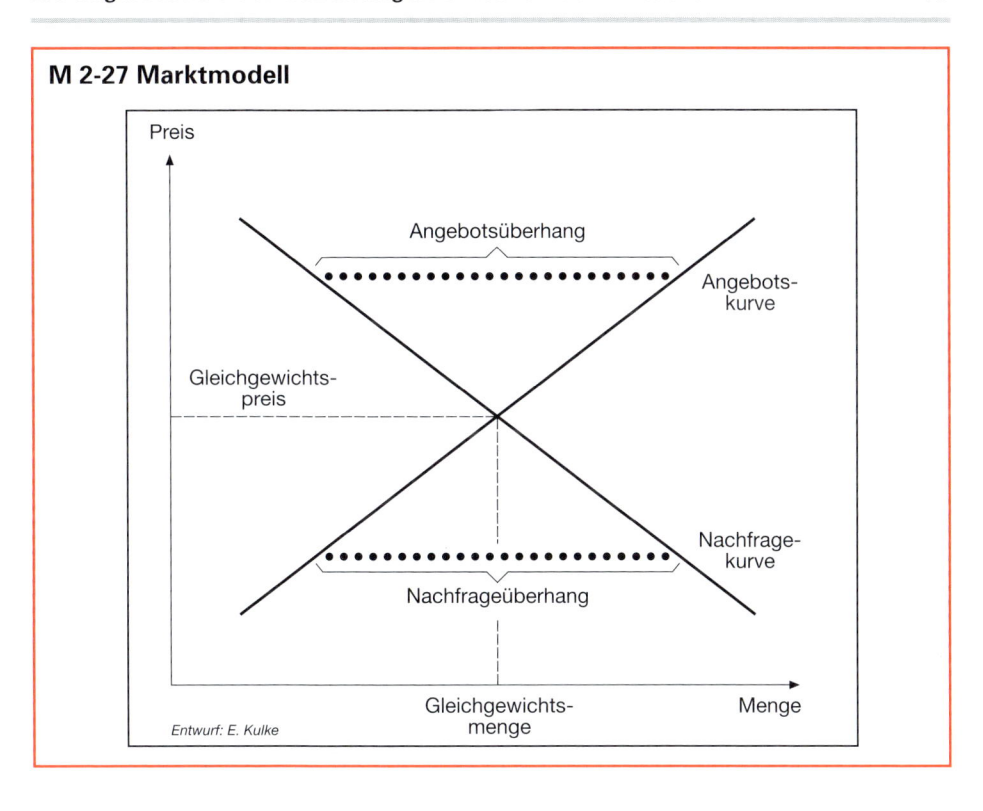

2.3 Organisation der Beziehungen zwischen den Akteuren

M 2-27 Marktmodell

Entwurf: E. Kulke

dungen treffenden homo oeconomicus bzw. Optimizers (siehe 2.2.1), welcher Gewinn- bzw. Nutzenmaximierung anstrebt, in allen Akteursgruppen weiter differenziert. Der als Optimizer handelnde Entscheidungsträger kann tatsächlich nur eine begrenzte Rationalität erreichen, da er lediglich eingeschränkte Ressourcen zur Informationsbeschaffung und -verarbeitung besitzt und nicht vollständig die Folgen seiner Entscheidung abschätzen kann; entsprechend beruhen die Ansätze auf der Annahme eines „beschränkten homo oeconomicus" (d. h. mit Ähnlichkeiten zum Satisficer; siehe Kap. 2.2.1). Zudem zeigt dieser bisweilen ein opportunistisches Verhalten, d. h. er verfolgt das Interesse des Eigennutzens auch unter Zuhilfenahme von List, welches damit vielfach zu Lasten Dritter geht. Diese Verhaltensweisen beruhen auf der Annahme eines „methodologischen Individualismus", d. h. auch wenn gewisse charakteristische Verhaltensweisen einer Gruppe auftreten, beruhen diese doch auf handelnden Individuen und nicht auf abstrakten Kollektiven, welche als Staat oder Unternehmen bezeichnet werden.

In der klassischen ökonomischen Theorie erfolgt die Abstimmung der Interessen der Akteure über den Markt. Das **Marktmodell** geht davon aus, dass Angebot und Nachfrage nach Leistungen zur Herausbildung eines Gleichgewichtspreises führen. Üblicherweise wird der Zusammenhang in Preis-Mengen-Diagrammen dargestellt (M 2-27). Angebots- und Nachfragekurven zeigen, dass die Anbieter bei steigendem

Preis größere Mengen anbieten und dass die Nachfrager bei steigendem Preis geringere Mengen nachfragen. In einem Punkt (dem Kreuzungspunkt der Angebots- und Nachfragekurve) sind Angebot und Nachfrage im Einklang; dieser Gleichgewichtsmenge entspricht ein Gleichgewichtspreis. Beispiele lassen sich auf verschiedenen Teilmärkten darstellen. Auf dem Gütermarkt entsteht ein Gleichgewichtspreis für Waren durch die preisabhängig angebotene Menge eines Artikels und die von den Kunden zu verschiedenen Preisen nachgefragte Menge. Auf dem Arbeitsmarkt entsteht ein Gleichgewichtslohn, zu welchem die Unternehmen genau die Menge an Arbeitsleistung nachfragen, welche unter dem dann gegebenen Lohnsatz die Arbeitnehmer bereit sind anzubieten. Der Gleichgewichtspreis und die Gleichgewichtsmenge können sich durch Änderungen von Bedingungen (z. B. veränderte Herstellungskosten, sich einkommensbedingt verändernde Nachfrage, staatlicher Einfluss durch Steuern) verändern. Auch können temporäre Ungleichgewichte auftreten, welche sich beispielsweise im vorübergehenden Anwachsen der Lagerbestände der Hersteller (Überangebot auf dem Warenmarkt) oder zeitweiser Arbeitslosigkeit (Überangebot von Arbeitskräften) ausdrücken, die sich allerdings mit einer gewissen Zeitverzögerung wieder ausgleichen. Unvollkommenheiten der Preis-Mengen-Ausgleichsmechanismen, z. B. aufgrund über dem Gleichgewichtslohn liegender, in Tarifverträgen festgesetzter Löhne, aufgrund räumlicher Distanzen, fehlender Markttransparenz, persönlicher Präferenzen oder aufgrund von Qualitätsunterschieden des Angebots, können auch zu dauerhaft unvollkommenen Märkten führen.

Als extremes Gegenbeispiel wird dem Marktmodell das **Hierarchiemodell** gegenübergestellt. In diesem legen übergeordnete Instanzen Art, Menge und Preis des Angebots untergeordneter Instanzen fest. Während es sich bei Marktbeziehungen vor allem um externe Abstimmungen zwischen verschiedenen Akteuren handelt, bestehen Hierarchiebeziehungen vor allem innerhalb von Einheiten. Ein besonderes Beispiel interner hierarchischer Abstimmungen stellten in der Vergangenheit die planwirtschaftlichen Systeme sozialistischer Staaten dar, in welchen staatliche Plankommissionen die Angebotsmengen der ihnen zugeordneten betrieblichen Einheiten festsetzten. Heute treten hierarchische Beziehungen vor allem innerhalb von Unternehmen auf. Für Unternehmen stellt sich die Frage, welche Leistungen sie intern unter hierarchischen Bedingungen erbringen und welche sie außen auf Märkten nachfragen.

Zwischen Markt und Hierarchie identifizieren die Ansätze der Institutionen-Ökonomie weitere Einflussfaktoren auf Abstimmungsprozesse. Das Verhalten der Akteure wird im **Property-Rights-Ansatz** durch die Verfügungsrechte an einer Sache bestimmt (BROMLEY 1993; vgl. auch LICHTENBERG 2003, S. 43f; SCHAMP 2000, S. 15f). Elemente des Verfügungsrechtes an einer Ressource (M 2-28) sind dabei das Recht, eine Sache zu nutzen (Usus), die Erträge einer Sache zu behalten (Usus Fructus), die Sache zu veräußern (Abusus) und sie unter bestimmten Konditionen anderen zu überlassen (Transfer). Von einem exklusiven Verfügungsrecht wird gesprochen, wenn ein Eigentümer alle Rechte gleichermaßen ausübt. Die Verteilung der Rechte beeinflusst das Verhalten in Bezug auf die Nutzung der Ressource. Beispielsweise wird bei einem Teilverfügungsrecht über die Erträge ohne dauerhaftes Eigentumsrecht an der Res-

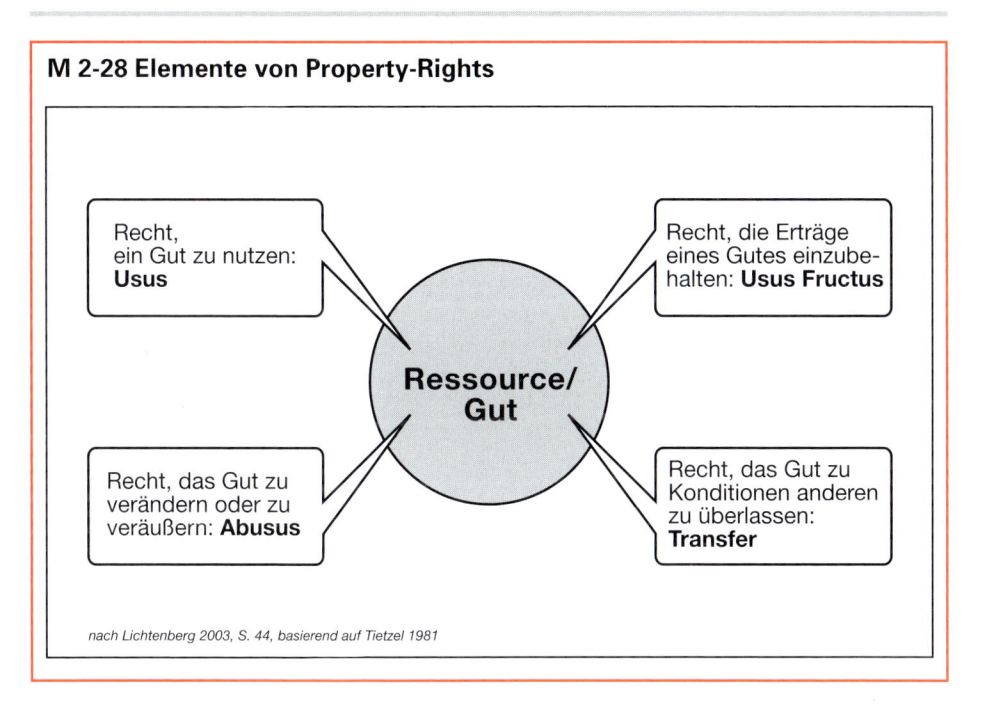

2.3 Organisation der Beziehungen zwischen den Akteuren

M 2-28 Elemente von Property-Rights

- Recht, ein Gut zu nutzen: **Usus**
- Recht, die Erträge eines Gutes einzubehalten: **Usus Fructus**
- Recht, das Gut zu verändern oder zu veräußern: **Abusus**
- Recht, das Gut zu Konditionen anderen zu überlassen: **Transfer**

Ressource/Gut

nach Lichtenberg 2003, S. 44, basierend auf Tietzel 1981

---

source die Bereitschaft, in deren Verbesserung zu investieren, nur so weit gehen, wie sich dadurch kurzfristig in gleichem Umfang Ertragssteigerungen erzielen lassen.

Mit der Entscheidung, in welchem Umfang Leistungen selbst erbracht werden und in welchem Maße sie extern auf Märkten nachgefragt werden (make-or-buy Frage), beschäftigen sich Überlegungen zu **Transaktionskosten** (COASE 1960; WILLIAMSON 1990). Der Grad der Unsicherheit bezüglich des Verhaltens des Partners, die Häufigkeit, mit welcher die Partner in Beziehung treten, und die Spezifität nehmen Einfluss auf die Höhe der Transaktionskosten (siehe dazu die Erläuterungen in Kap. 6.2). Unternehmen versuchen, Koordinierungsformen mit geringen Transaktionskosten zu wählen. Je größer die Transaktionskosten auf Märkten sind, desto eher erfolgt ein internes Erbringen der Leistungen.

Die **Prinzipal-Agent-Theorie** diskutiert die Beziehungen zwischen Auftraggebern (Prinzipal) und Auftragnehmern (Agent) und berücksichtigt dabei ungleiche Informations- und Machtverteilungen zwischen beiden (vgl. ARROW 1985; LIEFNER 2001, S. 43f). Der Prinzipal überträgt dem Agenten – um dessen Fähigkeiten oder Kenntnisse zu nutzen – gegen eine festgelegte Vergütung eine Aufgabe und erhält dafür das Ergebnis. Beide Partner streben Nutzenmaximierungen an, wobei diese nicht vollständig übereinstimmen müssen. Das Problem des Prinzipal besteht darin, dass er nicht vollständig die Eigenschaften und Absichten des Agenten kennt und auch dessen Handlungen nicht permanent überwachen kann; entsprechend kann der Agent ein Ergebnis erbringen, welches nicht vollständig den Wünschen des Prinzipal entspricht. Eine hohe Zielerreichung wird dann möglich, wenn die Handlungen des Agenten überprüfbar sind oder wenn für positive Ergebnisse zusätzliche Anreize gewährt werden.

Literaturauswahl zur Ergänzung und Vertiefung

Wirtschaftssektoren
ALBACH 1989, ELLGER 1993, HÄUßER 1999, KULKE 1998a und 2000, STAUDACHER 1995
Informeller Sektor
ESCHER 1999, GERTEL 1999
Unternehmen und ihre Standortfaktoren
CHAPMAN/WALKER 1992, DICKEN/LLOYD 1999, DIFU 1994, SMITH 1971
Nachfrager
KULKE 1992b
Planer/Politiker
FÜRST/KLEMMER/ZIMMERMANN 1976

3 Standorte und Standortsysteme landwirtschaftlicher Raumnutzung

Bild 3-1 Reisanpflanzung in Vietnam. In Entwicklungsländern besitzt die Landwirtschaft noch die größten Beschäftigtenanteile und trägt wesentlich zu den Exporterlösen bei. (Photo E. KULKE)

Von allen Wirtschaftssektoren ist die Art und Intensität der räumlichen Nutzung in der Land- und Forstwirtschaft sowie in der Fischerei am stärksten durch naturräumliche Bedingungen beeinflusst. Die klimatische Situation, Hydrologie, Böden oder Oberflächenformen prägen und begrenzen die Möglichkeiten agrarwirtschaftlicher Inwertsetzung (vgl. ARNOLD 1997 und 1998, BOESCH 1977). Darüber hinaus nehmen jedoch auch agrosoziale bzw. gesellschaftliche Rahmenbedingungen (z. B. Besitzstrukturen, Nachfragepräferenzen) erheblichen Einfluss auf die Nutzungsweisen. Formen und Arten landwirtschaftlicher Nutzung behandelt das Lehrbuch zum ländlichen Raum; deshalb beschränkt sich die Diskussion hier auf ökonomische Einflußgrössen räumlicher Nutzungsstrukturen, insbesondere den Ansatz von J. H. VON THÜNEN, deren Kenntnis zur Vervollständigung der sektoralen und akteursgruppenorientierten Konzeption dieses Lehrbuchs erforderlich ist.

3.1 Modell agrarer Bodennutzung

Die von J. H. VON THÜNEN 1826 veröffentlichte Standorttheorie ist einer der ersten modelltheoretischen Erklärungsansätze der Wirtschaftsgeographie und besaß prägende Bedeutung für später entwickelte Modelle und Theorien. Durch eine **Reduzierung der vielfältigen Raumfaktoren**, die lange als Begründung für die Empirieorientierung der Geographie und die Diskussion der Individualität der Landschaft dienten, auf ausgewählte Einflussgrößen, durch restriktive Annahmen und durch die Abstraktion auf einen homogenen Raum wurde erstmals eine allgemeine Erklärung räumlicher Strukturen entwickelt. Innerhalb eines solchen Systems von Restriktionen werden **rational-ökonomische Entscheidungen** des Landwirts (als Optimizer bzw. homo oeconomicus) zur bestimmenden Größe. Seine Entscheidung basiert auf der Gegenüberstellung der möglichen Erlöse und der aufzuwendenden Kosten von Produkten. Räumlich differenzierte Nachfrageeinflüsse – die Nachfrage ist nur an einem Ort wirksam und nicht durch außenwirtschaftliche Einflüsse überprägt (deshalb nennt THÜNEN sein Buch auch "Der isolierte Staat in Beziehung auf Landwirtschaft und Nationalökonomie") – und Politikereinflüsse bleiben im Grundmodell ausgeklammert.

In seinem Modell der Landnutzung definiert THÜNEN als **restriktive Annahmen** (vgl. zum folgenden: DICKEN/LLOYD 1999, GIESE 1995, HAGGETT 2001, HEINEBERG 2003, KULKE 2000, PEZ 1989), dass eine homogene Fläche vorliegt (keine natur-, kultur- oder wirtschaftsräumlichen Unterschiede), in welcher eine zentral gelegene Siedlung den einzigen Marktort darstellt; nur dort können die produzierten landwirtschaftlichen Güter verkauft werden. Daneben gilt, dass die Verkehrsverbindungen zum Erreichen des Marktortes in alle Richtungen gleich sind und dass Transportkosten proportional zur Entfernung zu diesem Marktort entstehen. Alle Landwirte können selbständig ihre Anbauprodukte in Abhängigkeit von den Absatzmöglichkeiten im Marktort bestimmen und sie streben Gewinnmaximierung an.

Unter diesen Bedingungen lässt sich eine entfernungsabhängige Lagerente konstruieren, die den an verschiedenen Standorten im Raum verbleibenden Gewinn ausdrückt; dieser ergibt sich aus dem Marktpreis abzüglich Produktions- und Transportkosten. Das Grundmodell (M 3-1) zeigt, dass am Marktort für ein Anbauprodukt der Marktpreis P erzielt wird. Von diesem Marktpreis müssen die aufgrund der Homogenitätsannahme an allen Standorten im Raum gleichen Produktionskosten (z. B. für Saatgut, Dünger, Maschinen, Arbeit) abgezogen werden. Es verbleibt die räumlich differenzierte transportkostenabhängige **Lagerente** R. Sie ist im Marktort maximal, mit zunehmender Entfernung zum Marktort müssen die Landwirte immer größere Transportkosten TK zum Verbringen ihrer Produkte in das Zentrum aufwenden, und die Lagerente verringert sich entsprechend. Ab einer bestimmten Entfernung lohnt sich aufgrund zu hoher Transportkosten der Anbau nicht mehr.

Im nächsten Schritt stellt THÜNEN fest, dass verschiedene landwirtschaftliche Produkte aufgrund ihres unterschiedlichen Marktpreises sowie ihrer differierenden Beschaffenheit und entsprechender Transportkostenempfindlichkeit unterschiedliche Lagerenten aufweisen. So gibt es Gü-

3.1 Modell agrarer Bodennutzung

M 3-1 Grundmodell der Lagerente eines Anbauprodukts

Quelle: aus Pez 1989 nach Thünen 1826

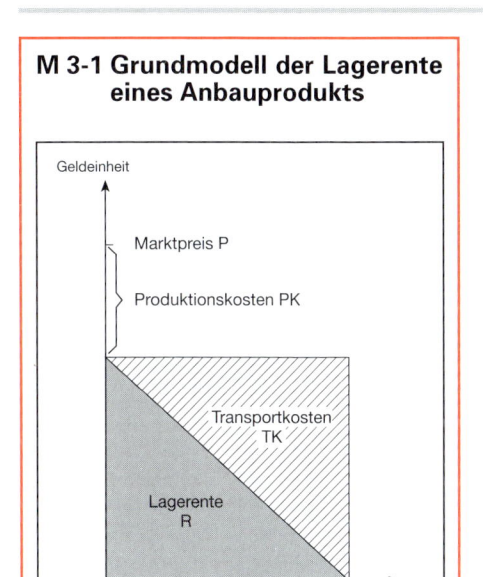

ter mit hohem Marktpreis, aber zugleich aufgrund von Verderblichkeit großen Transportkosten (z.B. Obst/Gemüse) und Produkte mit niedrigerem Marktpreis, aber geringerer Transportkostenempfindlichkeit (z.B. Getreide). In M 3-2 sind die Lagerenten von drei Produkten mit unterschiedlichen Lagerenten (R1, R2, R3) dargestellt. In Abhängigkeit von der Entfernung zum Zentrum entscheidet sich nun jeder Landwirt aufgrund seines Ziels der Gewinnmaximierung für den Anbau jenes Produkts, bei welchem er an seinem Betriebsstandort die höchste Lagerente erzielt. Produkt 1 erlaubt vom Marktort bis zum Betriebsstandort A den höchsten Gewinn, Produkt 2 zwischen A und B sowie Produkte 3 zwischen B und C. Durch Rotation der auf der x-Achse abgetragenen Grenzpunkte um den Marktort lassen sich graphisch die sich ergebenden drei konzentrischen Nutzungszonen dieser Produkte darstellen.

In der Folge durchgeführte **empirische Analysen** zur Prüfung des Ansatzes iden-

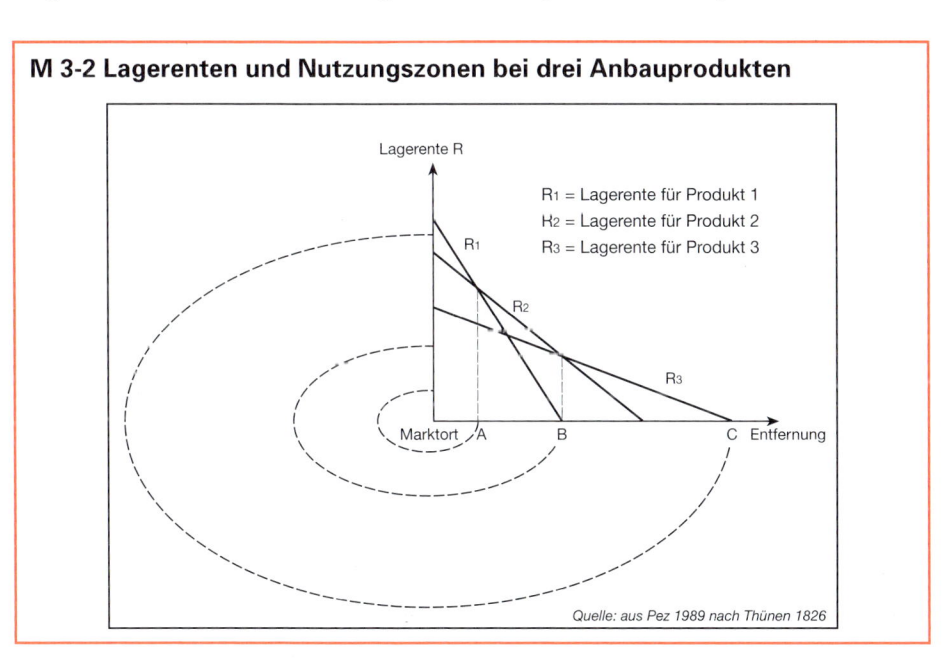

M 3-2 Lagerenten und Nutzungszonen bei drei Anbauprodukten

R_1 = Lagerente für Produkt 1
R_2 = Lagerente für Produkt 2
R_3 = Lagerente für Produkt 3

Quelle: aus Pez 1989 nach Thünen 1826

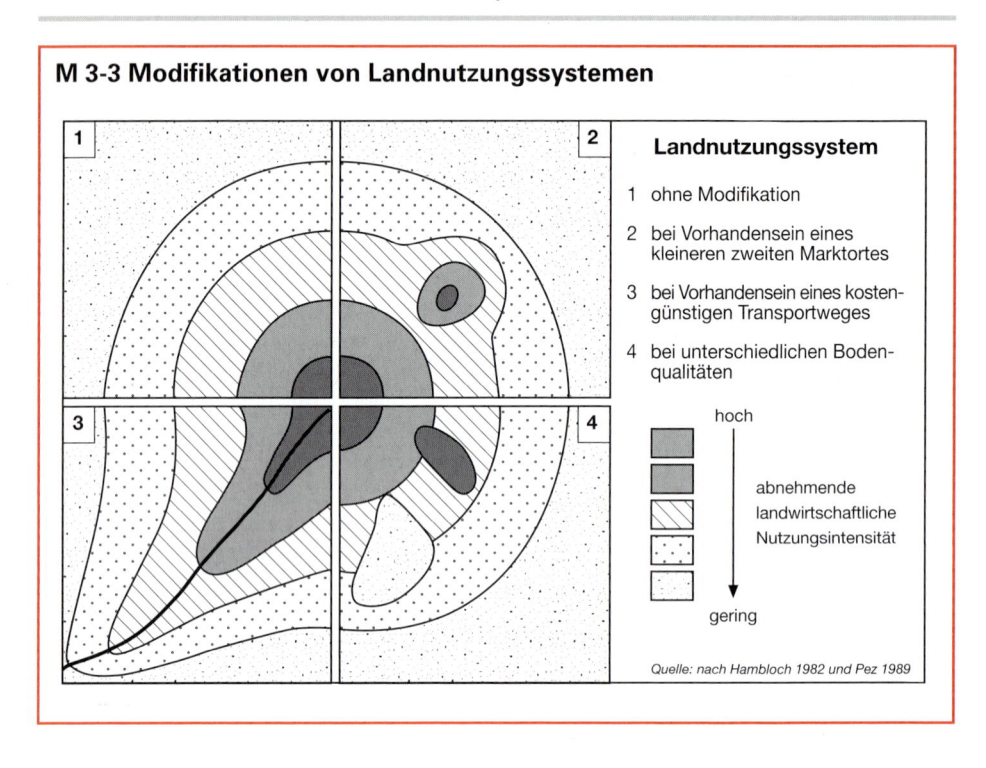

M 3-3 Modifikationen von Landnutzungssystemen

Landnutzungssystem

1 ohne Modifikation

2 bei Vorhandensein eines kleineren zweiten Marktortes

3 bei Vorhandensein eines kostengünstigen Transportweges

4 bei unterschiedlichen Bodenqualitäten

hoch

abnehmende landwirtschaftliche Nutzungsintensität

gering

Quelle: nach Hambloch 1982 und Pez 1989

tifizierten modifizierende Einflüsse und belegende Beispiele (vgl. GIESE 1995, HAMBLOCH 1982, PEZ 1989). So lassen sich ergänzende naturräumliche Faktoren (z. B. unterschiedliche Bodenqualitäten, Relief), spezielle Merkmale des Verkehrssystems (z. B. lineare Verkehrswege, die Transportkosten senken; vgl. das Raumerschließungsmodell von KOHL 1841) oder kleinere Nebenmärkte in die Modellüberlegungen einbinden und damit ein realitätsnäheres Bild der Agrarlandschaft entwickeln (M 3-3).

Großräumige Untersuchungen der Art und Intensität der Landnutzung des 19. und beginnenden 20. Jahrhunderts zeigten Nutzungssysteme, die sich im Sinne v. THÜNENS aus der räumlichen Lage zu den Hauptnachfragegebieten erklären lassen. So gab es in Europa in der Nähe der urban-industriellen Zentren eine höhere Bodennutzungsintensität als in den peripheren Räumen (M 3-4). Auch einige heute noch vorhandene landwirtschaftliche Intensivgebiete entstanden ehemals aufgrund der räumlichen Nähe zu aufnahmefähigen Märkten. So entwickelte sich bereits um 1600 an der Elbe im "Alten Land" ein Gebiet mit intensivem marktorientierten Obstanbau, dessen Produkte in das benachbarte Hamburg transportiert wurden und die dortige Nachfrage sowie später auch Marktgebiete in England und Skandinavien (aufgrund des Hamburger Hafens mit seinen Seeverbindungen in relativer räumlicher Nähe liegend) versorgten. Obwohl sich inzwischen die Transport- und Marktbedingungen erheblich verändert haben, blieb das Nutzungssystem – trotz vergleichsweise ungünstiger natürlicher Bedingungen des

3.1 Modell agrarer Bodennutzung

M 3-4 Beispiele der Landnutzung

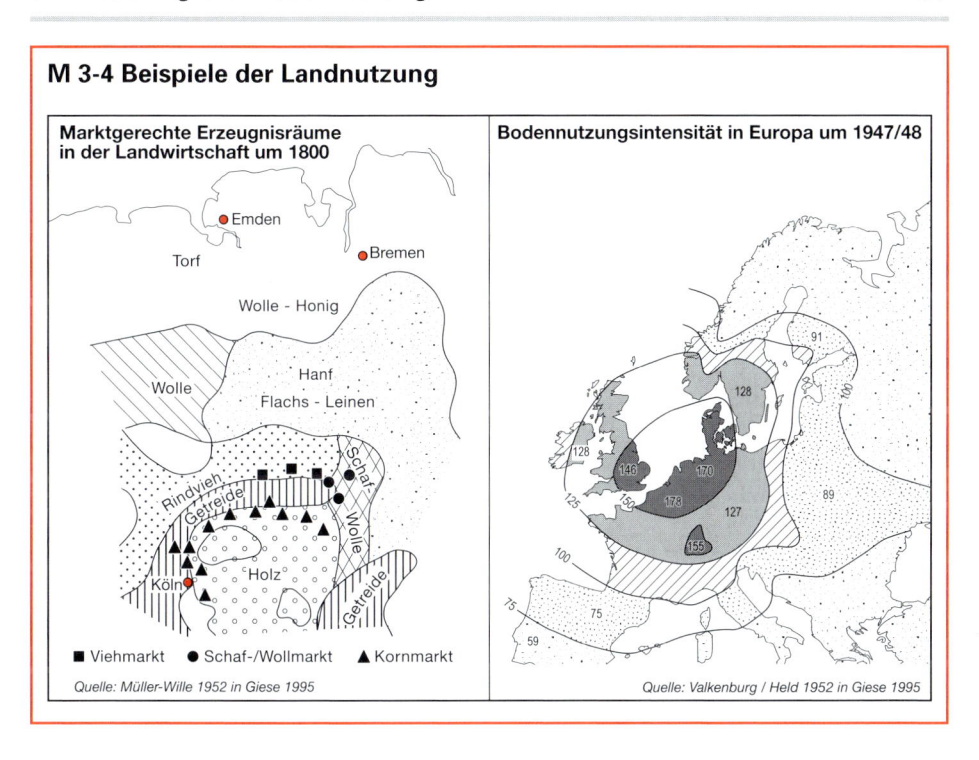

Marktgerechte Erzeugnisräume in der Landwirtschaft um 1800

Quelle: Müller-Wille 1952 in Giese 1995

Bodennutzungsintensität in Europa um 1947/48

Quelle: Valkenburg / Held 1952 in Giese 1995

M 3-5 Sonderkulturen im "Alten Land"

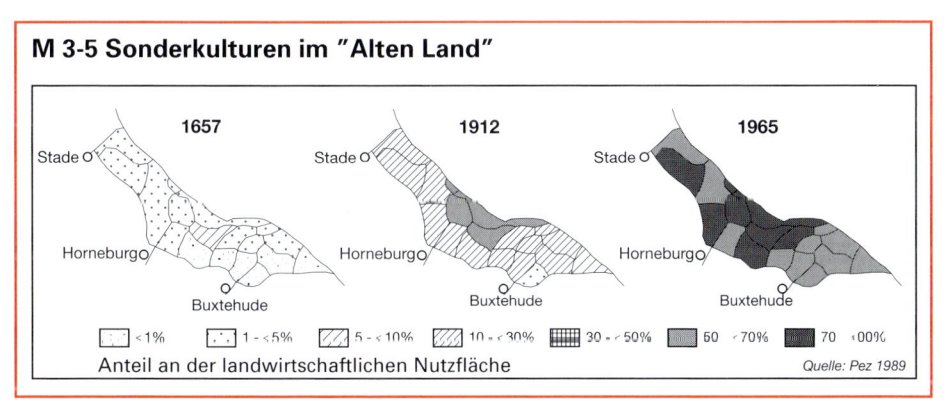

Anteil an der landwirtschaftlichen Nutzfläche

Quelle: Pez 1989

Raumes – aufgrund lokalen Wissens (z.B. Obstbaumschule Jork), welches Spezialisierungen und Erschließung von Marktnischen erlaubte, sowie besonderer Marktbeziehungen mit positivem Image und hohem Bekanntheitsgrad erhalten (M 3-5).

Großräumig lassen sich auch heute noch Intensitätsunterschiede in der Landwirtschaft zwischen eher zentrumsnahen Gebieten und eher zentrumsfernen Gebieten beobachten (M 3-6). Auch weist das unmittelbare Umland von Großstädten oftmals hohe Flächenanteile intensiver, auf den städtischen Markt orientierter Gemüse- und Gartenbaukulturen auf (vgl. FREUND 1989). Dennoch haben sich heute die landwirtschaftlichen Nutzungssysteme gegenüber den v. THÜNEN-Vorstellungen, die Systeme des 19. Jahrhunderts betrachteten, durch veränderte Rahmenbedingungen – insbesondere den Wandel des Faktors Transportkosten und den starken Einfluss der Akteursgruppe der Planer oder Politiker – gewandelt.

Im 20. Jahrhundert entwickelten sich **leistungsfähige Verkehrssysteme**, welche eine drastische Reduzierung der Transportkosten bewirkten. Damit verlor der **Faktor Transportkosten** in hochentwickelten Ländern gegenüber räumlich differenzierten Produktionskosten an Bedeutung. Dieser Zusammenhang erklärt beispielsweise die Entwicklung der hochspezialisierten Landwirtschaft in den Niederlanden (u. a. Gemüse und Blumen) oder den Anbau von Spezialprodukten (z. B. Erdbeeren) in der Nähe von Flughäfen im südlichen Mediterranraum. Dort werden Agrargüter aufgrund moderner Produktionsmethoden kostengünstig hergestellt (siehe economies of scale in Kap. 4.3); der Produktionskostenvorteil ist größer als die zusätzlichen – aber nur noch vergleichsweise niedrigeren – Transportkosten, so dass ein Absatz zu konkurrenzfähigen Preisen auch in weit entfernten Regionen möglich wird.

Heute nimmt die Akteursgruppe der **Planer/Politiker** starken Einfluss auf die Landwirtschaft und Landnutzung. So übertrafen beispielsweise in Deutschland

Bild 3-2 Plantage mit Zitrusfrüchten im Süden Portugals. Die hochspezialisierten Landwirtschaftsbetriebe des Mittelmeerraumes versorgen große Teile Europas. (Photo E. KULKE)

3.2 Ergänzende Ansätze räumlicher Landnutzung

M 3-6 Beispiele für Gliederung ländlicher Räume in Deutschland

1. **Ländliche Räume** (BMBAU 1995)
   - dicht besiedelt und zentrumsnah (günstige Lage zu Verdichtungsgebieten und überregionalen Verkehrsachsen)
   - relativ günstige Produktionsbedingungen für Landwirtschaft bzw. spezielle Poduktionen (Lage in Naturräumen mit hoher Bodenfruchtbarkeit, Marktnähe)
   - gering verdichtete Räume mit industriellen Wachstumstendenzen (relativ günstige Lage im überregionalen Verkehrsnetz)
   - attraktive Räume mit überregionalem Fremdenverkehr (günstige Lage in attraktiven Landschaftsräumen: Küsten, Seen, Mittelgebirgs- oder Bergregionen)
   - strukturschwache ländliche Räume (ungünstige periphere Lage zu Verbindungsachsen/Wirtschaftszentren, Grenzlagen)

2. **Agrarraumtypen** (ARNOLD 1998)
   - Agrarräume im Randbereich städtischer Agglomerationen
   - agrarische Intensivgebiete in naturräumlichen Gunstregionen
   - agrarische Extensivgebiete auf von Natur aus benachteiligten Standorten und in peripherer Lage

---

im Jahr 1994 erstmals die Transferleistungen des Staates an die Landwirtschaft die Bruttowertschöpfung dieser (ARNOLD 1998, S. 38). Diese Landwirtschaftspolitik begründet sich durch ein vielfältiges wirtschaftliches und gesellschaftliches Zielsystem; wichtig sind dabei die Verbesserung der Lebensverhältnisse im ländlichen Raum, die Versorgung der Bevölkerung mit hochwertigen Agrarprodukten, der Verbraucherschutz oder die Sicherung bzw. Verbesserung der natürlichen Lebensgrundlagen. Durch die Markt- und Preispolitik für Produkte (z. B. Getreide, Zucker, Milch) und die betriebliche Strukturpolitik (Flurbereinigung, Zuschüsse für Investitionen, Grünbrache etc.) verändern sich auch die räumlichen Nutzungen.

3.2 Ergänzende Ansätze räumlicher Landnutzung

Ergänzende Ansätze zur landwirtschaftlichen Raumnutzung untersuchen die Möglichkeiten der Übertragung des Modells von THÜNENS auf **Agglomerationsräume**, die Betrachtung der Bedeutung der Landwirtschaft für die **ländlichen Räume** und die Frage der Einbindung landwirtschaftlicher Betriebe in **Warenketten**.

Die Überlegungen von v. THÜNENS zu Intensitätsunterschieden in der Nutzung lassen sich auch auf **Agglomerationsräume**, d. h. auf städtische Gebiete und auf Stadtumlandbereiche, übertragen (M 3-7, vgl. DICKEN/LLOYD 1999, S. 62f, GIESE 1995, S. 36f). Die von ALONSO (1960) entwickelte Theorie für innerstädtische Gebiete basiert auf den Annahmen, dass Unternehmen gewinnmaximale Standorte und Haushalte nutzenmaximale Standorte wählen. Die Art der Landnutzung wird bestimmt durch die sich aus den Konkurrenzangeboten der Nutzer ergebenden Bodenwerte; je attraktiver eine Lage für verschiedene Nutzer ist, desto höhere Gebote unterbreiten sie und entsprechend hohe Bodenpreise treten auf. Die Zahlungsfähigkeit der verschiedenen Nutzer für die Bodenwerte hängt von der Bid-Price-

M 3-7 Landnutzungssystem innerhalb von Städten

Quelle: Dicken / Lloyd 1999

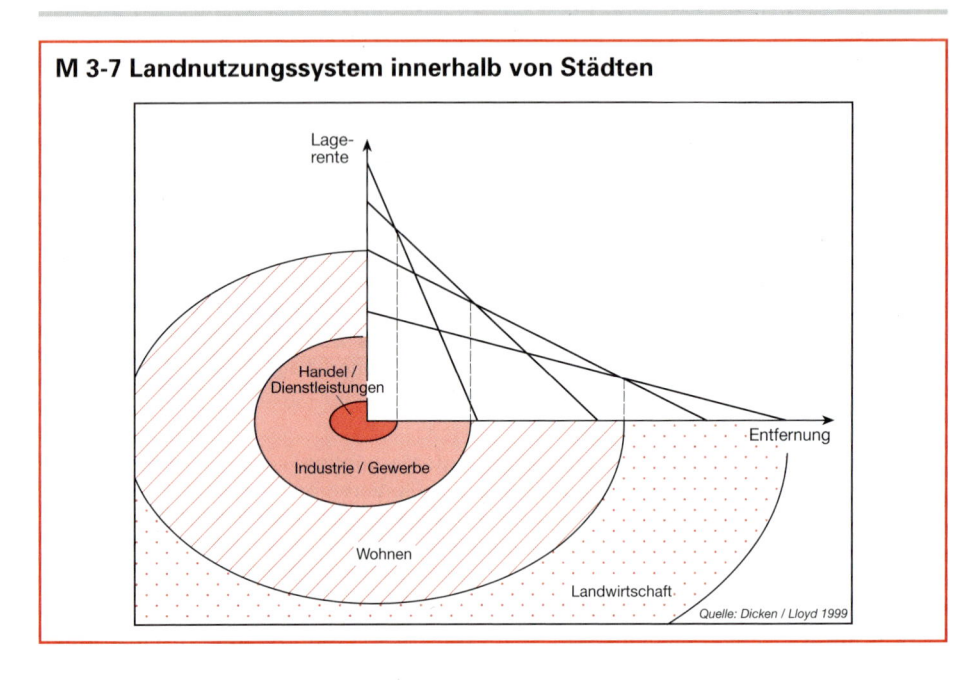

Funktion (eine Art Lagerente) bestimmter Produkte oder Angebote ab. Spezialisierte Unternehmen des Dienstleistungssektors können in zentralen Lagen einen hohen Umsatz erzielen, der aber bereits in geringer Entfernung zum Zentrum stark sinkt; entsprechend verläuft ihre Bid-Price-Funktion sehr steil und sie konzentrieren sich im Zentrum. Für gewerbliche Aktivitäten ist eine zentrale Lage weniger entscheidend und entsprechend verläuft die Bid-Price-Funktion flacher. Noch flacher ist der Verlauf bei Wohnfunktionen, deren Nutzen durch eine zentrumsnahe Lage begrenzter ist. Entsprechend lässt sich ein Modell innerstädtischer Nutzungszonen entwickeln, welches auf von THÜNENS Überlegungen zur Lagerente basiert und im Ergebnis dem Stadtmodell von BURGESS (siehe HEINEBERG 2001, S. 102) entspricht.

Eine Modell der Umkehr der landwirtschaftlichen Nutzungsintensität der THÜNEN-Art entwickelte SINCLAIR (1967) für das Umland von expandierenden Städten. Grundannahme ist, dass städtischer Boden einen höheren Wert als landwirtschaftlich genutzter Boden besitzt und dass die Nutzungsformen konkurrieren. In unmittelbarer Umgebung expandierender Städte dominiert die Erwartung, dass der Boden bald in städtische Nutzung umgewandelt wird und dass bei kurzfristiger Bereitstellung hohe Gewinne erzielt werden können. Entsprechend ist dort die Bereitschaft der Landwirte gering, Investitionen oder Arbeitsleistungen für eine intensive Bewirtschaftung einzusetzen. In der Zone höchster Veränderungen (M 3-8) mit bereits aufgeteilten Parzellen dominieren Brachflächen sowie industrialisierte Landwirtschaft (z. B. Gewächshäuser mit hoher Nutzungs- und Ertragsintensität). Auf dem anschließenden Bauerwartungsland erfolgt nur noch eine extensive temporäre Bewirtschaftung (u. a. Weideland), um

3.2 Ergänzende Ansätze räumlicher Landnutzung

M 3-8 Landwirtschaftliche Nutzungszonen im Umkreis einer expandierenden Stadt

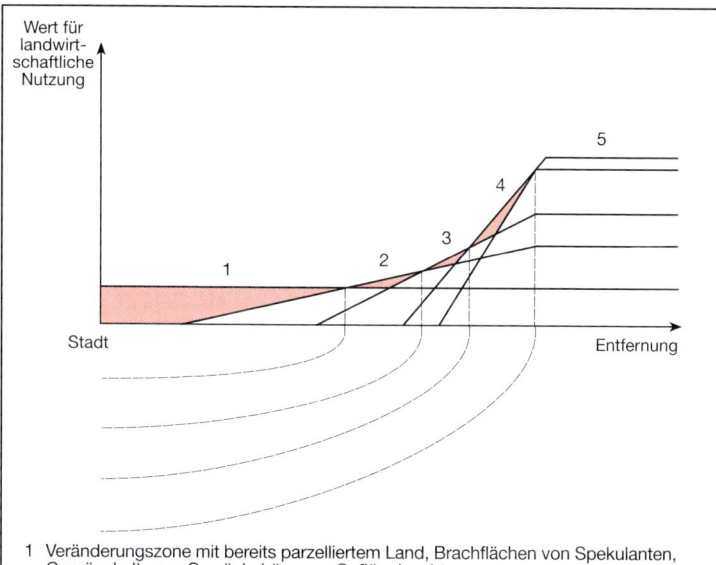

1 Veränderungszone mit bereits parzelliertem Land, Brachflächen von Spekulanten, Gemüsekulturen, Gewächshäusern, Geflügelzucht

2 Bauerwartungsland, noch nicht parzelliert, Eigentümer warten auf profitmaximalen Verkauf, temporäre Landnutzung durch Weideland oder Erholung

3 Übergangszone, geringe Nutzungsintensität durch Ackerbau und Weidewirtschaft

4 Landwirtschaftliches Stadtumland, kein Bauerwartungsland, Michwirtschaft und Feldbau für städtischen Markt

5 Zone außerhalb des städtischen Einflusses, national orientiertes Anbausystem

Quellen: Chapman / Walker 1992 nach Alonso 1960, Sinclair 1967, Giese 1995

eine schnelle Umnutzung zum günstigsten Verkaufszeitpunkt zu ermöglichen. Mit zunehmender Entfernung zur expandierenden Stadt und damit abnehmender Wahrscheinlichkeit für eine baldige Überführung in städtische Nutzung erhöht sich die landwirtschaftliche Nutzungsintensität wieder. Empirische Beobachtungen im suburbanen Raum belegen diese Annahmen.

Der absolut geringe Beschäftigtenanteil der Landwirtschaft in **ländlichen Räumen** hochentwickelter Länder, der selbst in agrarischen Intensivgebieten kaum 10 % erreicht, drückt nicht die wesentlich höhere regionalwirtschaftliche Bedeutung des Sektors in diesen Gebieten aus (vgl. BAUER/HUMMELSHEIM 1995, WIEßNER 1999). Landwirtschaftliche Betriebe und Produktion sind vielmehr auf vielfältige Weise mit den übrigen außerlandwirtschaftlichen Aktivitäten an ihren Standorten vernetzt. Es lassen sich dabei direkte, indirekte und komplementäre Beziehungen identifizieren. Direkte Vernetzungen bestehen mit landwirtschaftsorientierten

M 3-9 Agrarsystem im ländlichen Raum

private Dienstleistungen, z.B.: Finanzierung, Versicherung, Reparatur, Beratung, Lagerung, Genossenschaften, Tierärzte, Tankstellen, Kirche, Wirtshaus

vorgelagerte Einrichtungen
- Futtermittelindustrie
- Maschinen- und Gerätehersteller
- Agrochemie
- Saatgutproduzenten
- Energie- und Wasserwirtschaft

landwirtschaftliche Erzeugerbetriebe

nachgelagerte Einrichtungen
- Handel und Vermarktungsorganisationen
- Transportunternehmen
- Verarbeitungsfirmen, z.B.: Schlachterei, Milchverarbeitung, Mühlen, Zuckerfabrik, Verpackungsindustrie, Textilindustrie
- Abfallbeseitigung, Abwasserreinigung

staatliche Dienstleistungen, z.B.: Beratung, Forschungsanstalten, ländliches Schulwesen, Wetterdienste, Kontrolldienste, ländliche Raumplanung, politisch-ökonomischer Rahmen

Quelle: Lexikon der Geographie 2001, S. 29

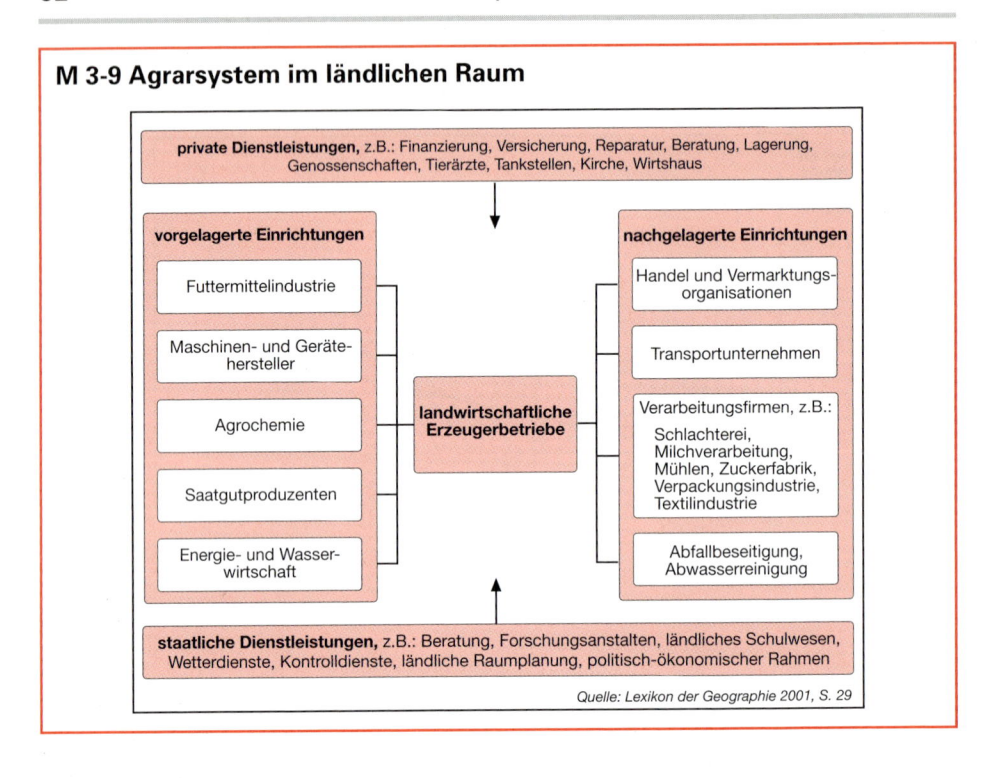

Betrieben durch Bezugs-, Absatz- und Dienstleistungsverflechtungen (M 3-9). Indirekte Vernetzungen ergeben sich durch die Nachfrage von landwirtschaftlichen Beschäftigten nach Gütern (z.B. Einzelhandel) und Dienstleistungen (u. a. Freizeitgestaltung, konsumentenorientierte Dienste). Komplementäre Beziehungen bestehen zu außerlandwirtschaftlichen Aktivitäten, die von dem Vorhandensein der Landwirtschaft profitieren (z.B. Fremdenverkehr, Naherholung). Entsprechend sind die ländlichen Räume durch einen auf der Landwirtschaft basierenden wirtschaftlichen Cluster – auch **regionales Agrarsystem** genannt – geprägt (vgl. SCHÄKEL 1996).

Dieses Agrarsystem berücksichtigen die jüngeren Ansätze zu ländlichen Räumen (vgl. BAUER/HUMMELSHEIM 1995; HENKEL 1993; WIEßNER 1999) und charakterisieren diese durch ihre unterschiedlichen Funktionen, d. h. die Agrarproduktionsfunktion, die Standortfunktion für andere wirtschaftliche Aktivitäten, die Erholungsfunktion und die ökologische Funktion. Durch die Clusterbetrachtung ist eine erweiterte Sichtweise eröffnet, die ländliche Räume nicht mehr nur durch ihre räumliche Lage und Entfernung zu Verdichtungsräumen, ihre geringe Bevölkerungs- und Bebauungsdichte, ihre infrastrukturellen Defizite oder ihre naturräumlichen Merkmale definiert.

Neben regionalen Verflechtungen weisen landwirtschaftliche Betriebe auch eine Einbindung in überregionale **Warenketten** auf (vgl. in Kap. 4.3.2 die Überlegungen zur Einbindung von Industriebetrieben in Warenketten bzw. Commodity

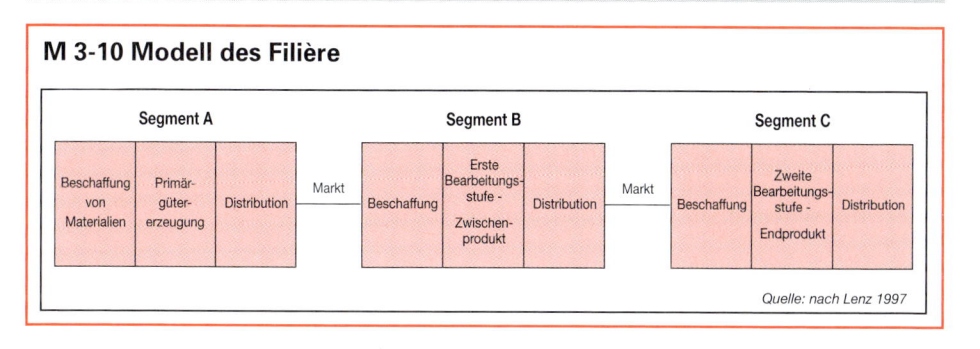

3.2 Ergänzende Ansätze räumlicher Landnutzung

M 3-10 Modell des Filière

Segment A				Segment B			Segment C	
Beschaffung von Materialien	Primärgütererzeugung	Distribution	Markt → Beschaffung	Erste Bearbeitungsstufe - Zwischenprodukt	Distribution	Markt → Beschaffung	Zweite Bearbeitungsstufe - Endprodukt	Distribution

Quelle: nach Lenz 1997

Chains). Die Beziehungen innerhalb dieser Warenkette besitzen prägende Bedeutung für die Art und Intensität der landwirtschaftlichen Produktion (vgl. LENZ 1997, NUHN 1993a und 1993b). Allgemein ist eine Warenkette als die Aufeinanderfolge von Schritten von der Gewinnung des Rohmaterials über verschiedene Bearbeitungsstufen, Distributions- und Handelssysteme bis hin zum Endverbraucher zu verstehen. Innerhalb dieser Warenkette treten nicht nur materielle Lieferbeziehungen auf, es fließen auch Informationen, es lassen sich differierende Machtbeziehungen zwischen den Akteuren beobachten und es bestehen räumliche Konzentrationen bestimmter Schritte. Eine besondere Form der Warenkette diskutiert das **Filière-Konzept**, welches häufig für landwirtschaftliche Fragestellungen Verwendung findet (vgl. LENZ 1997; SCHAMP 2000, S. 29f).

Die Besonderheit des Filière-Konzeptes ist die Aufteilung der Schritte der Warenkette in Segmente, welche jeweils einen geschlossenen Produktionsabschnitt darstellen, an dessen Eingang und Ausgang Marktbeziehungen bestehen (M 3-10). Die Akteure der Marktbeziehungen besitzen jeweils unterschiedliche Macht ("strategische Knotenpunkte", vgl. HUGON 1988); die stärkeren Marktpartner können dadurch Einfluss (z. B. auf Preise, Produkte, Produktionsmethoden) auf das Segment des schwächeren Partners nehmen. Empirische Betrachtungen der Veränderung der Warenketten in der Landwirtschaft dokumentieren, in welchem Maße Bearbeitungsschritte aus den landwirtschaftlichen Betrieben (z. B. aufgrund von Verderblichkeit, Hygienevorschriften) in die Industrie verlagert wurden (vgl. NUHN 1993b). Damit einher gingen Strukturwandlungen in den landwirtschaftlichen Betrieben (Produkte und Produktionsweisen) und in den Industriebetrieben. Bei der industriellen Produktion ist eine deutliche Verringerung der Zahl der landwirtschaftliche Produkte verarbeitenden Betriebe, verbunden mit einem starken Konzentrationsprozess auf größere Einheiten, an wenigen Standorten (Realisierung von economies of scale) zu beobachten (vgl. BERTHOLD 1993, NUHN 1993b, STAMM 1993). Diese Prozesse bewirken eine Schwächung des ländlichen Raumes durch Aufgabe von Standorten der Agroindustrie und durch Schließung von damit verbundenem Kleinhandwerk sowie Dienstleistungsbetrieben. Landwirtschaftliche Betriebe – insbesondere dann, wenn ihnen Einkommensalternativen (z. B. Direktvermarktung im Großstadtumland, Zusatzeinkommen durch Fremdenverkehr) fehlen – erfahren eine zunehmende Fremdbestimmung durch große Verarbeitungsunternehmen; Interessen der Herkunftsgebiete werden kaum berücksichtigt, sondern die Produktion orientiert sich an nationaler und internationaler Konkurrenz.

Literaturauswahl zur Ergänzung und Vertiefung

Theoretische Grundlagen zu v. THÜNEN
HEINEBERG 2003; PEZ 1989; SCHÄTZL 1988, S. 62f; v. THÜNEN 1990 (Nachdruck); VOPPEL 1999, S. 46f
Allgemeine Agrargeographie
ARNOLD 1997, 1998; BMBAU 1995
Empirische Beispiele der Landnutzung
BOESCH 1977, S. 23f; FREUND 1989; HAMBLOCH 1982; PEZ 1989
Innerstädtische Systeme und Stadtumland
ALONSO 1960, CHAPMAN/WALKER 1992, S. 242f; GIESE 1995, S. 37f; DICKEN/LLOYD 1999, S. 57f; SINCLAIR 1967
Außenverflechtungen und Warenketten
HENKEL 1993, LENZ 1997, NUHN 1993a und 1993b, SCHÄKEL 1996, WIEẞNER 1999

4 Standorte und Standortsysteme in der Industrie

Bild 4-1 Zuckerfabrik in Lehrte bei Hannover. Die Verarbeitung des Gewichtsverlustmaterials erfolgt im Gebiet des Anbaus von Zuckerrüben (Hildesheimer Börde). (Photo E. Kulke)

In den letzten Jahrzehnten bildeten Untersuchungen und Veröffentlichungen zu Industriestandorten den wichtigsten Arbeitsschwerpunkt der Wirtschaftsgeographie. Entsprechend liegt eine Vielzahl von empirischen Studien und theoretischen Ansätzen zur Erklärung der industriellen Standortwahl und der Veränderung von Standortsystemen vor. Im folgenden werden die wichtigsten Theorie- und Modellansätze vorgestellt, wobei die vorgenommene Gliederung in statische Ansätze, dynamische Ansätze und systemische Ansätze auch die zeitliche Abfolge der Modellbildungen widerspiegelt.

Statische Ansätze besaßen bis in die siebziger Jahre des 20. Jahrhunderts dominierende Bedeutung. Sie betrachten und erklären den einmaligen Standortentscheidungsprozess eines Industriebetriebes. Die deduktiven Ansätze beruhen dabei auf der Annahme, dass ein vollständig informierter Entscheidungsträger aufgrund von Kosten- bzw. Erlösüberlegungen den optimalen Standort wählt, d. h. das Verhalten eines homo oecomicus bzw. Optimizers zeigt. Die verhaltenswissenschaftlichen Ansätze gehen dagegen von eingeschränkten Kenntnissen und Fähigkeiten sowie persönlichen Präferenzen des Entscheidungsträgers aus, d. h. sie betrachten das Verhalten eines Satisficers. Beide Gruppen von Ansätzen behandeln dabei primär nur die Akteursgruppe der Unternehmen, während Einflüsse der Nachfrageseite und der Seite der Planer/Politiker entweder vollständig ausgeklammert – d. h. sie gelten als gegeben und nicht veränderlich – oder nur als modifizierend betrachtet werden.

Seit den siebziger Jahren gewannen **dynamische Ansätze** an Bedeutung. Sie untersuchen die Veränderungen der Standortwahl bzw. der Standorte und Standortsysteme im zeitlichen Ablauf und legen dabei besonderes Gewicht auf die Analyse der Wirkungen von Innovationen bei den Produkten bzw. Produktionsprozessen. Neben dieser Unternehmensebene finden teilweise auch Veränderungen in den wirtschaftspolitischen Rahmenbedingungen und den Nachfragestrukturen Berücksichtigung.

In jüngster Zeit konzentriert sich die wissenschaftliche Diskussion auf **systemische Ansätze**, welche den Wandel der unternehmensinternen Strukturen und der Beziehungen der Unternehmen zu ihrem Umfeld betrachten; sie analysieren, welche Auswirkungen diese Veränderungen auf die einzelwirtschaftliche Standortwahl sowie die Standortsysteme besitzen. Dabei umfasst das Umfeld von Betrieben die Einflüsse anderer unternehmerischer Akteure, sowohl aus den warenproduzierenden Sektoren als auch dem Dienstleistungsbereich, sowie von Akteuren auf Seiten der Nachfrager und der Planer/Politiker.

4.1 Statische Ansätze von Industriestandorten

4.1.1 Rational ökonomische Standortwahl

Prägende Bedeutung für die Industriegeographie des zwanzigsten Jahrhunderts besaß die 1909 von ALFRED WEBER veröffentlichte Theorie „Über den Standort der Industrie" zur einzelbetrieblichen Standortwahl (vgl. CHAPMAN/WALKER 1992, S. 36f; KULKE 2000, S. 298f; SMITH 1971, S. 112f). Zentrale Annahme des Ansatzes ist, dass die Entscheidungsträger bei der Standortwahl die größtmögliche Kostenreduzierung anstreben. Als entscheidende raumdifferenzierende Kostenfaktoren gelten in dieser deduktiven Theorie Transportkosten; sie bestimmen die Standortwahl eines Industriebetriebes. Diese Gewichtung spiegelt durchaus die große Bedeutung der Transporte zu Beginn des 20. Jahrhunderts wider (vgl. den Ansatz v. THÜNENS zur Landwirtschaft in Kap. 3.1).

Zur Bestimmung des optimalen Produktionsstandortes definiert Weber **vereinfachende Annahmen** hinsichtlich der Merkmale des Raumes: Die geographische Lage der Inputmaterialien sowie der Umfang und die räumliche Verteilung der Nachfrage sind bekannt; es bestehen keine regionalen Monopole; das Transportsystem ist einheitlich und die Transportkosten ergeben sich proportional zu Gewicht und Entfernung; die räumliche Verteilung der Arbeitskräfte ist bekannt, sie sind immobil und bei einem gegebenen Lohnsatz (der ggf. innerhalb des Raumes differiert) unbegrenzt verfügbar; das wirtschaftliche, politische und kulturelle System ist innerhalb des betrachteten Raumes einheitlich.

4.1 Statische Ansätze von Industriestandorten

Unter diesen Bedingungen liegt der optimale Produktionsstandort eines Betriebes dort, wo die niedrigsten Transportkosten zwischen dem Fundort der benötigten Input-Materialien und dem Konsumort, an welchem der Output verkauft wird, auftreten. Diesen Standort bezeichnet Weber als den **tonnenkilometrischen Minimalpunkt**. Dieser Ort der niedrigsten Transportkosten lässt sich anhand des Gewichtes der Rohmaterialien und Fertigprodukte sowie der zurückzulegenden Distanzen zwischen Fundort, Produktionsstandort und Konsumort berechnen. Das im Produktionsprozess eingesetzte Material unterscheidet sich nach der räumlichen Verbreitung (ubiquitär oder lokalisiert) und nach der Art (Reingewichtsmaterial oder Gewichtsverlustmaterial):

– **Ubiquitäre Materialien** sind nahezu überall im Raum verfügbar und entsprechend entstehen für sie keine oder nur geringe Transportkosten (z. B. Luft, teilweise auch Wasser, Sand, Kies).
– **Lokalisierte Materialien** befinden sich dagegen nur an bestimmten Fundorten. Sie unterscheiden sich in **Reingewichtsmaterial** (z. B. Mineralwasser), das mit seinem gesamten Gewicht in das Endprodukt eingeht, und **Gewichtsverlustmaterial**, das gar nicht (u. a. Energieträger wie Kohle, Heizöl) oder

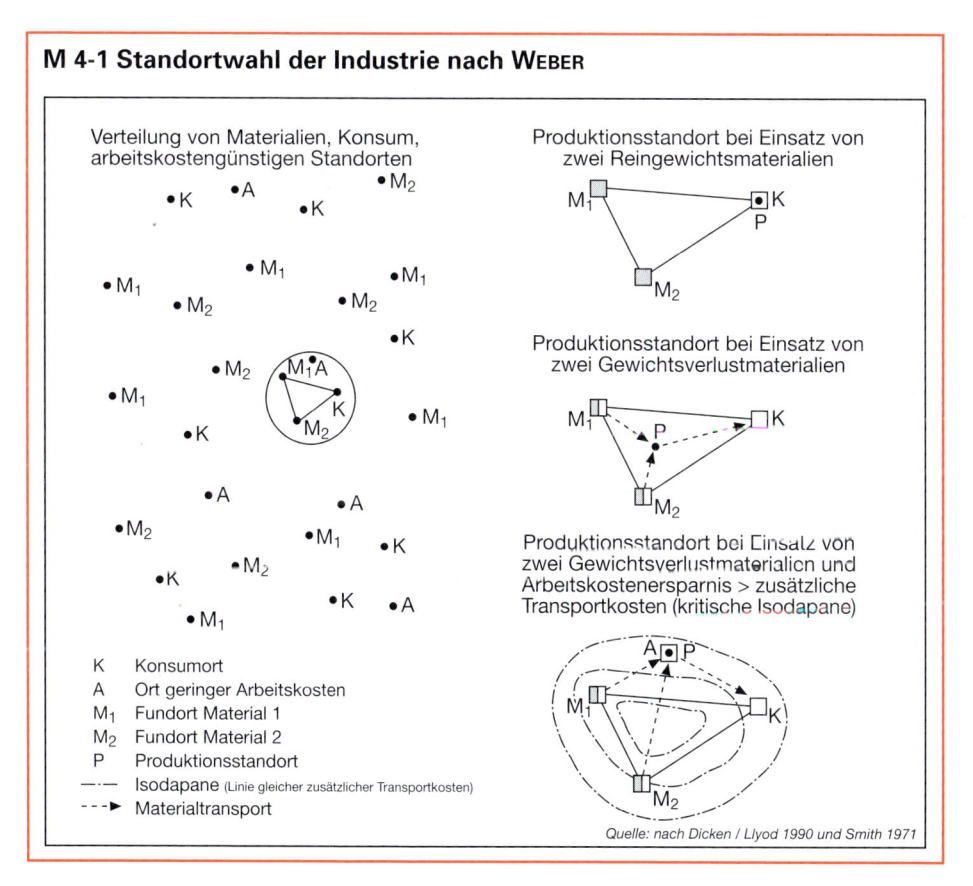

M 4-1 Standortwahl der Industrie nach WEBER

Verteilung von Materialien, Konsum, arbeitskostengünstigen Standorten

Produktionsstandort bei Einsatz von zwei Reingewichtsmaterialien

Produktionsstandort bei Einsatz von zwei Gewichtsverlustmaterialien

Produktionsstandort bei Einsatz von zwei Gewichtsverlustmaterialien und Arbeitskostenersparnis > zusätzliche Transportkosten (kritische Isodapane)

K Konsumort
A Ort geringer Arbeitskosten
M_1 Fundort Material 1
M_2 Fundort Material 2
P Produktionsstandort
—·— Isodapane (Linie gleicher zusätzlicher Transportkosten)
--▶ Materialtransport

Quelle: nach Dicken / Llyod 1990 und Smith 1971

nur teilweise (z. B. Erz) im Fertigprodukt enthalten ist.

Entscheidenden Einfluss auf die Standortwahl besitzen die lokalisierten Materialien. In M 4-1 sind die räumliche Verteilung der Materialfundorte sowie der Konsumorte dargestellt und die von der Art der Materialien abhängige Standortwahl erläutert. Setzt ein Industriebetrieb nur ein Reingewichtsmaterial ein, dann treten an jedem Punkt der kürzesten Verbindung zwischen Fundort M und Konsumort K die gleichen Transportkosten auf; entsprechend kann er seinen Produktionsstandort P beliebig entlang dieser Verbindung wählen. Beim Einsatz von zwei an verschiedenen Orten zu findenden Reingewichtsmaterialien M1 und M2 ist dagegen der Konsumort K der Ort mit den niedrigsten Transportkosten und entsprechend liegt dort der optimale Produktionsstandort P. Verwendet ein Industriebetrieb ein Gewichtsverlustmaterial M, so liegt sein transportkostengünstigster Produktionsstandort P am Fundort des Materials. Bei zwei an verschiedenen Orten zu findenden Gewichtsverlustmaterialien ist ein vermittelnder Produktionsstandort P zwischen den Materialfundorten am transportkostengünstigsten, wobei der genaue Standort von dem Gewichtsverlustanteil und den Mengenrelationen der Materialien abhängt. Weber verwendet zur Beschreibung dieser Beziehungen den **Materialindex**, welcher die Relation des Gewichtes der eingesetzten Materialien zu dem Gewicht des Endproduktes quantifiziert. Bei Verwendung von Ubiquitäten und Reingewichtsmaterialien liegt der Materialindex unter 1, bei ausschließlicher Nutzung von Reingewichtsmaterialien beträgt er genau den Wert 1 und gehen Gewichtsverlustmaterialien ein, ist er größer als 1. Generell gilt, je mehr Gewichtsverlustmaterialien in die Produktion eingehen und je höher der Gewichtsverlust ist – d. h. je größer der Wert des Materialindex ist – desto stärker nähert sich der optimale Produktionsstandort den Materialfundorten an (vgl. DICKEN/LLOYD 1999, S. 79).

Im nächsten Schritt diskutiert Weber **Deviationen**, d. h. Abweichungen von dem tonnenkilometrischen Minimalpunkt. Dabei berücksichtigt er zusätzliche Kostenfaktoren aufgrund von räumlich differenzierten Arbeitskosten oder kostenreduzierenden Agglomerationsvorteilen. Eine Produktion an einem **arbeitskostengünstigeren Standort** A ist dann sinnvoll, wenn die zusätzlich auftretenden Transportkosten vom tonnenkilometrischen Minimalpunkt P dorthin geringer sind, als die in A realisierbare Arbeitskostenersparnis. Linien gleicher zusätzlicher Transportkosten gegenüber dem tonnenkilometrischen Minimalpunkt werden **Isodapanen** genannt; die kritische Isodapane ist jene Transportkostenlinie, bis zu welcher die Ersparnis größer ist als die zusätzlich aufzuwendenden Transportkosten. Liegt ein arbeitskostengünstiger Standort weiter entfernt als die kritische Isodapane, bleibt der tonnenkilometrische Minimalpunkt der optimale Standort.

Entsprechende Veränderungen des optimalen Produktionsstandortes sind auch durch **Agglomerationsvorteile** möglich. Die räumliche Nähe von Betrieben an einem Standort kann bei diesen aufgrund gegenseitiger Vernetzungen zu Kostenersparnissen führen. Auch hier lassen sich Isodapanen, die zusätzliche Transportkosten ausdrücken, konstruieren und eine kritische Isodapane – bis zu welcher die Kostenersparnis der Agglomeration über den zusätzlichen Transportkosten liegt – berechnen. M 4-2 stellt diese kritische Isodapane von verschiedenen Firmen dar. Die

4.1 Statische Ansätze von Industriestandorten

Firmen A, B, und C werden den gemeinsamen Agglomerationsraum wählen, während D den tonnenkilometrischen Minimalpunkt aufgrund des Fehlens einer zur Agglomeration bereiten anderen Firma (C wählt ja den anderen attraktiveren Agglomerationsraum) beibehält.

Die **Kritik** am Ansatz von WEBER (vgl. BEHRENS 1971, S. 15f; KULKE 1990, S. 3; SCHÄTZL 1978, S. 45) konzentriert sich auf die realitätsfernen vereinfachenden Annahmen, auf die später zu beobachtenden Veränderungen in den Kostenstrukturen, auf branchenspezifische Unterschiede in der Gewichtung von Transportkosten und auf die Vernachlässigung der Erlösseite. So sind weder die räumliche Lage der **Inputmaterialien** noch die Verteilung der Nachfrage oder die Verfügbarkeit von Arbeitskräften gänzlich bekannt; **Arbeitskräfte** sind zudem zu einem gegebenen Lohnsatz nicht unbegrenzt verfügbar; es liegt auch nicht immer eine vollständige Konkurrenz der Anbieter vor. Hinsichtlich der **Transportkosten** besteht kein linearer Anstieg entsprechend der Entfernung und proportional zum Gewicht. M 4-3 zeigt, dass die Kosten mit zunehmender Entfernung nur geringfügig ansteigen und dass entfernungsabhängig unterschiedliche Verkehrsträger am kostengünstigsten sind.

Im 20. Jahrhundert wurden wesentliche technische Fortschritte im Transportbereich (z. B. Ausbau des Bahn- und Straßennetzes, flexible LKW-Transporte, Einsatz neuer Transportsysteme wie Container) realisiert, welche zu einer deutlichen Reduzierung der Transportkosten führten (M 4-4). Damit sank deren Bedeutung im Vergleich zu anderen Kostenfaktoren. Räumlich differenzierte Arbeitskosten (z. B. im Vergleich zwischen Industrie- und Entwicklungsländern) und regionale Unterschiede in der Verfügbarkeit von Arbeitskräften mit speziellen Qualifikationsprofilen gewannen an Bedeutung. Auch gelten Kostenvorteile durch räumliche Nähe zueinander, insbesondere für techno-

M 4-2 Standortwahl bei Agglomerationsvorteilen nach WEBER

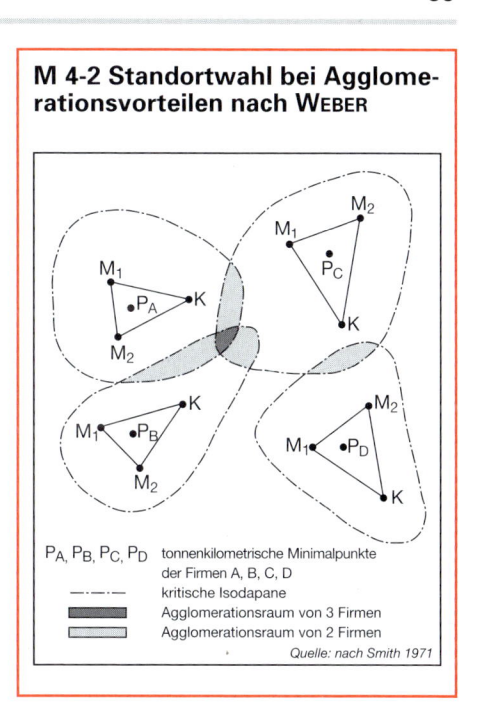

P_A, P_B, P_C, P_D tonnenkilometrische Minimalpunkte der Firmen A, B, C, D
------ kritische Isodapane
▓ Agglomerationsraum von 3 Firmen
░ Agglomerationsraum von 2 Firmen

Quelle: nach Smith 1971

M 4-3 Entfernungsabhängige Transportkosten nach Verkehrsträgern

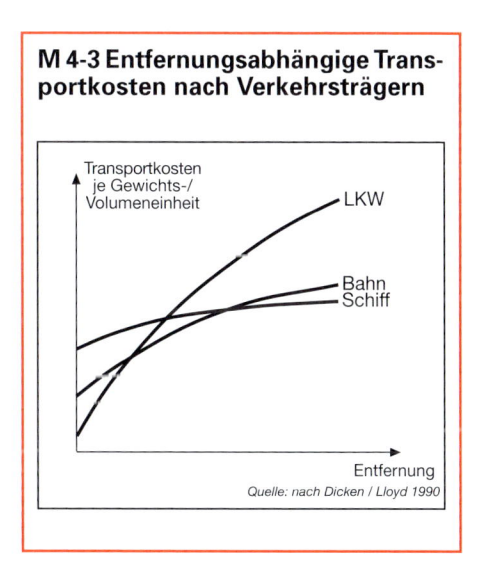

Quelle: nach Dicken / Lloyd 1990

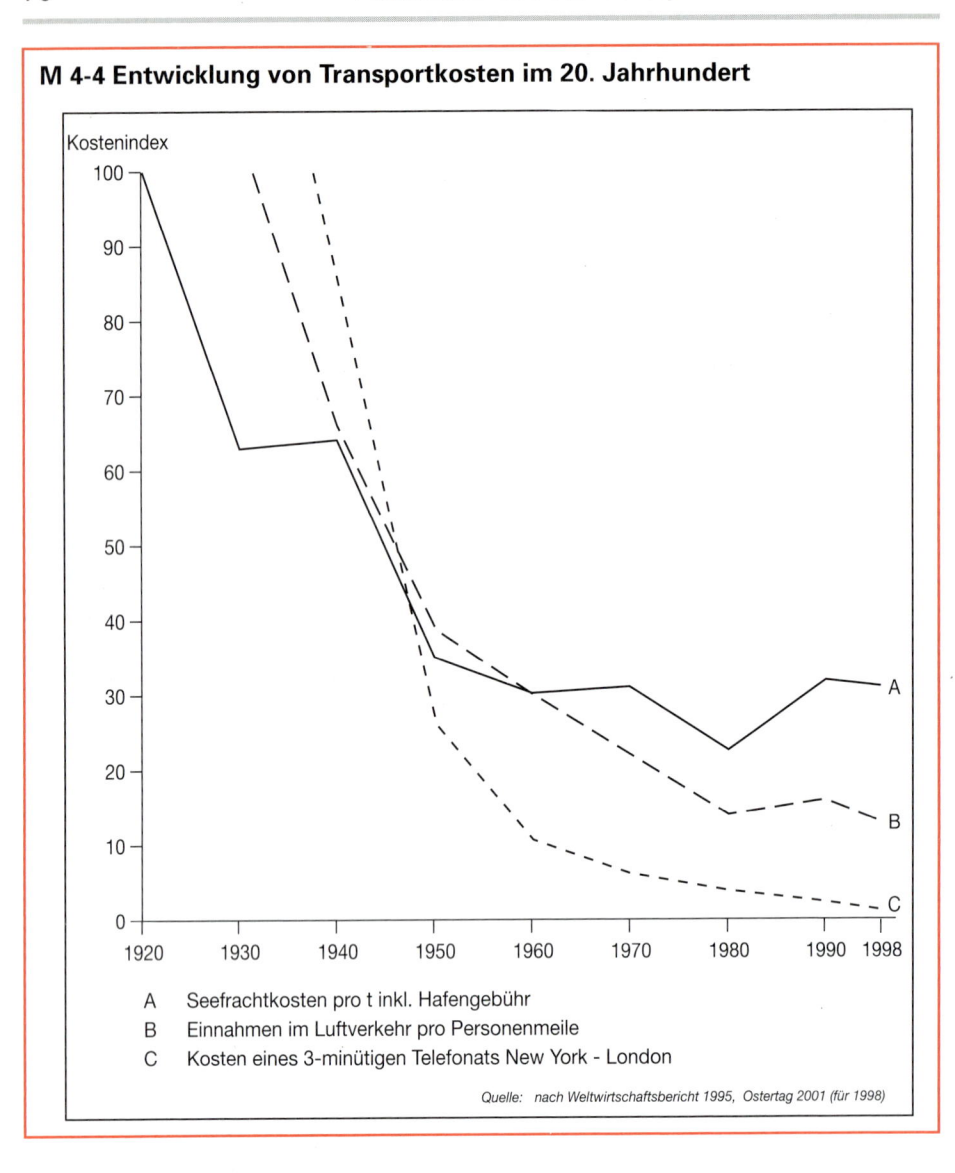

M 4-4 Entwicklung von Transportkosten im 20. Jahrhundert

A Seefrachtkosten pro t inkl. Hafengebühr
B Einnahmen im Luftverkehr pro Personenmeile
C Kosten eines 3-minütigen Telefonats New York - London

Quelle: nach Weltwirtschaftsbericht 1995, Ostertag 2001 (für 1998)

logisch hochwertige Montageindustrien (u. a. Automobilbau), heute als wesentlich wichtiger.

Für viele neue, nach der Erarbeitung des Theorieansatzes von Weber entstandene **Industriebranchen** besitzen Transportkosten vergleichsweise geringe Bedeutung gegenüber anderen Standortfaktoren. So hat eine Orientierung auf Input-Materialien für Betriebe der High-Tech-Industrie keine Bedeutung; sie stellen sehr leichte, aber teure Produkte her (z. B. Mikrochips), deren Transport schnell und kostengünstig über weite Entfernungen möglich ist.

4.1 Statische Ansätze von Industriestandorten

Spätere Untersuchungen zeigten sehr deutlich, dass nicht nur Kosten, sondern auch regional differenzierte **Erlöse** bei der Standortwahl von Betrieben Bedeutung besitzen. Gerade bei geringer werdenden Transportkosten gewinnen Marktüberlegungen für Industriebetriebe an Gewicht; abhängig von Einkommen, Zahl der Nachfrager oder Verhaltensweisen bestehen zwischen Ländern und auch Regionen erhebliche Unterschiede im Marktvolumen (siehe Kap. 2.2.2), welche Einfluss auf die Erlössituation von Industriebetrieben nehmen.

Aufgrund der Veränderungen in den Rahmenbedingungen im 20. Jahrhundert leistet der Ansatz von Weber heute nur noch einen Beitrag zur Erklärung der Standorte von Betrieben der Grundstoffindustrie, die große Mengen von Gewichtsverlustmaterialien verarbeiten. Dazu zählen Betriebe, die aus landwirtschaftlichen Gewichtsverlustmaterialien Produkte herstellen, beispielsweise Zuckerfabriken, die aus Rüben Zucker oder Mostereien, die aus Früchten Saft produzieren, und Betriebe, die mineralische Rohstoffe (u. a. Erze) weiterverarbeiten. Als Beispiel für die Standortorientierung auf die Fundorte von Rohstoffen gilt die Eisen- und Stahlindustrie; ihre Standortverlagerungen lassen sich zudem durch aufgrund des technischen Fortschritts erfolgte Veränderungen in den Gewichtsrelationen der eingesetzten Materialien erklären (M 4-5). Die ersten Hochöfen befanden sich in der Nähe der Erzfundorte und nutzten für die Verarbeitung Holzkohle aus der unmittelbaren Umgebung. Im 19. Jahrhundert bildeten sich Standorte auf der Kohlebasis heraus, da für die Verarbeitung einer Tonne Erz mehrere Tonnen Kohle benötigt wurden. Mit dem Import von hochwertigen Erzen und Kohle aus Übersee gewannen in rohstoffarmen Industrieländern aus Transportkostenüberlegungen Küsten-

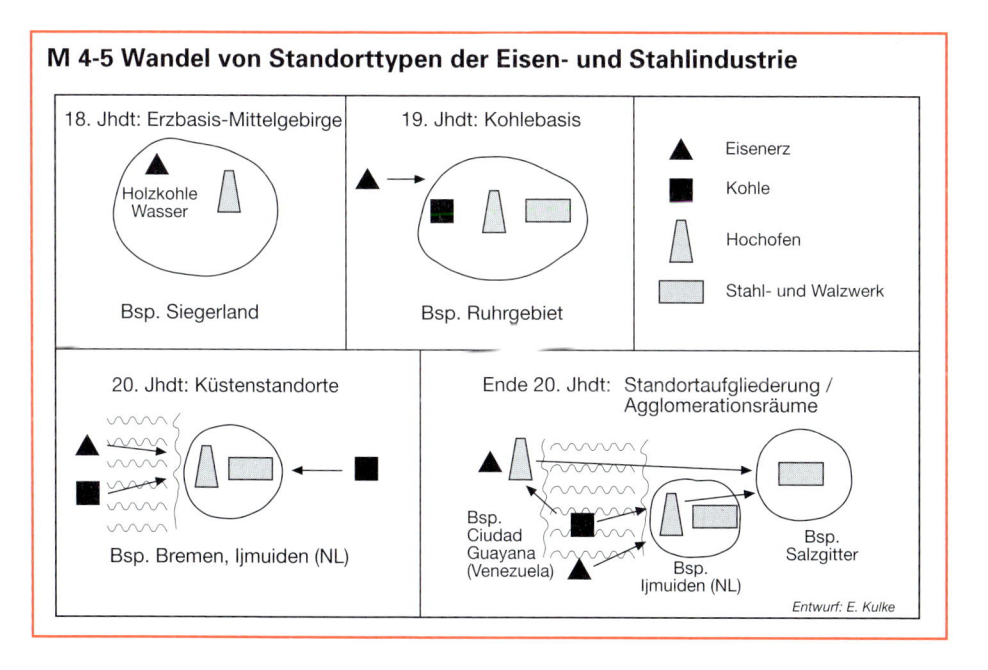

M 4-5 Wandel von Standorttypen der Eisen- und Stahlindustrie

Entwurf: E. Kulke

standorte (günstiger Antransport der Rohstoffe mit Schiffen) an Bedeutung. Jüngste Entwicklungen führen zur Aufgliederung des Produktionssystems; Hochöfen zur Herstellung von Roheisen entstanden in Entwicklungsländern bei den Erzfundorten (z. B. Ciudad Guayana in Venezuela) und die technologieorientierte Herstellung von Spezialstählen erfolgt in den urban-industriellen Agglomerationen der Industrieländer (vgl. MIKUS 1994, S. 177f).

Mitte des 20. Jahrhunderts erarbeiteten Wissenschaftler eine Reihe von Weiterentwicklungen des Ansatzes Webers. Bei-

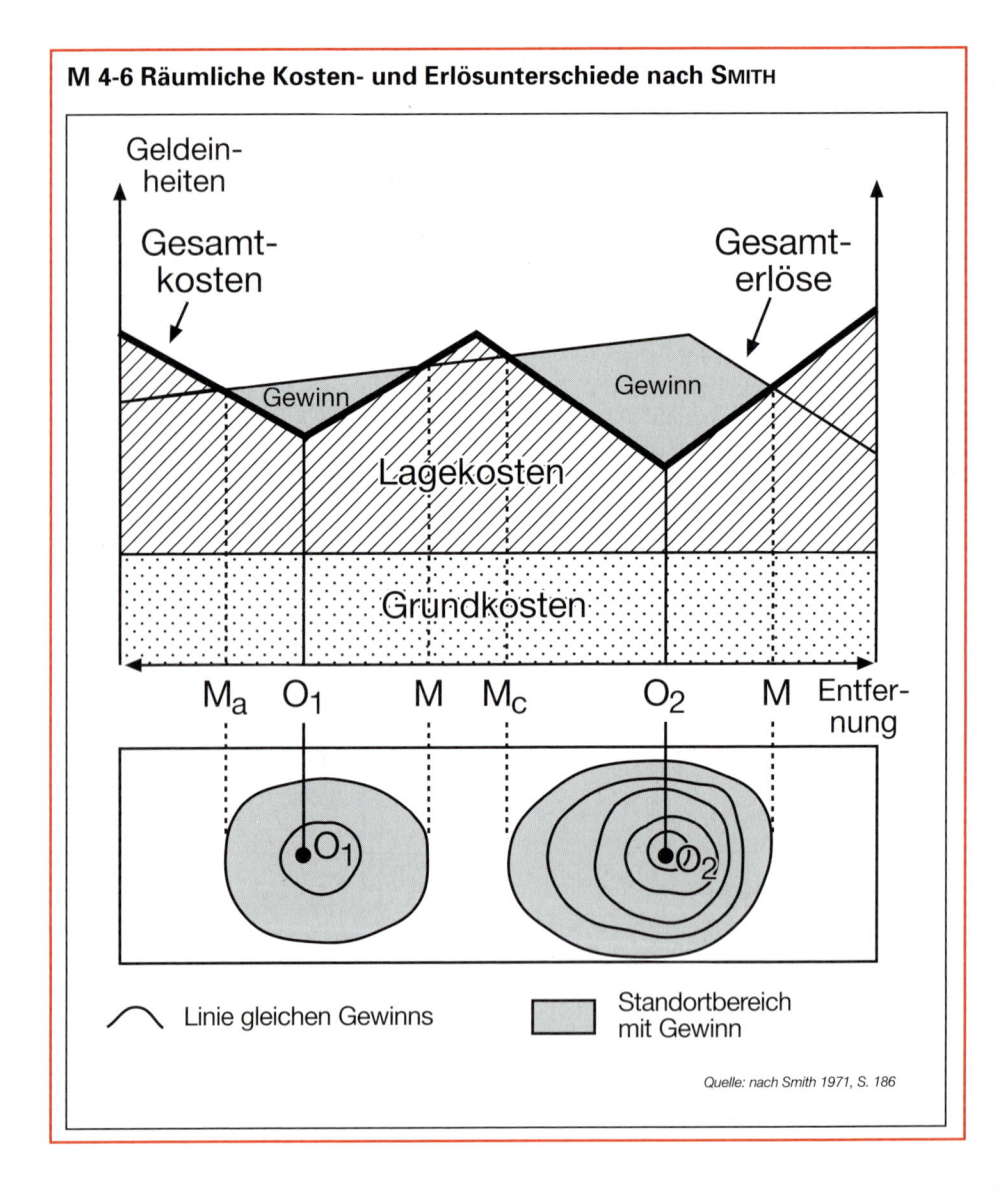

M 4-6 Räumliche Kosten- und Erlösunterschiede nach SMITH

Quelle: nach Smith 1971, S. 186

4.1 Statische Ansätze von Industriestandorten

spielsweise diskutierten PALANDER (1935) und HOOVER (1937) Standorte miteinander konkurrierender Betriebe oder PREDÖHL (1925) und ISARD (1956) untersuchten Substitutionsprozesse (siehe die Erläuterungen der Ansätze bei DICKEN/LLOYD 1999, S. 80f und 110f; SMITH 1971, S. 125f; SCHÄTZL 1978, S. 46f). Große Beachtung fand der Ansatz von **DAVID M. SMITH** (1971), in welchem neben der Kostenseite auch räumlich differenzierte Erlöse, unterschiedliche Unternehmerleistungen und weitere Einflussfaktoren (z. B. Raumwirtschaftspolitik, Agglomerationsvorteile, zunehmende Skalenerträge) Berücksichtigung finden.

Für sein Grundmodell definiert SMITH (1971, S. 191) **vereinfachende Annahmen**: alle Produzenten streben nach Gewinn, allerdings nicht unbedingt dem maximalen; die Produzenten besitzen freie Produkt- und Standortwahl sowie freien Marktzugang; die Standorte der Produktionsfaktoren sind bekannt und diese zu gegebenen Kosten unbegrenzt verfügbar; es liegen konstante, aber räumlich differenzierte Nachfragebedingungen vor; Veränderungen von Kosten und Preisen bleiben ausgeschlossen.

M 4-6 zeigt die Grundidee des Ansatzes von SMITH. Über den Raum (dargestellt auf der x-Achse) variieren die Werte der **Gesamtkosten** und der **Gesamterlöse** (dargestellt auf der y-Achse). Standorte innerhalb zweier Gebiete (Ma-Mb und Mc-Md) erlauben dem Unternehmen die Erzielung von Gewinnen, der maximal mögliche Gewinn (größter Abstand zwischen den Kurven der Gesamterlöse und der Gesamtkosten) liegt am Standort O2. Außerhalb dieser Gebiete liegen die Kosten über den Erlösen und entsprechend treten Ver-

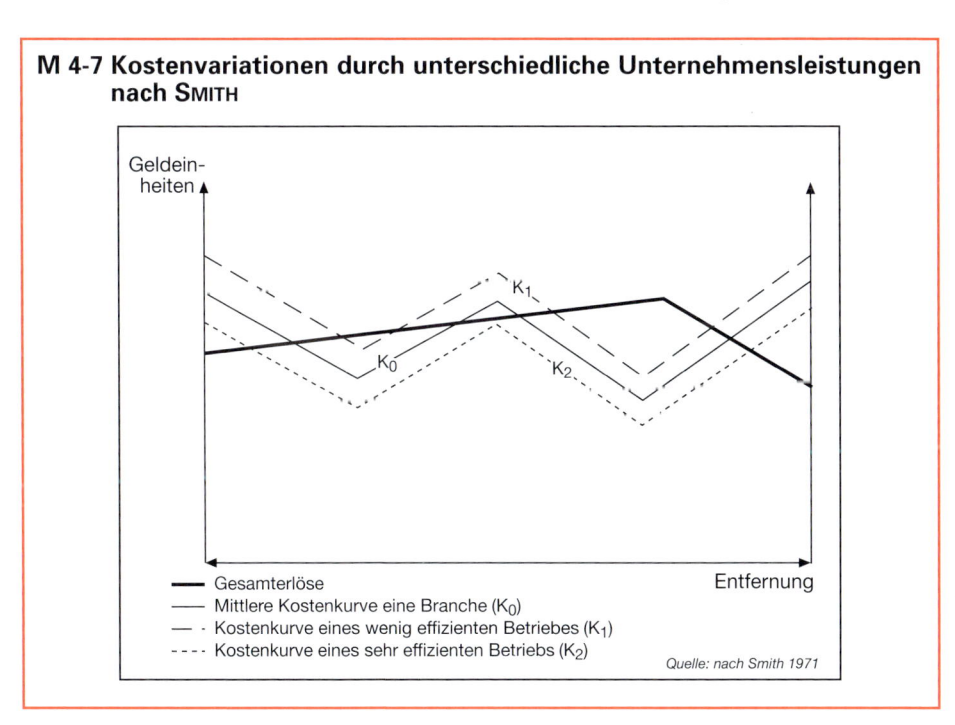

M 4-7 Kostenvariationen durch unterschiedliche Unternehmensleistungen nach SMITH

Geldeinheiten

K_1
K_0
K_2

Entfernung

— Gesamterlöse
— Mittlere Kostenkurve eine Branche (K_0)
— Kostenkurve eines wenig effizienten Betriebes (K_1)
---- Kostenkurve eines sehr effizienten Betriebs (K_2)

Quelle: nach Smith 1971

luste für dort sich ansiedelnde Betriebe auf. Die Kosten lassen sich untergliedern in standortunabhängige **Grundkosten** (Minimumkosten für eingesetzte Inputmaterialien) und räumlich differenzierte **Lagekosten** (z. B. Transportkosten vom billigsten Bezugsort bis zum jeweiligen Standort, über dem Mindestlohnsatz liegende Lohnzuschläge, höhere Kapital- und Marketingkosten). Die räumliche Differenzierung der Erlöse ergibt sich durch Nachfrageunterschiede, z. B. durch eine unterschiedliche Anzahl und Kaufkraft von Konsumenten, oder durch räumliche Nähe zu weiterverarbeitenden Betrieben.

Im nächsten Schritt diskutiert SMITH **Variationen in den Kosten- und Erlösrelationen**, welche er für sein Grundmodell ausgeschlossen hatte (SMITH 1971, S. 192). Auf der Unternehmensseite können unterschiedliche individuelle Fähigkeiten von Unternehmensleitungen dazu führen, dass von den durchschnittlichen Kosten einer Branche abweichende einzelbetriebliche Kostenstrukturen vorliegen; M 4-7 zeigt die Spannweite der Kosten zwischen dem effizientesten und am wenigsten effizientesten Betrieb einer Branche. Leistungsfähige Unternehmer können durch ihre Tätigkeit die Gesamtkosten senken und entsprechend

---

M 4-8 Kostenvariationen durch staatliche Politik nach Smith

M 4-8 zeigt staatlichen Einfluss auf die Kosten von Unternehmen an verschiedenen Standorten. Im Standortbereich AB versucht die regionale Wirtschaftspolitik Betriebsansiedlungen zu unterstützen; dazu gewährt sie z.B. Steuererleichterungen oder Subventionen (d.h. laufende Zuschüsse). Im Gebiet CD sollen dagegen weitere Ansiedlungen begrenzt werden; deshalb müssen die Unternehmen dort z.B. höhere Gewerbesteuern zahlen oder kostenträchtige Auflagen erfüllen.

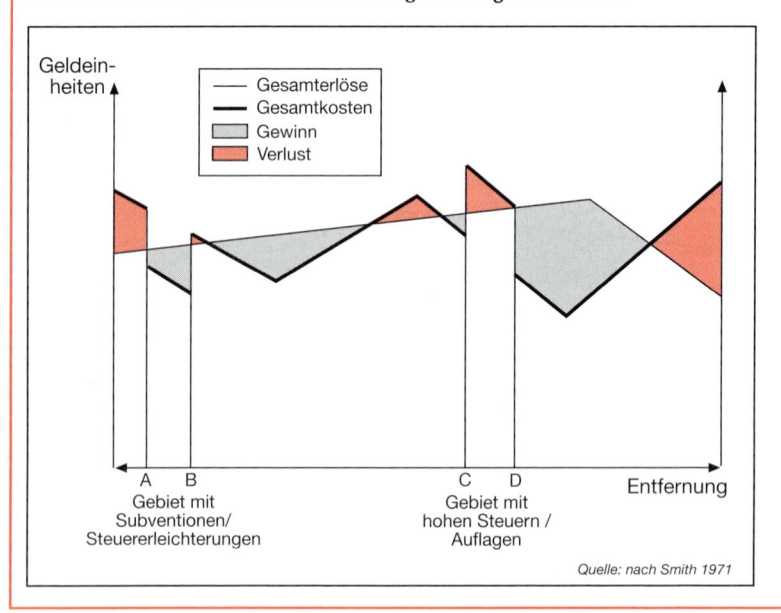

Quelle: nach Smith 1971

4.1 Statische Ansätze von Industriestandorten

den Raum, innerhalb welchen Gewinn möglich ist, vergrößern und den maximalen Profit erhöhen. Substitutionen von Inputs durch andere Materialien können ebenso kostensenkend wirken wie die Realisierung von sinkenden Stückkosten durch Massenproduktion (economies of scale).

Schließlich behandelt SMITH auch (S. 231f) die Wirkung persönlicher außerökonomischer Standortpräferenzen. Sie können dazu führen, dass der Entscheidungsträger nicht den profitmaximalen Standort, sondern einen Standort höheren persönlichen Nutzens wählt.

Außerhalb des Unternehmens nehmen Agglomerationsfaktoren und staatliche Politik Einfluss auf die Gewinnsituation. Agglomerationsvorteile wirken ebenso

M 4-9 Beispiele branchenspezifischer Standortorientierungen

Standortfaktor	Begründungszusammenhang	Typische Branchen
Rohstofforientierung/ Materialeinsatz	transportkostenempfindliche Rohstoffe/Gewichtsverlustmaterialien	Eisen- und Stahlindustrie, Braunkohlechemie, Baustoffindustrie (z.B. Zementfabriken), z.T. chemische Industrie
	transportempfindliche leicht verderbliche Rohmaterialien/Gewichtsverlustmaterialien	Nahrungsmittelindustrie (z.B. Zuckerfabriken, Mostereien, Gemüseverarbeitung)
	Energierohstoffe	Elektrizitätserzeugung (Braunkohle, Steinkohle, Wasserkraft), Aluminiumindustrie
Arbeitsorientierung	niedrige Arbeitskosten (überwiegend gering qualifizierte Arbeitskräfte)	Bekleidungsindustrie, Montage von Elektrogeräten
	hochqualifizierte Arbeitskräfte	Maschinenbau, Elektronik, Optik/Feinmechanik
Agglomerationsorientierung	Nähe zu Forschungs- und Entwicklungseinrichtungen	Luft- und Raumfahrtindustrie, Mikroelektronik, Computerindustrie
	Nähe zu Zulieferern	Straßenfahrzeugbau
Absatzorientierung	leicht verderbliche/sperrige Produkte	Nahrungsmittelindustrie (z.B. Backwaren, Getränke), Möbelindustrie
	kaufkräftige Märkte	gehobene Konsumgüterindustrie
Verkehrslageorientierung	Bindung an spezielle Verkehrsträger (z.B. Wasserstraße, Pipeline)	Werftindustrie, Raffinerien, Petrochemie

kostensenkend wie auf bestimmte Gebiete bezogene staatliche Politik. So kann der Staat Industrieansiedlungen in bestimmten Gebieten durch Instrumente der regionalen Wirtschaftspolitik – z. B. durch die Gewährung von Subventionen oder räumlich differenzierte Steuersätze – unterstützen und damit die Kostenbelastungen sich dort ansiedelnder Betriebe reduzieren (M 4-8).

Wichtige Erweiterungen des Ansatzes von SMITH gegenüber jenem von Weber sind die Berücksichtigung von vielfältigeren Kosteneinflüssen, von unterschiedlichen Erlösmöglichkeiten und von individuellen Verhaltensweisen von Unternehmern. Damit entsteht ein differenzierteres Bild der bei Standortentscheidungen wirkenden Einflussfaktoren, welches die Erklärung empirisch zu beobachtender Standortorientierungen erlaubt. SMITH diskutiert selbst bei der Analyse von drei Fallstudien (S. 346f) die sich aus den Produktionsweisen und Produkten ergebenden unterschiedlichen branchenspezifischen Standortorientierungen, wobei er allerdings besonderes Gewicht auf räumliche Kostenoberflächen („cost surfaces") legt. Vergleichende Fallstudien verschiedener Industriebranchen (vgl. z. B. BRÜCHER 1982, GAEBE 1984) zeigen durch Kosten- und Erlösfaktoren bedingte **empirische Standortorientierungen** auf Rohstoffe und Materialeinsatz, auf Arbeitskräfte, auf Agglomerationen, auf Absatzgebiete oder auf Verkehrslagen (M 4-9; vgl. KULKE 1990).

So weisen Betriebe, die leicht verderbliche oder mit starkem Gewichtsverlust im

Bild 4-2 Braunkohletagebau in Jänschwalde bei Cottbus. Der Rohstoff wird in unmittelbar benachbart liegenden Kraftwerken zur Stromerzeugung genutzt. (Photo E. Kulke)

4.1 Statische Ansätze von Industriestandorten

Produktionsprozess belastete Input-Materialien verarbeiten, Standorte in der Nähe der Fundorte auf. Dazu gehören Einheiten, die Bergbauprodukte einsetzen (z. B. Kaliindustrie, Erzverhüttung), die im Bereich Steine und Erden tätig sind (u. a. Zementfabriken) oder die Nahrungsrohstoffe bearbeiten (z. B. Zuckerfabriken, Molkereien, Mostereien). Auch Produzenten, die große Mengen von Energie in ihrem Herstellungsprozess verwenden, suchen die Nähe zu den Energiequellen (beispielsweise Aluminiumindustrie in der Nähe von Kraftwerken).

Zu wichtigen Faktoren der Standortwahl entwickelten sich im 20. Jahrhundert das Lohnniveau und das Qualifikationsprofil der Arbeitskräfte. Die Verfügbarkeit einer großen Zahl billiger Arbeitskräfte führte bei arbeitsintensiv produzierenden Betrieben der **„footloose industry"** (d. h. geringe standörtliche Verwurzelung aufgrund niedriger Investitionskosten) zur Standortwahl in Entwicklungs- und Schwellenländern; hierzu gehören Einheiten der Textil- und Bekleidungsindustrie sowie der Montage von Elektro- oder Elektronikprodukten. Hochqualifizierte Arbeitskräfte, welche vor allem in den urban-industriellen Zentren der Industrieländer verfügbar sind, prägen dagegen die Standortwahl von

---

M 4-10 Standortwahlfaktoren auf verschiedenen Maßstabsebenen

Nahbereich	National		International	
Stadt-Umland (München) [1]	West-Deutschland [2]	Ost-Deutschland [2]	Europäische Peripherie (Portugal) [3]	Entwicklungsländer [4]
1. Bodenpreis	1. Flächenverfügbarkeit	1. Flächenverfügbarkeit	1. Niedrige Lohnkosten	1. Markt des Entwicklungslandes
2. Flächenangebot	2. Fernstraßenanbindung	2. Investitionsförderung	2. Nähe zu Absatzmarkt	2. Produktionskosten
3. Straßenanbindung	3. Lage zu Absatzmarkt	3. Fernstrassenanbindung	3. Qualität der Arbeitskräfte	3. Politik gegenüber Importen
4. pers. Gründe	4. Grundstückspreis	4. Lage zu Absatzmarkt	4. Geringe Kosten	4. Stabile politische Verhältnisse
5. Nähe zu altem Standort/Hauptsitz	5. Fachkräfte	5 Grundstückspreis	5. Nähe zu Zulieferern/Rohstoffen	5. Politik gegenüber Investoren
6. günstige Miete/Pacht	6. Investitionsförderung	6 Fachkräftepotential	6. staatliche Förderung	
7. Öffentliche Verkehrsmittel	7. hochqualifizierte Arbeitskräfte	7. Infrastruktur		
8. Arbeitskräfteangebot	8. Arbeit der Behörden vor Ort	8. Lohn- und Gehaltsniveau		
9. Erschlossenes Gewerbegebiet	9. Lage im Raum	9. hochqualifizierte Arbeitskräfte		
10. Niedrige Gewerbesteuern	10. Anlernkräftepotential	10. Arbeit der Behörden vor Ort		

Quellen: 1) DECKER 1984; 2) PIEPER 1994; 3) RUPPERT 1988; 4) IFO-STUDIEN 1983

Branchen, die technologisch hochwertige Produkte herstellen.

Agglomerationsfaktoren, d. h. Vorteile aufgrund des Vorhandenseins zahlreicher gleicher oder ergänzender Betriebe an einem Standort, bilden für Branchen, die vielfältige Zulieferbeziehungen aufweisen (u. a. Straßenfahrzeugbau) oder intensive Kontakte zu Forschungs- und Entwicklungseinrichtungen (z. B. Luft- und Raumfahrt, Mikroelektronik) besitzen, einen wichtigen Standortwahlfaktor.

Absatzorientierungen lassen sich bei Branchen beobachten, deren Produkte aufgrund ihrer Beschaffenheit mit hohen Transportkosten belastet sind (z. B. sperrige Güter wie Möbel, Baumaterialien) oder leicht verderben (Backwaren, Getränke etc.). Sie bevorzugen entsprechend die Nähe zu den Konsumenten. Gerade dann, wenn die Verkehrsnetze schlecht ausgebaut sind (z. B. in Entwicklungsländern) – und sich damit die Lieferbeziehungen als problematisch darstellen –, prägt sich diese Orientierung stark aus. In Industrieländern mit hochentwickelten Verkehrssystemen und geringen Transportkosten verliert dieser Faktor jedoch an Gewicht.

Als nicht an generelle Transportkosten, sondern an spezielle Verkehrsträger (Wasserstraßen, Pipelines) gebundene Branchen gelten beispielsweise die Werftindustrie oder Petrochemie. Nur durch diese Verkehrsträger können sie ihre Materialien beziehen oder ihre Produkte ausliefern.

Zwischen den Maßstabsebenen lassen sich dabei differierende Gewichtungen beobachten (M 4-10). Im Nahbereich sind Bodenpreis und Flächenverfügbarkeit entscheidend, auf internationaler Ebene gewinnen dagegen Markt- und Kostenüberlegungen an Bedeutung (vgl. Kap. 7.2.2).

4.1.2 Verhaltenswissenschaftliche Standorterklärung

Bereits Smith diskutierte den Einfluss individueller Faktoren auf die Standortwahl. Vertieft betrachten die **verhaltenswissenschaftlichen Ansätze** die in der Person des Entscheidungsträgers liegenden Prägungen. Sie berücksichtigen das Verhalten eines Satisficers, der begrenzte Fähigkeiten, unvollständige Informationen und individuelle Präferenzen besitzt. Am nachhaltigsten prägte der Ansatz von ALLEN PRED (1967) zur Verhaltensmatrix („behavioral matrix") die Diskussion über außerökonomische Einflüsse bei der Standortwahl. Er betont, dass sich die real zu beobachtenden Standortverteilungen nicht nur durch rationale, Profit maximierende Entscheidungen erklären lassen, sondern dass sich ein breites Spektrum von begrenzt rationalen, aber befriedigenden Standorten zeigt (PRED 1967, S. 91).

Zur Erklärung dieses begrenzt rationalen Verhaltens verwendet Pred die **Verhaltensmatrix**. In ihr lassen sich die Entscheidungsträger entsprechend der ihnen zur Verfügung stehenden Qualität und Quantität der Informationen (I) sowie ihrer Fähigkeit zur Informationsnutzung und -verarbeitung (F) einordnen (M 4-11). Entscheidungsträger besitzen in der Regel keine vollständigen Informationen über alle die möglichen Standorte prägenden Einflussgrößen; denn es sind teilweise nicht über alle relevanten Faktoren Informationen verfügbar und das Sammeln verursacht Kosten, die nur in begrenztem Umfang aufgewandt werden. Daneben können die begrenzten intellektuellen Fähigkeiten zu einer suboptimalen Verarbeitung der zur Verfügung stehenden Informationen führen.

4.1 Statische Ansätze von Industriestandorten

In der Verhaltensmatrix sind Unternehmen entsprechend ihrem **Informationsgrad** (I) und ihrer **Fähigkeit** (F) eingezeichnet. Je höhere Werte von I und F ein Unternehmen besitzt, desto größer ist seine **Problemlösungskapazität** bei der Standortwahl. Die optimale Informationsausstattung ist bei I_{max} gegeben, die höchsten Verarbeitungsfähigkeiten bei F_{max}. Die Karte unterhalb der Verhaltensmatrix zeigt zwei Standorte mit den höchsten Gewinnen und Bereiche in deren Umgebung, innerhalb welcher Unternehmen noch Gewinne, wenn auch suboptimale, erzielen können. An außerhalb des schraffierten Gebietes liegenden Standorten erfährt ein Unternehmen Verluste.

Entsprechend ihrer hohen Problemlösungskapazität wählen die Unternehmen 1, 2 und 3 Standorte nahe am Optimum. Die Unternehmen 4 bis 6 besitzen suboptimale, aber noch profitable Standorte. Diese Wahl lässt sich durch ihre geringere Problemlösungskapazität erklären. Sie kann jedoch auch das Resultat der Befriedigung persönlicher Präferenzen oder der Optimierung außerökonomischen Nutzens (Satisficer-Verhalten) sein, z. B. indem die Entscheidungsträger weiche, personenbezogene Standortfaktoren, wie die Nähe zum Wohnort, zur Familie oder zu Freizeiteinrichtungen, berücksichtigen. Deshalb können Unternehmen mit einem ähnlichen Kenntnisstand und vergleichbaren Fähigkeiten sehr unterschiedliche Entscheidungen treffen (siehe die Beispiele 5 und 6). Sehr wenige Informationen und geringe Fähigkeiten kennzeichnen das Unternehmen 7; es wählt einen verlustbringenden Standort und scheidet bald aus dem Wettbewerb aus. Dass es sich bei dem Ansatz von PRED nicht um eine deterministische Betrachtung han-

M 4-11 Standortwahl entsprechend der Verhaltensmatrix nach PRED

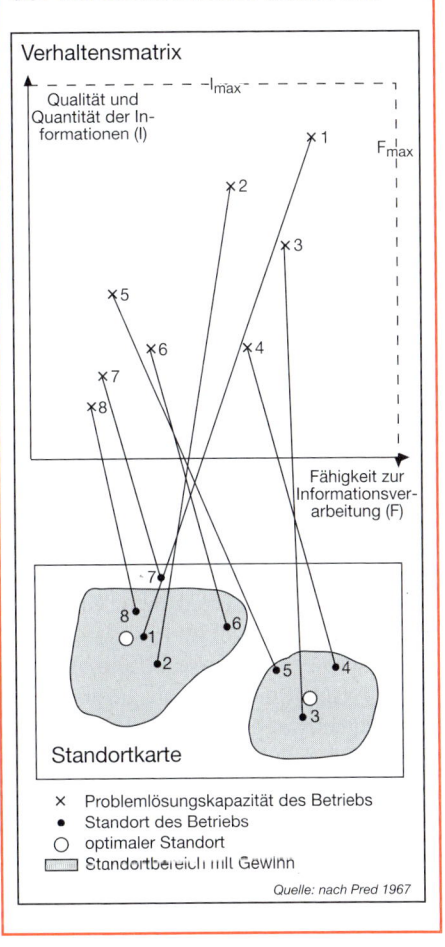

Verhaltensmatrix
- Qualität und Quantität der Informationen (I)
- I_{max}, F_{max}
- Fähigkeit zur Informationsverarbeitung (F)

Standortkarte

× Problemlösungskapazität des Betriebs
● Standort des Betriebs
○ optimaler Standort
▨ Standortbereich mit Gewinn

Quelle: nach Pred 1967

delt, zeigt Unternehmen 8. Trotz geringer Kenntnisse und Fähigkeiten liegt sein Standort innerhalb des profitablen Bereichs. Der Entscheidungsträger kann diesen aus Zufälligkeit wählen oder er kopiert das Verhalten anderer erfolgreicher Einheiten (z. B. die Standortwahl von Unternehmen 1).

Das Modell von PRED gibt einen guten Eindruck von realen Entscheidungsprozessen und erweitert damit das Kenntnisspektrum hinsichtlich der Variabilität rational-ökonomischer Standortwahl. Besonders wichtig ist dabei die Berücksichtigung der **Person des Entscheidungsträgers**. Gerade bei der Neugründung von Unternehmen und bei kleineren Handwerks- und Gewerbebetrieben erfolgt durch den Inhaber zumeist nur eine begrenzt rationale Standortanalyse und persönliche Präferenzen prägen seine Standortwahl. Es gibt genügend historische Beispiele – wie Siemens in Berlin, Oetker in Bielefeld, Bahlsen in Hannover –, bei denen die erste Errichtung im persönlichen Lebensraum des Unternehmensgründers erfolgte und die Unternehmung später nach erfolgreicher Expansion den Standort nachhaltig prägte. Selbst bei Großunternehmen kann die endgültige Auswahl des Vorstandes zwischen vergleichbar guten Alternativen durch außerökonomische Faktoren beeinflusst sein (siehe Kap. 2.2.1 zum Standortentscheidungsprozess und zum Beispiel BMW-Werk-Leipzig). Das Modell eignet sich jedoch aufgrund der unvorhersehbaren Zufälligkeiten und der schwer kalkulierbaren persönlichen Präferenzen nicht als Prognosemodell.

Gleichermaßen durch persönliche Einflussfaktoren geprägt stellt sich die Größe des **Standortsuchraumes** dar (vgl. v. BALLESTREM 1974, KULKE 1990). Entscheidungsträgern sind bei der Wahl des Standortes nicht alle Alternativen bekannt, sondern sie verfügen zuerst nur Kenntnisse von Gebieten, die ihnen aufgrund persönlicher Erfahrungen zugänglich sind. Dieses eher auf den Nahbereich orientierte Wissen wird dann bei der konkreten Standortsuche – durch den Entscheidungsträger selbst, durch ggf. vorhandene unternehmensinterne Standortplanungsabteilungen oder durch beauftragte Unternehmensberater – auf Gebiete erweitert, die durch Geschäftskontakte, Standortwerbung oder Imagefaktoren als mögliche Alternativen erscheinen. Es entsteht damit ein Raummuster der Standortkenntnis, wie in M 4-12 dargestellt; hohe Kenntnisse über die standortprägenden Faktoren liegen für die unmittelbare Umgebung vor, mit zunehmender Entfernung verringern sich die flächenhaften Kenntnisse und es sind zumeist nur noch urbane Zentren und deren Bedingungen bekannt. Dieses Raummuster der Informationen kann dazu führen, dass bei der Standortwahl eigentlich optimale Standorte mangels Kenntnissen über sie keine Berücksichtigung finden und suboptimale Lagen gewählt werden. Dabei korrelieren die Größe des Standortsuchraumes und die Vielfalt der Kenntnisse auch mit der Größe der Unternehmen. Kleine Einbetriebsunternehmen beschränken sich bei der Standortsuche – geprägt durch ihre lokalen Vernetzungen und ihre begrenzten Möglichkeiten zum Erbringen hoher Standortsuchkosten – häufiger auf den Nahraum, während international operierende Mehrbetriebsunternehmen eher auch weiträumige bzw. globale Standortalternativen prüfen.

Als ebenfalls verhaltensgeprägter Faktor ist die **Persistenz** von Betrieben an einmal gewählten Standorten zu verstehen (vgl. GAEBE 1984, S. 137; SCHAMP 1981). Natürlich begrenzen die an einem Standort vorgenommenen Investitionen in Flächen, Gebäude und Produktionsanlagen die Möglichkeiten zur Verlagerung. Aber selbst wenn aus Kosten-Erlös-Überlegungen räumliche Verlagerungen sinnvoller als der Beibehalt alter Standorte wären, erfolgen diese häufig aufgrund außerökonomischer Einflüsse – z. B. persönlicher Vernetzungen, lokaler Profile der Arbeitskräfte, Image oder Tradition – nicht. Auch

M 4-12 Modell des Standortsuchraumes

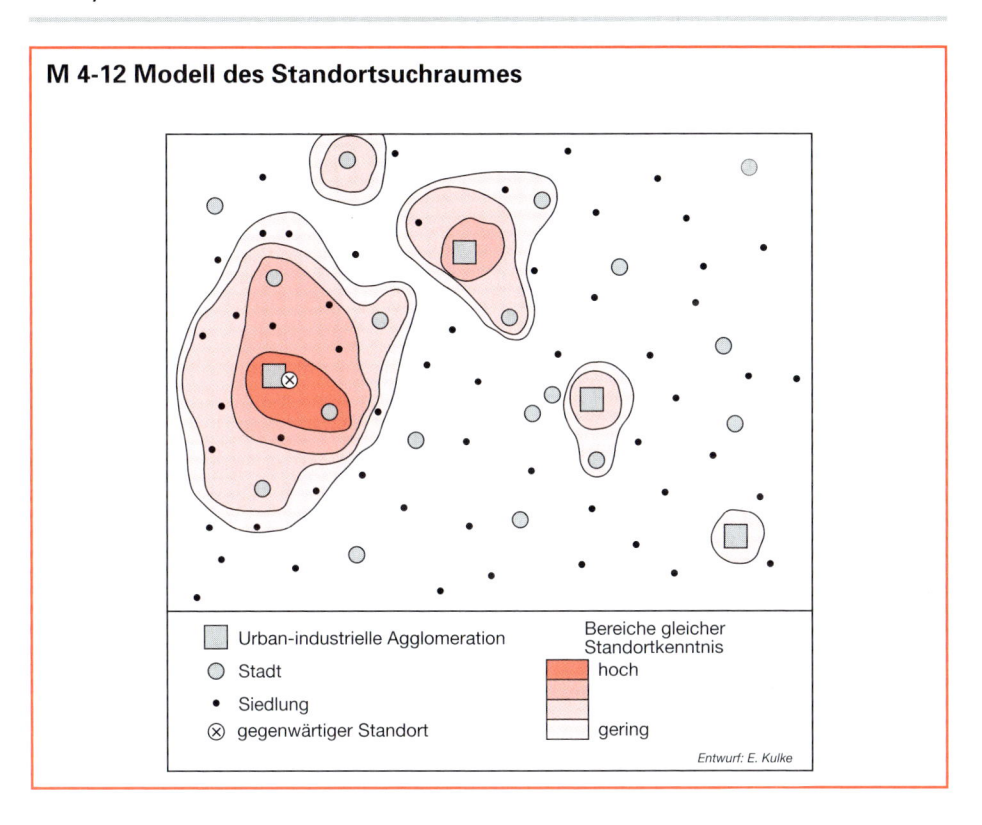

- ■ Urban-industrielle Agglomeration
- ○ Stadt
- • Siedlung
- ⊗ gegenwärtiger Standort

Bereiche gleicher Standortkenntnis
- hoch
- gering

Entwurf: E. Kulke

ein suboptimaler Standort bleibt häufig so lange erhalten, bis sich die Rahmenbedingungen soweit verschlechtern, dass eine existenzielle Gefährdung des Betriebes auftritt. Vorher versucht der Betrieb eher, die bestehenden Nachteile durch interne Veränderungen (u. a. Produktionsprozesse, Produkte) auszugleichen.

4.2 Dynamische Ansätze von Industriestandorten

Die dynamischen Ansätze zu Industriestandorten basieren im wesentlichen auf der Grundannahme, dass sich durch **Innovationen** bei Produkten, Produktionsprozessen oder Organisationsformen die Standortanforderungen (siehe Kap. 2.1.2) von Betrieben verändern; dadurch kommt es zu Verlagerungen vorhandener oder zur Gründung neuer Betriebe an anderen Standorten.

Grundsätzliche Überlegungen zur **Bedeutung von Innovationen** entwickelte SCHUMPETER 1911 in seinem Werk zur „Theorie der wirtschaftlichen Entwicklung". Er identifiziert darin Innovationen als die zentrale Antriebskraft der wirtschaftlichen Entwicklung bzw. des Strukturwandels. Diese qualitativ neuen Erscheinungen treten diskontinuierlich, d.h. mit zeitlichen und räumlichen Brüchen, auf. Den Neuerungsprozess selbst untergliedert SCHUMPETER in die **Invention** als die Erfindung und erste Einführung und die **Innovation** als die verbreitete Umsetzung.

Unterscheiden lassen sich Innovationen nach den Bereichen ihrer Realisierung (M 4-13); die Entwicklung neuer bzw. die technische Verbesserung vorhandener Produkte werden als **Produktinnovationen** bezeichnet, die Umgestaltung der Herstellungsverfahren von Produkten als **Prozessinnovationen** und die Veränderungen in der Organisation von Bezug, Produktion, Faktorkombination und Absatz als **Organisationsinnovationen**.

Während SCHUMPETER als Träger von Innovationen die Seite der Anbieter/Produzenten identifiziert, geht SCHMOOKLER (1966) von einem nachfrageseitigen Kausalitätszusammenhang aus; über Änderungen in den Nachfragestukturen werden Veränderungen der Produktionsstruktur initiiert.

MENSCH (1975) integriert in seinen Überlegungen beide Verursachungsansätze und nimmt eine weitere Differenzierung nach der Qualität der Innovationen vor. In größeren zeitlichen Abständen erfolgende **Basisinnovationen** (siehe dazu

---

M 4-13 Definitionen zu Innovationen

1) Innovationen nach Bereichen
Produktinnovationen: Herstellung neuer oder in ihren Eigenschaften deutlich verbesserter Produkte
Prozessinnovationen: Verbesserungen in den Verfahren zur Herstellung von Produkten
Organisationsinnovationen: Veränderungen in der Organisation von Bezug, Produktion, Faktorkombination (Einsatz von Produktionsfaktoren) und Absatz

2) Innovationen nach ihrer Qualität
Basisinnovationen: Neue Produkte, Verfahren oder Technologien, die zu richtungsweisenden Veränderungen führen und Tätigkeitsbereiche grundlegend umstrukturieren
Verbesserungsinnovationen: Weiterentwicklung von Bereichen, die durch Basisinnovationen herausgeformt wurden
Scheininnovationen: Differenzierung von vorhandenen Produkten ohne grundlegende Veränderungen

3) Bereiche, in denen Innovationen entwickelt werden
Wissenschaft (Research): Erarbeitung von allgemeinen, grundlegenden und abstrakten Wissensformen
Technologie (Development): Lösung konkreter ökonomischer oder gesellschaftlicher Probleme durch spezifische und anwendungsbezogene Methoden

4) Bestand und Dynamik von Wissen
Technisches Wissen: In einer Volkswirtschaft oder Region vorhandener Bestand an Kenntnissen über Produkte, Produktherstellung und Organisationsformen
Technischer Fortschritt: Veränderungen im zeitlichen Ablauf des Bestandes an Kenntnissen über Produkte, Produktherstellung und Organisationsform

Quellen: 1) SCHUMPETER 1911, WEHMEYER 2001; 2) MENSCH 1975; 3) OECD 1992; 4) SCHÄTZL 2000b

4.2 Dynamische Ansätze von Industriestandorten

die Theorie der langen Wellen in Kap. 4.2.2) führen zu grundlegenden Veränderungen in der Struktur der Wirtschaft, **Verbesserungsinnovationen** stellen Weiterentwicklungen dar und **Scheininnovationen** nur Modifikationen.

In den letzten Jahren gewannen **innovationsbedingte Veränderungen des Faktors Wissen** immer größere Bedeutung für die ökonomische und gesellschaftliche Entwicklung. Hochentwickelte Industrie- und Dienstleistungsgesellschaften verändern sich weiter in Richtung auf Wissensökonomien, in denen Wissen, Innovationen und Informationen zum entscheidenden Produktionsfaktor werden (vgl. STRAMBACH 2001, S. 13f; WEHMEYER 2001). Die Generierung von Innovationen scheint sich dabei zu beschleunigen, so dass Verkürzungen der Halbwertzeiten von Wissen auftreten. Aufgrund der großen Bedeutung von Innovationen für den wirtschaftlichen Strukturwandel werden deren Wirkungen auf die Veränderung der Standorte von Industriebetrieben, insbesondere seit den achtziger Jahren, immer intensiver diskutiert.

4.2.1 Produktlebenszyklushypothese

Als ein wichtiger mikroökonomischer Erklärungsansatz zu sich durch Innovationen verändernden Industriestandorten gelten die räumlichen Überlegungen auf Basis der **Produktlebenszyklushypothese** (vgl. die Basisliteratur von HIRSCH 1967, VERNON 1966 sowie NORTON/REES 1979, OHR 1985, TICHY 1991 und die Diskussion regionaler Aspekte bei CHAPMAN/WALKER 1992, KULKE 1992a, MALECKI 1994, NUHN 1985). Die Grundannahmen besagen, dass ein von Industriebetrieben hergestelltes Produkt nur eine begrenzte Lebensdauer besitzt, dass sich im Verlauf des Lebenszyklusses (M 4-14) charakteristische Wandlungen bei der Art der Herstellung ergeben und dass sich dadurch die Standortanforderungen verändern.

Nach der Erfindung (Invention) eines Produktes erfolgen in der ersten **Entwicklungs- und Einführungsphase** noch laufende Verbesserungen an dem Produkt selbst. Die Herstellung erfolgt in kleinen Losgrößen unter Einsatz hochqualifizierten Personals (d.h. humankapitalintensiv, M 4-15) und entsprechend fließt ein großer Teil der Investitionen in den Bereich Forschung und Entwicklung. Hat sich das neue Produkt am Markt durchgesetzt, steigt in der folgenden **Wachstumsphase** die Produktionsmenge stark an – die Herstellung erfolgt in größeren Losgrößen bzw. in Massenproduktion – und es erhöhen sich Marktanteil und Gesamtumsatz. Da das Produkt selbst bereits ausgereifter bzw. stärker standardisiert ist, konzentrieren sich die Innovationen auf die Optimierung des Produktionsprozesses. In der **Reifephase** beginnt der Gesamtumsatz zu stagnieren. Produkt und Produktionsprozess sind standardisiert und entsprechend liegt der Schwerpunkt der betrieblichen Investitionen im Bereich von Rationalisierungsmaßnahmen zur kostengünstigen Herstellung großer Mengen (Massenproduktion); die Produktion erfolgt entweder eher sachkapitalintensiv (unter Einsatz von Maschinen und Geräten) oder eher arbeitsintensiv (unter Einsatz zahlreicher gering qualifizierter und entsprechend lohnkostengünstiger Arbeitskräfte). Schließlich treten neue Güter auf, welche besser den veränderten Angebots- und Nachfragedingungen entsprechen; sie ersetzen das inzwischen gealterte Produkt. Deshalb sinken in der **Schrumpfungsphase** Gesamterlöse und Marktanteil und schließlich wird die Herstellung des Produktes beendet.

M 4-14 Verlauf des Produktlebenszyklus

Verlauf des Produktlebenszyklus

Gesamterlös/-umsatz über Zeit mit den Phasen: Entwicklungs- und Einführungsphase | Wachstumsphase | Reifephase | Schrumpfungsphase

Veränderung in der Art der Herstellung

Produktion:	humankapitalintensiv	→ sachkapital-/arbeitsintensiv
Produktionsmenge:	kleine Losgrößen	→ Massenproduktion
Innovationen:	Produktinnovationen	→ Prozessinnovationen
Investitionen:	F&E - Investitionen	→ Rationalisierungsinvestitionen

Veränderung der Standortanforderungen

	Entwicklungs-/ Einführungsphase	Wachstumsphase	Reifephase	Schrumpfungsphase
qualifizierte Arbeitskräfte	++	+	o	o
hochwertige Infrastruktur	++	+	o	o
Agglomerationsvorteile (Zulieferer, Dienste)	+	++	o	o
Marktnähe	+	++	+	o
billige Arbeitskräfte	o	o	++	++
niedrige Standortkosten (Betriebsgelände, Abgaben)	o	o	++	++

Quelle: nach Dicken / Lloyd 1990, Hirsch 1967, Nuhn 1985

4.2 Dynamische Ansätze von Industriestandorten

> **M 4-15 Arten industrieller Produktion**
>
> Arten industrieller Produktion lassen sich durch die Relation der Produktionsfaktoren Arbeit und Kapital charakterisieren:
> **Humankapitalintensiv**: Einsatz eines hohen Anteils an hochqualifizierten Arbeitskräften zur Herstellung von Produkten (z. B. Herstellung von Computer-Chips)
> **Arbeitsintensiv**: Einsatz einer großen Zahl von gering qualifizierten Arbeitskräften zur Herstellung von Produkten (u. a. Herstellung von Bekleidung, Montage von Elektrogeräten)
> **Sachkapitalintensiv**: Einsatz eines hohen Anteils von Maschinen und Geräten (z. B. Industrieroboter) zur Herstellung von Produkten (z. B. Chemische Industrie)
>
> Vgl. HIRSCH 1967, TICHY 1991

Parallel zum Verlauf des Produktlebenszyklus lassen sich ein Innovations-, ein Profit- und ein Konkurrenzlebenszyklus beobachten. Der **Innovationslebenszyklus** zeigt (ABERNATHY/UTERBACK 1978, M 4-16), dass die Betriebe zu Beginn des Lebenszyklus hohe Anteile ihres Umsatzes für die Verbesserung bzw. Weiterentwicklung des Produktes aufwenden (Produktinnovationen), dass sie später Ausgaben vor allem zur Optimierung des Herstellungsverfahrens (Prozessinnovationen) leisten und dass schließlich in der Reifephase – bei standardisiertem Produkt und Prozess – nur noch in begrenztem Umfang Aufwendungen für Innovationen erfolgen. Entsprechend dem Anteil von Forschungs- und Entwicklungsausgaben am Umsatz lassen sich Industriezweige mit großen Innovationsaktivitäten und entsprechend eher neuen Produkten identifizieren (M 4-17); diese Klassifikationssystematik kann auch als Grundlage zur Identifikation von Zielgruppen für eine technologie- bzw. innovationsorientierte Wirtschaftspolitik dienen.

Der **Profitlebenszyklus** veranschaulicht (M 4-18), dass Unternehmen zu Beginn der Marktdurchdringung eines Produktes noch relativ hohe Kosten aufwenden müssen, denen erst geringe Erlöse gegenüberstehen. Im weiteren Verlauf können die Stückkosten (d.h. Kosten pro hergestelltes einzelnes Produkt) verringert werden und insbesondere in der Wachstumsphase lassen sich hohe Gewinne erzielen. In der Reifephase sinken aufgrund stärkerer Konkurrenz zu anderen Anbietern und deshalb hohen Drucks auf die Verkaufspreise die Gewinne, und gegen

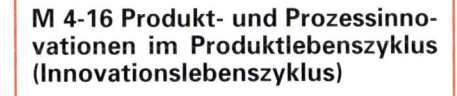

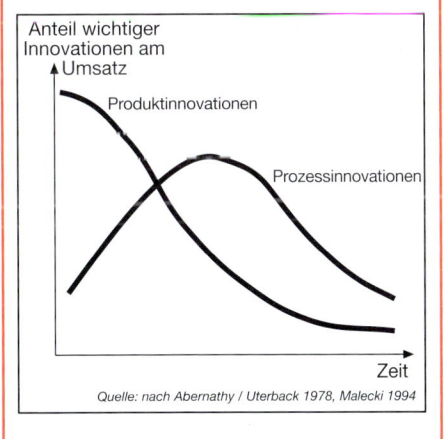

> **M 4-16 Produkt- und Prozessinnovationen im Produktlebenszyklus (Innovationslebenszyklus)**
>
> Quelle: nach Abernathy / Uterback 1978, Malecki 1994

> **M 4-17 Klassifikationssysteme forschungs- und entwicklungsintensiver Industriezweige**
> (Basis: Anteil der Ausgaben für Forschung und Entwicklung am Umsatz)
>
> **OECD:**
> **hohe F&E-Intensität** (über 4% Anteil), z. B. Luft- und Raumfahrt (23%), Büromaschinen/Computer (18%), Elektronik und Komponenten (10%), Pharmazie (9%), Instrumente (5%), Elektromaschinen (4%)
> **mittlere F&E-Intensität** (über 1% Anteil), z. B. Fahrzeugbau (3%), Chemische Industrie (2%), Maschinenbau (2%), Kunststoff/Gummi (1%), Nichteisen Metallurgie (1%)
> **geringe F&E-Intensität** (weniger als 1 %), z. B. Nahrungsmittelindustrie, Raffinerien, Papier- und Pappeherstellung, Möbelindustrie, Bekleidungsindustrie
>
> **NIW und BMBF:**
> **Spitzentechnologie** (über 8.5%)
> **Gehobene Gebrauchstechnologie** (3.5% bis 8.5%)
> **übrige Industriezweige** (unter 3.5%)
>
> Quellen: MALECKI 1994, PIEPER 1994, STRAMBACH 2001

Ende des Lebenszyklusses übersteigen dann die Gesamtkosten die Gesamterlöse und die Produktion wird eingestellt.

Die im Gewinnlebenszyklus bereits angedeuteten Konkurrenzbeziehungen sind Betrachtungsgegenstand des **Konkurrenzlebenszyklusses** (vgl. CHAPMAN/WALKER 1992, S. 127, M 4-19). Ein Unternehmen, in welchem das neue Produkt erfunden, entwickelt und durch Patentanmeldung geschützt wurde, ist zu Beginn alleiniger Anbieter und kann während eines kurzen Zeitfensters (**window of opportunity**) bei stark wachsender Nach-

> **M 4-18 Gewinn und Verlust im Produktlebenszyklus (Profitlebenszyklus)**

> **M 4-19 Konkurrenzbeziehungen im Produktlebenszyklus (Konkurrenzlebenszyklus)**
>
> Quelle: Chapman / Walker 1992, S. 128

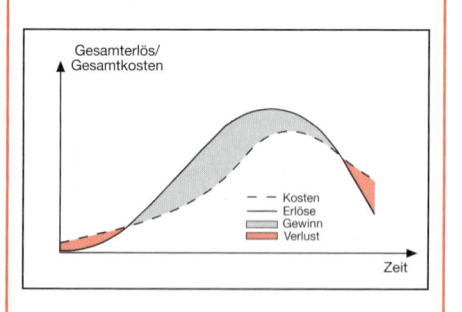

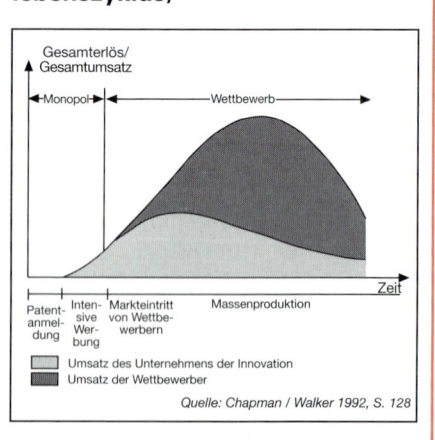

4.2 Dynamische Ansätze von Industriestandorten

frage und hohen Stückpreisen hohe Gewinne realisieren (**early mover advantages**). Später treten weitere Anbieter auf, der Wettbewerb verstärkt sich und entsprechend sinken die Verkaufspreise pro Stück und damit der Gesamtgewinn.

Kritische Auseinandersetzungen mit der grundsätzlichen Annahme, dass alle Produkte einem Lebenszyklus unterliegen, ergaben eine Differenzierung nach **Arten von Gütern** (vgl. TICHY 1991). Es lassen sich nicht nur zwischen einzelnen Produkten verschieden lange Lebenszeiten beobachten, sondern manche Produkte weisen eine nahezu unbegrenzte Lebensdauer auf. So erfahren aus landwirtschaftlichen Primärgütern hergestellte Produkte (z. B. Lebensmittel) oder rohstoffnahe Güter (z. B. Stahl) kaum einen Ersatz durch neue Güter und die Innovationen beschränken sich bei diesen auf Modifikationen vorhandener Varianten (sogenannte Ricardo-Güter). Dagegen gilt, dass eher technologieintensive Produkte eine ausgeprägte Zyklizität besitzen, was sich empirisch am Beispiel von Geräten der Unterhaltungselektronik (Aufeinanderfolge der Geräte Radio, Schwarz-Weiß-Fernseher, Farbfernseher, Videorecorder) belegen lässt (M 4-20). Auch können betriebliche Anstrengungen, wie ein laufender Ersatz durch neue Varianten, die Realisierung von Produktverbesserungen oder kostensenkende Maßnahmen, die Dauer des Lebenszyklusses verlängern (M 4-21).

Aus den während der einzelnen Phasen differierenden Merkmalen hinsichtlich Produktionsweise, Innovationsintensität, Produktionskosten und Produktpreis erge-

M 4-20 Produktlebenszyklus bei Gütern der Unterhaltungselektronik

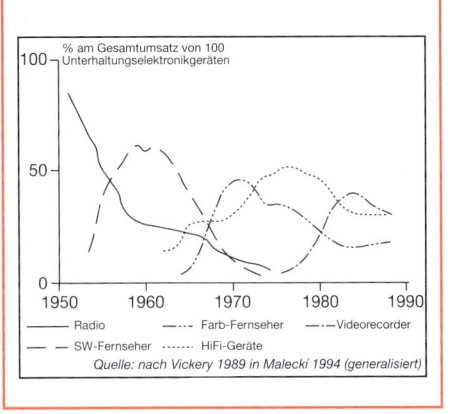

Quelle: nach Vickery 1989 in Malecki 1994 (generalisiert)

M 4-21 Verlängerung des Produktlebenszyklus

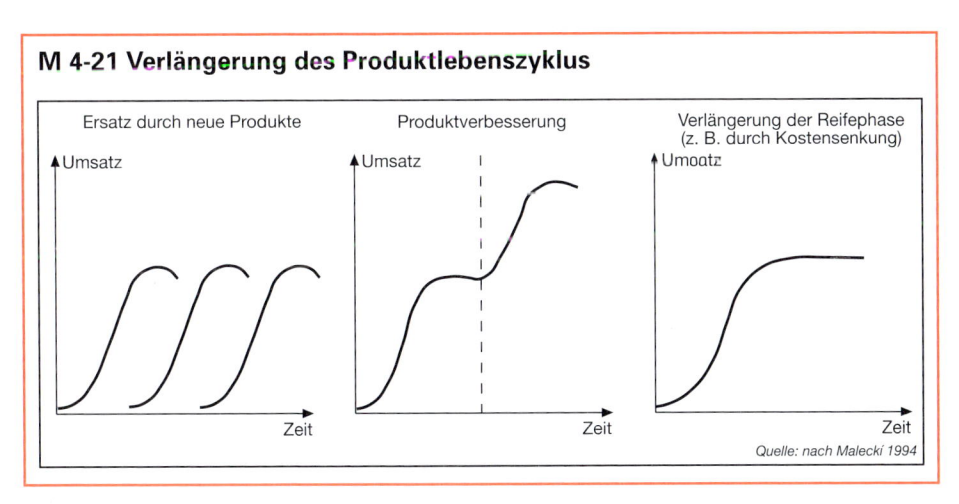

Ersatz durch neue Produkte — Produktverbesserung — Verlängerung der Reifephase (z. B. durch Kostensenkung)

Quelle: nach Malecki 1994

ben sich jeweils spezielle **Standortanforderungen** (M 4-14; vgl. DICKEN/LLOYD 1990, NUHN 1985). In der Entwicklungs- und Einführungsphase benötigen die Betriebe hochqualifizierte Arbeitskräfte, eine hochwertige Infrastruktur und die Nähe zu Forschungs- und Entwicklungseinrichtungen; diese Standortbedingungen bieten vor allem die urban-industriellen Agglomerationen hochentwickelter Länder. In der Wachstumsphase gewinnen – neben der Verfügbarkeit von hochqualifizierten Arbeitskräften (für Prozessinnovationen) – wegen des starken Anstiegs der Produktionsmengen die Nähe zu Zulieferern und Dienstleistern sowie die Erreichbarkeit aufnahmefähiger Märkte (große Zahl von Nachfragern mit höherem Einkommen wegen noch relativ hohem Preis des Produktes) an Bedeutung. Suburbane Standorte der Agglomerationen mit Flächenverfügbarkeit für die größeren Produktionsstätten stellen hierfür günstige Standorträume dar. In der Reifephase konzentrieren sich die Betriebe bei standardisiertem Produkt und Produktionsprozess, starker Konkurrenz und hohem Preisdruck auf Kostenreduzierungen. Für sachkapitalintensive Produktion bieten die Peripherieräume höherentwickelter Staaten mit geringeren Standortkosten (z.B. Flächenpreis, Steuerbelastung) geeignete Ansied-

---

M 4-22 Entwicklung der Beschäftigtenzahl der Bekleidungsindustrie in Deutschland

Die Bekleidungsindustrie – ein während der Industrialisierungsphase wichtiger Wirtschaftszweig – ist heute aus Deutschland fast verschwunden. Für die Endmontage von Kleidungsstücken ist trotz moderner Technologien noch eine große Zahl von Arbeitskräften erforderlich. Die hohen Lohnkosten in Deutschland erlauben keine wettbewerbsfähige Produktion; dagegen können in Entwicklungsländern Näherinnen in kurzer Zeit angelernt werden und erhalten dort für ihre Arbeit nur geringe Löhne. Entsprechend wurde die Produktion aus Deutschland in kostengünstigere Länder ausgelagert. Häufig verbleibt jedoch der Hauptsitz des Unternehmens - mit Management, Entwicklung und Vertrieb – in den hochentwickelten Ländern.

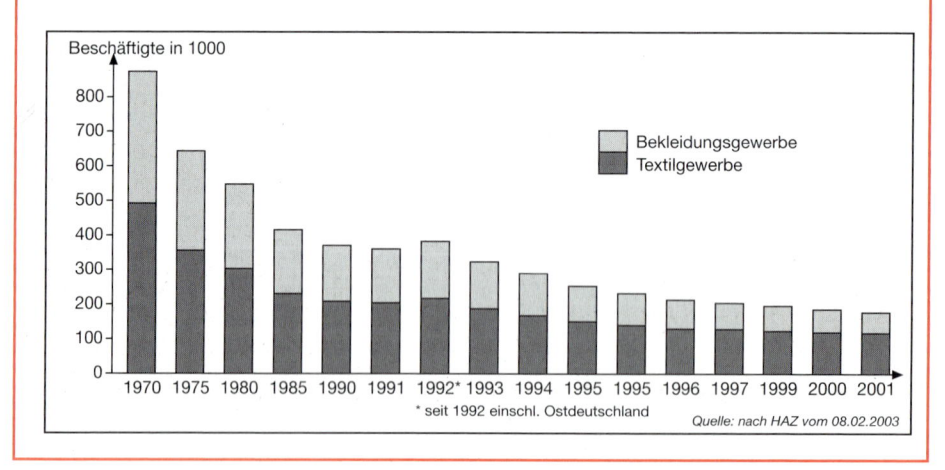

seit 1992 einschl. Ostdeutschland

Quelle: nach HAZ vom 08.02.2003

4.2 Dynamische Ansätze von Industriestandorten 89

Bild 4-3 Humankapitalintensive Flugzeugherstellung von Boeing in Seattle (Photo E. Kulke)

Bild 4-4 Arbeitsintensive Bekleidungsproduktion von Jeans im ländlichen Raum Portugals (Photo E. Kulke)

lungsmöglichkeiten, für arbeitsintensive Produktionen eignen sich verkehrlich gut erreichbare Schwellen- und Entwicklungsländer mit niedrigen Arbeitskosten. Diese Verlagerungstendenzen gelten für Hersteller von Produktzyklusgütern im engeren Sinne, während bei Produkten, die starke Bindungen an die Nachfrage im Nahbereich (Loesch-Güter) oder an die Nähe zu vielen Zulieferern (Thünen-Güter) aufweisen, weiterhin Standorte in den Agglomerationen große Bedeutung besitzen (TICHY 1991, S. 47).

Empirische Untersuchungen zu räumlichen Aspekten entsprechend der Produktlebenszyklushypothese konzentrieren sich auf die großräumigen Verlagerungen industrieller Produktion, insbesondere zwischen Industrie- und Schwellen-/Entwicklungsländern (vgl. z. B. NORTON/REES 1979, VERNON 1979). Für die arbeitsintensive Herstellung reifer Produkte, wie beispielsweise in der Bekleidungsindustrie (M 4-22) oder bei der Montage von Elektrogeräten, lassen sich diese Auslagerungstendenzen beobachten. So zeigen Studien in Ost-/Südostasien (z. B. VAN GRUNSVEN 1995, KULKE 1991, WEHMEYER 2001, WESSEL 1998) nicht nur dem wirtschaftlichen Entwicklungsstand der Länder entsprechende Anteile von Industriebranchen mit eher älteren bzw. eher neueren Produkten, sondern dokumentieren auch Wanderungen von Betrieben zwischen Ländern im Verlauf deren wirtschaftlicher Entwicklung. Ehemals in Japan angesiedelte Einheiten wurden zuerst nach Hongkong oder Taiwan, später nach Malaysia und zuletzt nach Thailand oder Vietnam verlagert; entscheidend für die Auslagerung waren jeweils steigende Lohnkosten und für die Ansiedlung niedrige Lohnkosten sowie das Vorhandensein von infrastrukturellen Voraussetzungen.

Auch Untersuchungen zu modernen Industrien (NUHN 1989) zeigen, dass sich beispielsweise im Silicon Valley mit zunehmender Alterung der Produktion Standortaufspaltungen ergaben; die Neuentwicklung blieb dort, während für Produktion und Endmontage Standorte mit niedrigeren Fertigungskosten in Südostasien gewählt wurden. Studien zu räumlichen Unterschieden auf regionaler Ebene hochentwickelter Länder (vgl. z. B. KULKE 1992a) identifizierten eine überproportionale Bedeutung neuer Produkte in urban-industriellen Zentren, dagegen aber weniger ausgeprägte Differenzen zwischen Zentrum und Peripherie in den späteren Phasen des Produktlebenszyklus. Insgesamt eignet sich die Produktlebenszyklushypothese vorwiegend zur Erklärung großräumiger bzw. internationaler Unterschiede in der Art der hergestellten Produkte.

4.2.2 Theorie der langen Wellen

Während die Produktlebenszyklushypothese das ständige Auftreten von neuen Produkten in einzelnen Betrieben diskutiert, beruht die **Theorie der langen Wellen** auf der Grundannahme, dass in großen zeitlichen Abständen Basisinnovationen auftreten, durch welche sich Industriezweige und damit die Gesamtwirtschaft grundlegend verändern. Die etwa 40 bis 60 Jahre dauernden langen Wellen werden auch **Kondratieff-Wellen** genannt, nach dem russischen Agrarökonomen N. D. KONDRATIEFF, der in den 1920er Jahren empirische Beobachtungen zu langfristigen zyklischen Schwankungen wirtschaftlicher Aktivitäten durchführte. Die Verbindung zwischen den anhand von wirtschaftlichen Indikatoren belegten zyklischen Schwankungen und technologischen In-

4.2 Dynamische Ansätze von Industriestandorten

novationen stellte später SCHUMPETER (1939) her.

Jede der langen Wellen ist gekennzeichnet durch eine ca. 20 bis 30 Jahre dauernde Phase des wirtschaftlichen Aufschwunges und eine etwa gleich lange Phase eher stagnierender Entwicklung (vgl. EWERS 1986, GSCHWIND/HENCKEL 1984, HAMPE 1985, WEHMEYER 2001). Die lange Welle beginnt mit einer Reihe sich ergänzender technisch-wirtschaftlicher Innovationen, d. h. einem Schwarm von zeitnah auftretenden Inventionen, welche ihre Umsetzung in Schlüsseltechnologiefeldern, die durch starke gegenseitige Verflechtungen gekennzeichnet sind, finden (HALL/PRESTON 1988). Durch sie entstehen entweder ganze Industriezweige neu oder vorhandene erfahren grundlegende Veränderungen. Als **Voraussetzungen** zur Herausbildung eines solchen Innovationsschubes gelten (nach EWERS 1986), dass Innovationsfelder mit großem technisch-wirtschaftlichen Synergiepotential vorhanden sind, dass ausreichend Sach- und Humankapital für die Realisierung der Innovation

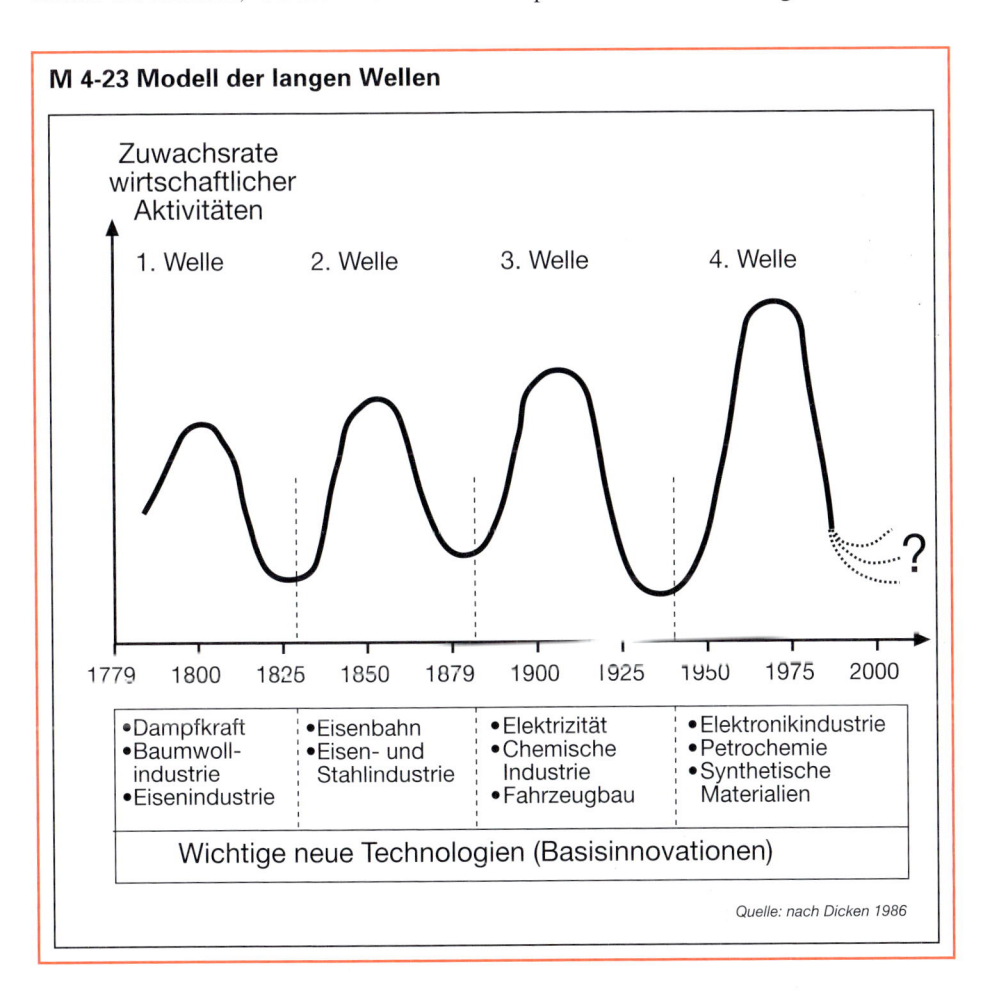

M 4-23 Modell der langen Wellen

Zuwachsrate wirtschaftlicher Aktivitäten

1. Welle 2. Welle 3. Welle 4. Welle

| 1779 | 1800 | 1825 | 1850 | 1879 | 1900 | 1925 | 1950 | 1975 | 2000 |

| • Dampfkraft
• Baumwollindustrie
• Eisenindustrie | • Eisenbahn
• Eisen- und Stahlindustrie | • Elektrizität
• Chemische Industrie
• Fahrzeugbau | • Elektronikindustrie
• Petrochemie
• Synthetische Materialien |

Wichtige neue Technologien (Basisinnovationen)

Quelle: nach Dicken 1986

verfügbar ist, dass risikobereite Unternehmerpersönlichkeiten sich für die Umsetzung engagieren und dass die Neuerungen eine hohe gesellschaftliche Akzeptanz erfahren.

Empirisch lassen sich für die Vergangenheit **vier lange Wellen** beobachten (M 4-23) (vgl. DICKEN 1986, HALL/PRESTON 1988, MALECKI 1994). Die erste lange Welle (ca. 1790-1845) war getragen durch die Erfindung, Umsetzung und Nutzung von Dampfkraft sowie Innovationen in der Stahlindustrie. Gerade die Dampfkraft zeigt beispielhaft die vielfältigen Einsatzmöglichkeiten und die Synergieeffekte einer Basisinnovation; denn Dampfmaschinen konnten zum Betrieb von mechanischen Geräten wie in der Baumwollindustrie, zum Antrieb von Pumpen und Förderanlagen im Bergbau oder als leistungsfähiges Transportmittel in Dampfschiffen oder der Eisenbahn eingesetzt werden und restrukturierten diese Zweige nachhaltig. Prägende Bedeutung für die zweite lange Welle (ca. 1845-1895) besaßen Innovationen in der Stahlindustrie und in dem damit verflochtenen Maschinen-, Eisenbahn- und Schiffbau. Träger der dritten langen Welle (ca. 1895-1945) waren der Automobilbau, die Elektroindustrie und die chemische Industrie. Die vierte lange Welle (ca. 1945-2000) wurde gestaltet durch die Elektronik-, Computer- und Kommunikationsindustrie sowie den Flugzeugbau. Die seit einigen Jahren zu beobachtende geringe wirtschaftliche Dynamik wird häufig damit begründet, dass die vierte lange Welle ausläuft und die zu erwartende fünfte Welle noch keinen neuen Wachstumsschub eingeleitet hat (vgl. NEFIODOW 1997). Als möglicher zukünftiger Trägerbereich gelten die Bio- und Gentechnologie, in der bereits grundlegende Erkenntnisse erarbeitet wurden, aber noch keine breite industrielle Verwertung erfolgte. Dieser Ablauf gilt als typisch zu Beginn einer langen Welle (ROTHWELL 1982); Basisinventionen, d. h. wesentliche Erfindungen, erfolgen 20 bis 30 Jahre, bevor sie als Basisinnovation eine breite industrielle Umsetzung erfahren (M 4-24) und der Aufschwung dieser neuen Welle einsetzt.

Überlegungen zu **räumlichen Aspekten der Theorie der langen Wellen** beruhen auf der Beobachtung, dass jede lange Welle zur Herausbildung von monostrukturierten Industrieballungen geführt hat und dass sich die Produktionsbetriebe der nächsten neuen Wellen in jeweils anderen Räumen konzentrierten (vgl. BATHELT 1992, GSCHWIND/HENCKEL 1984, MALECKI 1994).

Hinsichtlich des **räumlichen Entwicklungspfades** lässt sich folgender Ablauf darstellen: Für eine neu einsetzende Welle bieten bisher wenig industriell überprägte Agglomerationen Vorteile, während in den durch alte Wellen geprägten Zentren Ansiedlungsnachteile bestehen. Vorteile neuer Zentren – eine Mindestverdichtung von Bevölkerung, Betrieben und In-

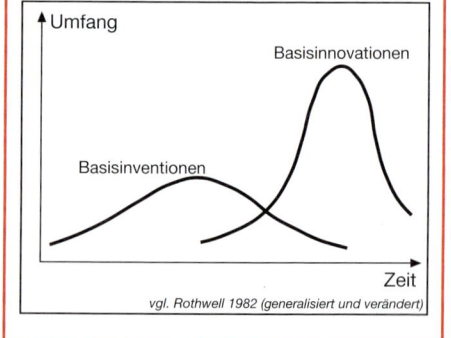

M 4-24 Basisinventionen und Basisinnovationen

vgl. Rothwell 1982 (generalisiert und verändert)

4.2 Dynamische Ansätze von Industriestandorten

frastruktur müssen vorliegen – sind, dass dort aufgrund von fehlenden Alternativen auch noch risikoreiche Kapitalverwertungen ermöglicht werden (und ggf. regionalpolitische Unterstützung erfahren), dass dort noch vergleichsweise niedrigere Standortkosten (z. B. Flächenverfügbarkeit, Bodenpreis) auftreten und dass die Qualifikationsprofile der Beschäftigten noch gestaltet werden können. Nachteile der alten Zentren liegen in den Bereichen Boden, Arbeit, Kapital und Infrastruktur. So ist bereits eine hohe bauliche Verdichtung gegeben, entsprechend sind Ansiedlungsflächen nur begrenzt und zu hohen Bodenpreisen verfügbar und es können Umweltbelastungen (z. B. Bergschäden, kontaminierte Gewerbebrachen, Luftverschmutzung) vorliegen. Auf dem Arbeitsmarkt sind zwar hochqualifizierte Arbeitskräfte vorhanden, deren Qualifikationsprofile allerdings nicht den Bedürfnissen der neuen Welle entsprechen (Beispiel Informatiker statt Bergleute) und die zudem hohe Lohnerwartungen aufweisen. Der Kapitaleinsatz konzentriert sich auf konventionelle Investitionsstrategien zum Erhalt vorhandener Industrien, während eine begrenzte Risikobereitschaft für neue Entwicklungen besteht. Schließlich ist die Infrastruktur zwar gut ausgebaut, aber auf die speziellen Bedürfnisse der alten Industrien ausgerichtet (Transport von Kohle und Erz mit Schiff oder Bahn, Mikrochips per Flugzeug).

Im Verlauf der Welle nimmt die Gravitationskraft des neuen Zentrums zu, was zur Zuwanderung von Arbeitskräften und

---

M 4-25 Merkmale der Kondratieff-Wellen

	1. Welle (1787-1845)	2. Welle (1846-1895)	3. Welle (1896-1947)	4. Welle (1948-2000)
Schlüsselinnovation	Mechanischer Webstuhl, Puddelofen, Dampfkraft	Bessemer-Stahl, Dampfschiff	Wechselstrom, Elektrisches Licht, Automobil	Transistoren Computer, CIT
Schlüsselindustrien	Baumwoll-, Eisenindustrie	Stahl-, Werkzeugmaschinen, Schiffbauindustrie	Fahrzeugbau, Elektro-, Chemieindustrie	Elektronik-, Computer-, Kommunikations-, Flugzeugbauindustrie
lokale Standorträume	Konzentration auf Städte (mit Häfen oder Kohlelagerstätten)	Wachstum von Städten mit Kohlelagerstätten	Zeitalter der Agglomerationen	Suburbanisierung, Deurbanisierung, Neue Industrieregionen
Internationale Standorträume	UK	Deutschland, USA	USA, Deutschland	USA, Japan, NIC, neue internationale Arbeitsteilung

Quelle: MALECKI 1994, S. 166/167 nach HALL/PRESTON 1988

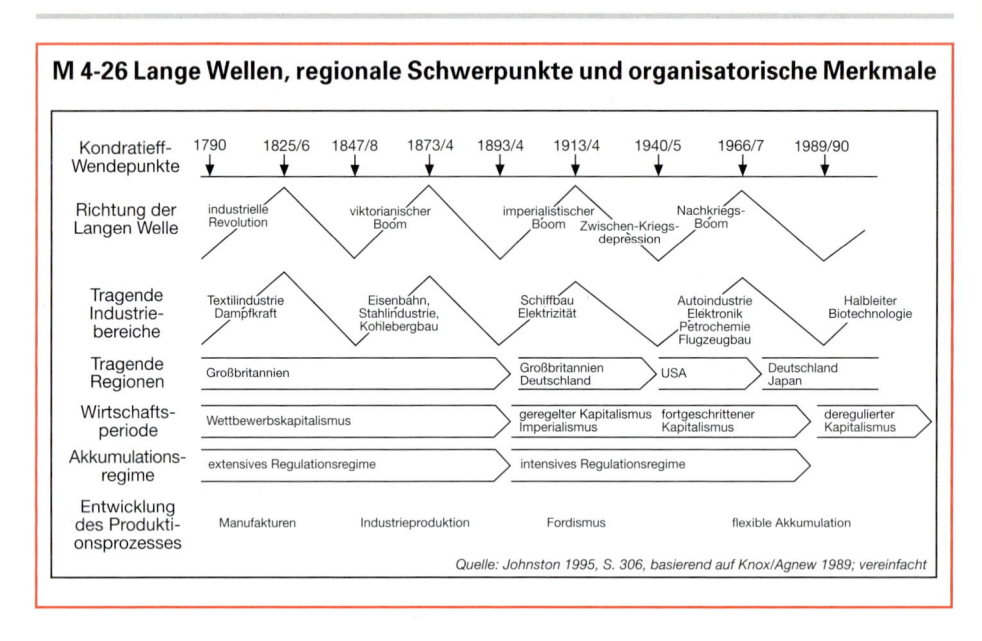

M 4-26 Lange Wellen, regionale Schwerpunkte und organisatorische Merkmale

Kondratieff-Wendepunkte	1790	1825/6	1847/8	1873/4	1893/4	1913/4	1940/5	1966/7	1989/90
Richtung der Langen Welle		industrielle Revolution		viktorianischer Boom		imperialistischer Boom	Zwischen-Kriegsdepression	Nachkriegs-Boom	
Tragende Industriebereiche		Textilindustrie Dampfkraft		Eisenbahn, Stahlindustrie, Kohlebergbau		Schiffbau Elektrizität		Autoindustrie Elektronik Petrochemie Flugzeugbau	Halbleiter Biotechnologie
Tragende Regionen		Großbritannien				Großbritannien Deutschland		USA	Deutschland Japan
Wirtschaftsperiode		Wettbewerbskapitalismus				geregelter Kapitalismus Imperialismus	fortgeschrittener Kapitalismus		deregulierter Kapitalismus
Akkumulationsregime		extensives Regulationsregime				intensives Regulationsregime			
Entwicklung des Produktionsprozesses		Manufakturen		Industrieproduktion		Fordismus			flexible Akkumulation

Quelle: Johnston 1995, S. 306, basierend auf Knox/Agnew 1989; vereinfacht

Kapital führt. Die Infrastruktur, das Qualifikationsprofil der Beschäftigten und das betriebliche Umfeld (z. B. Forschungs- und Entwicklungseinrichtungen, Zulieferer, Institutionen) passen sich der neuen Technologie an, und die Region prosperiert mit einem monostrukturierten Schwerpunkt wirtschaftlicher Aktivitäten.

Beim Auslauf der Welle besteht innerhalb der Region nur begrenzte Veränderungsbereitschaft. Unternehmer sind bestrebt, durch Investitionen in den klassischen Schwerpunktbereichen ihre Konkurrenzfähigkeit zu erhalten. Die Arbeitskräfte sind wenig bereit, sich andere Berufsfelder zu erschließen. Die Politiker konzentrieren ihren Instrumenteeinsatz eher auf Erhaltungssubventionen als auf innovative neue Bereiche. Schließlich entwickelt sich die Region zu einem problembelasteten Altindustriegebiet (z. B. Arbeitslosigkeit, verbrauchte Flächen) mit verkrusteten Strukturen.

Empirisch lassen sich für die bisherigen vier Wellen sowohl auf internationaler als auch auf nationaler Ebene Raumeinheiten mit entsprechendem Entwicklungsverlauf beobachten (M 4-25, M 4-26). Die erste Welle konzentrierte sich auf Großbritannien mit dem regionalen Zentrum Manchester. In der zweiten langen Welle entwickelten sich Eisen- und Stahlindustrie-Schwerpunkte in Deutschland im Ruhrgebiet und in den USA im Raum Pittsburgh. Die dritte Welle fand in den USA mit der Automobilindustrie in Detroit ihr Zentrum; in Deutschland entstanden mit der Chemischen Industrie im Rhein-Main-Raum und mit der Automobilindustrie im Raum Stuttgart stark durch diese Branchen geprägte Gebiete. Im Verlauf der vierten Welle erlangten die USA eine Vormachtstellung in der Elektronikindustrie, wobei die Regionen San-Francisco/Silicon Valley und Route 128 besondere Bedeutung erlangten. In Deutschland konzentrierten sich Aktivitäten der Elektronik- und Computertechnologie insbesondere im Raum München.

In allen Raumeinheiten älterer Wellen lassen sich die geschilderten Probleme der Verkrustung und des Wandels zu Altindustrieregionen beobachten. Zugleich belegt die Empirie das Auftreten neuer Wellen in jeweils neuen Gebieten, die eine Mindestverdichtung aufweisen. Welche Standorte die neuen Wellen dann jedoch tatsächlich wählen, ist kaum prognostizierbar; es scheinen allerdings für die Standortwahl von Betrieben neuer Wellen eher weiche Standortfaktoren (siehe 2.2.1, z. B. personenbezogenes Umfeld, Wirtschaftsklima; vgl. BATHELT 1992) eine größere Rolle zu spielen als bei den alten, stärker rohstofforientierten Wellen. Bei allen Wellen besaßen daneben auch räumlich differenzierte staatliche Unterstützungen moderner Industrien des Rüstungsbereichs Bedeutung (vgl. STERNBERG 1995).

Die Kritik am Ansatz der Produktlebenszyklushypothese und der Theorie der langen Wellen konzentriert sich zum einen auf den starken technischen Determinismus der Argumentation. Zum anderen eignen sich beide Ansätze kaum als Prognoseinstrument, da sie eher eine deskriptive Betrachtung vergangener Entwicklungen vornehmen. Schließlich behandeln sie praktisch ausschließlich die Seite der Betriebe oder Unternehmen, während durch andere Akteursgruppen – d. h. von Seiten der Nachfrager oder des Staates – induzierte Veränderungen ausgeschlossen bleiben oder nur als modifizierend berücksichtigt werden.

4.2.3 Regulationstheorie

Einen dynamischen Ansatz, welcher alle Akteursgruppen einbezieht und insbesondere deren Koordinierungsmechanismen untersucht, stellt die **Regulationstheorie** dar. Sie berücksichtigt sowohl die Produktionsseite und die Konsumentenseite als auch die staatliche bzw. gesellschaftliche Seite. Die Grundidee der Regulationstheorie ist, dass langfristig stabile Phasen wirtschaftlicher Entwicklung mit konstanten Produktions-, Konsum- und Regelungssystemen durch krisenhafte Phasen mit Veränderungen in den Teilbereichen abgelöst werden und sich danach wieder ein neues, aber verändertes stabiles System ergibt. Im Unterschied zur Theorie der langen Wellen lassen sich jedoch nicht von der Dauer her mehr oder weniger gleich lange Zyklen beobachten und Veränderungen erfolgen nicht nur durch Innovationen im Produktionsbereich, sondern können auch durch den Konsum oder die Regelungssysteme induziert werden. Entstanden ist der Ansatz in den siebziger Jahren in Frankreich (vgl. AGLIETTA 1979, BOYER 1988, LIEPIETZ 1985) und er wurde dann auch im englisch- und deutschsprachigen Raum weiterentwickelt (vgl. BATHELT 1994, HIRSCH 1990, JESSOP 1992, KRÄTKE 1996).

Nach der Regulationstheorie lässt sich das **wirtschaftlich-gesellschaftliche System einer Volkswirtschaft** in zwei Teilkomplexe, die Wachstumsstruktur (Akkumulationsregime) und den Koordinierungsmechanismus (Regulationsweise) untergliedern, deren Teilelemente sich jeweils wechselseitig beeinflussen (Abb. 4-27, im folgenden insbesondere nach BATHELT 1994). Die **Wachstumsstruktur** setzt sich aus der Produktionsstruktur und dem Konsummuster zusammen. Auf der **Produktionsseite** führen Basisinnovationen zur Entstehung eines längere Zeit konstanten Produktionsparadigmas, welches aus einer typischen Branchenstruktur mit

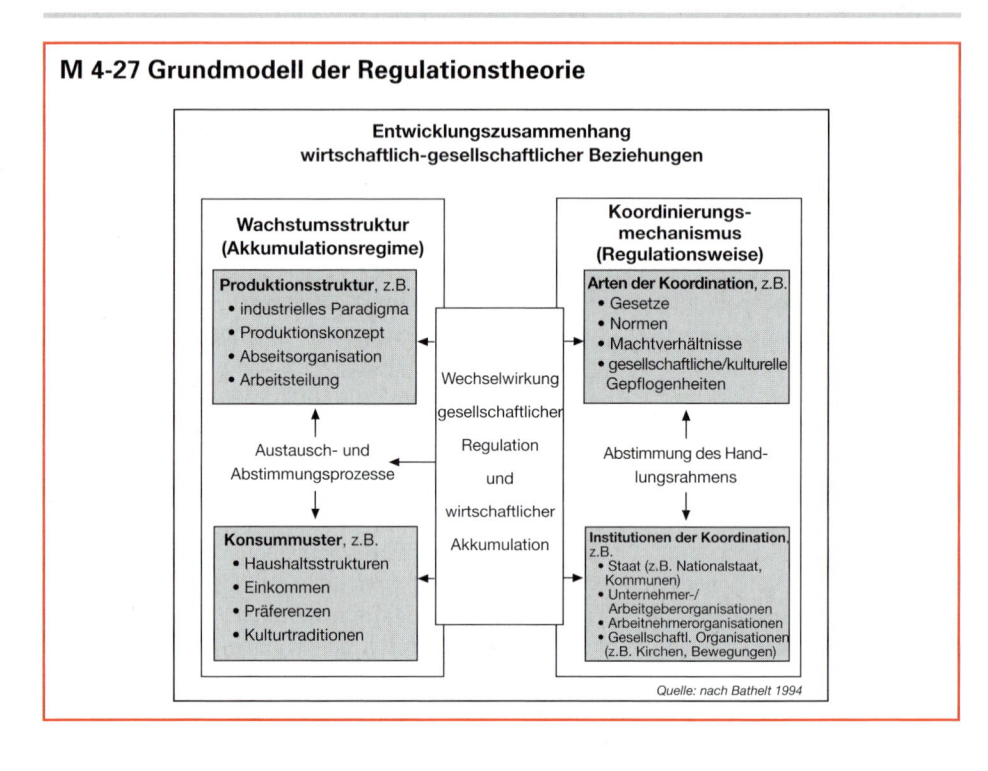

M 4-27 Grundmodell der Regulationstheorie

Entwicklungszusammenhang wirtschaftlich-gesellschaftlicher Beziehungen

Wachstumsstruktur (Akkumulationsregime)

Produktionsstruktur, z.B.
- industrielles Paradigma
- Produktionskonzept
- Abseitsorganisation
- Arbeitsteilung

↕ Austausch- und Abstimmungsprozesse

Konsummuster, z.B.
- Haushaltsstrukturen
- Einkommen
- Präferenzen
- Kulturtraditionen

Wechselwirkung gesellschaftlicher Regulation und wirtschaftlicher Akkumulation

Koordinierungsmechanismus (Regulationsweise)

Arten der Koordination, z.B.
- Gesetze
- Normen
- Machtverhältnisse
- gesellschaftliche/kulturelle Gepflogenheiten

↕ Abstimmung des Handlungsrahmens

Institutionen der Koordination, z.B.
- Staat (z.B. Nationalstaat, Kommunen)
- Unternehmer-/Arbeitgeberorganisationen
- Arbeitnehmerorganisationen
- Gesellschaftl. Organisationen (z.B. Kirchen, Bewegungen)

Quelle: nach Bathelt 1994

---

dominierenden Industriesektoren, die stark mit vor- und nachgelagerten Bereichen vernetzt sind, sowie charakteristischen Formen der Produkt- und Prozesstechnologie, der Arbeitsorganisation und der Arbeitsteilung besteht. Die **Konsumentenseite** ist gekennzeichnet durch längere Zeit konstante Konsummuster; sie ergeben sich aus den Haushaltsstrukturen, der Einkommenssituation, den Nachfragepräferenzen und kulturellen Traditionen.

Der **Koordinierungsmechanismus** definiert den Handlungsrahmen, innerhalb dessen die Austausch- und Abstimmungsprozesse zwischen Produktionsstruktur und Konsummuster ablaufen. Wichtigste koordinierende Institution ist der Staat, der durch den Erlass von Gesetzen und durch wirtschafts- bzw. gesellschaftspolitische Maßnahmen (z. B. Arbeitsmarktpolitik, Finanzpolitik, Wettbewerbspolitik, Außenhandelspolitik, Strukturpolitik, Regionalpolitik) regulierenden Einfluss nimmt. Aber auch andere Institutionen wie Gewerkschaften, Unternehmervertretungen, Verbraucherverbände oder Kirchen beeinflussen die Gesetzgebung und prägen informelle Rahmenbedingungen wie Verhaltensnormen und gesellschaftliche bzw. kulturelle Gepflogenheiten.

Ein stabiler Entwicklungszusammenhang (Formation) gerät dann in eine **Krise** (Formationskrise oder Akkumulationskrise), wenn grundlegende Veränderungen der Wachstumsstruktur und/oder des Koordinierungsmechanismus auftreten. Konjunkturelle Schwankungen oder neue Produkte lösen eine solche Krise nicht aus, aber Basisinnovationen bei Produkten, Prozessen oder Organisation können zu

M 4-28 Organisatorische Merkmale von Fordismus und Post-Fordismus

	Fordismus	Post-Fordismus
Produktions-organisation	– Massenproduktion (economies of scale) standardisierter Produkte – große Lagerhaltung, viele direkte Zulieferer – hohe vertikale Integration (Fertigungstiefe) – Einzwecktechnologien	– Flexible Produktion (economies of scope) von Produktvarianten – geringe Lagerhaltung, just-in-time-Anlieferung, wenige Systemlieferanten – abnehmende Fertigungstiefe, Subcontracting – flexible Mehrzwecktechnologien
Arbeitsorga-nisation	– viele Hierarchiestufen, geringe Eigenverantwortung – Aufgliederung in kleine Arbeitsschritte mit starker Spezialisierung – geringe Qualifikationsanforderungen	– horizontale Arbeitsorganisation, individuelle Mitverantwortung – Gruppenarbeit mit differenzierten Aufgaben – höhere Qualifikationsanforderungen
Raumorgani-sation	– räumlich funktionale Hierarchie – weltweite Lieferbeziehungen und Subcontractorsysteme – zentralisierte Politik, nationale Regionalpolitik	– räumliche Cluster und Agglomerationen – räumliche Nähe vertikal integrierter Firmen, regionale Spezialisierung – Dezentralisierung, regionale Regionalpolitik

Quelle: MALECKI 1994 (vereinfacht)

grundlegenden Umstrukturierungen der Produktionsstruktur führen. Ebenso können drastische Veränderungen der Konsummuster oder des politischen Systems sowie externe Ereignisse (wie z. B. Kriege, Rohstoffverknappung, Umweltereignisse) einen Wandel initiieren.

Empirische Untersuchungen identifizieren seit Mitte des 19. Jahrhunderts im wesentlichen drei Entwicklungszusammenhänge (vgl. GAEBE 1998; JOHNSTON 1994, S. 306; KRÄTKE 1996). Die bis zum ersten Weltkrieg vorhandene Formation, das extensive Regime (vgl. M 4-26), war gekennzeichnet durch arbeitsintensive Produktion in Manufakturen und Handwerksbetrieben. Nach dem ersten Weltkrieg setzte das intensive Regime ein, dessen Merkmale zuerst arbeitsteilige industrielle Massenproduktion und später auch standardisierter Massenkonsum sind; üblicherweise wird diese Formation als Fordismus bezeichnet (M 4-28).

Kennzeichnend für die Produktionsseite des **Fordismus** war die erstmals in der Automobilproduktion von Henry Ford eingesetzte Fließbandfertigung, welche die Herstellung großer Stückzahlen standardisierter Produkte in einer stark in aufeinanderfolgende Arbeitsschritte gegliederten Fertigung erlaubte. Die Betriebseinheiten waren groß, besaßen eine hohe Fertigungstiefe, auf einfache Bearbeitungen orientierte Einzwecktechnologien und eine relativ große Lagerhaltung. In der Arbeitsorganisation dominierte das **tayloristische Prinzip**, d. h. die Aufgliederung der Tätigkeiten in kleine Arbeitsschritte, die von gering qualifizierten Arbeitskräften ausgeführt wurden, mit vielen Hierarchiestufen der Beschäftigten. Wichtiges Ziel der Organisation von Produktion und Arbeit war es, „**economies of scale**", d.h. niedrige Stückkosten durch Massenproduktion (M 4-28), zu erreichen. Beispielhaft für diese Betriebseinheiten sind die großen Automobilfabriken – mit zeitweise über 50 000 Beschäftigten in einem Werk – in Detroit (Chrysler, Ford, GM), Wolfsburg (VW) oder Rüsselsheim (Opel). Der Produktion stand ein Konsummuster gegenüber, in welchem Massenkonsum standardisierter langlebiger Produkte (z. B. in West-Deutschland VW-Käfer, Bauknecht-Waschmaschine, Grundig-Fernseher) dominierte. Die Regelungssysteme waren geprägt durch starken Einfluss von Gewerkschaften, Unternehmerverbänden und staatlichen Institutionen; sie folgten den Leitbildern der Erzielung von wirtschaftlichem Wachstum durch Produktions- und Produktivitätssteigerung und zur Verbesserung des Lebensstandards der Arbeitnehmer durch Einkommensfortschritt und Ausstattung der Haushalte mit materiellen Gütern.

In den siebziger Jahren traten massive Veränderungen der stabilen Formation auf – beschrieben durch Schlagworte wie Flexibilisierung, Deregulierung, Differenzierung und Individualisierung –, die zu einer Krise und zum Übergang zu einer neuen

---

M 4-29 Definitionen von Produktionszielen

Economies of scale: Kostenvorteile, die sich durch Großserien/Massenproduktion ergeben. Mit steigender Produktionsmenge verringern sich die durchschnittlichen Kosten pro hergestellter Einheit (Stückkosten), da von der Produktionsmenge unabhängige Festkosten (z. B. für Gebäude, Organisation, Forschung/Entwicklung) auf mehr Einheiten aufgeteilt werden und auch variable Kosten sich verringern (u. a. Durchsetzung niedrigerer Einkaufspreise für Input-Materialien bei Abnahme großer Mengen). Bei Überschreitung der optimalen Größe können auch Kostennachteile (diseconomies of scale) auftreten, wenn z.B. aufgrund interner Dimensionen die Organisations-, Transport- und Transaktionskosten steigen.
Economies of scope: Kostenvorteile, die sich durch interne Diversifikation bzw. Flexibilisierung ergeben. Sie können entstehen, wenn zwischen der Herstellung verschiedener Güter Input-Output-Beziehungen bestehen, die eine Kostenreduzierung bei gleichzeitiger gegenüber getrennter Produktion erlauben. Ebenso können flexible Produktionskonzepte eine effizientere Nutzung vorhandener Produktionskapazitäten (einschließlich der differenzierten Fähigkeiten/Kenntnisse der Arbeitskräfte) eröffnen und damit kostensenkend wirken. Bei Überschreiten einer optimalen Diversifikation können auch Kostennachteile (diseconomies of scope) auftreten.

Quelle: vgl. JOHNSTON 1995, S. 154

4.2 Dynamische Ansätze von Industriestandorten

Formation, dem **Post-Fordismus**, führten (M 4-28). Auf der Produktionsseite erfolgt in den letzten Jahren verstärkt der Einsatz flexibler Fertigungstechnologien, welche die Herstellung variantenreicher Kleinserien erlauben, zur Erzielung von „**economies of scope**" (M 4-29). Die Betriebseinheiten wurden kleiner und sie konzentrieren sich auf die Kernbereiche der Produktion (schlanke Produktion = **lean production**), während Teilschritte der Herstellung an darauf spezialisierte Zulieferer ausgelagert wurden (M 4-30). Die Außenvernetzungen der Betriebe gewannen an Bedeutung (vgl. dazu Kap. 4.3.2) und es entwickelten sich straff organisierte zeitgenaue Zuliefersysteme (**just-in-time**).

Im Beschäftigtenbereich stiegen die Qualifikationsanforderungen, größere Bearbeitungsschritte wurden in Arbeitsgruppen durchgeführt und die Zahl der Hierarchiestufen reduzierte sich. Mit den Beschäftigten erfolgten Vereinbarungen flexibler Arbeitszeiten ensprechend ihrer individuellen Präferenzen (z. B. Teilzeitjobs) oder der jeweiligen Auftragslage (auch Leiharbeit, Zeitverträge). Deutlich veränderten sich auch die Konsummuster. Bei den Nachfragern entstanden sehr unterschiedliche Nachfrageprofile und Lebensstile (vgl. HEINEBERG 2001, S. 18), die sich auf differierende Produkte oder Dienstleistungen orientierten. Erst mit gewisser Zeitverzögerung verändern sich die Regelungssysteme, weshalb bisher noch kein stabiles postfordistisches Akkumulationsregime entstanden ist (GAEBE 1998, S. 94). Die Trends zeigen einen Bedeu-

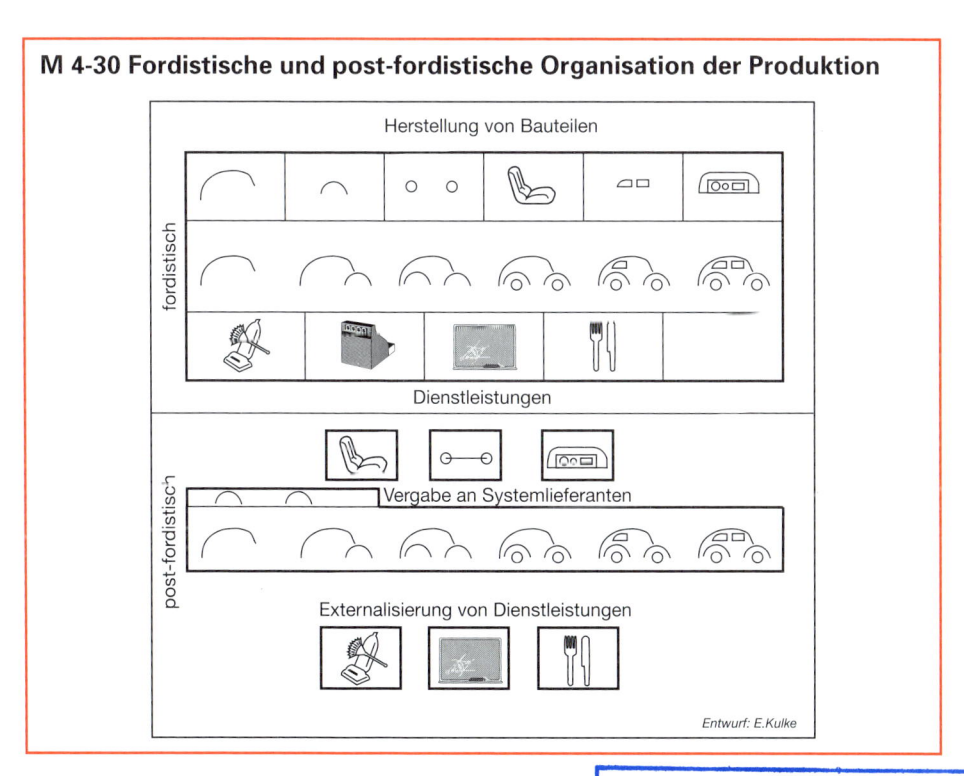

M 4-30 Fordistische und post-fordistische Organisation der Produktion

Entwurf: E. Kulke

tungsverlust von Gewerkschaften und staatlichen Institutionen; die Maßnahmen konzentrieren sich auf Deregulierungen, d. h. der Staat nimmt weniger durch unmittelbare Prozesspolitik Einfluss, sondern beschränkt sich auf die Schaffung eines für alle Akteure gleichermaßen geltenden ordnungspolitischen Rahmens.

Räumliche Wirkungen auf Standorte und Standortsysteme der Industrie ergeben sich vor allem aufgrund der Veränderungen der Produktionsseite (vgl. zum folgenden KRÄTKE 1996 sowie BATHELT 1994; MALECKI 1994, S. 231f; DANIELZYK/OSSENBRÜGGE 1993). Charakteristisch für **fordistische** Produktion ist die Konzentration der hochgradig vertikal integrierten Großunternehmen auf wenige Agglomerationen. Diese urban-industriellen Metropolen dominieren durch hierarchische Verflechtungen das gesamte industrielle Standortsystem; in den industriellen Kernregionen der hochentwickelten Länder sind Leitungsfunktionen konzentriert, während sich in peripheren Räumen nur abhängige Zweigbetriebe mit Montagefunktionen und in den Entwicklungs- oder Schwellenländern nur Niedriglohn-Montagestandorte befinden. Die durch Großbetriebe geprägten Kernregionen weisen aufgrund ihrer Monostrukturierung eine latente Krisenanfälligkeit auf; mit dem Wandel zu postfordistischer Produktion zeigen sich dort Trends eines wirtschaftlichen Bedeutungsverlusts. Demgegenüber können Raumeinheiten, die dem **postfordistischen** Produktionsmodell entsprechende flexible Netzwerke ermöglichen, einen Bedeutungsgewinn erfahren. Für die Entwicklung industrieller Standortsysteme lassen sich in der postfordistischen Entwicklungsphase zwei Trends beobachten. Zum einen tritt, ausgeprägter in Regionen, in denen fordistische Großunternehmen dominieren, eine **territoriale Desintegration** auf; d. h. Produktionsschritte werden in andere Regionen (z. B. standardisierte arbeitsintensive Teilschritte in die Peripherie) ausgelagert und der Raum erfährt eine Reduzierung industrieller Aktivitäten. Zum anderen kann es in Regionen mit vielfältigem Vernetzungs-

---

M 4-31 Territorial integrierte Raumtypen postfordistischer Produktion

Räumliche integrierte Beziehungen
mit schwacher vertikaler Desintegration: Prägung der Verflechtungen durch führende Großunternehmen, deren Zulieferunternehmen sich in räumlicher Nähe befinden. Die führenden Unternehmen besitzen Kontrolle über Endprodukte und Schlüsseltechnologien und übertragen die Fertigung von Komponenten an Zulieferer. Beispiele sind in Deutschland die neuen Produktionskomplexe der Automobilindustrie in Eisenach und Mosel (Zwickau).
mit fortgeschrittener vertikaler Desintegration: Marktförmige Vernetzung spezialisierter, eher mittelgroßer Betriebe aus sich ergänzenden Produktionsbereichen. Als Beispiel gilt die räumliche Ballung von High-Tech-Spezialfirmen in Silicon Valley.
mit starker vertikaler Desintegration: Regionales Produktionsnetzwerk mit enger Zusammenarbeit selbständiger kleiner und mittlerer Firmen eines Produktionsbereichs, die auch gemeinsam genutzte Service-Institutionen unterhalten. Ein Beispiel stellen die industriellen Distrikte des „Dritten Italien" dar.

Quelle: KRÄTKE 1996

4.3 Systemische Ansätze von Industriestandorten

potential zu einer fortschreitenden **territorialen Integration** kommen, d.h. zu sich verstärkenden regionsinternen Vernetzungen von Betrieben, und damit zu einem Zuwachs an industriellen Aktivitäten. Dabei lassen sich drei Raumtypen – wie in M 4-31 dargestellt – unterscheiden.

Die Regulationstheorie liefert aufgrund der Einbeziehung zusätzlicher Variablen ein umfassenderes Bild wirtschaftlich-gesellschaftlicher Zusammenhänge. Es bestehen jedoch noch immer konzeptionelle Defizite, da sich Ursache-Wirkungs-Zusammenhänge eher auf Deskriptionen beschränken. Auch weisen die konzeptionellen Überlegungen keinen unmittelbaren Raumbezug auf.

4.3 Systemische Ansätze von Industriestandorten

Die systemischen Betrachtungen erklären die Verteilung, Prägung und den Wandel von Standorten der Industrie durch die Struktur und Dynamik der **internen Merkmale** und der **externen Verflechtungen** der Betriebe bzw. Unternehmen. Ein komplexer, formalisierter und viele Elemente umfassender Theorieansatz liegt dabei noch nicht vor, vielmehr gibt es eine Reihe von – vielfach empirisch basierten – einzelnen Modellvorstellungen.

Aus der Diskussion des Wandels interner Merkmale von Industrieunternehmen lässt sich der räumliche Trend ableiten, dass in zunehmendem Maße **globale Produktionssysteme** entstehen, in welchen verschiedene Standorte jeweils spezielle Aufgaben bzw. Teilschritte der Produktion übernehmen. Dagegen betonen die Ansätze zu externen Verflechtungen bzw. Vernetzungen, die sich vor allem auf Branchen mit ausgeprägten Produkt-, Prozess- und Organisationsinnovationen beziehen, die Bedeutung von räumlicher Nähe und erklären daraus **standörtliche Konzentrationen** bestimmter Industrien.

4.3.1 Interne Merkmale von Betrieben und Unternehmen

Hinsichtlich der Begriffe Betrieb und Unternehmen liegen unterschiedliche Definitionen vor (vgl. z. B. MÜHLBRADT 1999). Als **Betrieb** gilt zumeist eine an einem Standort befindliche wirtschaftliche Einheit, die Güter oder Leistungen erbringt; als **Unternehmen** wird demgegenüber eine finanziell-juristische Einheit bezeichnet. Besteht ein Unternehmen nur aus einem einzigen Betrieb, so wird von einem **Einbetriebsunternehmen** gesprochen (z. B. eine Bautischlerei). Setzt sich ein Unternehmen aus mehreren an verschiedenen Standorten befindlichen Betrieben zusammen, wird dies als **Mehrbetriebsunternehmen** bezeichnet.

Mehrbetriebsunternehmen lassen sich darüber hinaus entsprechend ihrer Größe und räumlichen Verteilung unterscheiden. Lokale Mehrbetriebsunternehmen weisen zugehörige Betriebe innerhalb einer Region auf, nationale innerhalb eines Staates und internationale in mehreren Ländern. In jüngster Vergangenheit gewinnen **multinationale**, d. h. in vielen Ländern operierende Mehrbetriebsunternehmen, und **transnationale Unternehmen**, d. h. aus mehreren miteinander verbundenen Mehrbetriebsunternehmen verschiedener Länder bestehende Konglomerate (z. B. Daimler-Chrysler), an Bedeutung. Die einzelnen Betriebe eines Mehrbetriebsunternehmens lassen sich entsprechend ihrer Funktion bezeichnen; die Einheit, in welcher die Entscheidungsfunktionen (**dispo-**

> **M 4-32 Formen betrieblicher Organisation der Produktion**
>
> **Handwerk**: Produktion materieller Güter in eher kleineren Betrieben durch Betriebsinhaber und angestellte Arbeitskräfte in Einzelfertigung mit relativ hohem Arbeitseinsatz und eher geringem Kapitaleinsatz (Maschinen und Geräte)
> **Verlagswesen**: Eine Person (Verleger) vergibt Produktionsaufträge an andere Personen (Verlegte) und stellt ihnen Materialien sowie ggf. Werkzeuge und Maschinen zur Verfügung. Die Herstellung der materiellen Güter erfolgt mit relativ hohem Arbeitseinsatz in Heimarbeit durch die Verlegten, welche eine Vergütung nach der Stückzahl erhalten.
> **Manufakturen**: Produktion materieller Güter durch angestellte Arbeitskräfte in einer größeren Betriebsstätte in eher arbeitsintensiver, aber arbeitsteiliger Serienfertigung.
> **Industrie**: Produktion materieller Güter durch angestellte Arbeitskräfte in mittel- bis sehr großen Betriebsstätten in eher kapitalintensiver und in arbeitsteiliger Serienfertigung.
> Bei fordistischer Produktion erfolgt in zahlreichen kleinen arbeitsteiligen aufeinanderfolgenden Produktionsschritten eine Massenherstellung standardisierter Produkte, bei postfordistischer flexibler Fertigung in größeren aufeinanderfolgenden Produktionsabschnitten die Herstellung variantenreicher Produkte.
>
> Quellen: MÜHLBRADT 1999, WEBER 1985, WÖHE 1984

sitive Tätigkeiten wie Managment, Forschung und Entwicklung) angesiedelt sind, ist der Hauptbetrieb. Die damit verbundenen abhängigen Produktionsstätten sind die Zweigbetriebe mit zumeist eher **operativen Tätigkeiten**, d. h. sie konzentrieren sich auf die Güterproduktion.

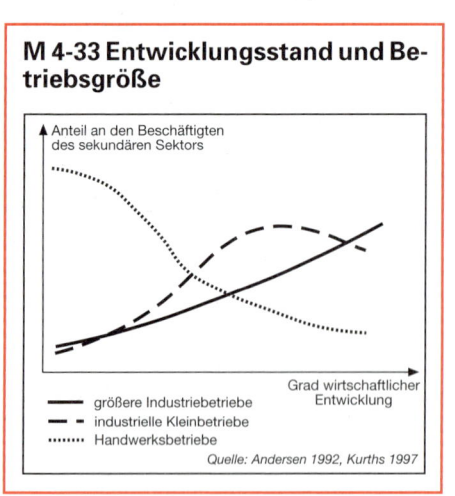

> **M 4-33 Entwicklungsstand und Betriebsgröße**
>
> Anteil an den Beschäftigten des sekundären Sektors
>
> Grad wirtschaftlicher Entwicklung
>
> —— größere Industriebetriebe
> – – industrielle Kleinbetriebe
> ······ Handwerksbetriebe
>
> Quelle: Andersen 1992, Kurths 1997

Innerhalb eines materielle Güter herstellenden Betriebes können unterschiedliche Formen der Organisation der Produktion Verwendung finden (M 4-32). Seit vielen Jahrhunderten werden in kleinen **Handwerksbetrieben** Güter in Einzelfertigung unter relativ hohem Arbeitseinsatz hergestellt. Im 19. Jahrhundert gewannen das **Verlagswesen**, mit der Vergabe externer Bearbeitungsaufträge, und die **Manufakturen**, mit arbeitsteiliger Serienfertigung von Gütern, an Bedeutung. Beide Formen wurden im 20. Jahrhundert ersetzt (siehe die Fordismus-Diskussion in Kap. 4.2.3) durch große **Industriebetriebe**, in welchen hohe Stückzahlen hergestellt werden. Dieser in den hochentwickelten Ländern zu beobachtende Entwicklungsverlauf der Veränderung von Formen der Güterproduktion dokumentiert einen Zusammenhang, welcher sich auch heute zwischen Ländern verschiedenen Entwicklungsstandes beobachten lässt (M 4-

4.3 Systemische Ansätze von Industriestandorten 103

Bild 4-5 Klassische Manufaktur zur Herstellung von Zigarren in Kuba. (Photo E. Kulke)

Bild 4-6 Moderne industrielle Fließbandproduktion von Autos bei Mercedes in Bremen. (Photo E. Kulke)

33). In gering entwickelten Ländern dominiert handwerkliche Produktion, später gewinnt mit steigendem Entwicklungsstand die Kleinindustrie (wie etwa Manufakturen) an Bedeutung und in hochentwickelten Ländern dominieren größere Industriebetriebe.

Betriebsgröße

Der Faktor **Betriebsgröße** und insbesondere die Bedeutung kleinerer Betriebe für hochentwickelte Länder wird in jüngerer Vergangenheit intensiv diskutiert, denn sie erfüllen nicht nur in gering entwickelten Ländern eine wichtige Funktion. Im wesentlichen angeregt durch Publikationen von BIRCH (u. a. 1981), wurden zu Beginn der achtziger Jahre zahlreiche Untersuchungen zu größenspezifischen Unterschieden in der einzelwirtschaftlichen Dynamik durchgeführt. Die Ergebnisse zeigen, dass „kleinere und mittlere Betriebe die Beschäftigtenentwicklung verstetigen und dass Arbeitskräftefreisetzungen in jüngerer Zeit in besonderem Maße von Großbetrieben ausgingen" (DAHREMÖLLER 1986, S. 74). Als Gründe gelten, dass bei konjunkturellen Schwankungen die Betriebsinhaber eher ein **stakeholder-Verhalten** zeigen, d.h. dass sie die Interessen der ihnen persönlich bekannten Mitarbeiter berücksichtigen und bei Auftragsrückgang nicht gleich mit Entlassungen reagieren. Dagegen fühlen sich Großbetriebe vor allem ihren Anteilseignern verpflichtet und streben konsequent eine Gewinnmaximierung an (**shareholder-value-Ansatz**, M 4-34). Daneben wird angenommen, dass größere Betriebe eher im Bereich standardisierter Massenproduktion tätig sind, während die „Kleinen" überwiegend Spezialitäten herstellen (FRITSCH 1984, S. 933) und einen wesentlichen Beitrag zu Forschung, Entwicklung und Innovation leisten (STROETMANN/STEINLE 1985, S. 312). Besondere Aufmerksamkeit der regionalen Wirtschaftspolitik gilt dabei den Neugründungen technologieintensiver Kleinbetriebe, die beispielsweise als **spin-offs** (d. h. Ausgründung aus Großunternehmen, Forschungseinrichtungen oder Universitäten) entstehen. Das Neugründungsgeschehen wird durch die Bereitstellung von Risikokapital (**venture capital**) und die Einrichtung von **Technologie- und Gründerzentren,** welche durch günstige Bereitstellung von Betriebsflächen die Standortkosten reduzieren und durch eine intensive Betreuung die Anlaufschwierigkeiten in Organisation und Marketing verringern, unterstützt (vgl. STERNBERG 1987). Die hohe Innovationsleistung von Kleinbetrieben ist jedoch strittig, da grö-

---

M 4-34 Formen der Unternehmenspolitik

Shareholder-value-Ansatz: Unternehmenspolitik, die sich an der Wertsteigerung des Aktienkapitals orientiert und eine Maximierung des Vermögens der Aktionäre anstrebt.
Stakeholder-Ansatz: Unternehmenspolitik, bei der das Management neben Eigentümerinteressen auch jene anderer betroffener Personengruppen (z. B. Mitarbeiter) angemessen berücksichtigt und bei Konflikten einen Ausgleich sucht.

Quelle: MÜHLBRADT 1999

4.3 Systemische Ansätze von Industriestandorten

ßere Betriebe es sich eher leisten können, die bei der Einführung neuer Produkte zeitweise auftretenden Defizite zu tragen (FRITSCH 1985, S. 21).

In **räumlicher Hinsicht** lassen sich Unterschiede in den Standortsystemen zwischen Groß- und Kleinbetrieben beobachten (vgl. FRITSCH/HULL 1987, KULKE 1992a). Kleinere Einheiten weisen eine eher disperse Standortverteilung auf und besitzen deshalb große Bedeutung für ländliche Räume. Allerdings befinden sich technologieintensive Kleinbetriebe überwiegend in urban-industriellen Zentren. Großbetriebe zeigen demgegenüber eine signifikante Konzentration auf hochverdichtete Zentren.

Unternehmensstruktur

Gegenwärtig lässt sich allerdings weltweit ein Trend zur Entwicklung von immer mehr und von immer größeren **Mehrbetriebsunternehmen** beobachten (vgl. NUHN 1999). Dieser insbesondere seit den achtziger Jahren im Zuge der Globalisierungsprozesse auftretende internationale räumliche Expansionsprozess von Unternehmen und auch das sogenannte „Fusionsfieber" von Großunternehmen wird durch Absatz- und Kostenüberlegungen begründet. Bei häufig gesättigter heimischer Nachfrage können sich Unternehmen durch Niederlassungen im Ausland neue Märkte erschließen und damit ihren Gesamtumsatz steigern. Standorte im Ausland ermöglichen es auch, die jeweils länderspezifischen Kostenvorteile zu nutzen (z. B. niedrigere Arbeitskosten in Entwicklungsländern); dies wurde erleichtert durch die weltweit gesunkenen Transportkosten (vgl. Kap. 4.1.1, Abb. 4-4) und durch aufgrund moderner Kommunikations- und Transporttechnologien geringere Transaktionskosten (d. h. Aufwendungen für die Organisation von Beziehungen).

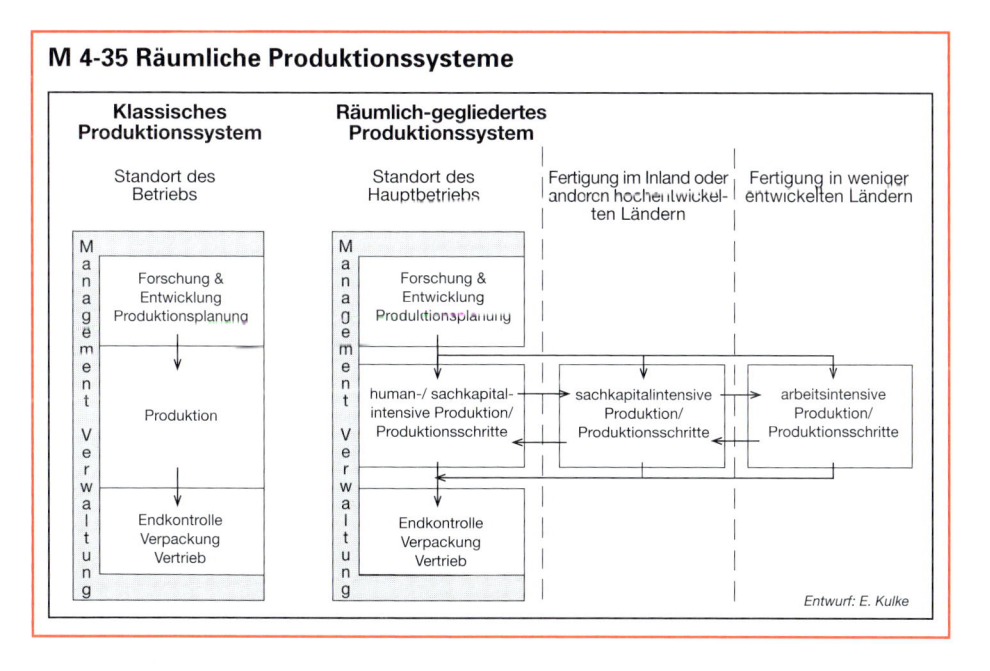

M 4-35 Räumliche Produktionssysteme

Entwurf: E. Kulke

Sie erlauben die Veränderung des klassischen Produktionssystems der Industrie in ein räumlich-gegliedertes Produktionssystem (M 4-35; vgl. KULKE 1999, SCHLÜTTER/STAMM/TSCHUPKE 1991). Im **klassischen Produktionssystem** (vgl. die fordistische Produktionsweise in Kap. 4.2.3) befanden sich die Mangagement- und Verwaltungsfunktionen sowie alle vorbereitenden, durchführenden und abschließenden Teilschritte der Produktion an einem Standort. In einem **räumlich-gegliederten Produktionssystem** verbleiben oftmals nur noch die dispositiven Betriebsteile wie Managment, Verwaltung, Forschung & Entwicklung und Vertrieb am alten Standort des Hauptbetriebes. Dagegen werden die operativen Teile ausgelagert; humankapitalintensive Produktionsschritte befinden sich in den urban-industriellen Zentren, sachkapitalintensive Schritte können in der Peripherie oder in anderen entwickelten Ländern erfolgen und arbeitsintensive Schritte werden in Ländern mit niedrigen Arbeitskosten durchgeführt. Aus einem ehemaligen Einbetriebsunternehmen kann sich so ein über mehrere Länder verteiltes Mehrbetriebsunternehmen entwickeln, dessen einzelne Teilbetriebe jedoch durch intensive Transport- und Kommunikationsbeziehungen vernetzt sind (M 4-36).

Die Entwicklungsprozesse kleiner Betriebe zu international operierenden Unternehmen besitzen hohe Standortbedeutung und waren Gegenstand einer Reihe von

---

M 4-36 Kommunikationsnetzwerk von BASF

Für multi- und transnationale Unternehmen mit Produktionsstandorten und Absatzgebieten in vielen Ländern ist eine laufende intensive Kommunikation von entscheidender Bedeutung. Schritte und Mengen der Produktion müssen koordiniert und den technologischen Veränderungen und Marktbedingungen ständig angepasst werden. Die Knoten in diesem Kommunikationsnetzwerk sind der Hauptsitz (hier Ludwigshafen) sowie die regionalen Hauptquartiere (hier z.B. New York, Singapur) mit Entscheidungskompetenzen für die umgebenden Länder.

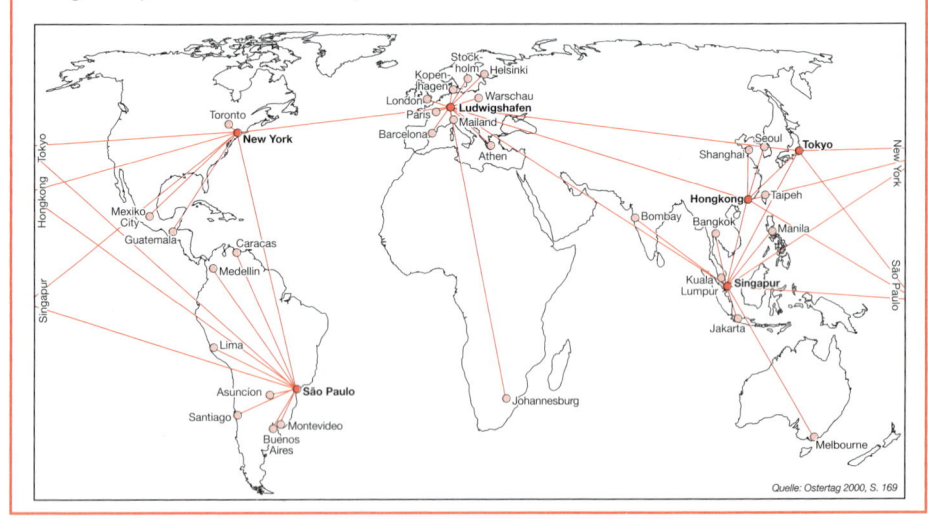

Quelle: Ostertag 2000, S. 169

4.3 Systemische Ansätze von Industriestandorten

M 4-37 Räumlich-strukturelles Modell der Unternehmensexpansion

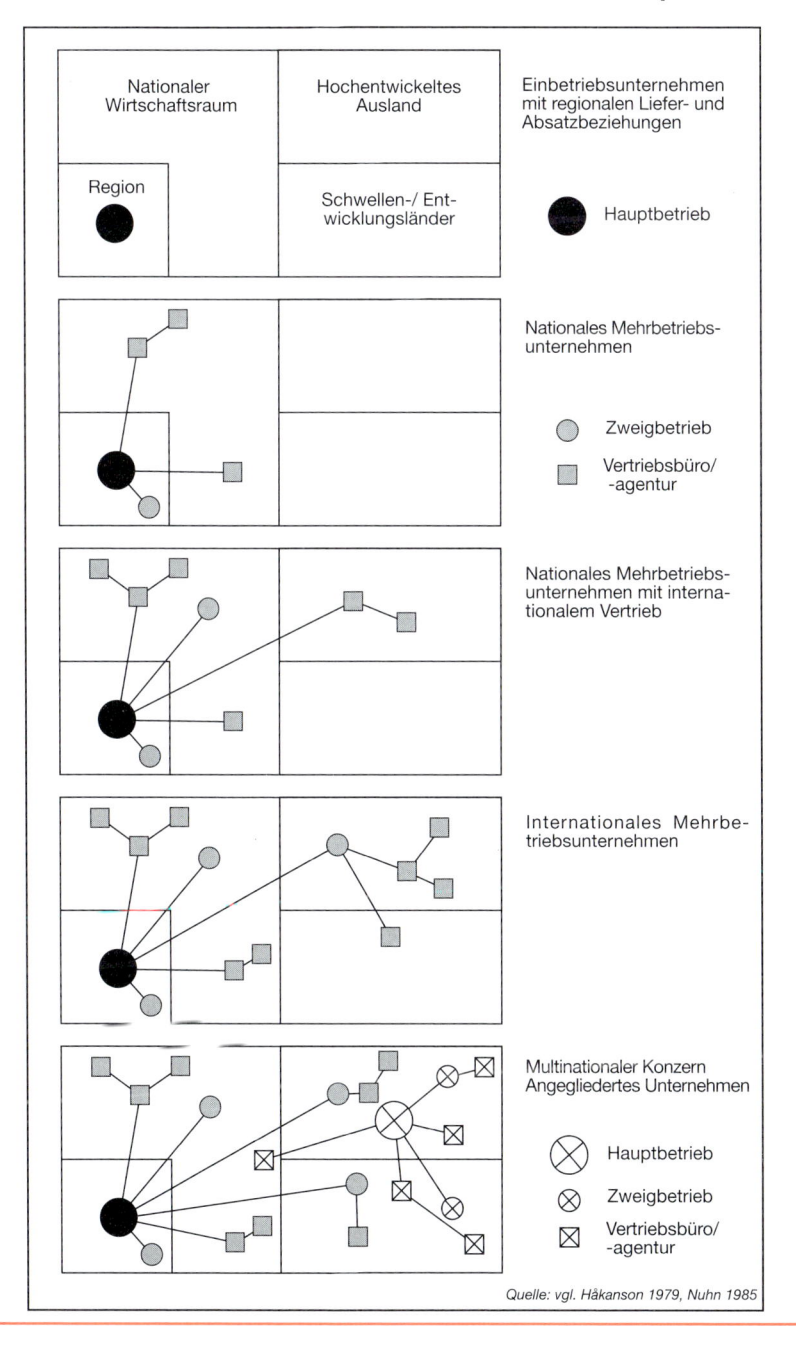

Feld	Bedeutung
Nationaler Wirtschaftsraum	Hochentwickeltes Ausland
Region	Schwellen-/ Entwicklungsländer

Einbetriebsunternehmen mit regionalen Liefer- und Absatzbeziehungen
● Hauptbetrieb

Nationales Mehrbetriebsunternehmen
○ Zweigbetrieb
▫ Vertriebsbüro/-agentur

Nationales Mehrbetriebsunternehmen mit internationalem Vertrieb

Internationales Mehrbetriebsunternehmen

Multinationaler Konzern Angegliedertes Unternehmen
⊗ Hauptbetrieb
⊗ Zweigbetrieb
⊠ Vertriebsbüro/-agentur

Quelle: vgl. Håkanson 1979, Nuhn 1985

Untersuchungen zur **räumlichen Unternehmensexpansion** (Grundlagen bei HÅKANSON 1979; Ergänzungen bei TAYLOR 1975, TAYLOR/THRIFT 1983, im folgenden nach NUHN 1985; M 4-37). In der ersten Phase erfolgt die Neugründung zumeist im Lebensumfeld des Gründers; die Liefer- und Absatzbeziehungen konzentrieren sich auf die Region des Standortes. In der zweiten Entwicklungsphase werden ein nationales Vertriebsnetz eingerichtet und zur Behebung von Produktionsengpässen Zweigbetriebe in räumlicher Nähe angesiedelt. In der dritten Phase erfolgt eine weitere Expansion durch zusätzliche Vertriebsbüros im Inland und im vergleichbar entwickelten Ausland. Bei fortschreitendem Wachstum des Absatzes im Ausland erfolgen in der vierten Phase dort auch Errichtungen von Zweigbetrieben. Diese Niederlassungen versorgen den dortigen Markt und ggf. auch angrenzende Länder. Sie dienen teilweise der Reduzierung von Transportkosten und häufig zur Umgehung von Importrestriktionen; üblicherweise sind für Vorprodukte niedrigere Importabgaben als für Fertigprodukte zu leisten. Deshalb übernehmen die Auslandsniederlassungen zuerst Aufgaben der Endmontage von Produkten. Mit der weiteren internationalen Expansion entwickelt sich ein räumlich-gegliedertes Produktionssystem, in welchem die einzelnen Zweigbetriebe jeweils spezielle, den jeweiligen Standortvorteilen entsprechende Produktionsschritte übernehmen. Zur Abrundung des Verkaufs- und Produktionsnetzes kann auch die Übernahme schwächerer Konkurrenzunternehmen im Ausland erfolgen. Neben der Entstehung eines

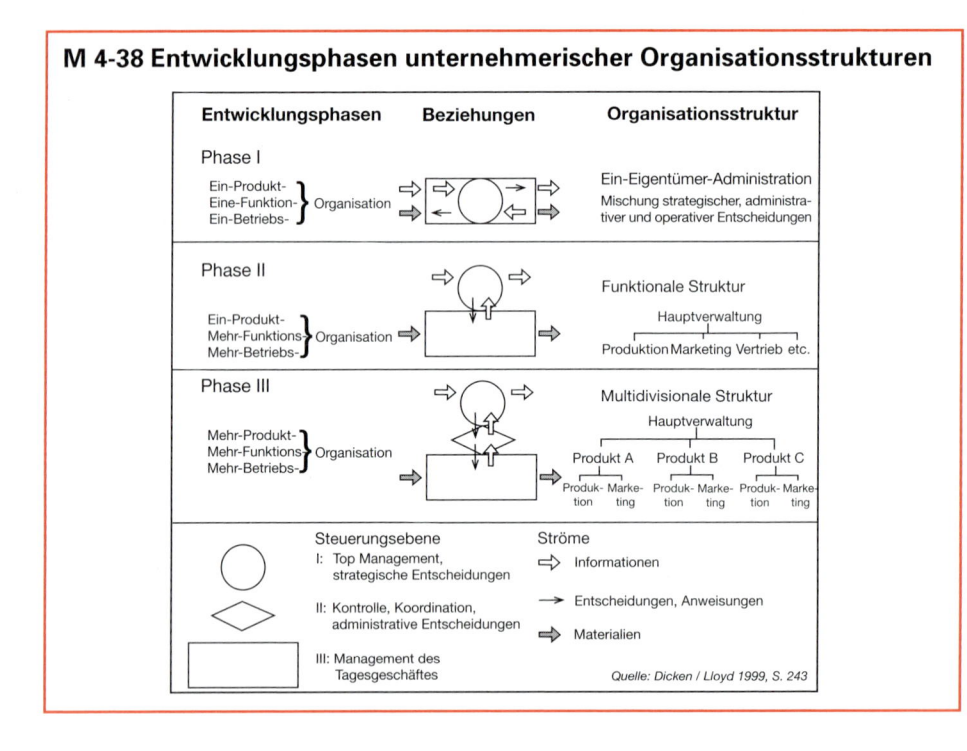

M 4-38 Entwicklungsphasen unternehmerischer Organisationsstrukturen

Entwicklungsphasen	Beziehungen	Organisationsstruktur
Phase I Ein-Produkt- Eine-Funktion- } Organisation Ein-Betriebs-		Ein-Eigentümer-Administration Mischung strategischer, administrativer und operativer Entscheidungen
Phase II Ein-Produkt- Mehr-Funktions- } Organisation Mehr-Betriebs-		Funktionale Struktur Hauptverwaltung Produktion Marketing Vertrieb etc.
Phase III Mehr-Produkt- Mehr-Funktions- } Organisation Mehr-Betriebs-		Multidivisionale Struktur Hauptverwaltung Produkt A Produkt B Produkt C Produk- Marke- Produk- Marke- Produk- Marke- tion ting tion ting tion ting

Steuerungsebene
○ I: Top Management, strategische Entscheidungen
◇ II: Kontrolle, Koordination, administrative Entscheidungen
▭ III: Management des Tagesgeschäftes

Ströme
⇨ Informationen
→ Entscheidungen, Anweisungen
⇨ Materialien

Quelle: Dicken / Lloyd 1999, S. 243

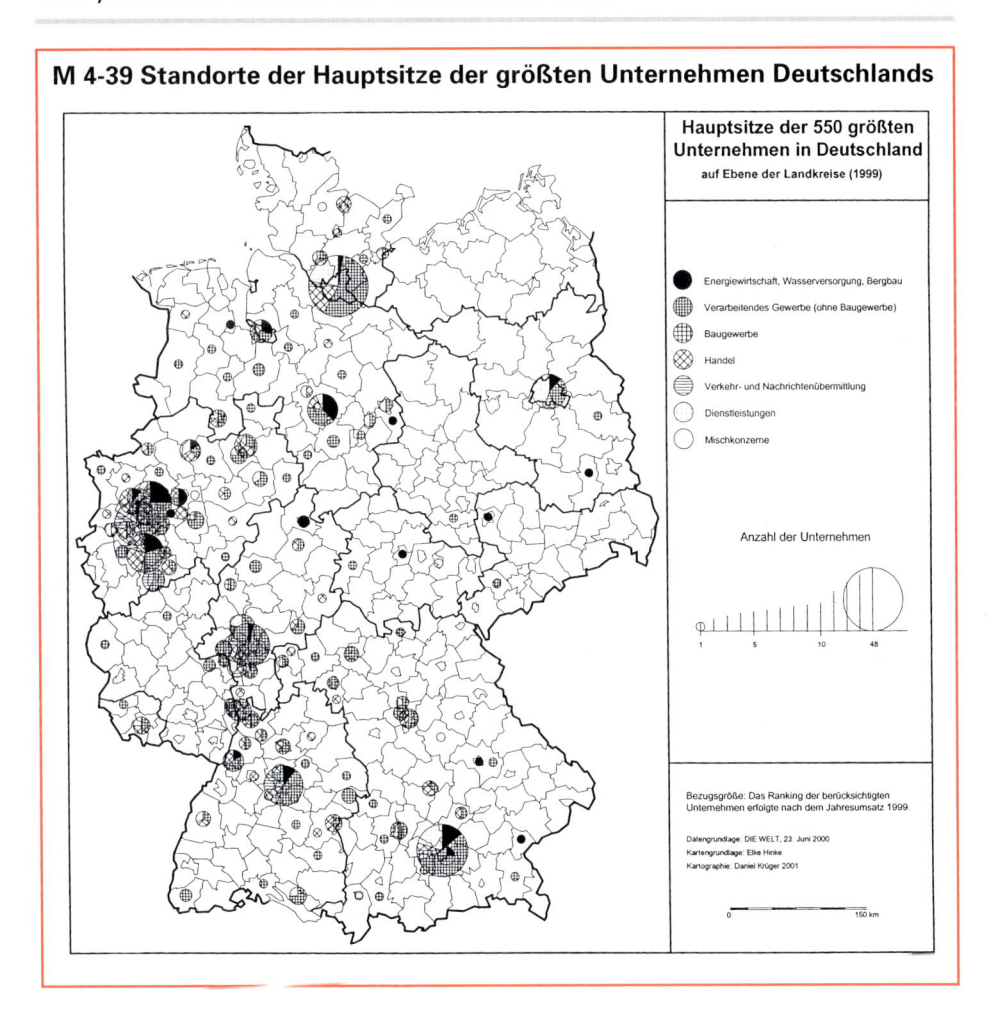

4.3 Systemische Ansätze von Industriestandorten

M 4-39 Standorte der Hauptsitze der größten Unternehmen Deutschlands

Hauptsitze der 550 größten Unternehmen in Deutschland auf Ebene der Landkreise (1999)

- Energiewirtschaft, Wasserversorgung, Bergbau
- Verarbeitendes Gewerbe (ohne Baugewerbe)
- Baugewerbe
- Handel
- Verkehr- und Nachrichtenübermittlung
- Dienstleistungen
- Mischkonzerne

Anzahl der Unternehmen: 1, 5, 10, 48

Bezugsgröße: Das Ranking der berücksichtigten Unternehmen erfolgte nach dem Jahresumsatz 1999.

Datengrundlage: DIE WELT, 23. Juni 2000
Kartengrundlage: Elke Hinke
Kartographie: Daniel Krüger 2001

0 — 150 km

räumlich-gegliederten Produktionssystems findet dann auch eine Neuordnung der Leitungsfunktionen statt; die strategische Kontrolle und die grundsätzlichen Investitionsentscheidungen verbleiben am Hauptsitz (Headquarter-Funktionen), den Hauptbetrieben angegliederter Unternehmen und regionalen Hauptsitzen werden jedoch operative Entscheidungsbefugnisse übertragen.

Diese Entwicklung interner **Organisationsstrukturen von Unternehmen** und deren räumliche Bedeutung diskutieren CHANDLER 1962 und DICKEN/LLOYD 1999 detailliert (M 4-38). Im 19. Jahrhundert war die charakteristische Form – wie in Phase I dargestellt – ein Einfunktions-, Einprodukt- und Einbetriebsunternehmen und es gab keine klare Differenzierung zwischen der strategischen, administrativen und operativen Entscheidungsebene. Diese Funktionsmischung ist auch heute noch in kleineren Einbetriebsunternehmen üblich. Mit der Unternehmensexpansion kommt es (siehe Phase II) zu einer funktionalen inneren organisatorischen Arbeitsteilung. Es entstehen Unternehmensbereiche mit speziellen Aufgaben der Verwaltung, der Produktion, des Marketings oder des Vetriebs. In Phase III, welche die Gegenwart von multinationalen Großunternehmen repräsentiert, entsteht eine **multidivisionale Struktur,** bei der jede Division jeweils für ein spezielles Produkt zuständig ist und entsprechend den Bedürfnissen Außenbeziehungen, Produktionsverfahren und Standorte wählt; strategische Entscheidungen trifft die Hauptverwaltung.

Mit der inneren Gliederung ist auch eine **räumliche Differenzierung** verbunden, die sich in jeweils spezifischen Standortverteilungen von Kontroll- und Steuerungsfunktionen (Headquarter), For-schungs- und Entwicklungsbereichen (F&E) sowie Produktionsstätten zeigt. Die **Headquarter** von großen Mehrbetriebsunternehmen sind räumlich sehr ungleich verteilt; sie konzentrieren sich zumeist auf wenige Agglomerationen mit Standortvorteilen für internationale Tätigkeiten (z. B. gute Verkehrs- und Transportverbindungen, öffentliche Entscheidungsinstanzen, hochwertige unternehmensorientierte Dienstleistungen; M 4-39). In Abhängigkeit von der Größe von Unternehmen lassen sich räumliche Muster erkennen, welche der Hierarchie von Städten folgen (DICKEN/LLOYD 1999, S. 247). Für die Agglomerationsräume besitzen Headquarter hohe Entwicklungsrelevanz, denn am Standort des Hauptbetriebes werden aufgrund der strategischen Funktionen nicht nur starke, sondern auch besonders hochwertige (z. B. F&E, Nachfrage nach Dienstleistungen, großer Anteil gut bezahlter hochqualifizierter Arbeitskräfte) Multiplikatoreffekte wirksam (vgl. zu Verflechtungen und Multiplikatoreffekten Kap. 2.2.1).

Auch **Forschungs- und Entwicklungseinrichtungen** weisen eine ähnliche räumliche Orientierung auf Standorte in den großen Metropolen auf. Es besteht jedoch hier auch die Möglichkeit einer Trennung von Hauptverwaltung und Forschung und Entwicklung, durch welche es zu einer stärkeren räumlichen Streuung der F&E-Bereiche kommen kann. Ansiedlungen erfolgen dann in kleineren Agglomerationen mit speziellen Standortvorteilen, wie die Nähe zu Universitäten oder außeruniversitärer Forschung sowie das Vorhandensein weicher personenbezogener Faktoren (z. B. Lebensqualität der Region).

Die **Produktionsstätten** weisen eine wesentlich größere räumliche Streuung

4.3 Systemische Ansätze von Industriestandorten

M 4-40 Merkmale externer Abhängigkeit

Verflechtungs-art	Beherrschende Einheit	Art der Beherrschung	Abhängige Einheit
Organisatorisch/ institutionell	Stammbetrieb	rechtliche Unselbständigkeit	Zweigbetrieb
Kapitalmäßig	Mutterunternehmen	100 % Kapitaleigentum	Tochterunternehmen
Kapitalmäßig	Unternehmen mit Mehrheitsbeteiligung	50 % bis unter 100 % Kapitaleigentum	Mehrheitlich dominiertes Unternehmen
Kapitalmäßig	Unternehmen mit Minderheitsbeteiligung	25 % bis unter 50 % Kapitaleigentum	Minderheitlich geprägtes Unternehmen
Absatz- und beschaffungsmäßig	Unternehmen, welches Material liefert oder bezieht	dominierender Anteil des Input oder Output	Unternehmen, welches von Lieferungen oder Absatz abhängig ist

Quelle: nach GRÄBER/HOLST 1987

auf und insbesondere in peripheren Gebieten dominieren diese extern abhängigen Einheiten. Regionen mit hohen Anteilen **extern abhängiger Betriebe** (M 4-40) erfahren zunehmend Nachteile (vgl. die Untersuchungen von DICKEN 1976, GRÄBER/HOLST 1987, GRÄBER/HOLST/ SCHACKMANN-FALLIS/SPEHL 1987, MASSEY 1995, S. 68f), denn in Zweigbetrieben sind die Tätigkeiten weniger differenziert und es fehlen Forschungs-, Entwicklungs- und Verwaltungsfunktionen mit höherqualifizierten Beschäftigten. Die lokalen Bezugs- und Absatzverflechtungen bleiben aufgrund der Einbindung in ein unternehmensinternes Produktionssystem begrenzt. Zudem besteht die Gefahr, dass die Zweigbetriebe bei Absatzrückgang als Konjunkturpuffer dienen, d. h. Entlassungen erfolgen eher dort als an den Hauptsitzen der Unternehmen. Insgesamt führt damit der Bedeutungsgewinn von großen Mehrbetriebunternehmen mit einer inneren funktionalen Differenzierung zu einer Verstärkung von räumlichen Unterschieden: Er begünstigt die Wirtschaftsentwicklung der Zentren und führt zu einer fortschreitenden räumlich-funktionalen Peripherisierung weniger verdichteter und geringer entwickelter Räume.

4.3.2 Externe Vernetzungen von Betrieben und Unternehmen

Die Grundidee aller in jüngster Zeit diskutierter Ansätze zur räumlichen Konzentration von bestimmten Industrien ist, dass **räumliche Nähe** die wirtschaftliche Entwicklung begünstigt und insbesondere die Generierung von Wissen und Innovationen stärkt (vgl. SCHAMP 2000, S. 150f). Räumliche Nähe als konzentrationsfördernder Faktor ist prinzipiell kein neuer Gedanke; bereits klassische Industriestandorttheorien wie die von Weber (siehe Kap. 4.1.1) behandeln die Bedeutung von Agglomerationsfaktoren, allerdings beziehen sie sich dabei vor allem auf materielle Verflechtungen, bei denen sich durch räumliche Nähe die Transportkosten verringern lassen. Die seit den neunziger Jahren intensiv diskutierten Ansätze zur räumlichen Konzentration betrachten dagegen die immateriellen Verflechtungen und betonen, dass räumliche Nähe die Transaktionskosten senkt (vgl. WILLIAMSON 1985; siehe dazu auch die Diskussion von Transaktionskosten in Kap. 6.2). „The greater the transactional costs, the greater the likelihood that producers will agglomerate in order to reduce them, because spatial proximity is still a fundamental way to bring people and firms together, to share knowledge and to solve problems" (STORPER/WALKER 1989, S. 80). Inzwischen liegt zur regionalen Konzentration „eine bisweilen verwirrende Vielzahl neuer oder modifizierter Konzepte" vor (STERNBERG 1995, S. 161), „die teils unter anderen Namen gleichartige Argumente vereinen" (BUTZIN 2000a, S. 146) und eine terminologische Vielfalt aufweisen. Gemeinsame Merkmale der Ansätze sind jedoch, dass sie sich auf „die Art und Weise personaler und organisatorischer Verflechtungen und deren regional-soziokulturelle Einbettung" (BUTZIN 2000a, S. 145) beziehen.

Die **personalen und organisatorischen Verflechtungen** werden zumeist unter dem Begriff **Netzwerk** zusammengefasst, dessen primär nur organisatorischer Ansatz hier durch eine regionale Komponente Ergänzung findet (vgl. SCHAMP 2000, S. 65f). Konstitutive Elemente des Netzwerkes sind räumliche Nähe, kulturelle Nähe, institutionelle Nähe und organisatorische Nähe (BATHELT 1998b, S. 67). Die Akteure – d.h. die Personen, welche die Netzwerkbeziehungen tragen, nutzen und gestalten – stammen aus Betrieben bzw. Unternehmen, Forschungs- und Ausbildungseinrichtungen sowie aus politischen Institutionen. Ihre Beziehungen sind gekennzeichnet durch Reziprozität, Vertrauen, Dialog, Flexibilität und Selbstregulierung. Der großen Offenheit der Vernetzungen zwischen der eher beschränkten Zahl autonomer Akteure innerhalb einer Raumeinheit steht eine größere Geschlossenheit zu außerhalb Befindlichen gegenüber. Als Nutzen der Vernetzungen (vgl. GROTZ 1996) gelten nicht nur klassische ökonomische Vorteile (z.B. geringere Produktionskosten durch Erzielung von economies of scale und economies of scope, Transaktionskostenvorteile, Abstimmung von Produktpaletten, Minderung von Risiken), sondern vor allem die Herausbildung von gemeinsamen Lern- und Innovationsprozessen („**learning-by-interaction**"). Besonders begünstigend wirkt auf die Lernprozesse, dass innerhalb des Netzwerkes nicht nur formalisiertes Wissen ausgetauscht, sondern dass auch noch nicht kodifizierte, nicht veröffentlichte und bisher nur auf Erfahrungen beruhende Kenntnisse („**tacit-knowledge**") vermittelt werden. Dieser Transfer kann jedoch nur durch persönliche Kontakte („**face-to-face**") erfolgen und ist kaum per Telekommunikation herzustellen; entsprechend besitzt räumliche Nähe mit Möglichkeiten des persönlichen Treffens (manchmal „Cafeteria-Effekt" genannt) große Bedeutung.

Als begünstigender Faktor für die Entwicklung der regionalen Netzwerke gelten **Einbettungen** in ein gemeinsames

4.3 Systemische Ansätze von Industriestandorten

menschliches, kulturelles, soziales und politisches Umfeld („local embeddedness"). Die ausgeprägten immateriellen Beziehungen innerhalb des lokalen Netzwerkes werden gefördert durch das gleiche kulturelle und soziale Milieu der Akteure. Dadurch entsteht auch ein lokales bzw. regionales Gemeinschaftsgefühl. Der Embeddedness-Gedanke kann dabei auch auf die unmittelbaren Beziehungen zwischen den Akteuren angewandt werden (vgl. GRANOVETTER 1985). Relational Embeddedness bezeichnet durch Vertrauen geprägte Beziehungen zwischen zwei Akteuren, strukturelle Embeddedness die Beeinflussung dieser Beziehungen durch Dritte. Vertrauen gegenüber dem Partner wirkt stabilisierend auf die wirtschaftlichen Verflechtungen; eine Verletzung der Vertrauensbeziehungen kann durch Dritte wahrgenommen werden und damit auch die Beziehungen zu diesen stören.

Als wesentliche Ursache des Bedeutungsgewinns der personalen und organisatorischen Verflechtungen in jüngerer Vergangenheit gilt die im Zuge des postfordistischen Produktionsmodells (siehe Kap. 4.2.3) entstandene **flexible Produktion und Spezialisierung** (vgl. PIORE/SABLE 1985). Die Herstellung von variantenreichen, auf die Kundenbedürfnisse zugeschnittenen Produkten in kleinen Serien, die Verschlankung der Produktion, kürzere Produktzyklen sowie mehr Produkt- und Prozessinnovationen vergrößern die Notwendigkeit von internen und externen Verflechtungen. Die Kontaktintensitäten, insbesondere der Informationsaustausch, zwischen den internen Teilschritten der Produktion, Forschung, Entwicklung und des Marketing sowie zu externen Dienstleistern, Zulieferern und den hochqualifizierten Arbeitskräften des Arbeitsmarktes steigen. Raumeinheiten mit flexiblen Betrieben in einem flexiblen regionalen Umfeld besitzen hierfür Konkurrenzvorteile und es kann dort zu einer Clusterung ähnlicher Produktionen kommen.

Von der Vielzahl von Einzelansätzen zur Bedeutung räumlicher Nähe werden gegenwärtig vier eher beschreibende Modelle am intensivsten diskutiert die **Industriedistrikte**, die **Branchen-Cluster**, die **innovativen Milieus** und die **geographische Industrialisierung**.

Der Ansatz der **Industriedistrikte** beruht auf Arbeiten von A. MARSHALL (1927), der die Bedeutung regionaler Produktionsnetzwerke aus einem Branchenbereich, basierend u. a. auf Beobachtungen der Baumwollwarenherstellung in Lancashire und der Messerwarenindustrie in Solingen, diskutierte (vgl. dazu BATHELT 1998a, S. 255f; FROMHOLD-EISEBITH 2000, S. 30f; GROTZ/BRAUN 1993, S.150f; SCHAMP 2000, S. 70f). Die als Industriedistrikte zu bezeichnenden räumlichen Agglomerationen von Produzenten besitzen eine nationale bzw. internationale Bedeutung für spezielle Produkte. Bei den dort angesiedelten Herstellern handelt es sich überwiegend um selbständige kleinere und mittlere Betriebe, die eng miteinander verflochten sind. Die ausgeprägte unternehmensübergreifende Arbeitsteilung kann sowohl horizontal ausgeprägt sein, d. h. durch gegenseitige Auftragsvergaben bei Bearbeitungen von Produkten der gleichen Stufe der Wertschöpfungskette (z. B. bei Großaufträgen, die ein Hersteller allein nicht erfüllen kann), als auch vertikal, d. h. durch aufeinanderfolgende Schritte der Wertschöpfungskette. Durch die räumliche Ballung und die ständigen Interaktionen entwickelt sich eine „**industrielle Atmosphäre**", welche den gesamten Raum prägt. Neben den Herstel-

M 4-41 Typen von Industriedistrikten

Klassischer Marshall-Distrikt:
Räumliche Konzentration von kleinen und mittleren Unternehmen einer Branche mit intensiven lokalen und gegenseitigen Verflechtungsbeziehungen.

Hub-and-spoke-Distrikt:
Räumliche Konzentration von einem oder wenigen großen Betrieben sowie zahlreichen kleinen und mittleren Betrieben aus einer Branche, die miteinander, häufig in vertikal aufeinanderfolgenden Produktionsschritten, intensiv vernetzt sind.

Satelliten-Distrikt:
Räumliche Konzentration von Zweigbetrieben eines Branchenbereichs, deren regionale Vernetzungen sich zumeist auf den Arbeitsmarkt beschränken und die starke internationale Verflechtungen zu den Hauptbetrieben aufweisen.

Pionier-High-Tech-Distrikt:
Räumliche Konzentration von innovativen Unternehmen mit vollständigen und komplexen Beziehungen zwischen allen Akteursgruppen.

Quelle: nach Fromhold-Eisebith 2000, S. 42f

---

lern befinden sich dort auch spezialisierte Zulieferer und Dienstleister sowie Ausbildungseinrichtungen, die spezielle Qualifikationen vermitteln. Kooperation zwischen Betrieben und Austausch von Personal führen zur Akkumulation von Erfahrungswissen und Kompetenzen zur Produktherstellung; zugleich stärkt der untereinander bestehende Wettbewerb die Innovationsleistung und das Qualitätsbewusstsein.

Aufgrund des Bedeutungsgewinns fordistischer Produktion, großer Unternehmen und internationaler Produktionssysteme hatte die Idee Marshalls im 20. Jahrhundert an Interesse verloren. Erst mit

4.3 Systemische Ansätze von Industriestandorten

dem Wandel zum postfordistischen System wurde sie erneut aufgegriffen und an Beispielen (z. B. dem Wachstum durch klein- und mittelbetrieblich strukturierte Regionen mit spezialisierten Markenprodukten im sogenannten „Dritten Italien", vgl. SENGENBERGER/PYKE 1992) untersucht. Heute wird ein **Industriedistrikt** definiert als (BRUSCO 1990, S. 1) „a set of companies located in a relatively small geographical area; and the said companies work, either directly or indirectly, for the same market; that they share a series of values and knowledge so important that they define a cultural environment; and they are linked to one another by very specific relations in a complex mix of competition and cooperation". In räumlicher Hinsicht gelten vor allem Konzentrationen spezialisierter Betriebe außerhalb der großen urban-industriellen Agglomerationen, welche die vernetzungsbedingten Wettbewerbsvorteile (economies of scope, economies of scale, Innovationsleistung, Kompetenz für spezielle Produkte) realisieren, als Industriedistrikte. Bezogen auf die Größenstrukturen der angesiedelten Betriebe und das Raummuster der Verflechtungen wird dabei zwischen verschiedenen Typen unterschieden (M 4-41; vgl. MARKUSEN 1996, PARK 1996).

Als Erklärungsansatz für nationale Wettbewerbsvorteile greift M. E. Porter (1993) die Idee der Industriedistrikte auf und entwickelt daraus das Konzept der geographischen Konzentration von **Branchen-Clustern**. Bei seinen Bestimmungsfaktoren für Wettbewerbsvorteile geht er dabei über die im Ansatz der Industriedistrikte nahezu aus-

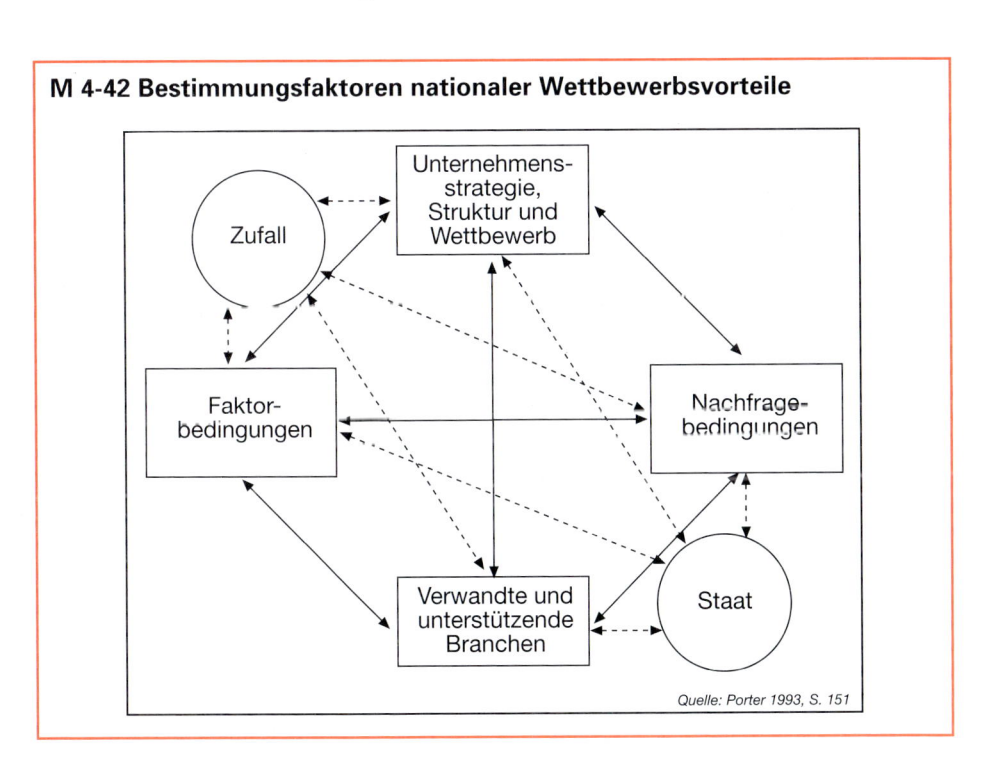

M 4-42 Bestimmungsfaktoren nationaler Wettbewerbsvorteile

Quelle: Porter 1993, S. 151

schließlich betrachtete Seite der Unternehmen hinaus und behandelt auch Einflüsse durch Nachfragebedingungen und von Akteuren auf Seiten des Staates. Der Ansatz von Porter erklärt aus dem Zusammenspiel der Einflussfaktoren, deren graphische Umsetzung er als „**Diamant**" bezeichnet (M 4-42), zuerst die Gründe, warum ein Land in einer bestimmten Branche internationalen Erfolg erzielt. Auf der Produktionsseite führen das Vorhandensein von geeigneten Faktorausstattungen (materielle Ressourcen, Humankapital, Wissensressourcen, Kapitalressourcen, Infrastruktur), von ergänzenden Branchen (z. B. Zulieferer) und von geeigneten Rahmenbedingungen (Formen der Unternehmensorganisation, Führung, Konkurrenz) zur Herausbildung spezieller Produktionen. Deren Leistungsfähigkeit wird nicht nur durch Innovationen auf der Unternehmensseite, sondern – und hier geht Porter weiter als die anderen Ansätze – auch durch die Nachfragebedingungen geprägt. Dabei ist weniger die Quantität der Nachfrage als vielmehr deren Qualität wichtig. Allgemein anspruchsvolle Käufer setzen die Produzenten unter Druck, die Techniken zu perfektionieren und ständig Innovationen zu realisieren. Spezielle Nachfrager (z. B. Textilhersteller nach Textilmaschinen, LKW-Hersteller nach leistungsfähigen Dieselmotoren, Endkunden nach kleinen leisen Klimaalagen) können auch zur Herausbildung spezialisierter Produktionen (Textilmaschinen, Dieselmotoren, Klimaanlagen) führen, die dann in diesem Segment internationale Wettbewerbsvorteile erlangen. Darüber hinaus können zufällige Ereignisse (z. B. Entdeckungen, konfliktäre Situationen, drastische Brüche in Kosten oder Technologie) alle Bestimmungsfaktoren überprägen. Der Staat schließlich kann durch seine Prozess- und Ordnungspolitik (z. B. Subventionen, Produktnormen, Steuergesetze, Wettbewerbsrecht) sowie als Nachfrager (z. B. nach Rüstungsgütern) positiv und negativ auf die Bildung von Wettbewerbsvorteilen einwirken.

Diese für ein Land geltenden Wettbewerbsvorteile, welche zur Herausbildung spezialisierter Branchen-Cluster führen, sind jedoch räumlich ungleich verteilt. PORTER (1993, S. 178f) begründet die Herausbildung von räumlichen Clustern innerhalb eines Nationalstaates dadurch, dass die Bestimmungsfaktoren des Diamanten durch räumliche Nähe eine wechselseitige Verstärkung erfahren. Durch die räumliche Konzentration von Konkurrenten, Kunden, Lieferanten und Dienstleistern können die Produzenten schneller und intensiver spezifische Informationen erlangen, das Verhalten der Konkurrenten sehen, die Ansprüche der Kunden erkennen und wechselseitig Innovationen entwickeln. Auch begünstigt die Konzentration die Entstehung eines fördernden Umfeldes, wie z. B. durch Zuwanderung begabter Arbeitskräfte und Erwerb spezieller Qualifikationsprofile. An ausgewählten regionalen Beispielen (u. a. Messerwaren in Solingen, chirurgische Instrumente in Tuttlingen, Skistiefel in Montebelluna, Steinmetzarbeiten in Carrara) belegt Porter aus dem Zusammenspiel der Bestimmungsfaktoren entstandene weltweit bedeutsame regionale Branchen-Cluster.

Der Ansatz der Industriedistrikte und Branchen-Cluster lässt sich auf fast alle Branchen der Industrie beziehen, dagegen diskutieren die Ansätze zu **innovativen Milieus** und zur **geographischen Industrialisierung** vor allem räumliche Konzentrationen moderner innovativer Produktionen. Der Unterschied zwischen beiden Ansätzen erscheint dabei fast wie die Diskussion um Henne und Ei; während

4.3 Systemische Ansätze von Industriestandorten

bei dem Ansatz zum innovativen Milieu die Annahme gilt, dass die Existenz des Milieus die Voraussetzung für die Entwicklung von Wachstumsindustrien darstellt, nimmt der Ansatz der geographischen Industrialisierung an, dass Wachstumsindustrien ihr innovatives Umfeld selbst generieren. Dieser Unterschied im Zugriff besitzt allerdings erhebliche Bedeutung für die regionale Wirtschaftspolitik, nämlich für die Frage, ob Schlüsselindustriebetriebe angesiedelt oder das forschende Umfeld (z. B. durch Universitäten oder Forschungsinstitute) gefördert werden soll.

Das von der 1984 formierten GREMI-Gruppe (Groupe de Recherche Europeén sur les Milieux Innovateurs) entwickelte Konzept des **innovativen (oder kreativen) Milieus** geht von der Bedeutung regionaler Vernetzungen aus, betont aber besonders die Bedeutung von deren Qualität und vorhandener Umfeldbedingungen, welche innovatives/kreatives Verhalten begünstigen (vgl. AYDALOT 1986, CAMAGNI 1991 sowie FROMHOLD-EISEBITH 2000, GROTZ 1996, SCHAMP 2000, S. 81f). Ein innovatives Milieu kann dann entstehen, wenn zwischen den regionalen Akteuren ein intensives, überwiegend informelles, kreativitätsförderndes Netzwerk besteht. Die Kreativität ergibt sich durch gegenseitigen häufigen und intensiven Informationsaustausch, durch welchen bisher unverknüpfte Kenntnisse zu neuen Lösungen zusammengeführt werden. Wichtig für die Entfaltung dieser Synergieeffekte ist, dass die Akteure innerhalb des Netzwerkes aus sich ergänzenden Einrichtungen – z. B. Betrieben, Bildungs-

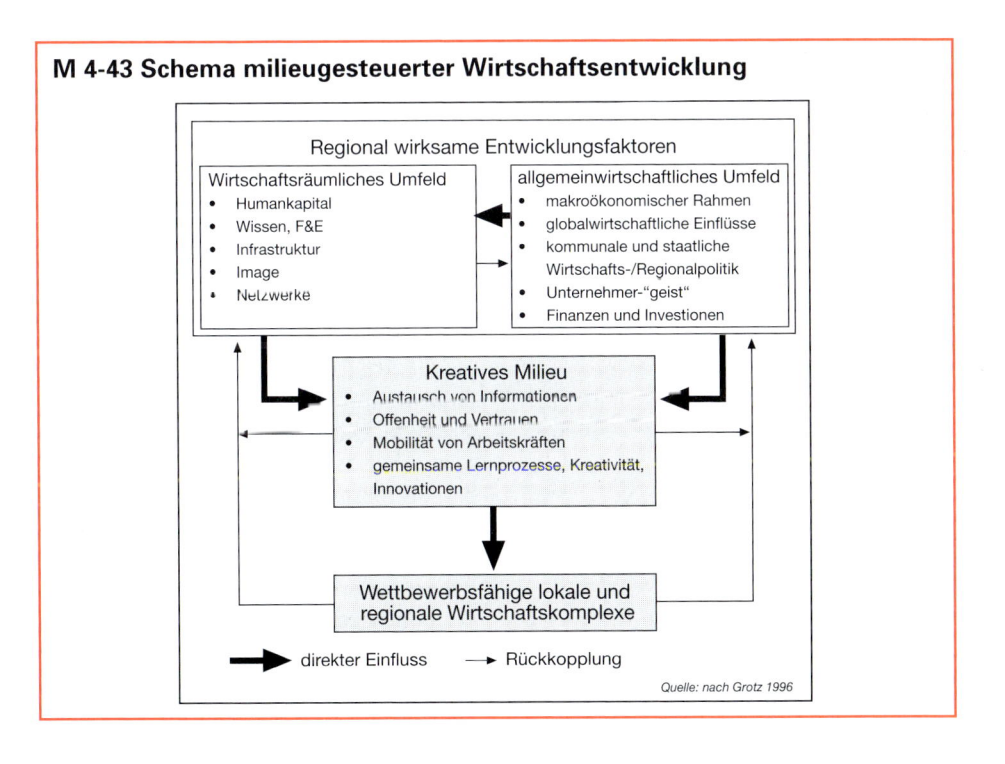

M 4-43 Schema milieugesteuerter Wirtschaftsentwicklung

```
              Regional wirksame Entwicklungsfaktoren
   ┌─────────────────────────────┬─────────────────────────────┐
   │ Wirtschaftsräumliches Umfeld│ allgemeinwirtschaftliches Umfeld
   │ • Humankapital              │ • makroökonomischer Rahmen
   │ • Wissen, F&E               │ • globalwirtschaftliche Einflüsse
   │ • Infrastruktur             │ • kommunale und staatliche
   │ • Image                     │   Wirtschafts-/Regionalpolitik
   │ • Netzwerke                 │ • Unternehmer-"geist"
   │                             │ • Finanzen und Investitionen
   └─────────────────────────────┴─────────────────────────────┘
                    ↓         Kreatives Milieu         ↓
                       • Austausch von Informationen
                       • Offenheit und Vertrauen
                       • Mobilität von Arbeitskräften
                       • gemeinsame Lernprozesse, Kreativität,
                         Innovationen
                                    ↓
                       Wettbewerbsfähige lokale und
                       regionale Wirtschaftskomplexe

         ▶ direkter Einfluss      → Rückkopplung
                                         Quelle: nach Grotz 1996
```

und Forschungseinrichtungen, Förderinstitutionen, Behörden – stammen. Um die volle Wirksamkeit des Informationsaustauschs zu erlangen, sollen neben dienstlichen auch persönliche, mit hohem Vertrauen behaftete Beziehungen bestehen.

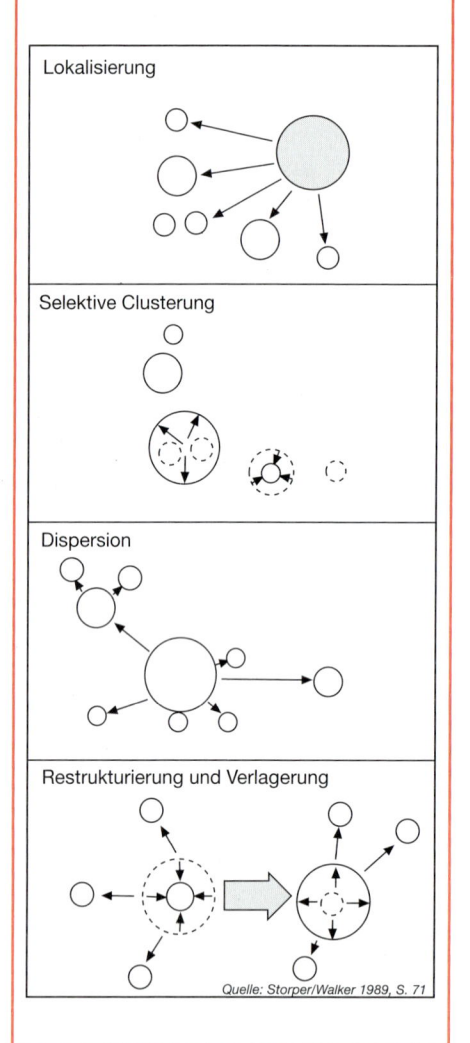

Aus diesen qualitativen Bedingungen der Beziehungen ergibt sich eine räumliche Ausprägung, da häufiger, intensiver und persönlicher Erfahrungsaustausch nur innerhalb des Nahraumes möglich ist.

Wichtig für die Herausbildung des lokalen Milieus sind geeignete Umfeldbedingungen (M 4-43). Zum einen entsteht ein Umfeld durch die Akteure selbst, die aufgrund gemeinsamer technischer Kultur, Wertvorstellungen, Sozialmerkmale und Interessen ein Gemeinschaftsgefühl und Standortimage entstehen lassen. Zum anderen begünstigen geeignete Merkmale des wirtschaftsräumlichen Umfeldes, neben regionalpolitischen und wissenspolitischen Maßnahmen und vorhandenem Humankapitel vor allem auch weiche personenbezogene Standortfaktoren, die Milieubildung. Auf Basis des Milieus entstehen dann wettbewerbsfähige Wirtschaftskomplexe eines speziellen Tätigkeitsfeldes.

M 4-44 Raumodell der geographischen Industrialisierung

Lokalisierung

Selektive Clusterung

Dispersion

Restrukturierung und Verlagerung

Quelle: Storper/Walker 1989, S. 71

Das Konzept der **geographischen Industrialisierung**, von M. STORPER und R. WALKER (1989, S. 70f) entwickelt, zeigt den Entwicklungspfad von Industrieballungen (siehe auch BATHELT 1992, M 4-44). In der ersten Phase, der **Lokalisierung**, besteht noch eine hohe Wahlfreiheit für neue Industriebereiche in ihrer Standortwahl. Das „window of locational opportunity" eröffnet die Möglichkeit der Entstehung neuer industrieller Zentren außerhalb bereits bestehender Ballungen. Die Wahl von neuen Standorten ist dabei kaum prognostizierbar, es besteht jedoch die hohe Wahrscheinlichkeit, dass sie wegen der Standortnachteile in vorhandenen Industrieballungen außerhalb dieser liegen. Aufgrund der hohen Wachstumsdynamik der neuen Industriebranche generiert diese an den neuen Standorten passende Umfeldbedingungen und bewirkt auch die Zuwande-

4.3 Systemische Ansätze von Industriestandorten

rung mobiler Produktionsfaktoren (z.B. Arbeitskräfte, Kapital) aus anderen Regionen. In der folgenden Phase der **selektiven Clusterung** kommt es zu einer fortschreitenden Konzentration dieser Produktion an einem Standort. Die räumliche Konzentration kann begründet sein durch Kostenvorteile aufgrund interner vertikaler Integration innerhalb weniger Großunternehmen. Sie kann jedoch auch durch Transaktionskostenvorteile aufgrund hoher externer Verflechtungen und arbeitsteiliger Prozesse zwischen eng miteinander vernetzten selbständigen Betrieben auftreten; je komplexer die Verflechtungen der vertikal desintegrierten Produktionskomplexe sind, desto stärker ist die Tendenz zur Konzentration (STORPER/WALKER 1989, S. 80). Mit zunehmender Agglomeration steigen dann die Anreize für weitere Betriebsansiedlungen, Neugründungen und spin-offs, nicht nur von Produzenten, sondern auch von damit verflochtenen Dienstleistern und Institutionen. Das neue Zentrum wächst aufgrund der dort vorhandenen Vernetzungsvorteile überproportional, während die anderen Standorte (mit der gleichen Branche) stagnieren oder sogar schrumpfen. In der Phase der **Dispersion** erfolgt vom neuen Zentrum aus die Erschließung sogenannter Wachstumsperipherien (growth peripheries). Dort können Standorte mit spezifischen Produktionsvorteilen genutzt und zusätzliche Märkte erschlossen werden. Sie ergänzen und stärken das bestehende Zentrum. In der Phase der **Restrukturierung und Verlagerung** kann es schließlich durch wachstumsinduzierte Veränderungen in der Industriebranche (z. B. Produkt-, Prozess- und Organisationsinnovationen) zu einem Bedeutungsgewinn von Zentren der ehemaligen Wachstumsperipherie, die spezielle Vorteile für diese Neuerungen aufweisen, kommen. Das gealterte Zentrum kann dann Schrumpfungen erfahren, während das neue Zentrum wächst.

Im System der Vernetzungen von Betrieben lassen sich zwei besondere Formen der Zusammenarbeit beobachten, die zeitlich begrenzte Bildung von **strategischen**

M 4-45 Merkmale und Ziele strategischer Allianzen

Merkmale strategischer Allianzen
- Zusammenarbeit selbständiger Kooperationspartner (Konkurrenten) in einem bestimmten Funktionsbereich
- Selbständigkeit in nicht von der Zusammenarbeit betroffenen Bereichen
- Zusammenarbeit in Balance zwischen Kooperation und Konkurrenz
- Vielfältige Formen der Zusammenarbeit von zeitlich befristeten Kooperationen bis zu längerfristigem Kapitaleinsatz (joint ventures)

Ziele strategischer Allianzen
- Synergieeffekte: Diversifizierung des Angebots; Erschließung von Nischen in Beschaffung, Produktion, Absatz; Zugang zu neuen Märkten, Technologien, Ressourcen
- Zeitvorteil: Wettbewerbsvorteil durch schnellere Problemlösung
- Lerneffekt: Wissens- und Erfahrungstransfer
- Risikominderung: F&E-Kostenteilung bei riskanten Innovationen
- de-facto-Standard: Entwicklung allgemein anerkannter Produktmerkmale

Quelle: nach GAEBE 1995

Allianzen und die Einbindung in aufeinanderfolgende Wertschöpfungsschritte in **Commodity Chains**. Beide Formen sind primär aufgrund der Art der Beziehungen (z. B. Vor- und Nachteile, Dauer, Machtverhältnisse) interessant, sie können jedoch auch zu räumlichen Effekten führen.

Strategische Allianzen stellen Vernetzungen von Unternehmen ohne deren permanenten Zusammenschluss dar (vgl. GAEBE 1995, MALECKI 1994). Für einen meist begrenzten Zeitraum arbeiten dabei selbständige Unternehmen in einem bestimmten Geschäftsfeld zusammen. Diese strategische Allianz bietet den Beteiligten Vorteile und erlaubt teilweise überhaupt erst die Erschließung eines neuen – und für einen Anbieter allein mit zu hohen Kostenrisiken behafteten – Bereichs (M 4-45). Durch die Zusammenarbeit können Kostenrisiken reduziert, Zeit- und Lernvorteile erlangt und gemeinsame de-facto-Standards etabliert werden. Ein Beispiel für eine solche strategische Allianz ist die Zusammenarbeit der Automobilhersteller – und Konkurrenten – VW und Ford bei der Produktion eines Vans (identische Modelle VW-Sharan, Ford-Galaxy). Ende der achtziger Jahre bestand in Europa noch keine Nachfrage für diesen Fahrzeugtyp, aber es wurde ein größeres Marktpotential erwartet. Ein Hersteller wäre ein hohes Kostenrisiko bei der Entwicklung des Pro-

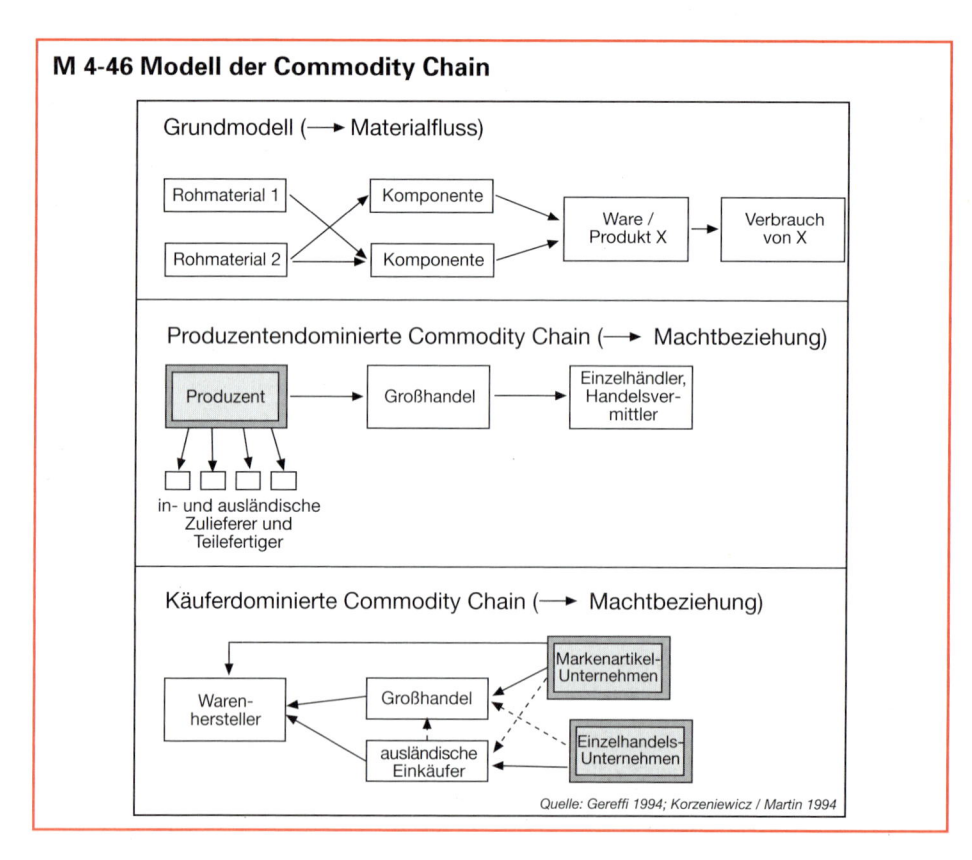

M 4-46 Modell der Commodity Chain

Grundmodell (→ Materialfluss)

Rohmaterial 1, Rohmaterial 2 → Komponente, Komponente → Ware / Produkt X → Verbrauch von X

Produzentendominierte Commodity Chain (→ Machtbeziehung)

Produzent → Großhandel → Einzelhändler, Handelsvermittler

Produzent → in- und ausländische Zulieferer und Teilefertiger

Käuferdominierte Commodity Chain (→ Machtbeziehung)

Warenhersteller ↔ Großhandel ↔ ausländische Einkäufer; Markenartikel-Unternehmen, Einzelhandels-Unternehmen

Quelle: Gereffi 1994; Korzeniewicz / Martin 1994

4.3 Systemische Ansätze von Industriestandorten

duktes eingegangen, durch die Zusammenarbeit konnten die Entwicklungskosten geteilt, spezielle Kompetenzen gebündelt und zugleich später die Vertriebswege beider Hersteller genutzt werden. Gemeinsam errichteten beide Hersteller dafür ein neues Automobilwerk in Setubal (Nähe von Lissabon in Portugal), welches die Prozesskompetenzen von Ford und die Produktkompetenzen von VW zusammenführte (vgl. KULKE 1995a, S. 20; PUDEMAT 1997, S. 196).

Einen Ansatz, welcher räumliche Aspekte der lokalen Konzentrationen der Industrie mit den zu beobachtenden globalen Produktionsvernetzungen verknüpft, stellen die Überlegungen zu **Global Commodity Chains (GCC)** – zu übersetzen als globale Warenketten – dar (vgl. vor allem GEREFFI/KORZENIEWICZ 1994 und GEREFFI 1996 sowie GEREFFI/ KORZENIEWICZ/KORZENIEWICZ 1994, KORZENIEWICZ/MARTIN 1994, SCHOENBERGER 1994). Grundsätzlich lässt sich unter einer Warenkette die Verbindung vom Rohmaterial über die Herstellung bis zum Verkauf eines Produktes verstehen. Den besonderen Analyseschwerpunkt des Ansatzes bilden die zwischen den Schritten auftretenden Beziehungen: „A GCC consists of sets of interorganizational networks clustered around one commodity or product, linking households, enterprises, and states to one another within the world-economy" (GEREFFI 1994, S. 2).

Als konstitutive Elemente der GCC gelten, dass erstens **materielle Input-Output-Beziehungen** (in einer Folge von wertschöpfenden Schritten) bestehen, dass diese zweitens durch **ungleiche Machtbeziehungen** gekennzeichnet sind (governance structure) und dass sie drittens mit Raumstrukturen von **Konzentration oder Dispersion** (territoriality) verbunden sind.

Bezogen auf die Machtverhältnisse innerhalb der Beziehungen (M 4-46) lassen sich produzentendominierte und käuferdominierte Commodity Chains unterscheiden (vgl. dazu die Diskussion zu externer Abhängigkeit in Kap. 4.3.1). Produzentendominierte treten vor allem bei kapital- und technologieintensiven Produktionen von großen multinationalen Industrieunternehmen auf (z. B. Automobilindustrie, Flugzeugbau, Halbleiterproduktion), bei denen wenige Anbieter vielen Nachfragern gegenüberstehen; sie besitzen hohen Einfluss auf ihre Zulieferer und eine starke Position gegenüber dem Handel. Käuferdominierte Vernetzungen bestehen dagegen bei eher standardisierten, teilweise arbeitsintensiven Konsumgüterproduktionen (z. B. Bekleidung, Schuhe, Haushaltsartikeln, Spielwaren, Lebensmitteln), wo viele ähnliche Produzenten auf eine begrenzte Zahl von Großnachfragern treffen; große Handelsunternehmen können hier ihre Produkt- und Preisvorstellungen gegenüber den Herstellern durchsetzen.

In **räumlicher Hinsicht** dienen die Überlegungen zu Global Commodity Chains zur Analyse weltweiter wirtschaftlicher Disparitäten, vor allem im Hinblick auf unterschiedlichen Zugang zu Märkten und Ressourcen sowie zur lokalen Konzentration auf Kerngebiete (vgl. GEREFFI/KORZENIEWICZ/KORZENIEWICZ 1994, S. 9f, Halder 2002). Kernthesen sind, dass erstens der Grad der Einbindung in Commodity Chains steigt und dass zweitens starker Macht- und Wettbewerbsdruck innerhalb der Commodity Chain zu einer weiteren Peripherisierung der Peripherie führt und die Konzentrationen moderner, innovativer und dominierender Unternehmen in vorhandenen urban-industriellen Zentren sowie räumlichen Clustern weiter stärkt.

Alle systemischen Betrachtungen zu industriellen Standorten eröffnen einen erheblichen Erkenntnisfortschritt, da sie sich von der Betrachtung von Industriebetrieben als geschlossene „Black Box" lösen und ein vertieftes Verständnis von Beziehungen und Akteuren eröffnen. Allerdings beschränken sie sich wie fast alle Industriestandortansätze überwiegend auf die Unternehmensseite, während die Akteursgruppen Nachfrager/Konsumenten und Planer/Politiker nur als modifizierende Einflussfaktoren Berücksichtigung finden. Auch ist es bisher nur begrenzt gelungen, über die eher beschreibende Betrachtung hinaus eine determinantenorientierte Theorie, die Ursachen-Wirkungen-Prognosen-Komplexe eröffnet, zu entwickeln.

Literaturauswahl zur Ergänzung und Vertiefung

Statische Industriestandortwahl
CHAPMANN/WALKER 1992, DICKEN/LLOYD 1999, GAEBE 1984, KULKE 1990, SMITH 1971
Dynamische Industriestandorte
BATHELT 1993 und 1994, GAEBE 1998, EWERS 1986, KRÄTKE 1996, MALECKI 1994, WEHMEYER 2001
Systemische Industriestandorte
AYDALOT 1986, BATHELT 1998a und 1998b, DICKEN/LLOYD 1999, GEREFFI 1996, GRANOVETTER 1985, GROTZ 1996, FROMHOLD-EISEBITH 2000, KULKE 1999, MALECKI 1994, MARKUSEN 1996, NUHN 1999, PORTER 1993, SCHAMP 2000, STORPER/WALKER 1989

5 Standorte und Standortsysteme von Dienstleistungen

Bild 5-1 Potsdamer Platz in Berlin, neues Zentrum für hochrangige Dienstleistungen (Photo E. KULKE)

Dienstleistungen besitzen in hochentwickelten Gesellschaften immer größere wirtschaftliche Bedeutung (vgl. Kap. 2.1) und entsprechend gewinnen sie auch als Gegenstand wissenschaftlicher Betrachtungen an Gewicht. Insbesondere im letzten Jahrzehnt wurden immer mehr Untersuchungen zu Standorten und zur Standortdynamik von Dienstleistungen durchgeführt, wobei sich diese jedoch zumeist auf Teilbranchen konzentrierten und weniger den Gesamtbereich (wie z. B. die Lehrbücher von DANIELS 1993, ILLERIS 1996, MALERI 1994, STAUDACHER 1991) betrachten. Zudem basieren die meisten Studien auf empirischen Erhebungen und Auswertungen, während Theorie- und Modellansätze zurücktreten; wenn diese vorhanden sind, beruhen sie eher auf induktiver Entwicklung denn auf deduktiver Ableitung.

Im Folgenden werden zuerst vorhandene allgemeine Ansätze zu Dienstleistungsstandorten behandelt; eine Untergliederung erfolgt in statische Betrachtungen, die Standortfaktoren und Standortverteilungen behandeln, und in dynamische Betrachtungen, welche deren zeitlichen Wandel untersuchen und erklären.

Besonderheiten bei der Behandlung der Standorte und Standortsysteme von Dienstleistungen ergeben sich aufgrund ihrer **Merkmale** (siehe. Kap. 2.1 und M 2-2; vgl. ELLGER 1993, STAUDACHER 1995), die eine unmittelbare Verbindung der Akteure des Angebotsbereichs (Betriebe, Unternehmen) und des Nachfragebereichs (Konsumenten, aber auch andere Betriebe oder Unternehmen) bedingen. So ergibt sich aus dem immateriellen Charakter und der fehlenden Lagerfähigkeit des Produktes die Notwendigkeit einer unmittelbaren Interaktion zwischen Anbieter und Nachfrager, während welcher die Dienstleistung erbracht wird (uno-actu-Prinzip = Produktion und Verwendung fallen zusammen). Transportvorgänge zwischen Hersteller und Nachfrager, die bei der materiellen Güterproduktion in Landwirtschaft und Industrie eine räumliche Trennung zwischen Anbietern/Herstellern und Nachfragern erlauben, sind bei Dienstleistungen in der Regel nicht möglich. Dadurch besitzt die lokale Nachfrage, d. h. die Nähe zu den Kunden, bei der Standortwahl von Dienstleistern besondere Bedeutung.

Die unmittelbare **Kontaktaufnahme** zwischen der eher begrenzten Zahl der Anbieter und den zahlreichen, zum Teil eine starke räumliche Streuung aufweisenden Nachfragern kann dabei auf verschiedenen Wegen erfolgen (vgl. dazu LINDNER 1997, S. 238; STAUDACHER 1995, S. 144f; STERN/HOEKMAN 1987, S. 40f):

1. **Anbieterbasierte Dienste**, d. h. die Nachfrager besuchen den Angebotsstandort des Dienstleisters (provider-located services). Diese räumliche Mobilität der Nachfrager stellt die häufigste Form der Kontaktaufnahme zwischen beiden Akteuren dar und sie findet sich bei einfachen konsumentenorientierten Diensten (z. B. Besuch des Friseurs, des Supermarktes) ebenso wie bei höchstrangigen Diensten (u. a. Besuch einer Investitionsbank zur Organisation einer internationalen Direktinvestition) oder bei der internationalen Dienstleistungsmobilität (z. B. Urlaubsreisen). Entscheidend ist für diese Form, dass entweder standortspezifische Besonderheiten die Dienstleistung räumlich binden (z. B. ein Badestrand) oder dass die räumliche Verortung des Angebots die kostengünstigste Variante (beispielsweise aufgrund des vielfältigen Sortiments im Supermarkt, aufgrund von Arbeitsmitteln oder Geräten) darstellt.

2. **Nachfragerbasierte Dienste**, d. h. die Anbieter besuchen die Standorte der Nachfrager (demander-located services). Auch diese Form besitzt einen weiten Verbreitungsgrad, sowohl bei konsumentenorientierten Diensten (z. B. Hausbesuch eines Versicherungsvertreters, Verkauf von Tiefkühlkost an der Haustür) als auch bei hochwertigen unternehmensorientierten Diensten (u. a. Wartung von Maschinen durch Monteure, Besuch von Unternehmensberatern im nachfragenden Betrieb, Tätigkeit von Entwicklungshelfern im Ausland); sie ist dann möglich, wenn die zur Erbringung der Dienstleistung erforderlichen Mittel (z. B. Geräte) leicht und kostengünstig mitgenommen werden können und/oder Mobilitätsbeschränkungen bei den Nachfragern bestehen (beispielsweise kann ein Großgerät nicht zur Wartung transportiert werden). Auch Transporteure bzw. Logistikdienstleister, welche Waren zwischen Anbietern und Nachfragern transportieren (z. B. Haus-zu-Haus Transporte), zählen zu dieser Gruppe. In der Regel verfügt der Dienstleister dabei auch über einen Betriebs-

standort, von welchem aus seine Kundenbesuche erfolgen (z. B. das Zentrallager des Tiefkühlkostanbieters, die Zentrale der Entwicklungshilfeorganisation, das Güterverkehrszentrum des Transporteurs); dieser wird meistens in einer distanzminimierenden Lage mit guter Verkehrsanbindung zu den Nachfragern gewählt.

3. **Anbieter-Nachfrager-Trennung**, d. h. weder Anbieter noch Nachfrager sind mobil (separated services). Beide Akteure besitzen getrennte Standorte und treten durch Kommunikationsmedien oder durch Dritte (u. a. Transporteure) miteinander in Verbindung. Diese Form ist sowohl bei Informations- und Beratungsdienstleistungen (z. B. Nutzung von Auskunft oder Call-Center per Telefon, Studium an einer Fernuniversität per Internet) als auch beim klassischen Einkauf per Versandhandel/e-commerce (mit Auslieferung der Waren durch Post oder Transporteur) vertreten. Neu entwickeln sich gegenwärtig in dieser Kategorie Dienste, deren Angebot einen quasi materiellen Charakter besitzt und entsprechend transportiert werden kann; hierzu zählen Softwarepakete, die per Internet ausgeliefert (z. B. Buchführungssoftware) oder Leistungen, die auf Datenträgern (Bücher, Dateien, Musik etc.) versandt werden. Diese neuen technologischen Entwicklungen relativieren die Merkmale Immaterialität und fehlende Lagerfähigkeit von Dienstleistungen (vgl. die Diskussion von ELLGER 1993 und STAUDACHER 1995); so kann eine in Software umgesetzte Problemlösung nach Auslieferung und Lagerung auch später genutzt werden (z. B. Steuerberatungssoftware relativiert uno-actu-Prinzip des Beratungsvorganges). Jedoch verfügen auch die diese Dienste entwickelnden Betriebe über einen Standort; bei dessen Wahl besitzen sie aber einen relativ hohen räumlichen Freiheitsgrad, da keine unmittelbare Notwendigkeit zur Nähe zu den Nachfragern besteht (vgl. HALVES 2001).

4. **Anbieter-Nachfrager-Mobilität**, d. h. sowohl die Anbieter als auch die Nachfrager sind mobil (footlose/non-separated services). In diesem Fall treten Anbieter und Nachfrager an einem Ort in unmittelbaren Kontakt zueinander, der weder Standort des Anbieters noch des Nachfragers ist. Klassische Beispiele sind periodische Märkte (Wochenmärkte mit mobilen Anbietern und sie besuchenden Nachfragern), die heute noch große Bedeutung in Entwicklungsländern besitzen. Ebenso zählen episodisch stattfindende Veranstaltungen wie Messen mit Angebotspräsentation, Schützenfeste mit Fahrgeschäften oder moderne Kulturereignisse wie Open-Air-Festivals oder Tagungen/Konferenzen zu dieser Kategorie. Generell ist in hochentwickelten Ländern der Marktanteil dieser Form begrenzt.

Merkmale des Dienstleistungssektors und Möglichkeiten der Kontaktaufnahme zu den Nachfragern weisen bereits auf die Heterogenität von Dienstleistungsbetrieben hin. Entsprechend ist eine Einordnung in Teilgruppen mit gemeisamen Merkmalen – und damit ggf. auch ähnlichen Standortansprüchen – sinnvoll. Inzwischen wurde eine Vielzahl von **Gliederungssystemen** entwickelt (vgl. DANIELS 1993, S. 4f; HEINRITZ 1990, S. 6f; ILLERIS 1996, S. 24f; KULKE 1995b, S. 5f; WÜRTH 1986, 182f), von denen sich folgende als besonders tragfähig erwiesen (M 5-1):

Bereits seit längerer Zeit (vgl. GOTTMANN 1961) erfolgt eine Untergliederung der Dienstleistungen nach ihrer **Qualität**. Sie unterscheidet einen **tertiären Sektor**,

> **M 5-1 Gliederungssysteme von Dienstleistungen**
>
> 1. nach der Qualität
> - tertiärer Sektor: klassische, eher arbeitsintensive Dienstleistungen (z. B. Handel, Verkehr, Gastronomie, persönliche Dienste, Reparatur)
> - quartärer Sektor: moderne, eher humankapitalintensive Dienstleistungen (z. B. Versicherungen, Banken, Forschung, Bildung, Beratung, Regierungs-/Verwaltungstätigkeit, Rechtswesen, Gesundheitswesen)
>
> 2. nach der Fristigkeit
> - kurzfristig: häufig nachgefragte Dienste wie Lebensmitteleinzelhandel, Gastronomie, Kino
> - mittelfristig: in gewissen Abständen nachgefragte Dienste wie Fachärzte, Reparatur, Bekleidungseinzelhandel
> - langfristig: seltener nachgefragte Dienste wie Lebensversicherungen, Hypothekenbanken, Möbeleinzelhandel
>
> 3. nach funktionalen Merkmalen
> - distributive: verteilende und vermittelnde Funktionen, z. B. Großhandel, Verkehr, Transport
> - konsumentenorientierte: Versorgung von Endverbrauchern, z. B. Einzelhandel, Gastronomie, Fremdenverkehr, Friseur
> - unternehmensorientierte: Dienstleistungen für Unternehmen, z. B. Forschung/Entwicklung, Beratung, Wartung, Werbung
> - soziale/öffentliche: Versorgung von Personen durch öffentliche und private Einrichtungen, z. B. Bildungs-, Gesundheits-, Verwaltungs-, Sozialdienste

zu welchem die eher klassischen arbeitsintensiven Dienste in Handel, Verkehr oder personenbezogenem Service (z. B. Friseur) zählen, und einen **quartären Sektor**, zu welchem die eher modernen humankapitalintensiven Leistungen in Forschung, Ausbildung oder Beratung gehören.

Die Häufigkeit der Nutzung von Dienstleistungen berücksichtigt die Unterteilung nach der **Fristigkeit** (vgl. DANIELS 1993). Als kurzfristige, d. h. häufig nachgefragte Dienste gelten z. B. Lebensmitteleinzelhandel oder Gastronomie, als mittelfristiger, d. h. seltener nachgefragter Service beispielsweise Bekleidungseinzelhandel oder Zahnarzt, als langfristig, d.h. in großen zeitlichen Abständen genutzte Leistungen u. a. Lebensversicherungen oder Hypothekenbanken.

Als sehr praktikabel und häufig eingesetzt erweist sich die Gliederung nach **funktionalen Merkmalen und Trägergruppen** der Leistungen (vgl. SINGELMANN 1978). **Distributive Dienste** – wie z.B. Großhandel, Transport, Verkehr – übernehmen verteilende und vermittelnde Funktionen. **Konsumentenorientierte Dienste** – wie z. B. Einzelhandel, Gastronomie, Fremdenverkehr – versorgen die Endverbraucher. **Unternehmensorientierte Dienste** (früher auch als produktionsorientierte Dienste bezeichnet; im englischsprachigen Raum „producer services") – wie z. B. Forschung/Entwicklung, Wartung, Werbung, Beratung, Finanzwesen – besitzen intermediäre Funktionen für Unternehmen, d.h. ihre Aktivitäten fließen in den Produktionsprozess ein oder sie übernehmen vermittelnde

Aufgaben. **Öffentliche/soziale Dienste** – wie Gesundheits-, Bildungs-, Sozialdienste, Administration etc. – werden von staatlicher Seite, Kirchen, Verbänden oder Institutionen angeboten und orientieren sich vor allem auf Personen.

Die an sich schlüssige Außenabgrenzung und innere Gliederung von Dienstleistungen ist jedoch nicht immer eindeutig erkennbar. So werden beispielweise im Industriebereich vielfältige interne Dienstleistungen (z. B. Forschung/Entwicklung, Wartung) erbracht, die aber statistisch zum sekundären Sektor gehören; dadurch liegt in hochentwickelten Ländern der Umfang tatsächlich erbrachter Dienstleistungen eher über dem statistischen Anteil dieses Sektors. Innerhalb des Dienstleistungsbereichs übernehmen Betriebe sowohl kurz- als auch langfristige Aufgaben für unterschiedliche Zielgruppen (z. B. übernimmt eine Bank sowohl die tägliche Kontoführung für Endverbraucher und vergibt auch Kredite für Investitionen von Unternehmen). Entsprechend bestehen Schwierigkeiten bei der Zuordnung; zumeist erfolgt sie nach dem Schwerpunkt der Tätigkeit der Betriebe.

5.1 Statische Ansätze von Dienstleistungsstandorten

Statische Ansätze von Dienstleistungsstandorten berücksichtigen die zuletzt getroffene Standortentscheidung, erklären diese aufgrund der unterschiedlichen Gewichtung von Einflussfaktoren und dokumentieren die zu einem Zeitpunkt bestehenden Standortsysteme, d. h. die Verteilung der Dienstleistungsbetriebe über den Raum.

5.1.1 Bedeutung von Standortfaktoren

Einen häufig beschrittenen Analyseweg stellt die Zusammenstellung der für Dienstleistungsbetriebe relevanten Standortfaktoren und die Dokumentation ihrer Bedeutung zum Zeitpunkt der Standortwahl dar (vgl. z.B. HALVES 2001, DIFU 1997). Der von HEINEBERG/DE LANGE 1983 entwickelte Katalog (M 5-2) gibt eine weitgehend vollständige Übersicht relevanter Einflussfaktoren. Sie berücksichtigen dabei z. B. Faktoren der betriebsinternen Seite, des städtischen Umfeldes oder der Nachfrage und nehmen eine Untergliederung in Haupt- und Subfaktoren vor (vgl. auch Heineberg 2001, S. 175).

Eine ähnliche Zusammenstellung, die jedoch eine Unterteilung entsprechend dem Akteursgruppenansatz vornimmt, zeigt M 5-3 (vgl. KULKE 1998a; vgl. auch Kap. 2.2.1, M 2-18). Die Vielzahl von Einzeleinflüssen lässt sich entsprechend in die **Angebotskategorien** Beschaffung (Flächen, Beschäftigte, Lieferanten etc.) und individuelle Einflüsse (z. B. persönliche Präferenzen, Persistenz), in die **Nachfragekategorien** Agglomeration (u. a. externe Frequenzbringer, Nähe zu anderen Betrieben) und Absatz (z. B. Größe des Marktgebietes, Einkommen, Nachfrager) sowie in die **Gestaltungskategorie** Planung (wie Raum-, Verkehrsplanung, Wirtschaftsförderung) einordnen. Die empirische Gewichtung der Einflussgrößen unterscheidet sich in Abhängigkeit von den räumlichen Hierarchieebenen im Standortentscheidungsprozess und von den Teilgruppen mit gemeinsamen Merkmalen.

Hinsichtlich der **räumlichen Hierarchieebenen** zeigt sich, dass für Dienstleistungsbetriebe bei der großräumigen Standortwahl **Absatzfaktoren**, d. h. das Marktvolumen (Zahl und Einkom-

M 5-2 Standortbedingungen privatwirtschaftlicher Einrichtungen des tertiären und quartären Sektors

(nach HEINEBERG/DE LANGE 1983, aus HEINEBERG 2001)

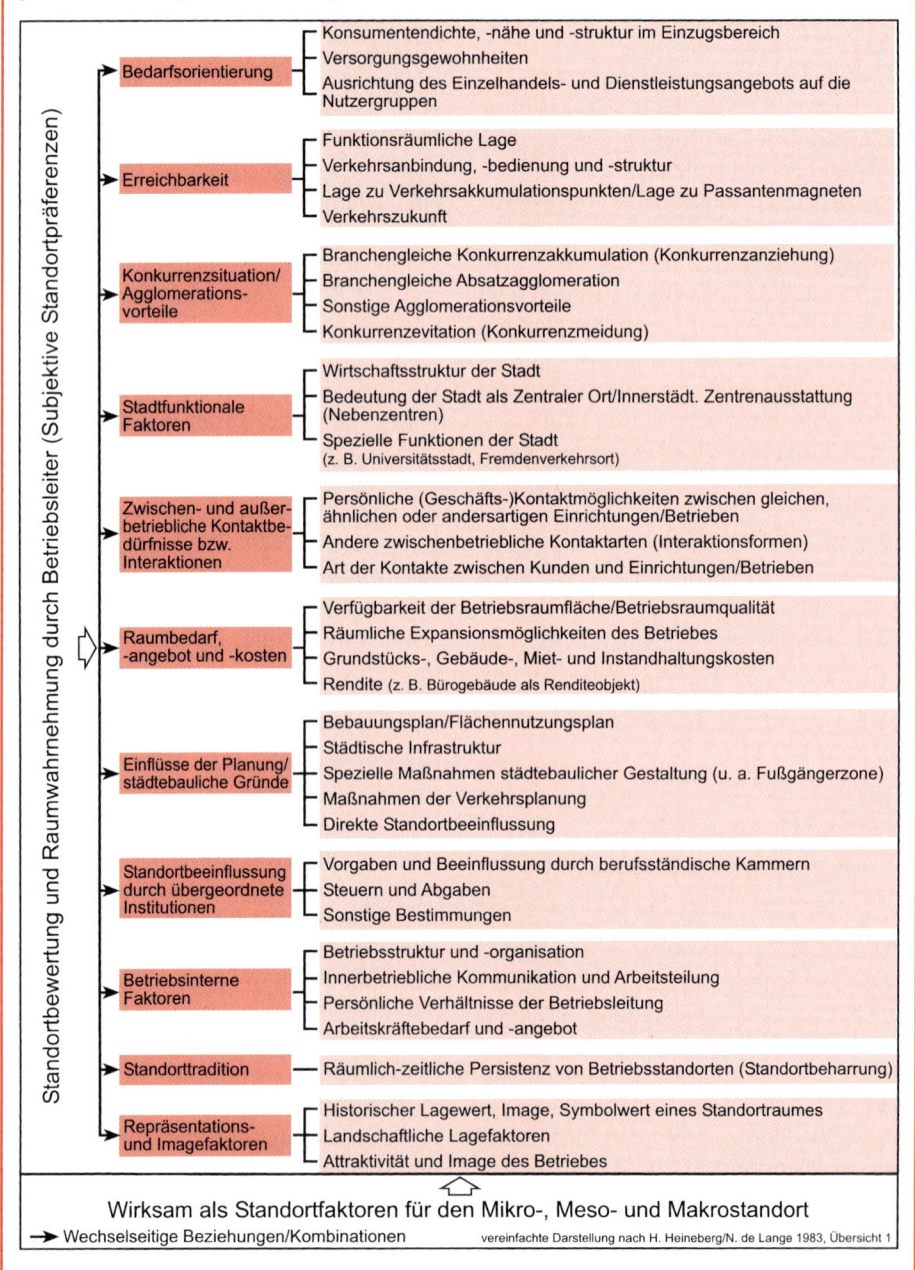

Standortbewertung und Raumwahrnehmung durch Betriebsleiter (Subjektive Standortpräferenzen)

- **Bedarfsorientierung**
  - Konsumentendichte, -nähe und -struktur im Einzugsbereich
  - Versorgungsgewohnheiten
  - Ausrichtung des Einzelhandels- und Dienstleistungsangebots auf die Nutzergruppen

- **Erreichbarkeit**
  - Funktionsräumliche Lage
  - Verkehrsanbindung, -bedienung und -struktur
  - Lage zu Verkehrsakkumulationspunkten/Lage zu Passantenmagneten
  - Verkehrszukunft

- **Konkurrenzsituation/Agglomerationsvorteile**
  - Branchengleiche Konkurrenzakkumulation (Konkurrenzanziehung)
  - Branchengleiche Absatzagglomeration
  - Sonstige Agglomerationsvorteile
  - Konkurrenzevitation (Konkurrenzmeidung)

- **Stadtfunktionale Faktoren**
  - Wirtschaftsstruktur der Stadt
  - Bedeutung der Stadt als Zentraler Ort/Innerstädt. Zentrenausstattung (Nebenzentren)
  - Spezielle Funktionen der Stadt (z. B. Universitätsstadt, Fremdenverkehrsort)

- **Zwischen- und außerbetriebliche Kontaktbedürfnisse bzw. Interaktionen**
  - Persönliche (Geschäfts-)Kontaktmöglichkeiten zwischen gleichen, ähnlichen oder andersartigen Einrichtungen/Betrieben
  - Andere zwischenbetriebliche Kontaktarten (Interaktionsformen)
  - Art der Kontakte zwischen Kunden und Einrichtungen/Betrieben

- **Raumbedarf, -angebot und -kosten**
  - Verfügbarkeit der Betriebsraumfläche/Betriebsraumqualität
  - Räumliche Expansionsmöglichkeiten des Betriebes
  - Grundstücks-, Gebäude-, Miet- und Instandhaltungskosten
  - Rendite (z. B. Bürogebäude als Renditeobjekt)

- **Einflüsse der Planung/städtebauliche Gründe**
  - Bebauungsplan/Flächennutzungsplan
  - Städtische Infrastruktur
  - Spezielle Maßnahmen städtebaulicher Gestaltung (u. a. Fußgängerzone)
  - Maßnahmen der Verkehrsplanung
  - Direkte Standortbeeinflussung

- **Standortbeeinflussung durch übergeordnete Institutionen**
  - Vorgaben und Beeinflussung durch berufsständische Kammern
  - Steuern und Abgaben
  - Sonstige Bestimmungen

- **Betriebsinterne Faktoren**
  - Betriebsstruktur und -organisation
  - Innerbetriebliche Kommunikation und Arbeitsteilung
  - Persönliche Verhältnisse der Betriebsleitung
  - Arbeitskräftebedarf und -angebot

- **Standorttradition**
  - Räumlich-zeitliche Persistenz von Betriebsstandorten (Standortbeharrung)

- **Repräsentations- und Imagefaktoren**
  - Historischer Lagewert, Image, Symbolwert eines Standortraumes
  - Landschaftliche Lagefaktoren
  - Attraktivität und Image des Betriebes

Wirksam als Standortfaktoren für den Mikro-, Meso- und Makrostandort

→ Wechselseitige Beziehungen/Kombinationen

vereinfachte Darstellung nach H. Heineberg/N. de Lange 1983, Übersicht 1

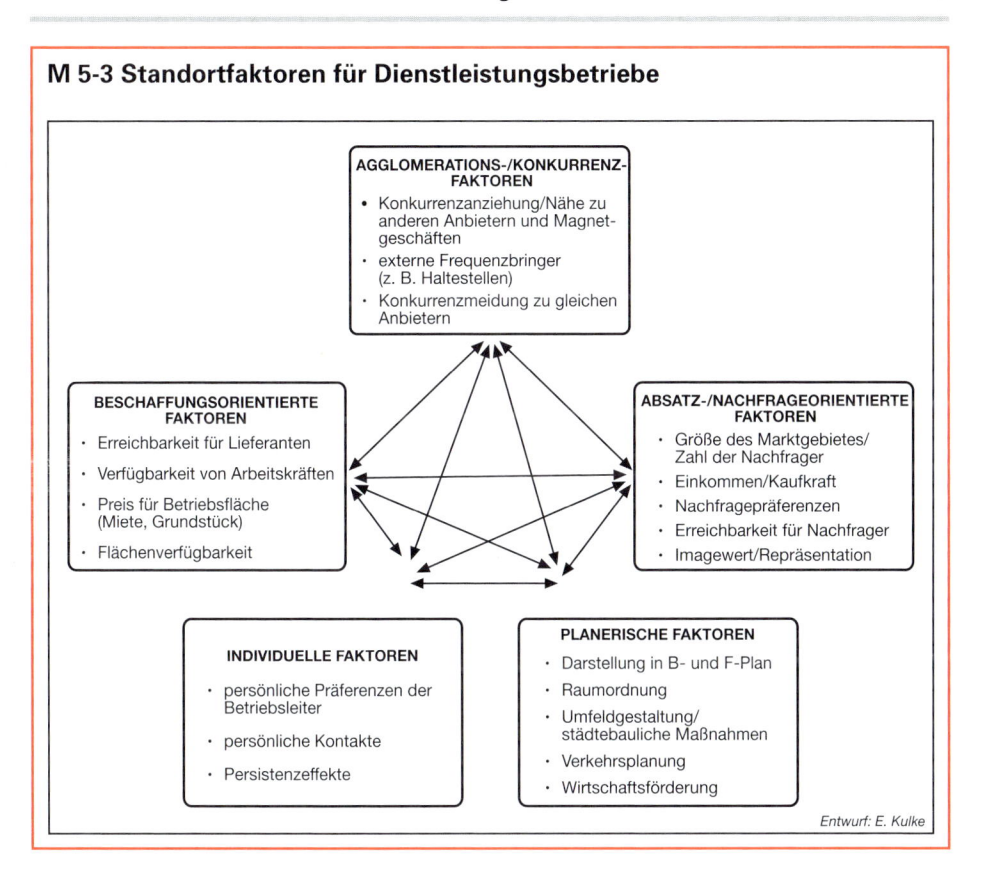

5.1 Statische Ansätze von Dienstleistungsstandorten

M 5-3 Standortfaktoren für Dienstleistungsbetriebe

AGGLOMERATIONS-/KONKURRENZ-FAKTOREN
- Konkurrenzanziehung/Nähe zu anderen Anbietern und Magnetgeschäften
- externe Frequenzbringer (z. B. Haltestellen)
- Konkurrenzmeidung zu gleichen Anbietern

BESCHAFFUNGSORIENTIERTE FAKTOREN
- Erreichbarkeit für Lieferanten
- Verfügbarkeit von Arbeitskräften
- Preis für Betriebsfläche (Miete, Grundstück)
- Flächenverfügbarkeit

ABSATZ-/NACHFRAGEORIENTIERTE FAKTOREN
- Größe des Marktgebietes/ Zahl der Nachfrager
- Einkommen/Kaufkraft
- Nachfragepräferenzen
- Erreichbarkeit für Nachfrager
- Imagewert/Repräsentation

INDIVIDUELLE FAKTOREN
- persönliche Präferenzen der Betriebsleiter
- persönliche Kontakte
- Persistenzeffekte

PLANERISCHE FAKTOREN
- Darstellung in B- und F-Plan
- Raumordnung
- Umfeldgestaltung/ städtebauliche Maßnahmen
- Verkehrsplanung
- Wirtschaftsförderung

Entwurf: E. Kulke

men/Umsatz der Nachfrager), die Erreichbarkeit für Kunden (u. a. durch Verkehrsverbindungen) oder Kontaktpotentiale (z. B. Informationsaustausch mit Kunden, Entscheidungsinstanzen), hohe Bedeutung besitzen (vgl. z.B. DIFU 1997, ELLGER 1995, ILLERIS 1996, KULKE 2000b). Auf lokaler Ebene, d. h. bei der Wahl des Mikrostandortes im Nahraum, beeinflussen dann zusätzlich **Beschaffungsfaktoren** wie Flächenverfügbarkeit, Flächenpreis, Lageimage oder Verkehrsanbindung die Standortwahl. Die Gewichtung von Absatz- und Beschaffungsfaktoren auf lokaler Ebene hängt dabei eng mit der **Kontaktintensität** der Betriebe (Zahl der Besucher pro Zeiteinheit) zusammen (vgl. WÜRTH 1986). Betriebe mit hohen Kundenfrequenzen (z. B. Einzelhandel, Gastronomie) müssen für die Nachfrager leicht erreichbare Standorte wählen, dagegen können weniger kundenkontaktintensive Bereiche (Großhandel, Speditionen, Rechenzentren, Verwaltungen von Unternehmen) auch Lagen mit niedrigeren Standortkosten (u. a. im Großstadtumland) einnehmen. Die **Planungsseite** berücksichtigt Dienstleistungsbetriebe bisher im Rahmen der regionalen Wirtschaftspolitik nur selten (vgl. KIEL 1996); entsprechend sind sie – mit wenigen Ausnahmen wie beispielsweise dem Tourismus – auch fast

M 5-4 Standortfaktoren von Dienstleistungbetrieben

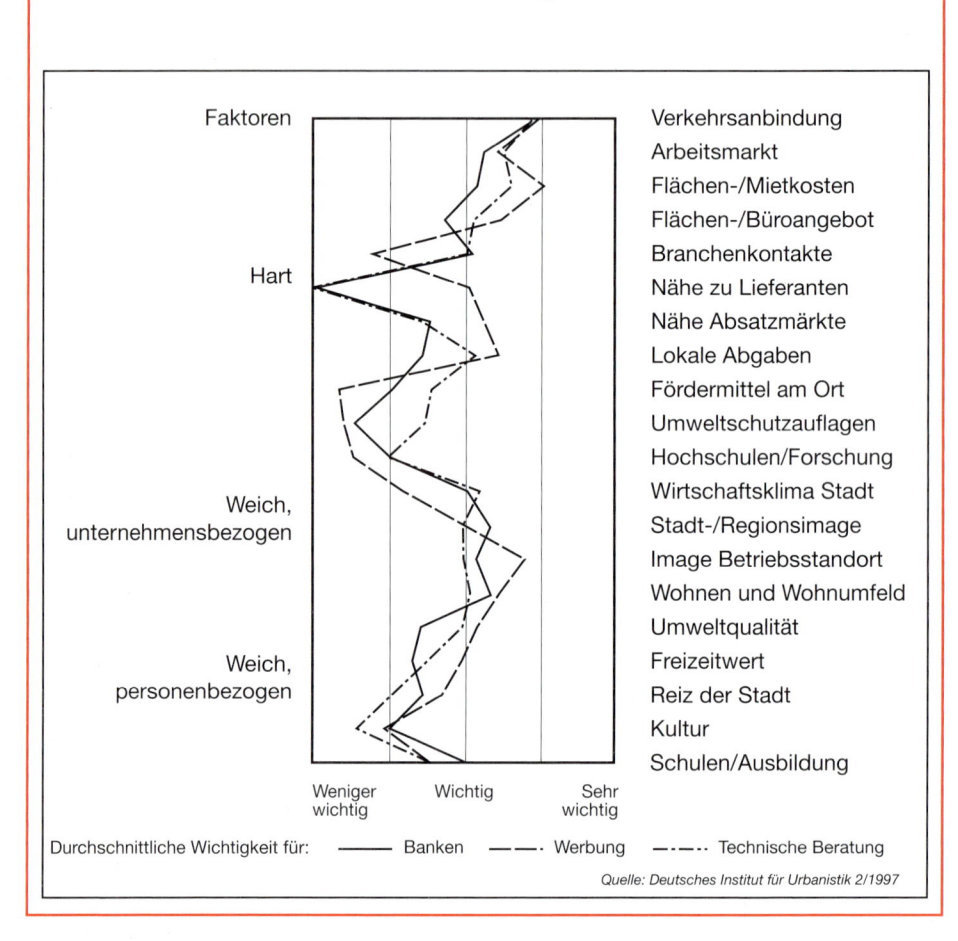

Faktoren (von Hart über Weich, unternehmensbezogen zu Weich, personenbezogen):
- Verkehrsanbindung
- Arbeitsmarkt
- Flächen-/Mietkosten
- Flächen-/Büroangebot
- Branchenkontakte
- Nähe zu Lieferanten
- Nähe Absatzmärkte
- Lokale Abgaben
- Fördermittel am Ort
- Umweltschutzauflagen
- Hochschulen/Forschung
- Wirtschaftsklima Stadt
- Stadt-/Regionsimage
- Image Betriebsstandort
- Wohnen und Wohnumfeld
- Umweltqualität
- Freizeitwert
- Reiz der Stadt
- Kultur
- Schulen/Ausbildung

Skala: Weniger wichtig – Wichtig – Sehr wichtig

Durchschnittliche Wichtigkeit für: —— Banken – – – Werbung –··–··– Technische Beratung

Quelle: Deutsches Institut für Urbanistik 2/1997

---

nie Zielgruppe des raumwirtschaftspolitischen Instrumenteeinsatzes. Dagegen besitzen aber raumplanerische Darstellungen, wie durch die Bauleitplanung und/oder die Verkehrspolitik, hohen Einfluss auf die kleinräumige Standortwahl (KULKE 1992b).

Gegenüber den **harten Standortfaktoren** (d. h. in Kosten-Erlös-Relationen messbare Einflüsse) besitzen bei Dienstleistungsbetrieben **weiche Standortfaktoren** größere Bedeutung als in der Industrie (vgl. DIFU 1997, M 5-4). Bei den zahlreichen kleinen, eher einfacheren konsumentenorientierten Dienstleistungsbetrieben (z. B. Friseur, Fitness-Studio, Restaurant) erfolgt die Standortwahl zumeist in der Nähe des Wohnortes des Inhabers ohne differenzierte Standortanalyse, d. h. sie zeigen das Verhalten eines Satisficers (siehe Kap. 2.2.1). Auch hochrangige international vernetzte Dienstleistungsunternehmen (z. B. Banken, Consulting-Unternehmen) berücksichtigen in besonderem

5.1 Statische Ansätze von Dienstleistungsstandorten

Maße weiche unternehmensbezogene Standortfaktoren, die auch sekundäre – allerdings schwer kalkulierbare – Erlöswirkungen aufweisen und entsprechend auch in die Überlegungen von Optimizern einfließen. Ein großer Bekanntheitsgrad, ein gutes Image oder ein günstiges Wirtschaftsklima des Standortes wirken sich positiv auf die Umsatzentwicklung des Betriebes aus; die gute Ausprägung von weichen personenbezogenen Standortfaktoren wie Freizeitwert, Kultur, Wohnqualität erleichtert die Rekrutierung des benötigten hochqualifizierten Personals und wirkt entsprechend kostensenkend.

In den einzelnen **Teilgruppen** von Dienstleistern besitzen bei konsumentenorientierten und sozialen Dienstleistungsbetrieben die lokalen Nachfragefaktoren besondere Bedeutung, da die Nachfrager zur Nutzung dieser nur bereit sind, relativ kurze Entfernungen zurückzulegen. Höherwertige unternehmensorientierte Dienstleistungen mit großräumigen Absatzverflechtungen wählen vor allem Zentren bzw. Städte, die gute Verkehrs- oder Kommunikationsverbindungen aufweisen, an denen hochqualifiziertes Personal verfügbar ist und wo sich die Hauptsitze der Kunden befinden. Dort siedeln sie Betriebsteile mit hoher Kontaktintensität in zentralen, repräsentativen Lagen an; die große Flächen beanspruchenden Bürobereiche befinden sich häufig in kostengünstigeren Stadtrandlagen, z. B. in Bürostädten. Distributive Dienstleistungen bevorzugen verkehrsgünstige Standorte in der relativen Nähe zu den Nachfragern, wie beispielsweise an Autobahnen im Großstadtumland.

5.1.2 Modelle der räumlichen Verteilung

Entsprechend der besonderen Bedeutung des Faktors Absatz bei Dienstleistungsbetrieben konzentrieren sich die meisten Theorieansätze darauf, die räumliche Verteilung von Standorten und die Bildung von Standortsystemen durch die Größe der Marktgebiete zu erklären. Diese **Marktgebietsmodelle** berücksichtigen die **Akteursgruppen der Anbieter und der Nachfrager**, und sie gehen davon aus, dass die Nachfrager mobil sind und die Anbieter einen festen Standort besitzen. Größte Bedeutung zur Erklärung des regelhaften Auftretens von Angebotsstandorten erlangte die Theorie von CHRISTALLER (1933, Nachdruck 1968; vgl. auch DICKEN/LLOYD 1999, S. 21f; HAGGETT 2001, S. 432f; HEINRITZ 1979 S. 23f; SCHÄTZL 1988, S. 71f), welche die räumliche Verteilung von Zentren durch die Produktions- bzw. Absatzstandorte der Anbieter verschiedener Arten zentraler Güter erklärt; diese zentralen Güter werden üblicherweise als Dienstleister verstanden.

Die **Theorie der zentralen Orte** von W. CHRISTALLER basiert auf der Annahme, dass jedes an einem Standort angebotene Gut (= Dienstleistungsbetrieb) ein Marktgebiet in der Umgebung versorgt (M 5-5). Mit zunehmender Entfernung zum Angebotsstandort P sinkt die durch die Konsumenten nachgefragte Menge, da die Kunden zusätzlich zum Preis des Produktes auch noch die Transportkosten tragen müssen und diese mit zunehmender Entfernung steigen. Am Punkt R sind die Transportkosten so groß, dass die Konsumenten das Gut nicht mehr nachfragen; die Entfernung zwischen P und R wird als **obere Grenze der Reichweite** bezeichnet. Damit ein Anbieter tätig wird, muss er eine Mindestmenge absetzen können, die seine Kosten deckt; dieses Mindestnachfragegebiet ist am Punkt T erreicht; die Entfernung zwischen P und T wird als **untere Grenze der Reichweite** bezeichnet.

M 5-5 Marktgebiet eines zentralen Guts

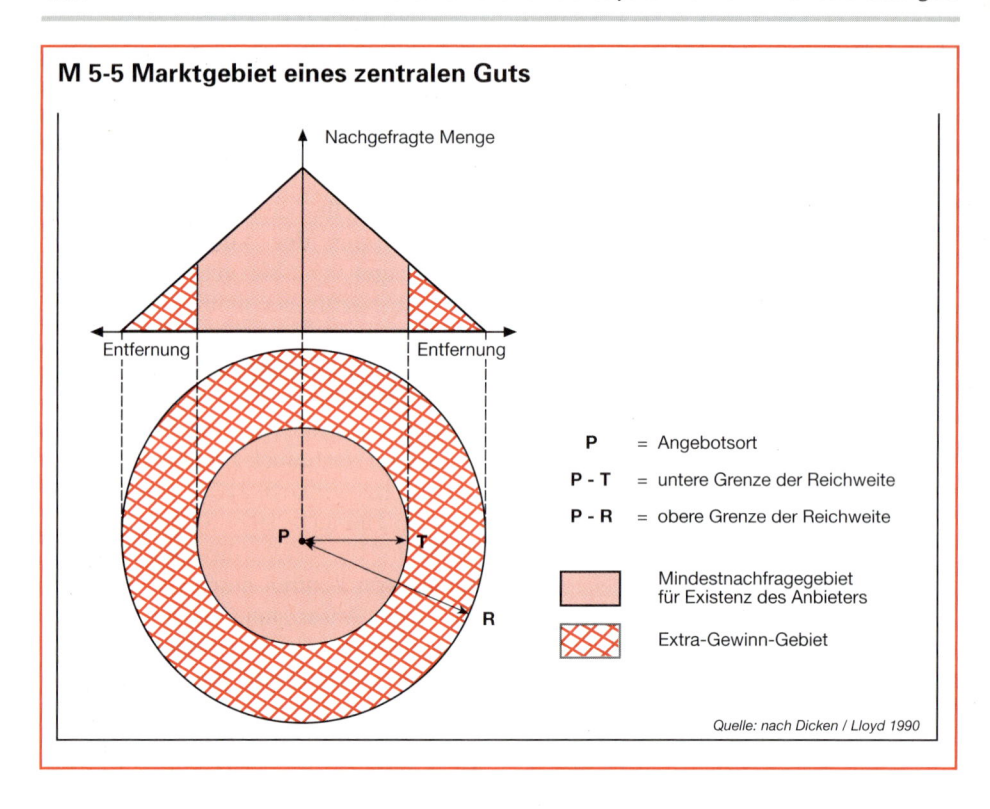

P = Angebotsort
P - T = untere Grenze der Reichweite
P - R = obere Grenze der Reichweite

Mindestnachfragegebiet für Existenz des Anbieters

Extra-Gewinn-Gebiet

Quelle: nach Dicken / Lloyd 1990

Nur wenn die obere Reichweite größer ist als die untere Reichweite wird das Gut angeboten.

Unter Berücksichtigung **vereinfachender Annahmen** (vgl. dazu die Diskussion von HEINRITZ 1979, S. 23f) für den Raum (Homogenität von Produktions- und Nachfragebedingungen, von Verkehrsnetz, von Einkommen/Kaufkraft, kein Einfluss der Planung), für das Anbieterverhalten (Optimierer mit vollständiger Information, Ziel der Gewinnmaximierung, polypolistisches Angebot) und für das Nachfragerverhalten (Nutzenmaximierung, Besuch des jeweils nächsten Angebotsstandortes) lässt sich für das Gut ein regelmäßiges **Muster von Angebotsstandorten** entwickeln (M 5-6). Um dabei eine vollständige Abdeckung des Raumes zu erhalten, verändert CHRISTALLER die kreisförmigen Marktgebiete – bei denen entweder unversorgte Gebiete oder Überschneidungsgebiete mit Konkurrenz auftreten – in Sechsecke. Dieses Netz von Angebotsstandorten basiert auf der Prämisse, dass Anbieter gleicher Güter eine totale räumliche **Konkurrenzmeidung** vornehmen; entsprechend besitzen alle Anbieter gleich große Marktgebiete und erzielen die gleichen Erlöse; alle Konsumenten werden mit einem identischen Angebot in jeweils geringst möglicher Entfernung zu gleichen Kosten versorgt (DICKEN/LLOYD 1999, S. 28).

Im nächsten Schritt wird der räumliche Differenzierungsprozess bei Berücksichti-

5.1 Statische Ansätze von Dienstleistungsstandorten

M 5-6 Entwicklung des Systems sechseckiger Marktgebiete

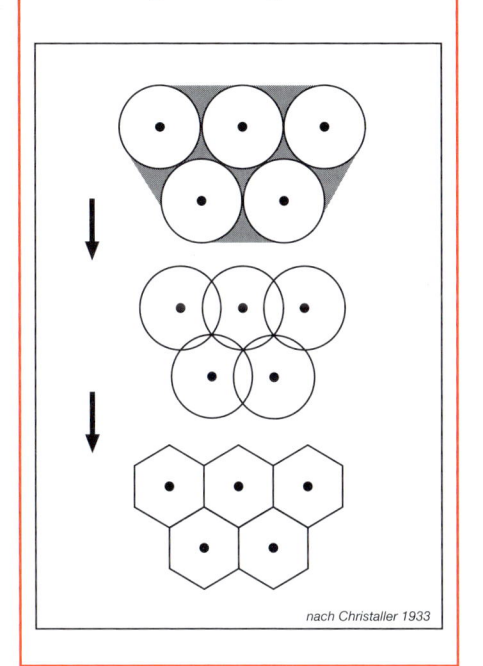

nach Christaller 1933

gung mehrerer **verschiedener Güter** untersucht. Verschiedene Güter weisen jeweils eine **unterschiedlich große Reichweite** auf. Güter des täglichen Bedarfs (z. B. Brot) oder kurzfristige Dienstleistungen (Imbiss, Reinigung etc.) fragen die Konsumenten häufig nach; zugleich sind sie für deren Erwerb (auch aufgrund des geringen Preises) nur bereit, geringe Entfernungen zurückzulegen. Entsprechend besitzen diese Dienstleister nur kleine Marktgebiete und zahlreiche Standorte. Für seltener benötigte, hochwertige und teure Dienstleistungen (z.B. Opernhaus, Investitionsbank, Möbelgeschäft) überwinden die Nachfrager weite Distanzen; deshalb weisen Dienstleister mit diesem Angebot eine begrenzte Zahl von Standorten mit großem Marktgebiet auf. Entsprechend der Größe ihrer Marktgebiete lassen sich die vielfältigen Güter in eine Rangfolge bringen; dabei gilt: Je größer die untere Grenze der Reichweite eines Gutes ist, desto höher ist seine **Zentralität**.

M 5-7 Zentralität von Gütern, Angebotsorte und Marktgebietsgröße

Rangfolge der Zentralität von Gütern		Angebotsort			Marktgebietsgröße	
		A-Zentrum (hoher Rang)	B-Zentrum (mittlerer Rang)	C-Zentrum (niedriger Rang)	untere Grenze der Reichweite	mehr als untere Grenze (Extra-Gewinn-Gebiet)
Hoch	1	X			X	
	2	X			X	X
	3	X			X	X
	4	X	X		X	
	5	X	X		X	X
	6	X	X		X	X
	7	X	X		X	X
	8	X	X	X	X	
niedrig	9	X	X	X	X	X

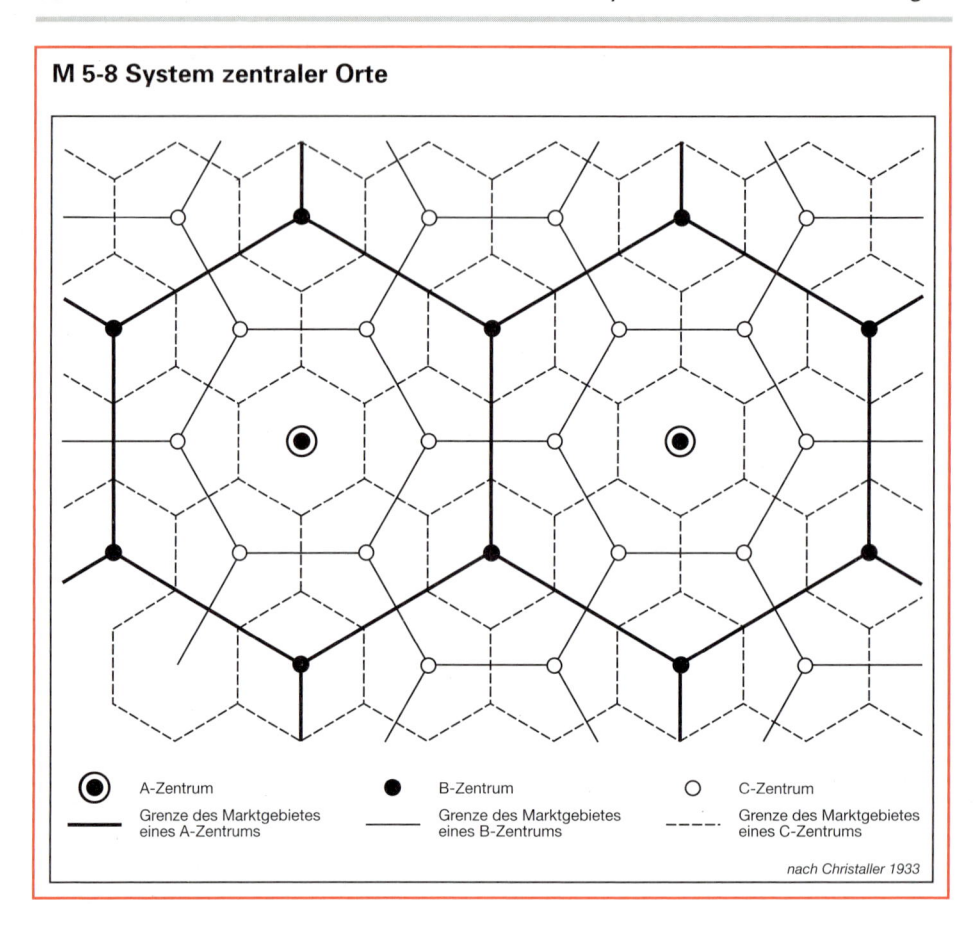

M 5-8 System zentraler Orte

- ⊙ A-Zentrum
- ● B-Zentrum
- ○ C-Zentrum
- —— Grenze des Marktgebietes eines A-Zentrums
- —— Grenze des Marktgebietes eines B-Zentrums
- ---- Grenze des Marktgebietes eines C-Zentrums

nach Christaller 1933

M 5-7 und M 5-8 stellen am Beispiel von 9 Gütern unterschiedlicher Zentralität und von 3 Rangstufen zentraler Orte dar, wie sich entsprechend der Theorie eine **hierarchische Organisation der Angebotsstandorte** ergibt. Das höchstrangige zentrale Gut 1 wird in den A-Zentren angeboten und deren Marktgebietsgröße entspricht der unteren Grenze der Reichweite dieses Gutes. Im A-Zentrum befinden sich auch die Angebotsstandorte der Güter 2 und 3, die eine geringere Zentralität aufweisen und entsprechend eine geringere untere Grenze der Reichweite besitzen; ihre Anbieter können, da das Marktgebiet des A-Ortes größer als ihre untere Grenze der Reichweite ist, „Extra-Gewinne" erzielen. Schließlich erlaubt die deutlich kleinere untere Grenze der Reichweite von Gut 4, dass zwischen den A-Zentren neue Angebotsstandorte entstehen. Dieses Gut wird als **hierarchisches Grenzgut** bezeichnet, da es eine neue Ebene in der Hierarchie der Zentren definiert; zugleich stellt es das höchstrangigste Gut dar, welches das B-Zentrum anbietet. Das B-Zentrum verfügt auch über die Güter 5,6 und 7, deren Anbieter „Extra-Gewinne" erzie-

5.1 Statische Ansätze von Dienstleistungsstandorten

len. Bei Gut 8 liegt wieder eine so kleine untere Grenze der Reichweite vor, welche die Entstehung niedrigrangiger C-Zentren mit dem hierarchischen Grenzgut 8 erlaubt. Die C-Zentren besitzen auch noch Gut 9 mit Extra-Gewinnen für die Anbieter.

Das Beispiel zeigt die charakteristischen **Eigenschaften** der zentralen Orte des hierarchischen Systems:
- Erstens ergibt sich der Rang der Zentren durch das höchstrangigste dort angebotene Gut.
- Zweitens verfügen die Zentren auch über ein Angebot aller Güter niedrigeren Ranges.
- Drittens besitzen Zentren der gleichen Hierarchiestufe ein identisches Angebot an Gütern.

Das dargestellte hierarchische System zentraler Orte folgt dem „**Versorgungs- oder Marktprinzip**", bei welchem ein höherrangiges Zentrum das Marktgebiet (Fläche) von drei Zentren der folgenden niedrigeren Ordnung umfaßt ($k = 3$). CHRISTALLER untersuchte zusätzliche Ansprüche, welche zu einer anderen Zahl und Verteilung zentraler Orte führen können (vgl. DICKEN/LLOYD 1999, S. 32f; HEINRITZ 1979, S. 38f). Bei dem „**Verkehrsprinzip**" reihen sich zentrale Orte einer niedrigeren Stufe entlang einer Strecke (= Verkehrsverbindung) auf, welche zwei zentrale Orte des nächsthöheren Ranges miteinander verbindet. In diesem Fall ergibt sich eine Zuordnung von vier Zentren niedrigeren Ranges zu einem höherrangigen Zentrum ($k = 4$). Das „**Absonderungs- bzw. Verwaltungsprinzip**" berücksichtigt eine möglichst sinnvolle politisch-administrative Raumgliederung, bei welcher die Marktgebiete niedrigrangiger zentraler Orte nicht zerschnitten, sondern in ihrer ganzen Fläche einem höherrangigen Zentrum (z. B. Sitz der Kreisverwaltung, des Amtsgerichtsbezirks) zugeordnet werden. In diesem Fall gehören sieben niedrigrangigere Zentren zu einem höherrangigen Zentrum ($k = 7$).

Die **Kritik** an dem Ansatz von CHRISTALLER konzentrierte sich insbesondere auf die realitätsfernen Homogenitätsannahmen für den Raum und auf das statische Verhalten von Anbietern und Nachfragern (vgl. zur aktuellen Diskussion vor allem BLOTEVOGEL 1996, GEBHARDT 1996, GRUPPE 2000). So entspricht die Annahme einer Konkurrenzmeidung von Anbietern gleicher Güter nicht immer der Realität, vielmehr zeigen viele artgleiche Dienstleister bei ihrer Standortwahl eine ausgeprägte Neigung zur räumlichen Konzentration. Auch liegen differenzierte und nicht ausschließlich auf die nächsten Zentren orientierte räumliche Nachfrageverhaltensweisen vor.

Dennoch hat der Ansatz eines hierarchischen Systems von Zentren, die jeweils ein umgebendes Marktgebiet versorgen, große **Bedeutung für die räumliche Planung** erlangt. Seit einem Beschluss der MKRO (Ministerkonferenz für Raumordnung) im Jahr 1968 stellen in Deutschland die Raumordnungsprogramme der Bundesländer (LROP) und der Regionen (RROP) ein hierarchisches System von Oberzentren, Mittelzentren und Grundzentren (z.T. auch Unterzentren genannt) dar (vgl. HEINRITZ 1979, KIEL 1996). Für die Zentren einer Hierarchiestufe werden jeweils typische Ausstattungsmerkmale vorgesehen (M 5-9), die primär das Angebot an Dienstleistungen betreffen. Die räumliche Verteilung von öffentlichen Dienstleistungen verschiedener Qualitätsstufen aus den Bereichen Ausbildung (z. B. Universität, Gymnasium, Grundschule), Kultur (u. a. Opernhaus, Spiel-

> **M 5-9 Typische Ausstattungsmerkmale von Zentren**
>
> **Oberzentrum** = zentrale Einrichtungen zur Deckung des spezialisierten höheren Bedarfs
> Schulausbildung des Sekundarbereichs I und II, Berufsschulen, Hochschulen,
> Einrichtungen der Kunst- und Kulturpflege, Theater, Konzerthaus, Museum
> Medizinische Versorgung in Krankenhäusern mit Fachabteilungen
> Einzelhandelsversorgung bis zum aperiodischen Bedarf, alle Betriebsformen
>
> **Mittelzentrum** = zentrale Einrichtungen des gehobenen Bedarfs
> Schulausbildung des Sekundarbereichs I und II, Berufsschulen
> Einrichtungen der Kunst- und Kulturpflege, Spielstätte der Landesbühne
> Medizinische Versorgung in Krankenhäusern für Akutkranke
> Einzelhandelsversorgung bis zum periodischen Bedarf
>
> **Grundzentrum** = zentrale Einrichtungen zur Deckung des allgemeinen täglichen Bedarfs
> Schulausbildung des Sekundarbereichs I
> Versammlungsräume für Kulturveranstaltungen
> Medizinische Versorgung durch niedergelassene Ärzte
> Einzelhandelsversorgung des täglichen und teilweise periodischen Bedarfs
>
> Grundlage: LROP-Niedersachsen

stätte der Landesbühne), medizinische Versorgung (z. B. Universitätskrankenhaus, Akutkrankenhaus) oder Administration (z. B. Landes- oder Bezirksregierung, Landkreisverwaltung, Gemeindeverwaltung) folgt der zentralörtlichen Darstellung. Zudem werden manche privatwirtschaftlichen Dienstleistungsbetriebe (großflächiger Einzelhandel) nur dann zugelassen, wenn sie dem zentralörtlichen Rang einer Gemeinde entsprechen (vgl. KULKE 1992b, S. 57f). Auch in anderen Ländern findet das hierarchische System von Zentren Berücksichtigung. Inbesondere bei der Erschließung neuer Siedlungsgebiete (z. B. bei der Neulandgewinnung in den niederländischen Poldergebieten, bei den großflächigen Neulanderschließungen in tropischen Regenwaldgebieten Malaysias) spiegelt die räumliche Verteilung von Siedlungen und Zentren das System wider.

Seit der Veröffentlichung der Theorie der zentralen Orte im Jahr 1933 erfolgten zahlreiche empirische Untersuchungen (vgl. z. B. DEITERS 1978, KÖCK 1975) und **theoretische Weiterentwicklungen** zu diesem Ansatz. Beachtung fanden dabei besonders die theoretischen Ergänzungen durch A. LÖSCH (1940) und W. ISARD (1956), welche zwar primär als Anbieter Betriebe des produzierenden Bereichs betrachteten, aber daraus ein realitätsnäheres System von Zentren entwickelten.

LÖSCH geht in seiner **Theorie der Marktnetze** davon aus, dass für jedes Gut eine produktspezifische Marktgebietsgröße besteht (vgl. dazu die ausführlichen Erläuterungen von SCHÄTZL 1988, S. 81f). Die Größe des Marktgebietes entspricht dabei im Sinne CHRISTALLERS der unteren Grenze der Reichweite und die Annahme ist, dass die Anbieter aufgrund vollkommener Konkurrenz keine Extra-Gewinne (bei

5.1 Statische Ansätze von Dienstleistungsstandorten

CHRISTALLER für die Güter mit geringerer Zentralität als das hierarchische Grenzgut) erzielen können. Die sechseckigen, unterschiedlich großen Marktgebiete werden auf eine Fläche mit einer gleichmäßigen Verteilung von Siedlungen übertragen. Es ergibt sich, dass das Markgebiet jedes Guts eine unterschiedliche Zahl von Siedlungen umschließt (die Folge von k-Werten lautet: 3,4,7,9,12,13,16...). Im nächsten Schritt legt LÖSCH diese Marktnetze übereinander und rotiert sie so lange um einen im Zentrum gelegenen Ort, welcher alle Güter anbietet, bis eine maximale Überdeckung der Angebotsstandorte erreicht ist. Das Ergebnis (M 5-10) weist folgende realitätsnähere **Eigenschaften** auf:

– Erstens gibt es Raumsektoren mit einer geringeren und einer größeren Dichte von Zentren (z. B. entsprechend dem möglichen Verlauf von Hauptverkehrslinien, (M5-10a).
– Zweitens weisen weiter von dem in der Mitte gelegenen Zentrum entfernte Orte ein größeres Angebot auf (M5-10b und c).
– Drittens können Spezialierungen im Angebot erfolgen, d. h. nicht alle Orte der gleichen Zentralitätsstufe besitzen ein identisches Angebot und höherrangige Zentren verfügen nicht über alle Güter einer niedrigeren Zentralitätsstufe.

W. ISARD (1956) berücksichtigt in seinem Ansatz unterschiedliche **Bevölkerungsdichten** im Raum. Bei einer geringeren Dichte müssen die Marktgebiete der Anbieter größer sein, um den benötigten Mindestumsatz zu erreichen. Entlang der Verkehrsverbindung zwischen zwei Zentren zeigt er, dass mit zunehmender Entfernung zu diesen die Bevölkerungsdichte abnimmt und entsprechend größere Marktgebiete vorliegen (M 5-11).

Als wichtige Ergänzung sind auch die Überlegungen zur Herausprägung hierar-

M 5-10 Theorie der Marktnetze nach LÖSCH

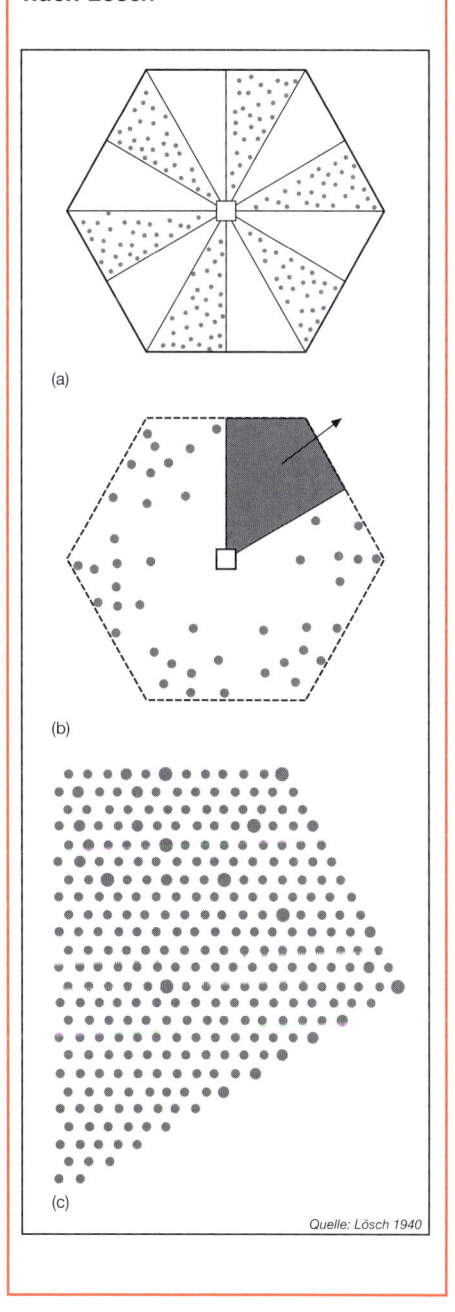

(a)

(b)

(c)

Quelle: Lösch 1940

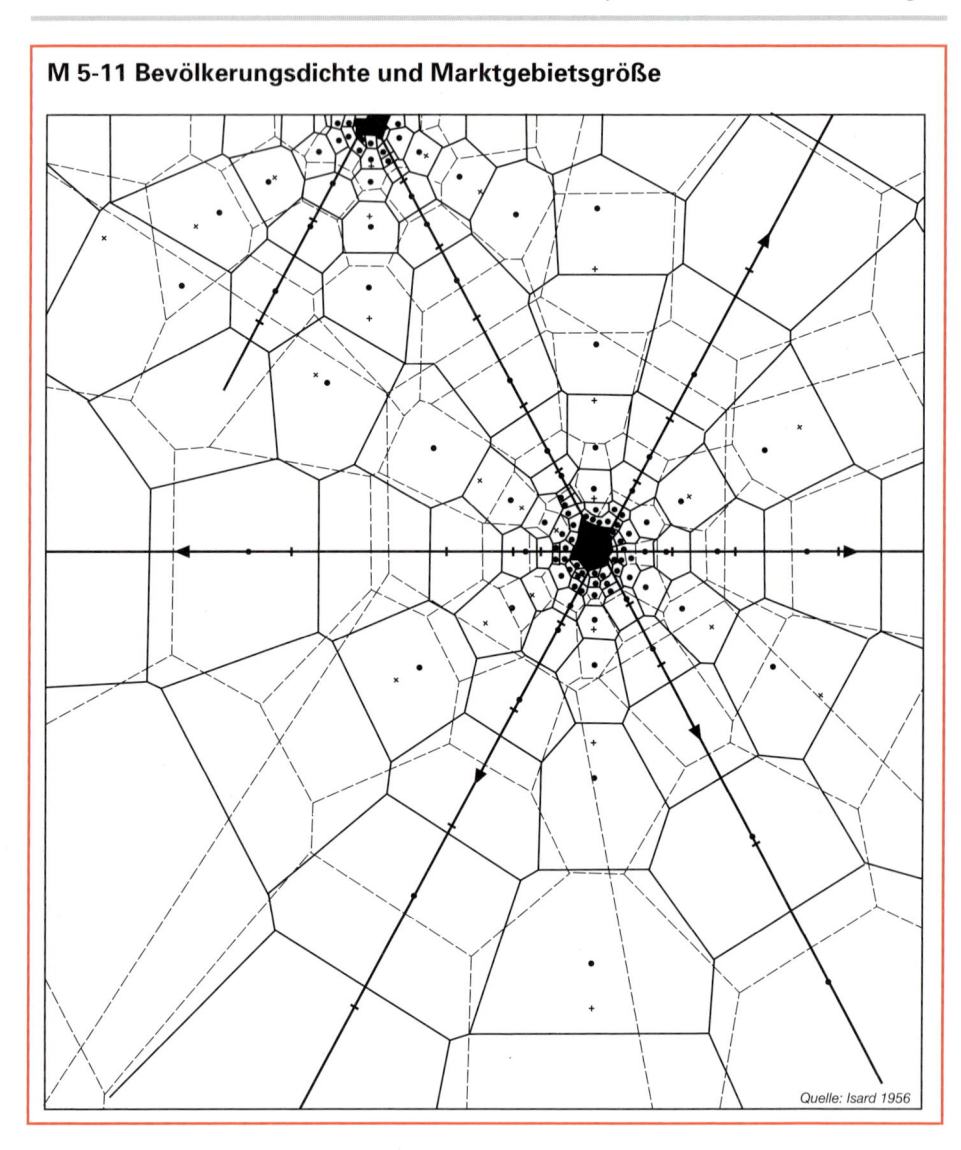

M 5-11 Bevölkerungsdichte und Marktgebietsgröße

Quelle: Isard 1956

chischer **Zentrensysteme innerhalb von Stadtgebieten** zu sehen. Angeregt wurden die Untersuchungen von Carol 1959, der hierarchische Stufen von intra-urbanen Versorgungszentren identifizierte. Seine Analyse berücksichtigte dabei das räumliche Nachfrageverhalten von Bewohnern Züricher Stadtgebiete nach verschiedenen Diensten (vgl. Carol 1960; M 5-12). In Abhängigkeit von der Art der Güter zeigten sich klare Orientierungen (gemessen am Prozentanteil der Besuche) bei einfachen bzw. häufiger nachgefragten Diensten (z. B. Lebensmittel des täglichen Bedarfs, Allgemeinmediziner, Friseur) auf das nächste Nachbarschaftszentrum, bei

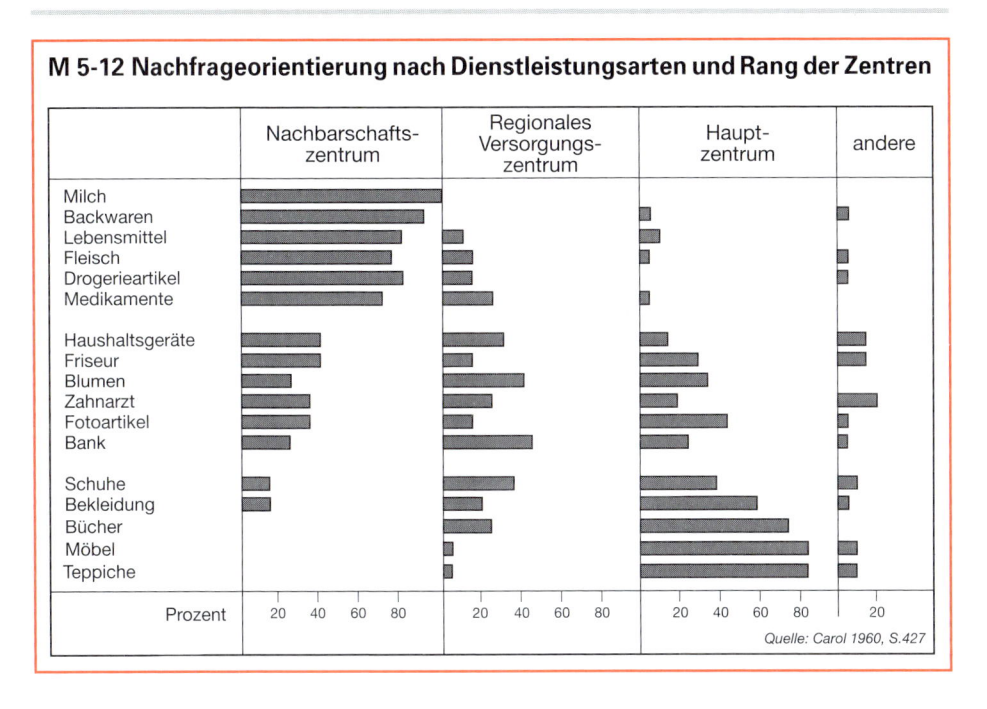

5.1 Statische Ansätze von Dienstleistungsstandorten

M 5-12 Nachfrageorientierung nach Dienstleistungsarten und Rang der Zentren

	Nachbarschafts-zentrum	Regionales Versorgungs-zentrum	Haupt-zentrum	andere
Milch				
Backwaren				
Lebensmittel				
Fleisch				
Drogerieartikel				
Medikamente				
Haushaltsgeräte				
Friseur				
Blumen				
Zahnarzt				
Fotoartikel				
Bank				
Schuhe				
Bekleidung				
Bücher				
Möbel				
Teppiche				
Prozent	20 40 60 80	20 40 60 80	20 40 60 80	20

Quelle: Carol 1960, S.427

mittelfristigen Diensten (z.B. Bank, Schuhe) auf ein Subzentrum und bei mittel- und langfristigen Artikeln (z. B. Bekleidung, Bücher, Möbel) auf die City. Folgende empirische Untersuchungen, wobei insbesondere die detaillierte Typisierung von BORCHERDT/SCHNEIDER 1976 am Beispiel Stuttgart wesentliche Grundlagen erarbeitete, identifizierten eine sehr unterschiedliche Zahl von Stufen, von Bezeichnungen und von differierenden Ausstattungsmerkmalen der hierarchischen innerstädtischen Zentren.

Durchgesetzt hat sich der Begriff **City** für das höchstrangigste innerstädtische Zentrum (vgl. HEINEBERG 2001, S. 160f); sie verfügt über eine vielfältige Mischung konsumentenorientierter (vor allem Einzelhandel), öffentlicher und unternehmensorientierter Dienstleistungen von höherer Qualität und von mittlerer bis längerer Fristigkeit. Relativ weite Verbreitung hat auch der Begriff **Ladengruppe** erlangt, der einen Versorgungsstandort niedrigen Ranges mit überwiegend kurzfristigen Angebotsbereichen beschreibt. Die Bezeichnungen für Zwischenstufen lauten beispielsweise Subzentrum, Stadtteilzentrum, Sekundärzentrum oder Nebenzentrum (vgl. HEINRITZ 1979, S. 41).

Eine übliche **Gliederung des innerstädtischen Zentrensystems** einer Großstadt mit typischen Angebotsbereichen von Dienstleistungen zeigt M 5-13; mit abnehmendem Rang verringert sich nicht nur die Größe des Einzugsgebietes und die Zahl der Anbieter, sondern es erfolgt auch ein Wandel von eher längerfristigen zu kurzfristigen sowie von eher hochwertigen zu einfacheren Dienstleistungen (vgl. KULKE 1996, S. 6; KULKE 1998a, S. 164). Zwischen verschieden großen Städten lassen sich Unterschiede in der Differenzierung des innerstädtischen Zentrensystems

M 5-13 Merkmale innerstädtischer Zentren

Zentrum	Einzugsbereich	Beispiele typischer Dienstleistungen
City	Stadt- und Umland	mittel- und langfristiger Einzelhandel (z.B. Warenhäuser, Fachgeschäfte), hochrangige unternehmensorientierte Dienste (z.B. Banken, Unternehmensberatung), hochwertige öffentliche/soziale Einrichtungen (z.B. Stadtverwaltung, Fachärzte), hochwertige persönliche Dienste (z.B. Hotels, Theater)
Stadtteilzentrum	Teilgebiet der Stadt	mittelfristiger Einzelhandel (z.B. Fachgeschäft), einzelne unternehmensorientierte Dienstleistungen (z.B. Fachanwalt, Steuerberater), soziale Einrichtungen (z.B. Fachärzte), persönliche Dienste (z.B. Restaurant, Fitness-Studio)
Nachbarschaftszentrum	umgebendes Gebiet	kurz- und mittelfristiger Einzelhandel (z.B. Lebensmittelsupermarkt), soziale Einrichtungen (z.B. Allgemeinmediziner), einfache persönliche Dienste (z.B. Friseur)
Ladengruppe	umgebende Baublöcke	Lebensmittelladen, einfache persönliche Dienste (z.B. Imbiss)
Streulage	Nahbereich	Einzelstandorte von Lebensmittelläden, persönlichen Diensten (z.B. Allgemeinarzt)

vgl. KULKE 1996, S. 8; KULKE 1998a, S. 164

M 5-14 Differenzierung innerstädtischer Hierarchiesysteme nach Zentrumsgröße

	Oberzentrum	Mittelzentrum	Grundzentrum
Anzahl und Vielfalt der Dienstleistungsbetriebe	City Stadtteilzentrum Nachbarschaftszentrum Ladengruppe Streulagen	Stadtzentrum Nachbarschaftszentrum Ladengruppe Streulagen	Ortszentrum Ladengruppe Streulagen

vgl. KULKE 1996, S. 6

5.1 Statische Ansätze von Dienstleistungsstandorten 141

beobachten (M 5-14). Oberzentren besitzen viele Hierarchiestufen; je kleiner eine Stadt ist, desto weniger verschieden große Zentren besitzt sie, bis sich schließlich in kleineren Zentren (z. B. Grundzentren) nur noch im Ortszentrum und in Streulagen Standorte von Dienstleistungsbetrieben befinden.

5.1.3 Modelle der räumlichen Konzentration

Ansätze zur räumlichen Konzentration untersuchen, welche Einflussgrößen bewirken, dass sich Dienstleistungsbetriebe an bestimmten Standorten konzentrieren; dabei berücksichtigen auch sie das **Zusammenspiel der Akteure der Angebots- und der Nachfrageseite**. Die Ansätze gehen von der Beobachtung aus, dass sich auch Dienstleister gleicher Art, die in Konkurrenz zueinander stehen, in unmittelbarer räumlicher Nachbarschaft zueinander ansiedeln, d. h. dass eine **Konkurrenzanziehung** vorliegt. Diese Beobachtung widerspricht der Annahme des Ansatzes von CHRISTALLER, der eine **Konkurrenzmeidung** von Betrieben mit gleichen Gütern voraussetzte und nur für Anbieter unterschiedlicher Hierarchiestufen ein zentralörtliches System entwickelte.

Einen wesentlichen Erklärungsansatz zur räumlichen Konzentration von Einzelhandelsbetrieben, d. h. zur Bildung von Standortgemeinschaften verschiedenartiger und auch gleichartiger Anbieter, entwickelte **R. K. NELSON** (1958; vgl. auch BROWN 1987, S. 338; KULKE 1992b, S.

Bild 5-2 Cluster von hochrangigen Einzelhandelsbetrieben an der Georgstraße in Hannover. Sie realisieren Kumulationsvorteile durch die Nachbarschaft zueinander. (Photo E. KULKE)

27); seine Idee lässt sich auch auf viele andere Dienstleistungsbetriebe übertragen, bei denen die Kontaktaufnahme durch den Besuch des Kunden am Standort des Dienstleisters erfolgt. Die Grundidee besagt, dass drei Elemente das Umsatzvolumen – gemessen insbesondere durch die Höhe der Kundenfrequenzen – von Betrieben beeinflussen:

– **Eigene Anziehungskraft** (= generative business) bezeichnet die Kundenzahl und das Umsatzvolumen, welche ein Anbieter aufgrund seiner eigenen Attraktivität erlangt. Verantwortliche Faktoren für die Zahl der Besuche stellen vor allem die Art, Größe und Vielfalt des eigenen Angebotes dar, aber es tragen auch zusätzliche Aktivitäten wie Werbung/Promotion-Aktionen oder der erlangte Bekanntheitsgrad bzw. die Reputation bei. Als Beispiel für Anbieter, die zu hohen Anteilen Kunden durch „generative business" gewinnen, gelten große Warenhäuser, Verbrauchermärkte oder Autohändler. Diese Anbieter können aufgrund ihrer großen Attraktivität auch an Einzelstandorten ohne Nachbarschaft zu anderen Anbietern eine ausreichend große Zahl von Kundenbesuchen generieren und entsprechend dort existieren.

– **Gemeinsame Anziehungskraft** (= shared business) umfasst jene Kundenzahlen und Umsatzanteile, die sich durch die Nachbarschaft zu anderen Anbietern ergeben. Wichtig ist hierbei, dass die Anbieter die gleiche Zielgruppe ansprechen und diese während eines Besuchs entweder mehrere Besorgungen in verschiedenartigen Betrieben koppelt oder einen Vergleich des Angebots von mehreren gleichartigen Betrieben vornehmen kann. Beispiele für Kopplungsvorteile zeigen sich bei der räumlichen Nähe von Anbietern wie einer Bankfiliale, eines Friseurs, eines Allgemeinmediziners, einer Apotheke, eines Supermarktes und eines Getränkemarktes an einem Standort. Diese artungleichen Betriebe ergänzen sich in ihrem Angebot und erlangen dadurch **Kompatibilitätsvorteile** („principle of compatibility"). Vergleichsvorteile treten insbesondere bei gleichartigen hochspezialisierten Anbietern mit großen Marktgebieten auf; so konzentrieren sich beispielsweise Antiquitätenhändler, Juweliere, Galerien, Banken oder Mediendienste an bestimmten Standorten, die für diese Art des Angebots bekannt sind (vgl. RAU 2002). An gestreuten Standorten könnten sie nicht die für ihre Existenz entscheidenden **Kumulationsvorteile** („cumulative attraction") realisieren. Anbieter, die hohe Umsatz- und Besucheranteile durch shared business erzielen, müssen Standorte in der Nachbarschaft zu anderen Anbietern suchen; besonders wichtig ist dabei häufig für sie die Nähe zu **Magnetbetrieben**, welche aufgrund ihrer eigenen Anziehungskraft (generative business) viele Nachfrager gewinnen. Als Magnetbetrieb können dabei ebenso ein Warenhaus für andere Einzelhändler wie eine Börse für Aktienhändler, eine Zentralbank für Geschäftsbanken oder ein Hafen für Transportdienstleister verstanden werden.

– **Fremde Anziehungskraft** (= suscipient business) charakterisiert Kundenbesuche und Umsatzanteile, welche sich durch externe Frequenzbringer ergeben. Die Nachfrager besuchen diese Standorte aus einem anderen Grund und nutzen, quasi nebenbei, die dort ebenfalls angebotenen Dienste. Als klassische Beispiele gelten Zeitungs- und Tabakhändler, die an Verkehrsknoten mit hohen Umsteigerfrequenzen (z. B. Bahnhof, Flughafen) angesiedelt sind. Auch in

5.1 Statische Ansätze von Dienstleistungsstandorten

Einzelhandelszentren können andere Dienstleister (Immobilienhändler, Zahnärzte, Restaurants etc.) von den hohen Besucherzahlen profitieren. Im übertragenen Sinne lassen sich auch geographische Besonderheiten, wie z. B. der Strand für Betriebe des Tourismusbereichs, als externe Einflussfaktoren verstehen. Anbieter mit hohen Umsatzanteilen von suscipient business können kaum andere Standorte als jene der externen Frequenzbringer wählen.

Einen weiteren Ansatz zur Erklärung von Standortgemeinschaften gleichartiger Anbieter stellen die Überlegungen von H. HOTELLING (1929) dar (vgl. auch BROWN 1989, S. 450f; JOHNSTON 1994, S. 251f). In seinem Grundmodell (M 5-15a) geht er von zwei gleichartigen Anbietern A und B (üblicherweise am Beispiel von zwei Eisverkäufern an einem Strand erläutert) aus, welche ein identisches Produkt zum gleichen Preis (P) an zwei getrennten Standorten verkaufen. Da die Kunden zusätzlich zu dem zu bezahlenden Preis auch noch die Mühe des Anweges (P + M) auf sich nehmen müssen, werden sie jeweils den nächst gelegenen Angebotsstandort besuchen; diese räumliche Orientierung der Nachfrager wird allgemein als **Nearest-Center-Bindung** bezeichnet. Entsprechend erfolgt eine Trennung der Marktgebiete von Anbieter A und B am Punkt X, an welchem die Aufwendungen für Preis und Anweg zum Erreichen beider Anbieter gleich groß sind. Ein auf Gewinnmaximierung orientierter Anbieter (und das gilt als übliche Voraussetzung) kann sein Marktgebiet vergrößern, wenn er seinen Standort näher an jenen des anderen Anbieters heran verlegt und damit einen Teil von dessen Marktgebiet übernimmt. In M 5-15b ist diese Verlagerung für Anbieter A dargestellt. Durch sie erhöht sich zwar für die weiter links vom Ange-

M 5-15 Räumliche Konzentration von Anbietern nach HOTELLING

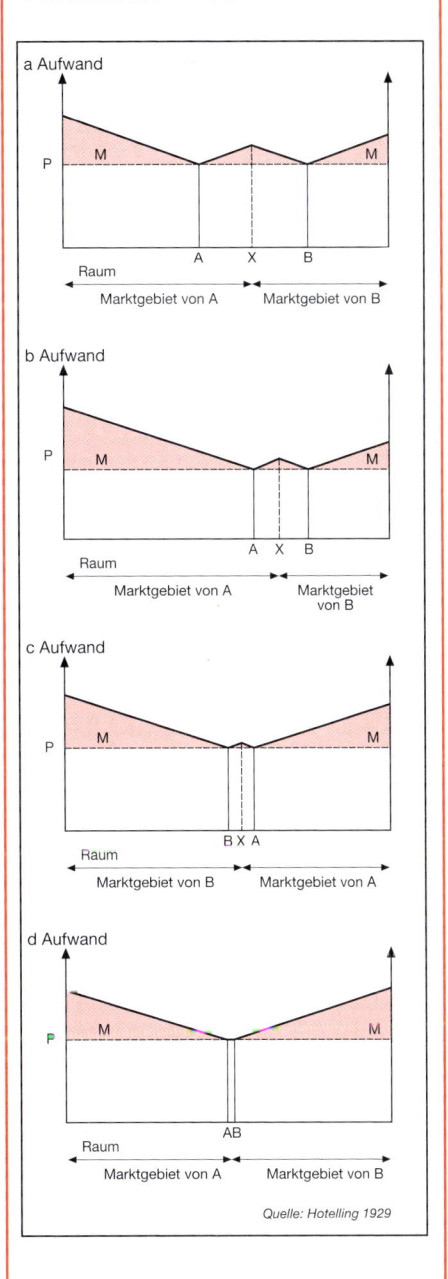

Quelle: Hotelling 1929

botsstandort befindlichen Nachfrager die Aufwendung (M), mangels einer Angebotsalternative werden sie bei der angenommenen unelastischen Nachfrage aber auch weiterhin A besuchen. Anbieter B, dessen Marktgebiet sich verkleinert, wird auf den damit verbundenen Umsatzrückgang reagieren und seinerseits den Standort verlagern; er kann dazu den Standort von A überspringen und sich so das größere ehemalige Marktgebiet von A sichern (M 5-15c). Im Ergebnis führen diese Standortverlagerungen dazu, dass beide Anbieter sich an jenem Punkt konzentrieren, der das Marktgebiet in zwei gleich große Teile gliedert (M 5-15d). Die Überlegungen von HOTELLING erläutern plausibel, wie es zur räumlichen Konzentration von gleichartigen Anbietern kommt. Sie gelten allerdings nur unter der Bedingung, dass die Nachfrage unabhängig von der Entfernung gleich bleibt (vgl. dazu die anderen Überlegungen zum distanzabhängigen Nachfrageverhalten bei CHRISTALLER 1933, M 5-5).

Nachdem nun Gründe für die räumliche Konzentration der Standorte von Dienstleistungsbetrieben erläutert wurden, stellt sich die Frage, an welchen Standorten diese „Cluster", „Klumpen" oder „Zentren" zu finden sind. Innerhalb des Stadtraumes liefern **Bodenrentemodelle** einen Erklärungsansatz zur räumlichen Verteilung von Dienstleistungszentren (vgl. dazu die Ausführungen von HEINEBERG 2001, S. 109; DICKEN/LLOYD 1999, S. 62f; HAGGETT 2001, S. 450f). Der Ansatz ähnelt dabei dem Modell agrarer Bodennutzung v. THÜNENS (vgl. Kap. 3.2). Das Grundmodell stellt einen Zusammenhang zwischen der Lagerente einer Fläche (d. h. dem Gewinn der an einem Standort nach Abzug der Kosten zu erzielen ist) und den um diese Fläche konkurrierenden Betrieben

(bzw. Nutzern) her. Die höchste Lagerente besitzt das Stadtzentrum, da es aufgrund der distanzminimierenden Entfernung zu den Nachfragern die optimale Erschließung des Marktgebietes und entsprechend den höchsten Umsatz ermöglicht. Mit zunehmender Entfernung zum Zentrum sinkt die Lagerente der Fläche (M 5-16a). Um die Standorte mit hoher Lagerente konkurrieren verschiedene Nutzer, die aber in Abhängigkeit von der Art ihres Güter- oder Dienstleistungsangebotes unter-

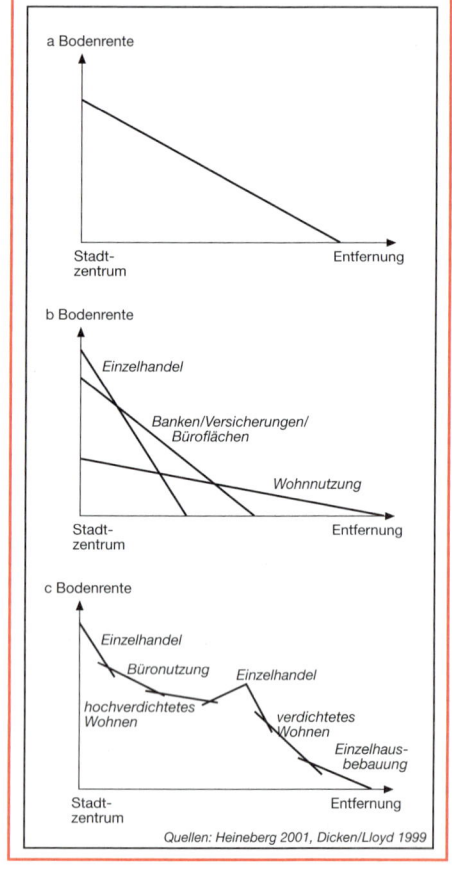

M 5-16 Räumliche Verteilung von innerstädtischen Zentren (Bodenrentemodell)

Quellen: Heineberg 2001, Dicken/Lloyd 1999

5.1 Statische Ansätze von Dienstleistungsstandorten

schiedlich hohe Bodenpreise zu zahlen in der Lage sind (M 5-16b). Betriebe bzw. Nutzer, welche die höchsten Bodenpreise zahlen können, werden die zentrale Lage einnehmen und geringere Preise bietende Nutzer in andere Lagen verdrängen.

Im Stadtzentrum selbst kann eine kleinräumige Differenzierung auftreten; die zahlungskräftigsten Betriebe eines Branchenbereichs nehmen die Kernbereiche (sog. 1a-Lagen) ein, die relativ weniger zahlungskräftigen Einheiten die Randbereiche (sog. 1b-Lagen). Angrenzend an das häufig durch Einzelhandelsbetriebe eingenommene Zentrum der City – diese können bei optimaler Kundenerreichbarkeit hohe Umsatzzahlen pro Quadratmeter erzielen und sind entsprechend in der Lage, die höchsten Bodenpreise zu zahlen – konzentrieren sich zumeist Dienstleister mit hoher wirtschaftlicher Leistungsfähigkeit, aber geringeren Kundenkontaktintensitäten. Es entstehen dort Cluster von Banken, Versicherungen oder Institutionen (z. B. Kammern). Im weiteren Stadtgebiet gibt es auch außerhalb der City attraktive Lagen, die eine höhere Bodenrente als ihre unmittelbare Umgebung ermöglichen (M 5-16c). So sind beispielsweise für konsumentenorientierte Dienstleister in den Stadtteilen gut für Nachfrager erreichbare Standorte an den Hauptausfallstraßen oder an Kreuzungen von öffentlichen und/oder Hauptstraßen interessant; dort steigen entsprechend die Bodenrenten (M 5-17). Außerhalb des Stadtgebietes können in verkehrsgünstigen Lagen des Umlandes Einkaufszentren oder Bürostädte entstehen. Insgesamt lässt sich für das gesamte Stadtgebiet eine Bodenwertoberfläche konstruieren, deren relativ zur Umgebung höhere Bodenwerte meist die Standorte von Dienstleistungsclustern aufzeigen.

M 5-17 Modell der Bodenrente einer Stadt

——— Linie gleicher Bodenrente
Entwurf: E. Kulke

5.1.4 Typische Standortsysteme

Aufgrund der in den einzelnen Dienstleistungsbranchen unterschiedlichen Gewichtung von Standortfaktoren, von Konkurrenzmeidung und von Konkurrenzanziehung ergeben sich drei Typen von Standortsystemen (M 5-18): das Netzmuster, das Hierarchiemuster und das Clustermuster.

Ein **Netzmuster** von Standorten zeigen vor allem gleichartige Anbieter, die eher kleinere Marktbereiche versorgen. Das Muster gleicht der von CHRISTALLER behandelten räumlichen Verteilung von Gütern einer Zentralitätsstufe und basiert auf einer Konkurrenzmeidungsstrategie. Die Flächengröße der Marktgebiete der Anbieter hängt dabei, wie ISARD es diskutiert, von der Bevölkerungsdichte ab. In dicht besiedelten Stadtgebieten sind deshalb die Abstände zwischen den Einzelstandorten der Anbieter geringer als in ländlichen Gebieten (M 5-18). In der Realität zeigen vor allem artgleiche konsumentenorientierte und soziale/öffentliche Dienstleistungen mit einem eher einfacheren und weitgehend standardisierten Angebot dieses Standortmuster. So versorgen Einzelhandelsbetriebe mit kurzfristigem Angebot (z. B. Lebensmittelläden), einfachere persönliche Dienste (u. a. Friseur, Allgemeinme-

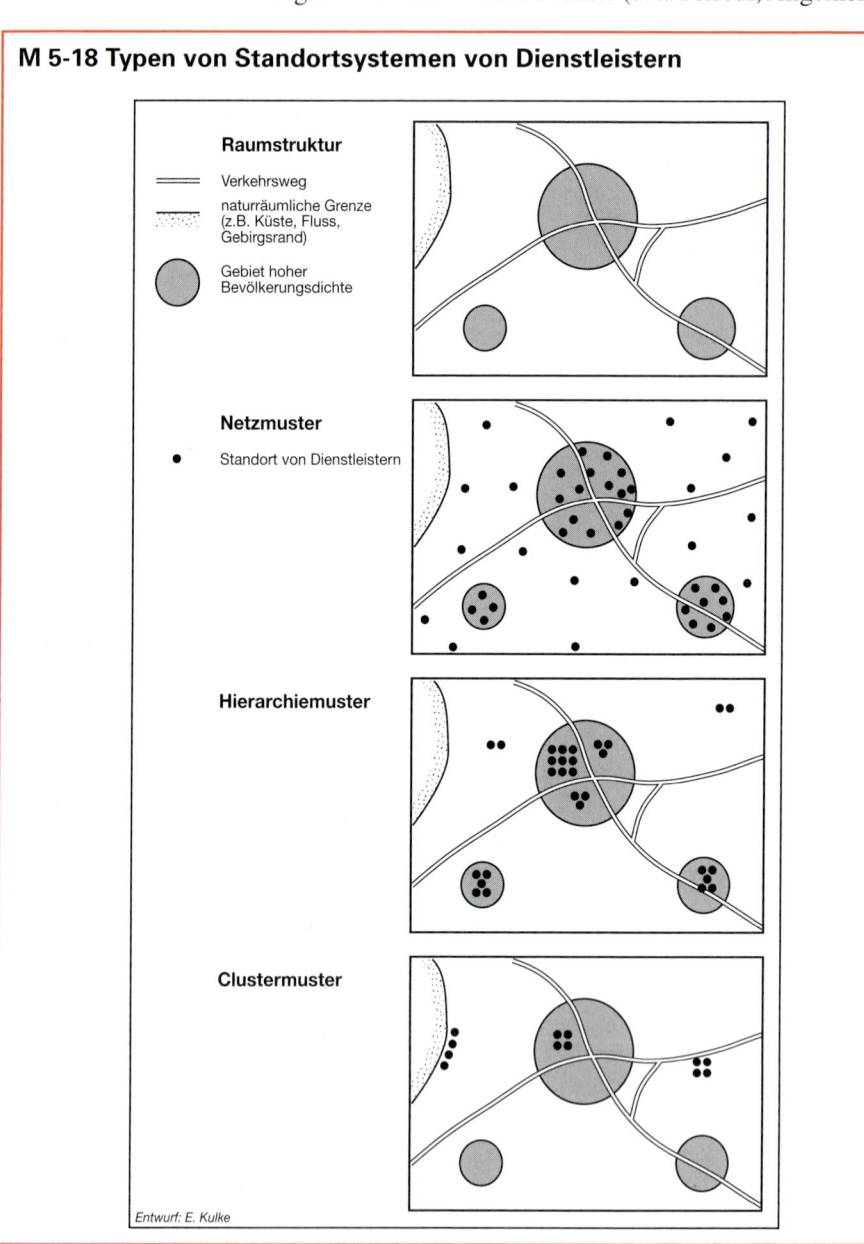

M 5-18 Typen von Standortsystemen von Dienstleistern

Raumstruktur
= Verkehrsweg
naturräumliche Grenze (z.B. Küste, Fluss, Gebirgsrand)
Gebiet hoher Bevölkerungsdichte

Netzmuster
• Standort von Dienstleistern

Hierarchiemuster

Clustermuster

Entwurf: E. Kulke

diziner, Bankfiliale) oder öffentliche Einrichtungen (z. B. Grundschulen) zumeist die Nachfrage in ihrer Umgebung und sie besitzen ein relativ regelmäßiges Netzmuster der Standorte. Zwischen verschiedenen Anbietern differiert dabei die Maschendichte. Sie hängt mit der Häufigkeit der Nutzung dieser Dienste ab; so ist die Netzdichte von Allgemeinmedizinern größer als von Hautärzten.

Das **Hierarchiemuster** zeigt sich bei Dienstleistern mit artähnlichem Angebot unterschiedlicher Qualitätsstufen (z. B. Grundschule, Gymnasium, Universität), bei denen im Marktgebiet einer höheren Qualitätsstufe jeweils mehrere Standorte von Anbietern der niedrigeren Stufe liegen. Dieses entspricht vom ersten Eindruck her dem von CHRISTALLER entwickelten Hierarchiesystem. Das Hierarchiemuster weist aber ein zusätzliches Merkmal auf, nämlich dass in kleinräumiger Hinsicht hierbei die Tendenz zur Bildung von Standortgemeinschaften besteht, d. h. von Zentren, in welchen sich Anbieter verschiedener und auch gleichartiger Güter konzentrieren. Diese Konzentration erklärt sich im Sinne NELSONS durch die größere gemeinsame Anziehungskraft, welche sich für Anbieter aus Kompatibilitäts- und Kumulationsvorteilen ergibt. Empirisch zeigen sich Hierarchiemuster mit einer Konzentration in Zentren verschiedenen Ranges bei fast allen Arten von Dienstleistungen (z. B. Banken mit Hauptgeschäftsstelle und Filiale, medizinische Versorgung mit Facharzt und Allgemeinmediziner, Einzelhandel mit Kaufhaus und Supermarkt). Wie in Kapitel 5.1.2 (M 5-12, M 5-13) dargestellt, lassen sich dabei sowohl hierarchische Zentrensysteme zwischen Siedlungen als auch innerhalb von Städten beobachten. Mit steigendem Rang vergrößert sich jeweils das Einzugsgebiet eines Zentrums und steigt die Qualität des Dienstleistungsangebots.

Das **Clustermuster** tritt besonders bei höherwertigen spezialisierten Dienstleistungsbetrieben mit einer längeren Fristigkeit des Angebots auf. Betriebe dieser Art weisen ein relativ großes Marktgebiet auf, innerhalb dessen sie sich an Standorten konzentrieren, die entweder besondere Standortvorteile (Magnetbetriebe oder im Sinne NELSONS fremde Anziehungskräfte) besitzen oder an welchen Kumulationsvorteile (durch Wahl-/Vergleichsmöglichkeiten zwischen mehreren Anbietern) auftreten. Beispiele für Betriebe an Standorten mit besonderen Vorteilen stellen die Cluster von Fremdenverkehrsbetrieben in naturräumlich begünstigten Lagen (z. B. Küste, Bergland), die Konzentration von Verkehrs-/Logistikbetrieben an Verkehrsknoten (u. a. Häfen, Flughäfen, Autobahnkreuzen) oder von Finanzdienstleistern am Standort von Börsen/Zentralbanken dar. Kumulationsvorteile zeigen sich sowohl bei hochwertigen konsumentenorientierten als auch unternehmensorientierten Dienstleistungsbetrieben. Spezialanbieter wie Galerien, Modedesigner, Medienunternehmen, Consultingunternehmen oder Werbung-/Marketingberater weisen großräumige Marktgebiete auf und wählen meist hochrangige Zentren als Standorte, in welchen sie in attraktiven Lagen lokale Cluster bilden.

5.2 Dynamische Ansätze von Dienstleistungsstandorten

Dynamische Ansätze von Dienstleistungsstandorten beschreiben und erklären den im zeitlichen Ablauf erfolgenden Wandel in der räumlichen Verteilung von Dienstleistungsbetrieben. Sie berücksichtigen dabei, dass im Zuge des sektoralen Wandels (siehe Kap. 2.1) allgemein ein **Bedeutungszuwachs von Dienstleistungen** (z.b. gemessen an den Beschäftigtenzahlen oder der Wertschöpfung) erfolgt und dass dabei zugleich **strukturelle Veränderungen** in den Merkmalen der Angebots-, der Nachfrage- oder der Gestaltungsseite auftreten. Die strukturellen Veränderungen besitzen besondere räumliche Relevanz, da sie zu anderen Standortansprüchen und daraus folgend veränderten Standortsystemen führen.

Die klassischen Ansätze zum sektoralen Wandel – Produktivitätsfortschritt und Einkommensanstieg – erklären nur teilweise den aktuellen **Bedeutungszuwachs von Dienstleistungen**. Dieser ist nicht nur gekennzeichnet durch die Expansion vorhandener Dienste, sondern auch durch das Auftreten ganz neuer Bereiche. Für den Zuwachs bei unternehmensorientierten Dienstleistungen wurden drei Erklärungsansätze entwickelt (vgl. ALBACH 1989, HÄUßER 1999, STRAMBACH 1993): die Externalisierungs-, die Interaktions- und die Parallelitätsthese. Sie erlauben jedoch auch die Erklärung eines Teils der Veränderungen in den übrigen Dienstleistungsbranchen:

Nach der **Externalisierungsthese** können die Nachfrager (z. B. Industriebetriebe, öffentliche Einrichtungen, z. T. auch private Haushalte) ihre Kosten senken und/oder ihre Flexibilität erhöhen (d. h. sie realisieren „economies of scope"), wenn sie Dienstleistungen an dafür spezialisierte Servicebetriebe vergeben. Kostenorientierte Auslagerungen sind dann sinnvoll, wenn Dienste seltener benötigt werden und intern eine aufwendige, wenig ausgelastete Ausstattung vorgehalten werden müsste oder wenn die Tätigkeiten so standardisiert sind, dass darauf spezialisierte Anbieter kostengünstiger arbeiten können, d. h. „economies of scale" erzielen. Die neuen Produktionskonzepte in der Industrie, wie z. B. lean production (vgl. Kap. 4.2.3), verstärken die Auslagerungstendenzen aus dem produzierenden Bereich. Öffentliche Institutionen vergeben in zunehmendem Maße bisher selbst erbrachte Leistungen aus Kostengründen (z. B. an Reinigungsdienste) oder aufgrund größerer externer Kompetenz (z. B. an Wirtschaftsförderungsgesellschaften) nach außen. Auch in privaten Haushalten können gesellschaftliche Veränderungen (aufgrund höherer Erwerbsquoten) zur Außenvergabe früher selbst erbrachter Leistungen (z. B. Pflege älterer Familienmitglieder im Altersheim) führen. Insgesamt bewirken Externalisierungsprozesse aber eher nur Umschichtungen zwischen Branchen als einen wirklichen Zuwachs des Dienstleistungsbereichs.

Die **Interaktionsthese** erklärt den Zuwachs bei Dienstleistungen durch einen höheren Bedarf an diesen. Aktuelle Veränderungen der wirtschaftsräumlichen Beziehungen wie Globalisierungsprozesse, zunehmende internationale Arbeitsteilung, der Einsatz neuer Logistikkonzepte bei Unternehmen (z. B. für just-in-time Lieferungen) und kürzere Produktzyklen führen zu einer steigenden Nachfrage nach Dienstleistungen. Dies betrifft sowohl klassische distributive Dienste (Transport, Großhandel etc.) als auch moderne humankapitalintensive unternehmensorientierte Dienste (z. B. Kommunikation, Forschung, Beratung). Eng mit dem produzierenden Bereich verbundene spezialisierte Dienstleister verzeichnen durch diese **„spill-over-Effekte"** aus dem produzierenden Bereich einen realen Zuwachs beispielsweise der Beschäftigtenzahlen.

5.2 Dynamische Ansätze von Dienstleistungsstandorten

Die **Parallelitätsthese** nimmt an, dass sich Dienstleister im Verlauf des wirtschaftlichen Fortschritts durch diversifizierte Angebote neue Märkte erschließen. Dabei entstehen sowohl neue quartäre Dienstleistungsunternehmen, die, wie z. B. Finanzholdings oder Investmentbanken, eigene Geschäfte tätigen. Es entwickeln sich jedoch auch neue, eher einfachere konsumentenorientierte Bereiche, beispielsweise Fitnesscenter, Sonnenstudios, Entertainment Parks, welche sich mit einem neuen Angebot eine eigene Nachfrage erschließen. Auch in diesem Fall kommt es zu einer tatsächlichen Erweiterung des Umfangs wirtschaftlicher Aktivitäten im Dienstleistungsbereich.

Die **strukturellen Veränderungen** innerhalb von Dienstleistungsbetrieben drücken sich in gleichzeitig zu beobachtenden Expansions-, Stagnations- und Schrumpfungsprozessen von Teilbranchen und Standorten aus. Dabei erfahren klassische konsumentenorientierte und auch einfachere unternehmensorientierte Dienstleistungen eher einen Bedeutungsverlust, während moderne höherwertige Dienste expandieren (M 5-19). Trotz eines allgemeinen Zuwachses bei Dienstleistungen können einzelne Branchen durch nachfrageseitig induzierte **Substitutionsprozesse** einen Rückgang erfahren; so ersetzen beispielsweise langlebige Konsumgüter (z. B. Waschmaschine, Auto, Kühlschrank) vorher extern nachgefragte einfachere Dienste (Wäscherei, Taxitransport, Einkauf im Nachbereich u. a.). Auf der Angebotsseite gewinnen Organisationsinnovationen, welche eine andere Kombination der Produktionsfaktoren ermöglichen, immer mehr an Bedeutung; Veränderungen im Dienstleistungsbereich sind – im Unter-

M 5-19 Prognose des Erwerbstätigenanteils von Dienstleistungs-/Tätigkeitsgruppen

Anteile in %	1985	2010
Primäre Dienstleistungen		
– Allgemeine Dienste (Reinigung, Gastronomie, Transport, Lagerung)	15.4	13.8
– Bürotätigkeit	16.5	11.8
– Handel	10.5	10.6
Sekundäre Dienste		
– Betreuen/Beraten/Lehren	11.9	18.4
– Organisation/Management	5.8	9.7
– Forschung/Entwicklung	5.1	7.3
Produktionsorientierte Tätigkeiten		
– Reparatur	6.2	4.9
– Maschinen einrichten/warten	8.2	11.2
– Herstellung	20.5	12.2
Gesamt	100.0	100.0

(nach IAB-/Prognos 1995)

schied zum produzierenden Gewerbe – weniger durch Produkt- und Prozessinnovationen, sondern in besonderem Maße durch **Organisationsinnovationen** (vgl. Kap. 4.2) gekennzeichnet. Sie erlauben – entgegen der Annahmen der klassischen Sektorentheorie (siehe Kap. 2.1) – in jüngerer Zeit auch im Dienstleistungsbereich einen Fortschritt in der Arbeitsproduktivität. Beispiele dafür sind die im Einzelhandel realisierten Umstellungen von Fremdbedienung auf Selbstbedienung, welche deutlich die Personalproduktivität erhöhten, oder der Einsatz von Geldausgabemaschinen und Kontoauszugsdruckern, der in Bankfilialen Personalreduzierungen erlaubte.

5.2.1 Standortwandel durch Angebotsveränderungen

Die besondere Bedeutung von Organisationsinnovationen behandelt die **Lebenszyklushypothese von Betriebsformen** (vgl. HEUSS 1965, MCNAIR 1958, NIESCHLAG 1954). Als Betriebsform ist eine typische Kombination von Merkmalen eines Dienstleistungsbetriebes – z. B. Flächengröße, Personalstruktur, Art und Qualität des Angebots – definiert. Die Grundannahme besagt, dass jede Betriebsform nur eine begrenzte Lebensdauer besitzt, innerhalb welcher sie einen charakteristischen Marktanteilszyklus durchläuft (M 5-20).

In der **Entstehungs- und Experimentierungsphase** wird eine neue Kombination der Merkmale eines Dienstleistungsbetriebes entwickelt – d. h. es erfolgt eine Organisationsinnovation – und deren Marktakzeptanz ausprobiert. Die Zahl der Einheiten dieser Betriebsform ist noch sehr gering. Träger ihrer Entwicklung und Betreiber dieser Einheiten sind ein oder wenige risikobereite Pionierunternehmer. Nicht erfolgreiche Betriebsformen (z. B.

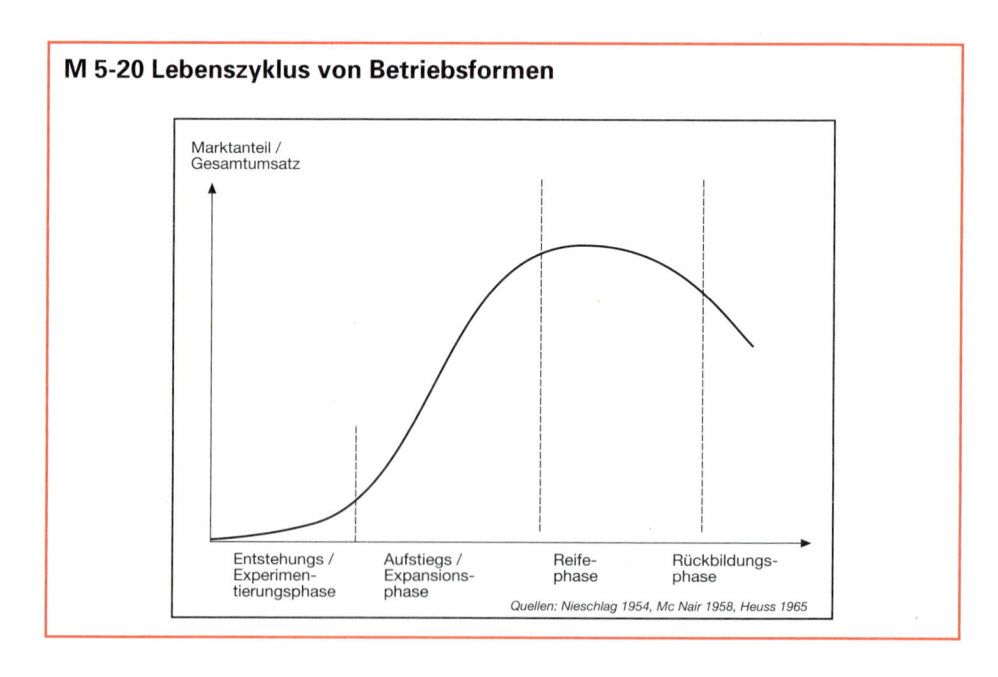

M 5-20 Lebenszyklus von Betriebsformen

Marktanteil / Gesamtumsatz

Entstehungs / Experimentierungsphase — Aufstiegs / Expansionsphase — Reifephase — Rückbildungsphase

Quellen: Nieschlag 1954, Mc Nair 1958, Heuss 1965

aufgrund ungünstiger Kosten-Erlös-Relationen, geringer Marktperspektiven) werden wieder aufgegeben. Hat sich jedoch eine Betriebsform als attraktiv (z. B. aufgrund deutlich niedrigerer Kosten oder starker Nachfrage) erwiesen, tritt sie in die **Aufstiegs-/Expansionsphase** ein. In dieser entstehen zahlreiche Einheiten des gleichen Typs und der Gesamtumsatz bzw. der Marktanteil dieser Betriebsform steigen stark an. Dabei errichten insbesondere imitierende Unternehmer Einheiten mit den charakteristischen Merkmalen des neuen Typs. In dieser Phase ersetzen die neuen Betriebsformen häufig ältere Typen, welche das gleiche Marktsegment versorgten; bisweilen erschließen sie sich jedoch auch neue Marktgebiete. Schließlich erreicht die Betriebsform in der **Reifephase** den maximalen Marktanteil. Es erfolgt keine oder nur noch eine geringe Zunahme der Zahl der Einheiten. Sie werden überwiegend durch konservative (bzw. reagierende oder immobile) Unternehmer betrieben. In der letzten, der **Rückbildungsphase**, kommt es zu einem Rückgang des Marktanteils. Die gealterte Betriebsform wird ersetzt durch neue Be-

---

M 5-21 Merkmale und Entwicklungsphasen von Betriebsformen des Einzelhandels

Betriebsform	Merkmale				Marktbedeutung 1950 1960 1970 1980 1990 2000	Standorte		
	Fläche (qm)	Bedienungs-form	Preis-niveau	Sortiment		Streulagen der Wohngebiete	innerstädtische Zentren	Stadtumland
Bedienungsladen	klein	fremd	hoch	food		●	·	
SB-Laden	bis 400	SB	mittel	food		●	·	
Supermarkt	> 400	SB	mittel	food und Begleitsortiment		·	●	●
Verbrauchermarkt/ SB-Warenhaus	> 1 500	SB	niedrig	food und non-food			·	●
Discounter	> 400	SB	sehr niedrig	food		·	●	●
Fachgeschäft	klein bis mittel	fremd	hoch	non-food		·	●	·
Kaufhaus	> 1 000	selbst/fremd	mittel	non-food			●	
Warenhaus	> 3 000	selbst/fremd	mittel	non-food			●	
Fachmarkt	ab 400 bis > 20 000	SB	niedrig	non-food			●	●
Discounter	> 400	SB	sehr niedrig	non-food			●	●

Quelle: E. Kulke 2001, S. 59

Bild 5-3 Klassisches kleines Ladengeschäft des Lebensmitteleinzelhandels in Madeira/Portugal (Photo E. Kulke)

Bild 5-4 Agglomeration von großflächigen Einzelhandelsbetrieben im Umland Berlins (Waltersdorf) (Photo E. Kulke)

5.2 Dynamische Ansätze von Dienstleistungsstandorten

triebsformen, welche besser den veränderten Angebots- und Nachfragebedingungen entsprechen. Zwischen den verbliebenen Einheiten tritt starker Wettbewerb auf. Innovative Unternehmer haben diesen Typ bereits aufgegeben und die dominierenden immobilen Unternehmer versuchen, durch wettbewerbsorientierte (z. B. „trading up", Werbung, Verbesserung des Kundendienstes, Ausstattungsaufwertungen) und/oder kostensenkende Maßnahmen (z. B. „trading down", Personalreduzierungen) ihre Einheiten zu erhalten. Schließlich scheidet die Betriebsform aus dem Markt aus.

Der Wandel der Betriebsformen wurde intensiv am Beispiel des Einzelhandelsbereichs untersucht (vgl. BROWN 1988, KLEIN 1997, KULKE 1992b), es treten jedoch vergleichbare Prozesse in anderen Dienstleistungsbereichen auf (vgl. TANK/KLEMM 1980). Eine langfristige Betrachtung zeigt für den Einzelhandel in Deutschland eine deutliche Abfolge von Betriebsformen mit einem dem Zyklus entsprechenden Wandel der Marktanteile (M 5-21). Im Lebensmitteleinzelhandel dominierten bis in die fünfziger Jahre kleine Ladengeschäfte mit Fremdbedienung. Sie wurden seit den sechziger Jahren durch großflächigere Betriebsformen ersetzt. Die etwas größeren SB-Läden der 60er Jahre setzten erstmals das personalkostensparende Selbstbedienungsprinzip ein, die ihnen folgenden flächengrößeren Supermärkte verfügten über ein wesentlich vielfältigeres Sortiment und die insbesondere in den achtziger Jahren errichteten Verbrauchermärkte waren noch größer, noch stärker auf niedrige Preise orientiert und besaßen ein zusätzliches Non-food-Angebot. Auch in vielen anderen Dienstleistungsbereichen ersetzen neue Betriebsformen ältere Einheiten. So werden beispielsweise gegenwärtig klassische Bäckereien durch Backshops ersetzt, in denen vorgefertigte Backwaren nur noch erhitzt werden; so erfolgt eine Umwandlung von personalkostenintensiven Bankfilialen in elektronische Niederlassungen (mit Kontoauszugsdrucker und Geldausgabeautomat) oder so verändern sich klassische Speditionen mit einem Parkplatz für den Fuhrpark in Güterverkehrszentren mit Umschlags- und Lagerfunktionen (vgl. BERTRAM 1994).

In **räumlicher Hinsicht** besitzt der Wandel von Betriebsformen durch deren raum-zeitliche **Ausbreitungsprozesse** sowie durch die veränderten **Standortansprüche** neuer Typen Relevanz.

Die meisten empirischen Studien zu **Ausbreitungsprozessen** von Dienstleistungsbetrieben (vgl. zu Expansionsprozessen neuer Dienstleister im Ausland z. B. ALEXANDER 1994, JÖNS/KLAGGE 1997, KULKE 1997, LAULAJAINEN 1991) dokumentieren großräumig eine hierarchische Ausbreitung. In der Entstehungsphase siedeln sich Einheiten der neuen Betriebsform vor allem in hochrangigen Zentren an, in der Expansionsphase kommt es zuerst zu einer Ausbreitung auf in der **Hierarchie** nachfolgende Zentren und schließlich bei weiter fortschreitender Zahl der Einheiten zu einer flächenhaften Ausbreitung in **Wellenform** (M 5-22). Dieser Prozess entspricht dem in der allgemeinen Innovationsforschung dokumentierten Diffusionsprozess von Neuerungen (vgl. HÄGERSTRAND 1967; HAGGETT 2001, S. 482f).

Eine Differenzierung nach Art der Dienstleistungen zeigt für höherwertige unternehmensorientierte Dienste (z. B. Investitionsbanken, Unternehmensberater) eine weitgehend auf hochrangige Zentren beschränkte hierarchische Aus-

M 5-22 Räumliche Ausbreitung neuer Betriebsformen

Hierarchische Ausbreitung

Wellenförmige Ausbreitung

Rang der Zentren: hoch ■ ● ○ niedrig ○

Ausbreitungsphasen:
→ Phase 1
--→ Phase 2
))) Phase 3

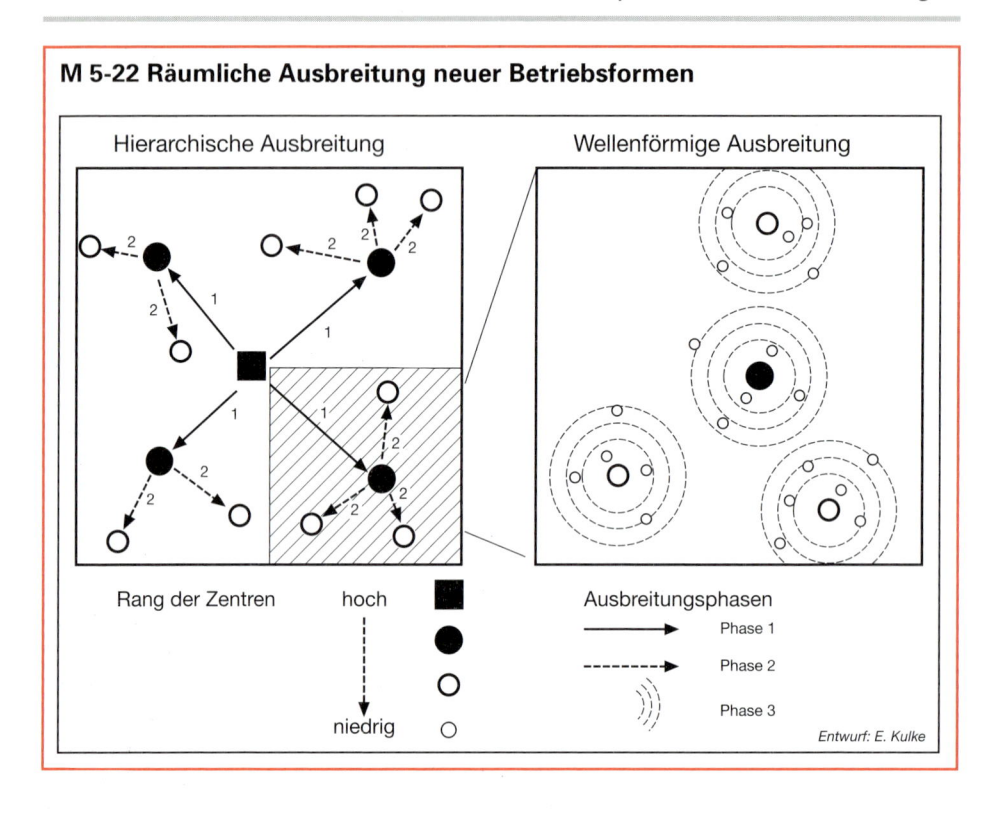

Entwurf: E. Kulke

breitung (vgl. HÄUßER 1999, JÖNS/KLAGGE 1997). Dagegen dominiert bei eher einfacheren konsumentenorientierten Diensten im späteren Verlauf des Lebenszyklus die flächenhafte wellenförmige Ausbreitung. Charakteristische Standortorientierungen konsumentenorientierter Dienstleister während der Entwicklungsphasen – unter Berücksichtigung **innerstädtischer Zentrentypen** – diskutiert LANGE (1972). Demnach wählen neue Betriebsformen während der Entstehungs- oder Experimentierphase zuerst vorhandene Dienstleistungszentren; denn nur dort kann die noch unbekannte Betriebsform von der Nähe zu anderen Betrieben profitieren, d.h. Kopplungsvorteile nutzen. In der Expansionsphase erfolgt vor allem eine räumliche Ausbreitung nach unten; demnach finden Ansiedlungen auch in niedrigrangigeren Zentren statt. Bei hochspezialisierten Anbietern kann auch eine Ausbreitung nach oben stattfinden, d. h. in höherzentrale Standorte. In der Ausreifungsphase ist die maximale Verbreitung über Zentren verschiedener Hierarchiestufen erreicht und es treten für Spezialanbieter Clusterungen zur Erzielung von Kumulationsvorteilen auf. Schließlich erfolgt in der Rückbildungsphase eine Aufgabe von Standorten. Diese zeigt sich insbesondere in niedrigzentralen Standorten mit kleinen Marktgebieten und in hochzentralen kostenbelasteten Zentren.

Aufgrund ihrer von vorher existierenden Einheiten abweichenden Merkmale besitzen neue Betriebsform häufig andere

5.2 Dynamische Ansätze von Dienstleistungsstandorten

Standortansprüche und es entwickeln sich im Verlauf des Zyklusses neue Standortsysteme. Empirisch zeigt sich der Trend, dass die jüngeren Betriebsformen zur Erzielung von Kosteneinsparungen (Realisierung von economies of scale) häufig größer als die älteren Betriebsformen sind (M 5-21). Entsprechend ersetzt eine Einheit der neuen Betriebsform mehrere Einheiten der älteren Betriebsform, was zu einer Netzausdünnung führt. Zugleich benötigt die neue größere Betriebsform eine ausgedehntere Betriebsfläche und ein weiteres Marktgebiet. Größere Marktgebiete lassen sich in höherrangigen Zentren erschließen. Falls diese jedoch dicht bebaut sind, stehen dort nicht ausreichend große Flächen zur Verfügung, so dass am Stadtrand Betriebserrichtungen erfolgen.

Dieser durch unterschiedliche Standortpräferenzen induzierte Standortsystemwandel zeigt sich deutlich am Beispiel der Betriebsformen des Lebensmitteleinzelhandels (M 5-21, KULKE 1998a). Die Bedienungsläden befanden sich in den Streulagen der Wohngebiete, die sie ersetzenden größeren Supermärkte wiesen eine Orientierung auf innerstädtische Zentren auf und die flächengroßen Verbrauchermärkte auf Umlandstandorte. Die neuen größeren Betriebsformen bewirkten eine deutliche Reduzierung der Zahl der Einheiten und damit eine Netzausdünnung, und zugleich trugen sie zur Suburbanisierung bei. Ähnliche Veränderungen zeigen sich auch in anderen Dienstleistungsbranchen (vgl. EGLITIS 1999, M 5-23). Im Großhandel ersetzen beispielsweise moderne großflächige Hochregallager an Autobahnstandorten die kleineren innerstädtischen Lager an der Eisenbahn. Das Auftreten von Gemeinschaftspraxen mehrerer Ärzte in Zentren führt zu einer Reduzierung des Nahversorgungsnetzes mit Allgemeinmedizinern in kleinen Orten.

Die mit dem Lebenszyklus verbundenen Standortveränderungen ergänzen AGERGARD/OLSEN/ALLPASS 1970 in ihrer **Theorie der Spiralbewegung** durch Überlegungen hinsichtlich **regelhafter unternehmerischer Anpassungsprozesse** auf sich verändernde Rahmenbedingungen. Sie berücksichtigen dabei primär Einzelhandelsbetriebsformen und -zentren (AGERGARD/OLSEN/ALLPASS 1970; sie-

---

M 5-23 VW kündigt allen Händlern

Anders als Opel, Ford, BMW und Mercedes haben die Wolfsburger eine Straffung der Vertriebsstandorte vorgeschlagen. Um die Vertriebskosten zu reduzieren, sind größere Händlerorganisationen unumgänglich. In Deutschland verkauft ein Pkw-Händler im Schnitt 135 Neuwagen pro Jahr, in den USA sind es dagegen knapp 800. In der Summe sieht der Ländervergleich so aus: Hier zu Lande vertreiben in diesem Jahr 22600 Autohändler knapp 3.2 Millionen Neuwagen, in den USA werden fast 17 Millionen Autos von 22000 Händlern an die Kundschaft gebracht. Zwar ist nicht an eine Übertragung amerikanischer Verhältnisse auf Deutschland zu glauben, aber 500 Händler für eine Marke reichen vollkommen aus. Im letzten Jahr gab es allein für die Marke VW 2681 Händler in Deutschland, im Schnitt verkaufte jeder von ihnen 230 Volkswagen. In zehn Jahren dürften auf jedes Autohaus 1000 PKW kommen.

nach: Der Tagesspiegel, 3.9.2002 (verändert)

> **M 5-24 Aktionsparameter von Dienstleistungsbetrieben**
>
> **Preisparamter**: Steigerung der Wettbewerbsfähigkeit durch ein kostengünstigeres Angebot und innerbetriebliche Maßnahmen zur Kostensenkung
> **Sortimentsparamter**: Steigerung der Wettbewerbsfähigkeit durch Erweiterungen des innerbetrieblichen Angebots an Waren oder Aufgaben
> **Dienstleistungsparameter**: Steigerung der Wettbewerbsfähigkeit durch zusätzlichen kundenorientierten Service
> **Distanzparameter**: Steigerung der Wettbewerbsfähigkeit durch räumliche Annäherung an die Standorte der Nachfrager

he auch KULKE 1992b, S. 8f). Ihre Grundannahme besagt, dass Veränderungen der Nachfrageseite (z. B. Einkommen, Verhalten, Mobilität) für Anbieter einen externen Handlungsrahmen bilden, den sie nicht beeinflussen können, auf den sie aber durch interne Veränderungen reagieren müssen.

Ihre Aktionsmöglichkeiten liegen im Bereich des **Preisparameters**, des **Sortimentsparameters**, des **Dienstleistungsparameters** und des **Distanzparameters** (M 5-24). In Abhängigkeit vom Alter der Betriebsform setzen die Anbieter die Parameter unterschiedlich intensiv ein und damit wandeln sich auch ihre Standortpräferenzen. Zu Beginn tritt aufgrund von Veränderungen der externen Nachfragebedingungen eine Marktlücke auf – bezeichnet als **Vakuum** –, welche sich die Anbieter nach einer gewissen Reaktionszeit mit einer neuen Betriebsform erschließen. Die in der jüngeren Vergangenheit aufgetretenen Nachfrageveränderungen führten – nach Annahme von AGERGARD/OLSEN/ALLPASS (1970, S. 59) – vor allem zu einem Anstieg der Nachfrage nach einem besonders preisgünstigen Angebot bei standardisierten Gütern. Entsprechend besitzt bei neuen Betriebsformen in der **ersten Phase** der Preisparameter (d. h. Vorhalten eines preisgünstigen Angebots) eine besondere Bedeutung. Erkennbare Erfolge der neuen Betriebsform führen in der **zweiten Phase** zu zahlreichen Einrichtungen von Einheiten dieses Typs und entsprechend nimmt der Wettbewerb zwischen ihnen zu. Bei stärkerem Wettbewerb und gleichzeitig gesättigter Nachfrage nach sehr preisgünstigem Angebot setzen die Anbieter den Sortimentsparameter ein. Sie erweitern ihr Angebot; damit verbunden sind Vergrößerungen der Fläche und des Preises. Weiterer Wettbewerb und gesättigte Nachfrage führen in der **dritten Phase** zum Einsatz des Dienstleistungsparameters. Die Angebotsgestaltung wird verbessert und den Kunden wird zusätzlicher Service geboten (bezeichnet als „**trading-up**"); es erhöhen sich jedoch auch die Preise. Die Betriebsgröße nimmt weiter zu und entsprechend benötigen die Einheiten ein größeres Marktgebiet, um den Mindestumsatz zu erzielen. Damit vergrößert sich die räumliche Distanz zwischen Anbietern und Nachfragern. Mit der Entwicklung eines höheren Preisniveaus und weiteren Entfernungen entstehen kleinräumige Marktlücken. Diese kann sich eine neue Betriebsform, die den Distanz- (räumliche Nähe) und Preisparameter (niedriger Preis) einsetzt, erschließen. Diese neue Betriebsform erfüllt zwar ähnliche Funktionen wie die ursprüngliche Einheit, unterscheidet sich jedoch in den Merkmalen. Deshalb sprechen AGERGARD/OLSEN/ALLPASS nicht von einer zyklischen, sondern einer spiralförmigen Entwicklung. Beispielhaft erläutern die Autoren die Spiralbewegung am amerikanischen Lebensmitteleinzelhandel. Die kleinen Bedienungsläden wurden durch sich ständig vergrößernde und später service- und ausstattungsorientierte Supermärkte ersetzt. Die dadurch auftretenden kleinräumigen Marktlücken füllten schließlich kleine Convenience Stores.

In **räumlicher Hinsicht** führt das im Verlauf des Zyklusses auftretende Größenwachstum der Betriebe zu einem Bedeutungsgewinn von höherrangigen innerstädtischen Zentren mit größeren Marktgebieten oder – wenn dort keine ausreichend großen Flächen verfügbar sind – zu neuen suburbanen Standorten. Kleine Versorgungsstandorte erfahren zuerst Einbußen und erst wenn dort ein lokales Vakuum entsteht, können sie einen erneuten Zuwachs erfahren.

Die Theorie von AGERGARD/OLSEN/ALLPASS (1970) ermöglicht eine Erklärung der gleichzeitig in verschiedenen Zentrentypen zu beobachtenden Wachstums-, Stagnations- und Schrumpfungsprozesse. Sehr wichtig ist auch die Systematisierung betrieblicher Aktionsparameter – d. h. Preisparameter, Sortimentsparameter, Dienstleistungsparameter, Distanzparameter –, welche auch für strategische Vorgehensweisen anderer Dienstleistungsbetriebe gelten. Dagegen ist die Idee eines regelhaften Markteintritts neuer Dienstleistungsbetriebsformen mit einem preisgünstigen Angebot und einem späteren „trading-up" nicht immer belegt. Es gibt auch Markteinsteiger mit einem relativ hohen Preis und in der Reifephase von Betriebsformen sind Prozesse des **„trading-down"**, d. h. Maßnahmen zur Steigerung der Wettbewerbsfähigkeit durch ein preisgünstigeres Angebot und innerbetriebliche Kosteneinsparungen, zu beobachten.

Die vorgestellten Ansätze behandeln die Veränderung von Merkmalen und Standorten der einzelnen Betriebe. Auch im Dienstleistungsbereich zeigen sich in zunehmendem Maße Tendenzen zur Entwicklung von **Mehrbetriebsunterneh-**

M 5-25 Formen unternehmerischer Zusammenarbeit bei Dienstleistungen

– Bei **Filialistensystemen** führt ein Mehrbetriebsunternehmen an verschiedenen Standorten Filialbetriebe; durch sie können die Umsatzpotentiale verschiedener Raumeinheiten erschlossen und gleichzeitig interne größenbedingte Kostenersparnisse realisiert werden (economies of scale).
– Bei **Franchising** räumt ein Franchise-Geber dem selbstandigen Franchise-Nehmer gegen Gebühr das Recht ein, ein weit verbreitetes Warenzeichen (gemeinsamer Name, Angebot, Betriebsgestaltung, Ausstattung, Werbung) zu nutzen. Der Nehmer hat den Vorteil, sich an den Erfolg eines bekannten Angebots anbinden zu können (Beispiel: Bennetton, McDonalds, Portas).
– Bei **Einkaufsgemeinschaften** schließen sich selbständige Unternehmen beim Wareneinkauf zusammen, um durch Abnahme größerer Mengen gegenüber den Herstellern niedrigere Einkaufspreise durchsetzen zu können.
– Bei **freiwilligen Ketten** erfolgt die gemeinsame Nutzung von Bezeichnung, Werbung, Standardsortiment durch weiterhin selbständige Unternehmen aus dem Groß- und Einzelhandelsbereich.

M 5-26 Organisationsformen von Dienstleistern

Achsen: Marktunsicherheit (niedrig–hoch), Produktkomplexität (niedrig–hoch)

- Netzwerk Organisation (hohe Marktunsicherheit, niedrige Produktkomplexität)
- Virtuelle Organisation (hohe Marktunsicherheit, hohe Produktkomplexität)
- Hierarchische Organisation (niedrige Marktunsicherheit, niedrige Produktkomplexität)
- Modulare Organisation (niedrige Marktunsicherheit, hohe Produktkomplexität)

nach: Reichwald/Möslein 1997, S. 82

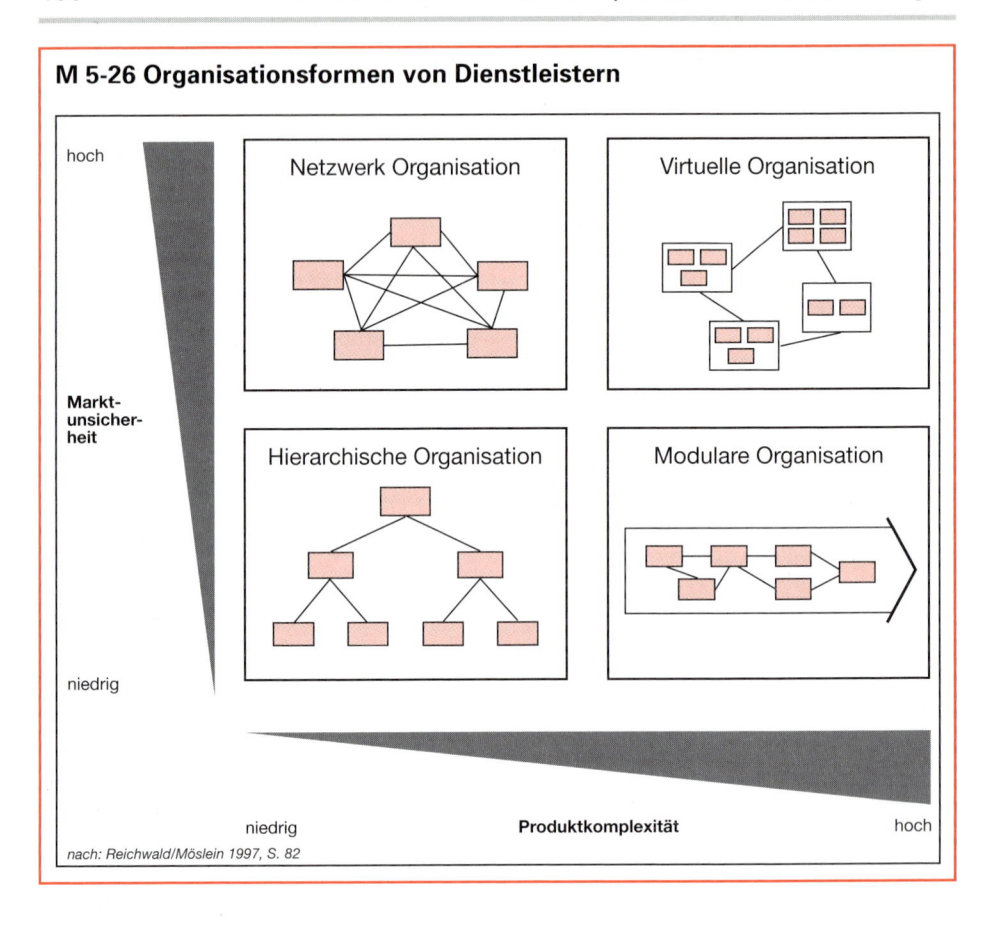

men oder **unternehmensübergreifender Zusammenarbeit** (vgl. Kap. 4.3). Im Dienstleistungsbereich sind Filialistensysteme, Franchising, Einkaufsgemeinschaften und freiwillige Ketten besonders verbreitet (M 5-25). Haupziele dieser Kooperationsformen sind, dass durch die Zusammenarbeit intern Kostenersparnisse realisiert werden können und dass nach außen (d. h. gegenüber den Nachfragern) durch gemeinsame Werbung und ein identisches Auftreten (z. B. hinsichtlich Angebot, Ausgestaltung) der Bekanntheitsgrad steigt und somit höhere Umsätze realisiert werden können.

Die gewählte Organisationsstruktur steht im Zusammenhang mit den Marktbedingungen und der Art des Angebots (vgl. REICHWALD/MÖSLEIN 1997, S. 81f; ; M 5-26). Im Bereich standardisierter Dienstleistungen mit niedriger Produktkomplexität und geringer Marktunsicherheit gewinnen **hierarchische Organisationsformen**, wie sie für Filialistensysteme von Mehrbetriebsunternehmen typisch sind, an Bedeutung. Durch sie lassen sich vor allem interne Kostenersparnisse realisieren. Bei größerer Marktunsicherheit und höherer Produktkomplexität gewinnen Kooperationsformen zwischen selbständigen

5.2 Dynamische Ansätze von Dienstleistungsstandorten

Unternehmen an Bedeutung. Sie erlauben ein flexibleres Reagieren auf sich verändernde Marktbedingungen bzw. eine Aufgabenteilung und das Einbringen spezifischer Kompetenzen. Die Zusammenarbeit in **Netzwerken** (z. B. strategische Allianzen, joint ventures) tritt bei ähnlichen Dienstleistern auf, die ein noch durch hohe Marktunsicherheiten gekennzeichnetes Angebot vorhalten. Sie können durch die Zusammenarbeit ihr individuelles Risiko reduzieren (vgl. in Kap. 4.3.2 die Ausführungen zu strategischen Allianzen). **Modulare Organisationen** sind kennzeichnend für sehr komplexe Dienstleistungen, bei denen die speziellen Kompetenzen verschiedener Dienstleister zur Bedarfsdeckung der Nachfrager zusammengeführt werden. Die Zusammenarbeit erlaubt die Bündelung der Kenntnisse und Fähigkeiten für eine gemeinsame Problemlösung. Bei hoher Marktunsicherheit und großer Produktkomplexität treten für einen vorübergehenden Zeitraum **virtuelle Organisationen** auf. Sie besitzen ad hoc gebildete aufgaben- oder projektspezifische Organisationsstrukturen, in welche verschiedene Mitglieder ihre spezifischen Fähigkeiten einbringen.

In Kooperationsformen eingebundene Dienstleister weisen eine andere Standortverteilung als unabhängige Einheiten auf. Ihre durch das gemeinsame Auftreten möglichen höheren Umsätze und internen Kostenersparnisse erlauben es ihnen, die attraktiveren Standorte (z. B. höherrangige Zentren) zu wählen. Die vergleichsweise schwächeren unabhängigen Einheiten finden sich in kostengünstigeren Randlagen oder lokalen Marktnischen. Sehr deutlich zeigen sich diese unterschiedlichen Standortverteilungen beispielsweise im Einzelhandelsbereich (vgl. KULKE 1997, S. 482); zu großen Einzelhandelsunternehmen gehörende Filialen dominieren in den umsatzattraktiven 1a-Lagen, während die unabhängigen Einbetriebsunternehmen in Randlagen zu finden sind.

5.2.2 Standortwandel durch Nachfrageveränderungen

Bereits W. CHRISTALLER (1933, S. 86-133) diskutierte die Auswirkungen von Nachfrageänderungen auf das System zentraler Orte. Seine Grundaussage war, dass alle Orte gleichmäßig an der Veränderung teilhaben. Bei Nachfragezuwachs entstehen weitere „hilfszentrale Orte", welche das erweiterte Angebot aufnehmen, bei Nachfragerückgang werden Orte geringeren Ranges aufgeben. Diese relativ statischen Betrachtungen entsprechen jedoch nur bedingt den in der Realität zu beobachtenden räumlich differenzierten Entwicklungen.

Nachfragebedingte Veränderungen des Angebots zentraler Güter (im Sinne konsumentenorientierter Dienstleistungen) untersuchte A. Bökemann (1967) und unterschied dabei zwischen den Auswirkungen der Vergrößerung der Einwohnerzahl und der Erhöhung des Einkommens (vgl. auch HEINRITZ 1979, S. 135f; KULKE 1992b, S. 37f). Eine geschlossene Raumeinheit (M 5-27) verfügt in der Ausgangslage über zentrale Einrichtungen verschiedenen Ranges (Range z, linear abgetragen auf der y-Achse) in einer jeweils gegebenen Anzahl (Anzahl λ, logarithmisch abgetragen auf der x-Achse). Je höherrangiger die zentralen Einrichtungen sind, desto geringer ist ihre Anzahl; die Gesamtzahl aller Einrichtungen ist Z_{ges}. Nimmt bei gleichem Individualeinkommen der Bewohner die Einwohnerzahl zu (von 1Pvorh auf 2Pvorh), bewirkt dies, dass sich nicht nur die Zahl der Einrich-

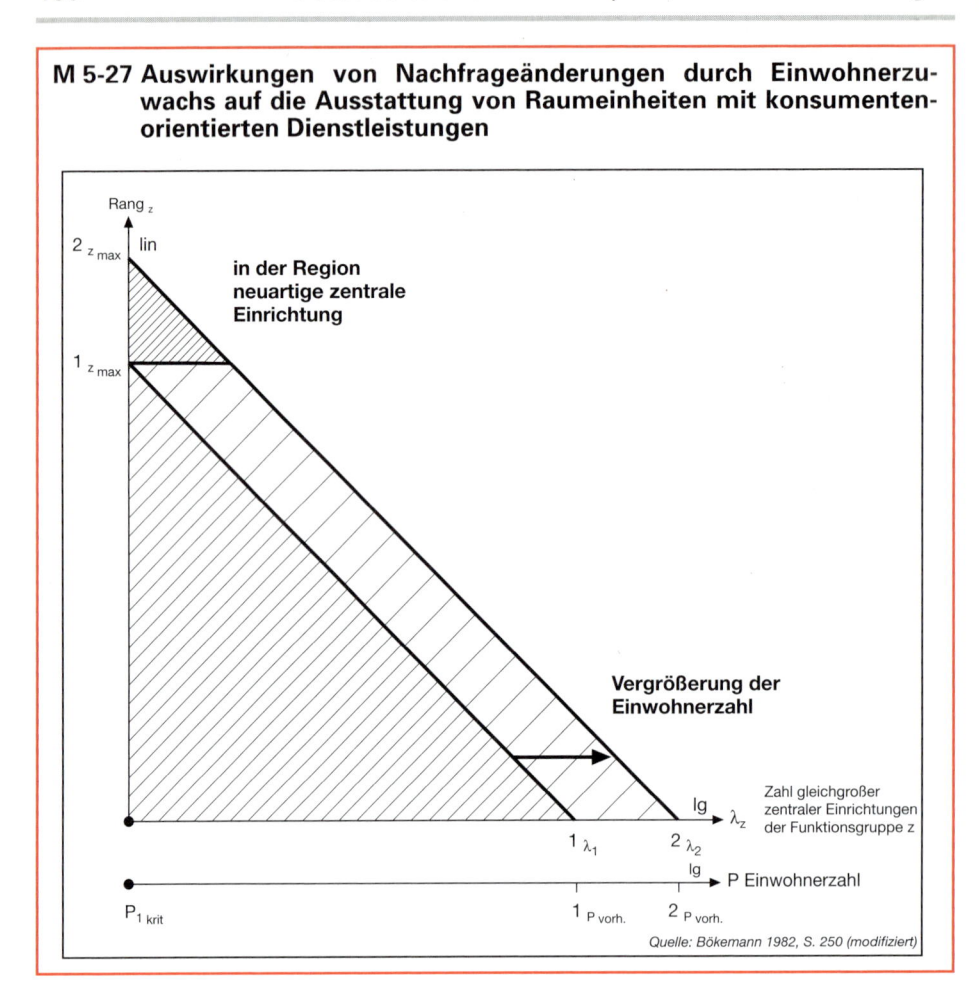

M 5-27 Auswirkungen von Nachfrageänderungen durch Einwohnerzuwachs auf die Ausstattung von Raumeinheiten mit konsumentenorientierten Dienstleistungen

- Rang z
- $2 z_{max}$ lin
- in der Region neuartige zentrale Einrichtung
- $1 z_{max}$
- Vergrößerung der Einwohnerzahl
- lg λ_z — Zahl gleichgroßer zentraler Einrichtungen der Funktionsgruppe z
- $1 \lambda_1$, $2 \lambda_2$
- lg P Einwohnerzahl
- $P_{1 krit}$, $1 P_{vorh.}$, $2 P_{vorh.}$

Quelle: Bökemann 1982, S. 250 (modifiziert)

tungen aller Rangstufen proportional zum Einwohnerzuwachs erhöht, sondern dass sich auch eine Existenzbasis (ausreichende Mindestwertschöpfung) für eine höherrangige zentrale Einrichtung ergibt. Allerdings muss sich bei linear wachsendem Rang der Funktionsgruppe z die Einwohnerzahl exponentiell erhöhen. Vergrößerungen der Einwohnerzahl bewirken also die Einrichtungen von weiteren Dienstleistern aller Rangstufen und zusätzlicher höherrangiger Anbieter.

Anders wirkt sich der Anstieg der Individualeinkommen bei gleicher Einwohnerzahl aus (M 5-28). In diesem Fall bleibt die Zahl der niedrigrangigsten zentralen Einrichtungen gleich, da sich der Grundbedarf nicht ändert (vgl. in Kap. 2.2.2 die einkommensabhängigen Verbrauchshäufigkeiten von Gütern). Dagegen können überproportional viele höherrangige Einrichtungen entstehen und es ergibt sich eine wirtschaftliche Existenzbasis für neue, bisher nicht vorhandene höchstran-

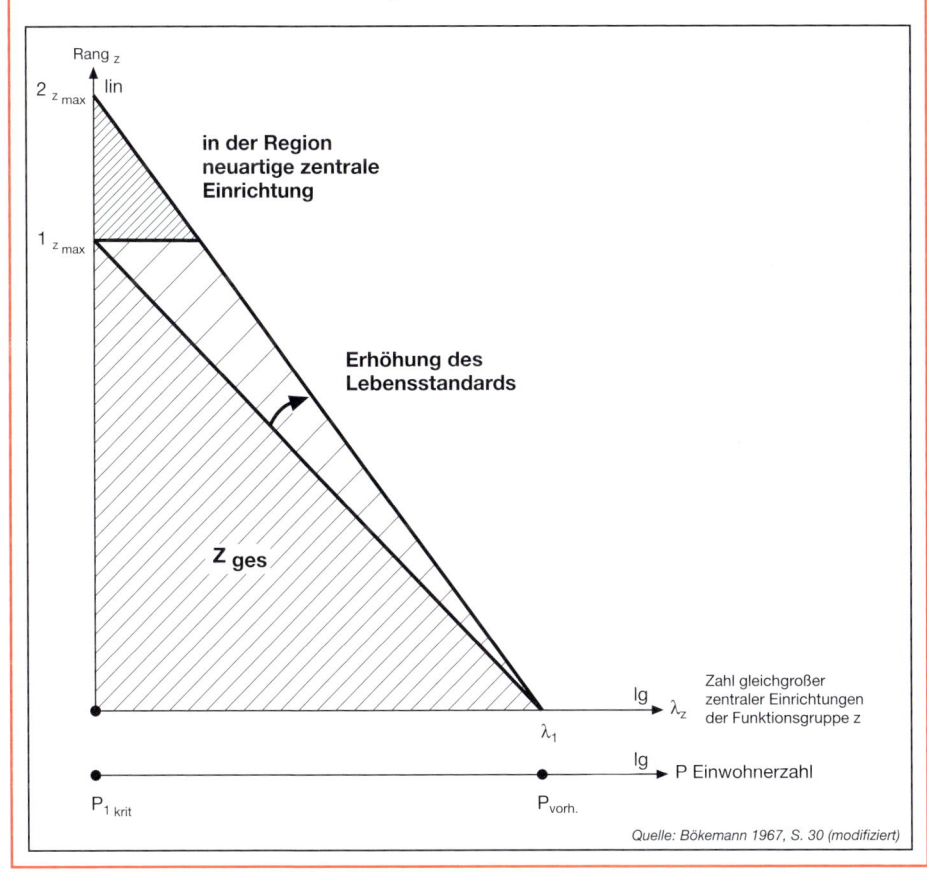

5.2 Dynamische Ansätze von Dienstleistungsstandorten 161

M 5-28 Auswirkungen von Nachfrageänderungen durch Einkommensanstieg auf die Ausstattung von Raumeinheiten mit konsumentenorientierten Dienstleistungen

[Diagramm mit folgenden Beschriftungen:
- y-Achse: Rang $_z$
- $2 z_{max}$ lin
- in der Region neuartige zentrale Einrichtung
- $1 z_{max}$
- Erhöhung des Lebensstandards
- z_{ges}
- lg λ_z — Zahl gleichgroßer zentraler Einrichtungen der Funktionsgruppe z
- λ_1
- lg P Einwohnerzahl
- $P_{1 krit}$, $P_{vorh.}$]

Quelle: Bökemann 1967, S. 30 (modifiziert)

gige Einrichtungen. Insgesamt erfolgt eine Anteilsverschiebung in Richtung auf die höheren Funktionsgruppen.

Auswirkungen der Veränderungen im Konsumentenverhalten auf verschieden große Angebotsstandorte untersucht LANGE (1972 und 1973) in seiner **Wachstumstheorie zentralörtlicher Systeme** (vgl. auch HEINRITZ 1979, S. 140f; KULKE 1992b, S. 13f). Als **Verbrauchsprofil** definiert LANGE die Menge der von Konsumenten in einer Zeiteinheit nachgefragten Güter (d. h. Waren und Dienstleistungen). Dieses Verbrauchsprofil bestimmen individuelle Faktoren, wie z. B. Einkommen, Alter, Geschlecht, Freizeit, Verkehrsmöglichkeiten oder Erziehung. Da das Einkommen besondere Bedeutung besitzt, untersucht er vertieft die Auswirkungen des Einkommensanstiegs und geht dabei vom Gesetz der Engelkurven (siehe Kap. 2.1 und Abb. 2-7) aus. Das Verbrauchsprofil bei geringem Einkommen setzt sich vor allem aus Grundbedarfsgütern zusammen, mit zunehmendem Einkommen steigt der Konsum von höherrangigen Gütern. Im Verbrauchsprofil erfolgt eine Verschiebung, die gekennzeichnet ist durch die absolute Zunahme der Gesamtzahl der nachgefragten Güter und einen wachsenden Anteil von höherrangigen Gütern. Die Auswirkungen des Einkommensanstieges auf verschiedene Zentren erklärt sich durch das **Besorgungsprofil**, welches die tatsächlich an verschiedenen Dienstleistungsstandorten wirksam werdende Nachfrage beschreibt. Es ergibt sich aus dem Verbrauchsprofil (d. h. der in einer Zeiteinheit nachgefragten Art und Menge von Gütern) und den aufzuwendenden Kosten der Raumüberwindung (Kosten, Zeit, Aufwand, physische Leistung); diese setzen sich aus den Elementen äußere Kosten der Raumüberwindung (Überwindung der

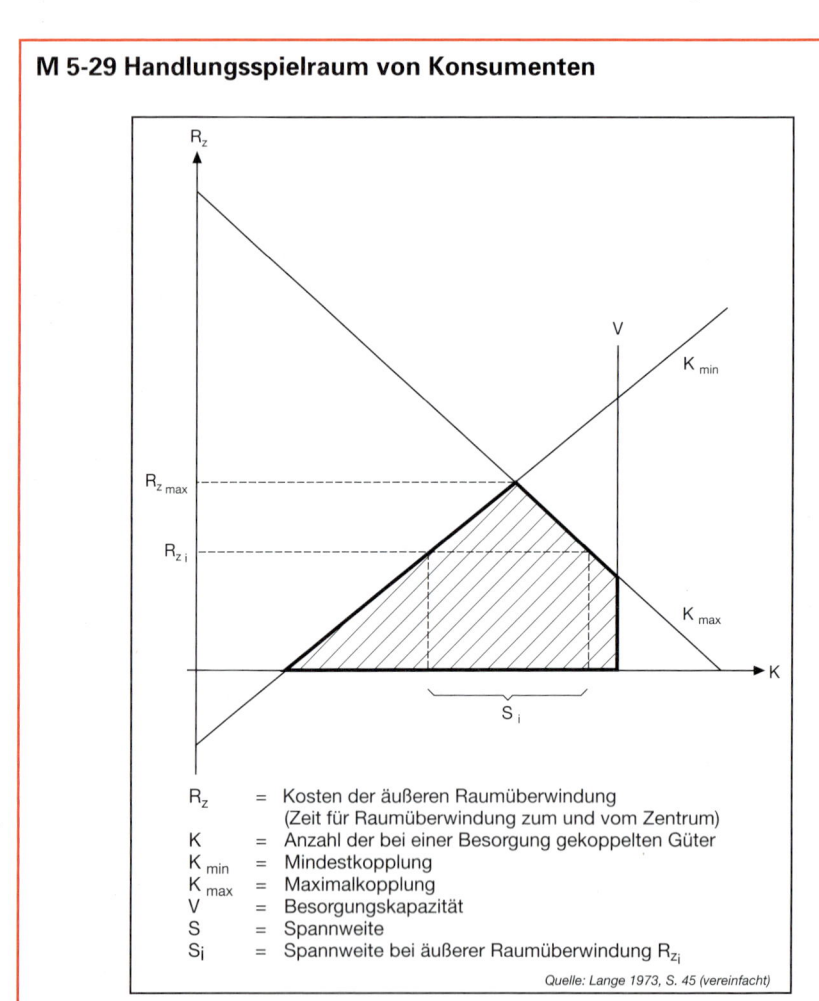

M 5-29 Handlungsspielraum von Konsumenten

R_z = Kosten der äußeren Raumüberwindung
(Zeit für Raumüberwindung zum und vom Zentrum)
K = Anzahl der bei einer Besorgung gekoppelten Güter
K_{min} = Mindestkopplung
K_{max} = Maximalkopplung
V = Besorgungskapazität
S = Spannweite
S_i = Spannweite bei äußerer Raumüberwindung R_{z_i}

Quelle: Lange 1973, S. 45 (vereinfacht)

5.2 Dynamische Ansätze von Dienstleistungsstandorten

Entfernung zum Zentrum), innere Kosten der Raumüberwindung (Überwindung von Entfernungen innerhalb des Zentrums) und den Kosten zur Informationsgewinnung (d.h. wo welche Güter angeboten werden) zusammen. Um die Kosten der Raumüberwindung möglichst gering zu halten, versuchen die Konsumenten, mehrere Güter während einer Besorgung zu erwerben; dieses bezeichnet LANGE als **Kopplung**.

Der Handlungsspielraum von Konsumenten hinsichtlich der Kopplung wird durch die zur Verfügung stehende Zeit und die Besorgungskapazität begrenzt (Abb. 5-29). Nachfrager können nicht für jedes Gut, welches sie erwerben, einen extra Besorgungsgang zurücklegen, da hierfür ihr Zeitbudget nicht ausreicht; entsprechend müssen sie eine Mindestkopplung (K_{min}), d. h. den Erwerb einer Mindestzahl von Gütern während einer Besorgung, vornehmen. Die Mindestkopplungsnotwendigkeit steigt dabei, je größer die Aufwendungen der Raumüberwindung sind; d. h. bei einem gegebenen Zeitbudget muss bei größerem Zeitaufwand für die Raumüberwindung mehr gekoppelt werden. Zugleich ist aber auch die maximale Zahl von Gütern, die während einer Besorgung erworben werden kann (Maximalkopplung K_{max}), begrenzt (z. B. durch das an einem Tag vorhandene Zeitbudget, die Öffnungszeiten der Anbieter). Ebenso limitierend wirkt sich die Besorgungskapazität (V) der Konsumenten aus, welche als größtmögliche zu transportierende Gütermenge definiert ist (beim Fahrrad wenig, beim Auto mehr). Den Entscheidungsspielraum eines Konsumenten hinsichtlich des Kopplungsumfanges zeigt die Spannweite (S_i). Bei geringen Kosten der äußeren Raumüberwindung ist dieser relativ groß, mit steigendem Zeitaufwand für die Raumüberwindung wird dieser immer kleiner.

Steigt das Einkommen, besteht aufgrund der größeren Zahl zu erwerbender Güter eine stärkere Notwendigkeit zur Kopplung (größere Mindestkopplung). Zugleich verbessert sich bei höherem Einkommen zumeist durch die Verfügbarkeit von leistungsfähigen Individualverkehrsmitteln (PKWs) die Möglichkeit, bei gleichem Zeitaufwand längere Wege zurückzulegen und größere Mengen zu transportieren. Zudem vergrößert sich der Anteil von höherrangigen Gütern im Erwerbsprofil. Entsprechend führt der Einkommensanstieg zu einem überproportionalen Nachfragezuwachs in höherrangigen Zentren mit Kopplungspotentialen und einem realen Nachfragerückgang an kleinen Standorten mit geringem Kopplungspotential.

Die Überlegungen von LANGE erklären aus Nachfragersicht die in der Realität zu beobachtende Verringerung von Dienstleistungsstandorten in Streulagen und den Bedeutungsgewinn von Zentren mit Kopplungspotential. Es lässt sich auch ein Zusammenhang mit dem Betriebsformenwandel herstellen (siehe Kap. 5.2.1); die auf der Angebotsseite zu beobachtende Tendenz, dass Dienstleister ihre Angebotsbreite vergrößern (z. B. beim Wandel von kleinen Lebensmittelgeschäften zu Verbrauchermärkten mit breitem Warenangebot oder beim Wandel von Transportunternehmen zu Logistikdienstleistern), eröffnet den Nachfragern größere Kopplungsmöglichkeiten bei einer Besorgung.

Literaturauswahl zur Ergänzung und Vertiefung

Dienstleistungen allgemein
DANIELS 1993, ELLGER 1993, HEINRITZ 1990, ILLERIS 1996, KULKE 1995b, LINDNER 1997, STAUDACHER 1995
Statische Dienstleistungsstandorte
BROWN 1989, DICKEN/LLOYD 1999, DIFU 1997, HAGGETT 2001, HEINEBERG/DE LANGE 1983, HEINRITZ 1979, ILLERIS 1996
Dynamische Dienstleistungsstandorte
AGERGARD/OLSEN/ALLPASS 1970, ALBACH 1989, ALEXANDER 1970, LANGE 1972, HÄUßER 1999, HEINRITZ 1979, STRAMBACH 2001

6 Räume und Raumsysteme wirtschaftlicher Aktivitäten

Bild 6-1 Kamponghaus im ländlichen Raum Malaysias. Kennzeichnend für Entwicklungsländer sind ausgeprägte räumliche Unterschiede in der wirtschaftlichen Leistungsfähigkeit; hohe Subsistenzanteile prägen die ländlichen Räume. (Photo E. KULKE)

6.1 Grundbegriffe

Die Betrachtungsebene der Räume und Raumsysteme berücksichtigt die Gesamtheit der innerhalb von definierten räumlichen Einheiten vorhandenen wirtschaftlichen Aktivitäten sowie die zwischen definierten räumlichen Einheiten bestehenden wirtschaftlichen Beziehungen bzw. Verflechtungen. Um Unterschiede in den ökonomischen Aktivitäten von Raumeinheiten zu identifizieren, d. h. räumliche Disparitäten quantitativ oder auch qualitativ zu erkennen und zu dokumentieren, finden charakteristische Merkmale – üblicherweise als wirtschaftliche oder gesellschaftliche **Indikatoren** bezeichnet – Verwendung. Die Beziehungen oder Verflechtungen zwischen Raumeinheiten, d. h. räumliche Mobilitätsprozesse wie beispielsweise Handelsströme oder Direktin-

M 6-1 Maßstabsebenen wirtschaftsgeographischer Betrachtung

Raumeinheit	Betrachtungsebene
Welt	global
Kontinent	international
Staat	
Region	interregional
Teilregion/-gebiet	intraregional
Standort	lokal

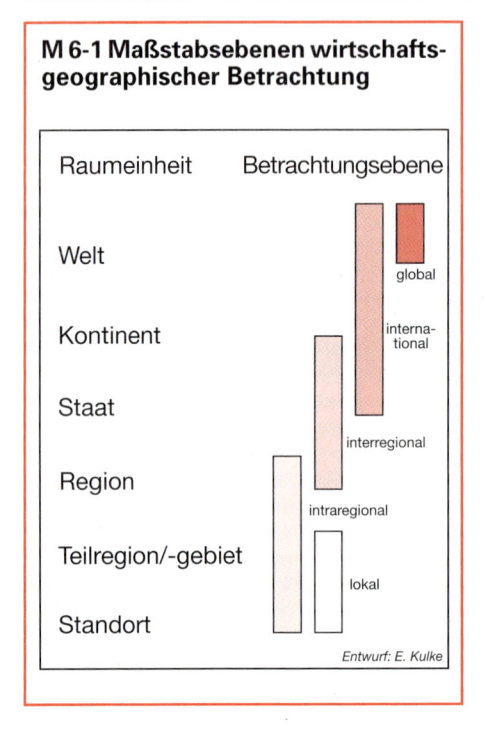

Entwurf: E. Kulke

vestitionen, werden **Interaktionen** genannt.

Die Definition bzw. Gliederung von räumlichen Einheiten erfolgt auf verschiedenen **Maßstabsebenen** (M 6-1); Betrachtungen auf weltweiter Ebene werden als global, zwischen Ländern als kontinental bzw. international, zwischen Raumeinheiten eines Landes als interregional und innerhalb eines Teilgebietes als intraregional oder lokal bezeichnet.

Regionalisierungen, d. h. Gliederungen des Raumes in Teilgebiete, berücksichtigen üblicherweise drei verschiedene Arten von Raumeinheiten (vgl. SEDLACEK 1998). Aufgrund der Verfügbarkeit von Datenmaterialien findet häufig eine Untergliederung nach **administrativen Einheiten** Verwendung; hierbei basiert die Raumgliederung auf vorhandenen – häufig historisch gewachsenen und bisweilen auch willkürlich festgelegten – Verwaltungseinheiten (z. B. Nationalstaat, Bundesland, Kreis). Dem Vorteil der Datenverfügbarkeit steht bei administrativen Einheiten häufig der Nachteil gegenüber, dass die Verwaltungsgrenzen zusammenhängende Wirtschaftsräume teilen. Dabei kann es sich um **homogene Einheiten** handeln, welche hinsichtlich eines oder mehrerer Merkmale eine ähnliche Struktur aufweisen; die Identifikation dieser Raumeinheiten mit vergleichbaren Merkmalen steht im Vordergrund von Analysen, bei welchen die Gesamtzahl aller Teilgebiete eines Gesamtraumes in eine kleinere Zahl von vergleichbaren Typen zusammengefasst wird (z. B. Industrieländer, Schwellenländer, Entwicklungsländer). Demgegenüber sind **funktionale Einheiten** durch ausgeprägte Verflechtungen miteinander und geringere Verflechtungen mit anderen Gebieten gekennzeichnet; sie finden besonders bei der Analyse von Einzugsbereichen von Clustern wirtschaftlicher Aktivitäten (z. B. Kundeneinzugsbereich eines Einkaufszentrums) Berücksichtigung.

Steht die Betrachtung der Gleichheit oder Ungleichheit von Merkmalen der räumlichen Einheiten zu einem Zeitpunkt im Vordergrund der Untersuchung, wird dies als **Strukturanalyse** bezeichnet. Die Veränderung von Merkmalen im zeitlichen Ablauf, d. h. beispielsweise zwischen zwei Beobachtungszeitpunkten, heißt **Wachstumsanalyse**, wobei Wachstum sowohl als Zunahme (positives Wachstum) als auch als Abnahme (negatives Wachstums) von Beobachtungsgrößen zu verstehen ist.

6.2 Räumliche Disparitäten

Räumliche Disparitäten zeigen die Gleichheit bzw. Ungleichheit der Ausprägung von Indikatoren in definierten räumlichen Einheiten. Von der Gesamtmenge möglicher räumlicher Merkmale finden bei wirtschaftsgeographischen Betrachtungen vor allem **ökonomische Indikatoren** – welche Aufschluss über Stand und Dynamik der wirtschaftlichen Entwicklung von Raumeinheiten geben – und **gesellschaftliche bzw. soziale Indikatoren** – welche die persönliche Lebenssituation der Bewohner von Raumeinheiten charakterisieren – Verwendung. Daneben gewinnen in jüngerer Vergangenheit als dritte Merkmalskategorie **umweltökonomische Indikatoren** – welche den Grad der Belastung der Umwelt und den Umfang des Verzehrs an natürlichen Ressourcen beschreiben – an Bedeutung.

6.2.1 Ökonomische Indikatoren

Die wichtigste Grundlage zur Beurteilung des wirtschaftlichen Entwicklungsstandes von Raumeinheiten bildet das Standardsystem der Volkswirtschaftlichen Gesamtrechnung. Es wurde in den 50er Jahren gemeinsam von dem Statistischen Amt der Vereinten Nationen (UN) und der Organisation für Europäische Wirtschaftliche Zusammenarbeit (OEEC) entwickelt (vgl. HEMMER 1988, S. 8f; HÜBL 1980, S. 63f; MÜHLBRADT 1999, S. 296f; SCHÄTZL 2000b, S. 12f). Die meisten Länder der Erde führen jährlich eine entsprechende Gesamtrechnung auf nationaler und häufig auch auf regionaler Ebene durch.

Die Entstehungsrechnung (M 6-2) berücksichtigt dabei alle Bereiche der Wirtschaft, in welchen Güter und Leistungen erbracht werden, d. h. die Unternehmen, die privaten Haushalte, den Staat sowie sonstige Organisationen (z. B. Kirchen, Verbände, Vereine). Ausgangsgröße ist der **Bruttoproduktionswert**, welcher die Summe aller innerhalb einer Zeiteinheit (üblicherweise ein Jahr) von diesen Bereichen der Wirtschaft erzeugten Güter und Dienstleistungen (gemessen an ihrem Wert in Geldeinheiten) bildet. Der Bruttoproduktionswert ist allerdings nur bedingt verwendbar, da dieser noch Doppelzählungen enthält. So wird hier sowohl der

---

M 6-2 Sozialprodukt nach der Entstehungsrechnung

Bruttoproduktionswert
   – Vorleistungen
= Bruttowertschöpfung
   + Einfuhrabgaben
= Bruttoinlandsprodukt (BIP)
   + vom Ausland empfangene Erwerbs- und Vermögenseinkommen
   – ans Ausland geleistete Erwerbs- und Vermögenseinkommen
= Bruttosozialprodukt (BSP)
   – Abschreibungen
= Nettosozialprodukt zu Marktpreisen
   + Subventionen
   – indirekte Steuern
= Nettosozialprodukt zu Faktorkosten

Quelle: Mühlbradt 1999, S. 297

Umsatz eines Reifenherstellers (z. B. Continental), der Reifen an einen Automobilhersteller liefert, als auch der Umsatz dieses Automobilherstellers (z. B. VW), bei welchem der Verkaufspreis des Autos auch die eingekauften Reifen umfasst, addiert. Diese Vorleistungen müssen abgezogen werden, um die tatsächlich innerhalb der Zeiteinheit erwirtschafteten Leistungen zu erhalten; der korrigierte Wert wird dann als **Bruttowertschöpfung** bezeichnet. Die Bruttowertschöpfung berücksichtigt noch nicht eine besondere Einnahmequelle des Staates, nämlich die Abgaben, welche beim grenzüberschreitenden Warenverkehr (z. B. Zölle auf die Einfuhr von Waren) an diesen zu zahlen sind. Werden diese Einfuhrabgaben noch hinzugefügt, erhält man das **Bruttoinlandsprodukt (BIP)**, welches seit dem Jahr 1992 als offizieller Indikator für die Bewertung der wirtschaftlichen Leistung von Raumeinheiten gilt. Das Bruttoinlandsprodukt basiert auf dem Inlandsprinzip, d. h. alle innerhalb einer definierten Raumeinheit erbrachten Leistungen finden Berücksichtigung unabhängig davon, zu welcher Nationalität die wirtschaftenden Einheiten gehören. Es unterscheidet sich darin von dem lange Zeit wichtigsten Maß der wirtschaftlichen Leistung, dem **Bruttosozialprodukt (BSP)**; die Weltbank bezeichnet seit 2002 das BSP als **Bruttonationaleinkommen (BNE)**, basierend auf einem modifizierten Gesamtrechnungssystem (des Jahres 1993), welches auf dem Inländerprinzip beruht; d. h. es werden hierbei die zu einer Raumeinheit gehörenden wirtschaftenden Bereiche gerechnet, unabhängig davon, wo diese tatsächlich tätig sind. Um das Bruttosozialprodukt zu erhalten, werden vom Bruttoinlandsprodukt die im Inland von ausländischen Produktionsfaktoren (z. B. durch ausländische Arbeitnehmer, ausländische Betriebe) erzeugten Leistungen abgezogen und die von Inländern im Ausland erbrachten Leistungen hinzuaddiert.

Das Bruttosozialprodukt übertreibt allerdings noch die tatsächliche wirtschaftliche Leistung, da der mit der Produktion von Gütern einhergehende Verschleiß von Maschinen oder Anlagen noch nicht berücksichtigt ist; zieht man diese als Abschreibungen bezeichnete Größe ab, ergibt sich das **Nettosozialprodukt zu Marktpreisen**. Von diesem können noch die indirekten Steuern (z. B. Verbrauchssteuern) subtrahiert und die für die Produktion gezahlten Subventionen addiert werden, um das **Nettosozialprodukt zu Faktorkosten** – welches auch als Volkseinkommen bezeichnet wird – zu erhalten.

Um einen wirklich räumlich vergleichbaren Indikator zu erhalten, muss der absolute Wert des Bruttoinlandsproduktes noch in Relation zur Größe eines Landes gesetzt werden. Denn bei der Betrachtung absoluter Werte hätte ein größeres Land (z. B. Indien) immer einen höheren Wert als ein kleines Land (z. B. Luxemburg), ohne wirklich eine höhere Leistungsfähigkeit der einzelnen Wirtschaftsobjekte zu besitzen. Die übliche Bezugsgröße ist dabei die Einwohnerzahl. Das Bruttoinlandsprodukt, geteilt durch die Einwohnerzahl – als **Pro-Kopf-Einkommen** bezeichnet –, stellt den wichtigsten ökonomischen Indikator von Raumeinheiten dar. Es dokumentiert allerdings nur die durchschnittliche Leistung der Wirtschaftsbereiche und gibt – trotz der missverständlichen Bezeichnung – keinen Aufschluss über die persönlichen Einkommen der Bewohner der Raumeinheit.

Trotz der weitgehend standardisierten Berechnungsweise des Pro-Kopf-Einkommens bestehen jedoch insbesondere auf in-

6.2 Räumliche Dispartitäten

ternationaler Ebene **Vergleichsprobleme,** welche die Aussagekraft des Indikators einschränken (vgl. HEMMER 1988, S. 11f; HAUCHLER/ MESSNER/ NUSCHELER 1997, S. 42f):

– Erstens berücksichtigt die Volkswirtschaftliche Gesamtrechnung nur Leistungen, für die tatsächlich ein Entgelt gezahlt wird; diese Abrechnung über Märkte ist jedoch zwischen Ländern ungleich ausgeprägt. So gehen die in Entwicklungsländern weit verbreitete **Subsistenzwirtschaft** – bei welcher landwirtschaftliche Erzeugerbetriebe Güter für den Eigenbedarf herstellen und selbst konsumieren – oder die Tätigkeit im informellen Sektor nicht ein. Auch die in manchen hochentwickelten Staaten ausgeprägte Schwarzarbeit (Schätzungen vermuten für Deutschland immerhin einen Umfang von einem Fünftel des BIP), handwerkliche Eigenleistungen, Hausfrauentätigkeiten oder Leistungen durch unentgeltlich mitarbeitende Familienangehörige bleiben unberücksichtigt.

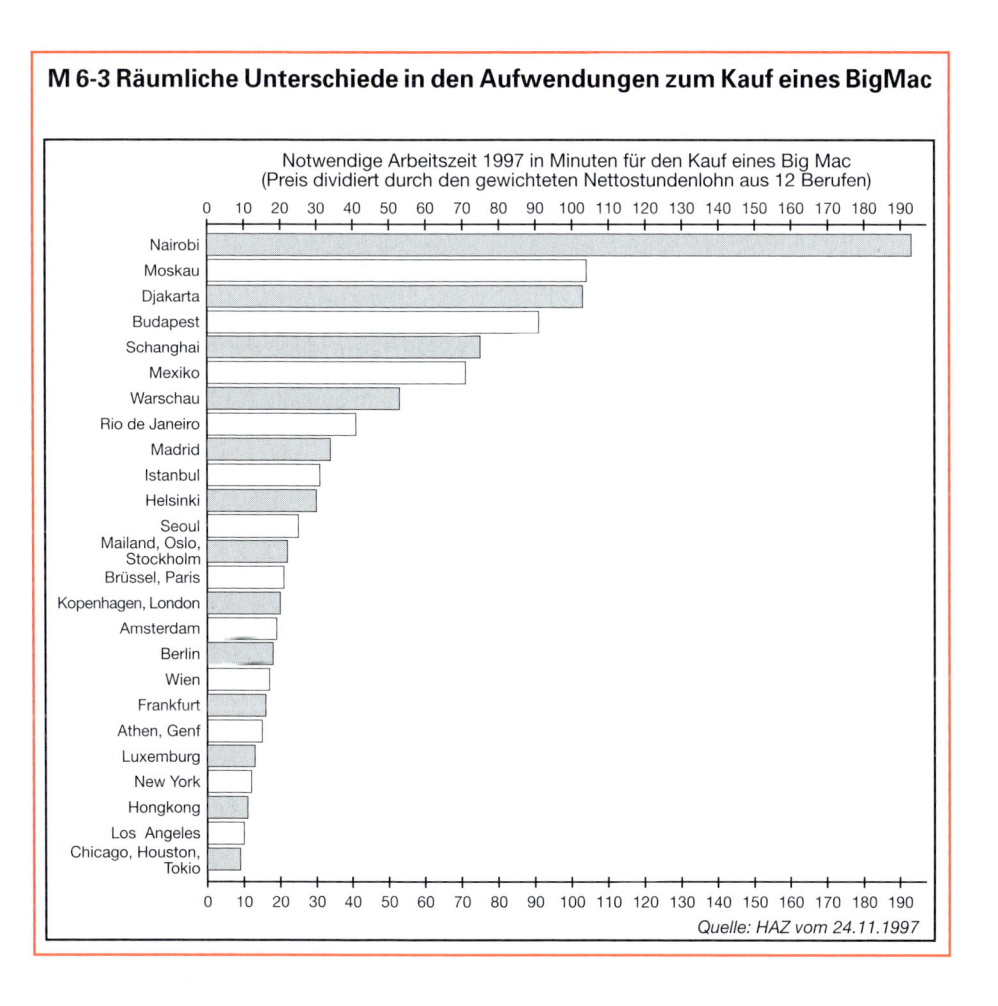

M 6-3 Räumliche Unterschiede in den Aufwendungen zum Kauf eines BigMac

Notwendige Arbeitszeit 1997 in Minuten für den Kauf eines Big Mac
(Preis dividiert durch den gewichteten Nettostundenlohn aus 12 Berufen)

Stadt	Minuten
Nairobi	~190
Moskau	~105
Djakarta	~100
Budapest	~85
Schanghai	~75
Mexiko	~70
Warschau	~55
Rio de Janeiro	~40
Madrid	~35
Istanbul	~30
Helsinki	~30
Seoul	~25
Mailand, Oslo, Stockholm	~22
Brüssel, Paris	~20
Kopenhagen, London	~20
Amsterdam	~18
Berlin	~17
Wien	~16
Frankfurt	~15
Athen, Genf	~14
Luxemburg	~12
New York	~11
Hongkong	~10
Los Angeles	~9
Chicago, Houston, Tokio	~8

Quelle: HAZ vom 24.11.1997

– Zweitens werden Leistungen eingerechnet, die tatsächlich jedoch eher wohlstandsmindernd wirken. So wirkt sich der Verzehr von nicht erneuerbaren Ressourcen – z. B. der Verkauf von Rohölvorräten oder der Raubbau an tropischen Hölzern – positiv auf den Wert des BIP aus, obwohl sich dadurch das Vermögen einer Raumeinheit verringert. Erzeugen Unternehmen Produkte und schädigen dabei gleichzeitig die Umwelt, geht nur der Wert der Produkte und nicht der Naturverzehr ein. Werden dann zu einem späteren Zeitpunkt die vorhandenen Schäden beseitigt, erhöhen die hierfür erforderlichen Aufwendungen rechnerisch das BIP.

– Drittens beruht die Summierung auf regionalen Preisen. Diese können durch Monopolsituationen (dadurch zu hohe Preise) oder staatliche Einflussnahme (z. B. gesetzliche Festlegung von Höchstpreisen für Grundnahrungsmittel) nicht dem realen Wert entsprechen. Um eine internationale Vergleichbarkeit zu erhalten, werden zudem die Angaben in nationalen Währungen, basierend auf jeweils gültigen Wechselkursen, in US-$ umgerechnet. Die Wechselkurse entsprechen jedoch nicht immer den realen Kaufkraftwerten der Länder. Dieses Vergleichsproblem versucht die WELTBANK (2002) durch die Berücksichtigung von Kaufkraftparitäten (KKP) zu kompensieren. Dabei hat ein internationaler Dollar, bezogen auf das BNE des jeweiligen Landes, die gleiche Kauf-

---

M 6-4 Typisierung der Länder nach dem Pro-Kopf-Einkommen

Der Begriff Pro-Kopf-Einkommen wird oftmals missverstanden. Fälschlicherweise entsteht der Eindruck, dass der Wert die Einkommenssituation der Bevölkerung beschreibt; tatsächlich drückt der Wert jedoch die wirtschaftliche Leistung aus. Er berechnet sich aus dem Bruttoinlandsprodukt einer Raumeinheit geteilt durch die Zahl der Einwohner dieser.

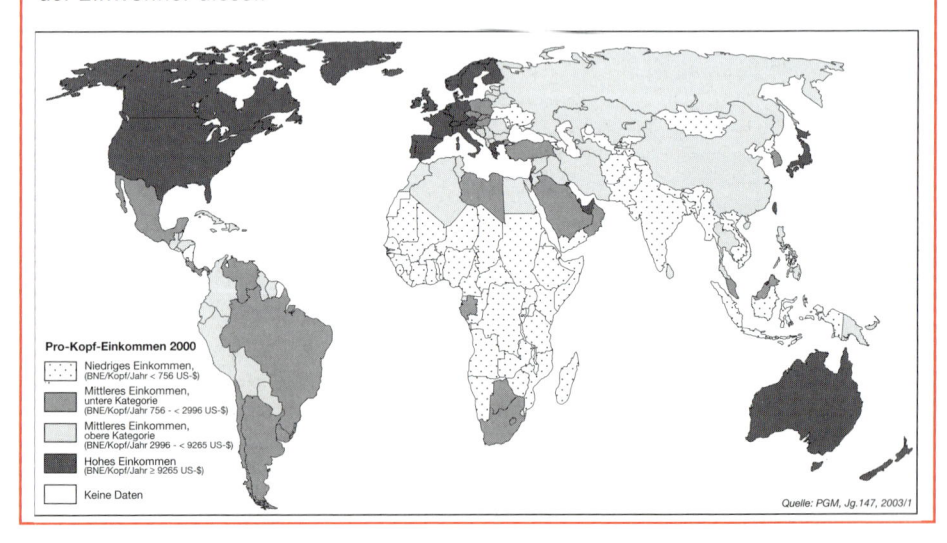

Pro-Kopf-Einkommen 2000
- Niedriges Einkommen, (BNE/Kopf/Jahr < 756 US-$)
- Mittleres Einkommen, untere Kategorie (BNE/Kopf/Jahr 756 - < 2996 US-$)
- Mittleres Einkommen, obere Kategorie (BNE/Kopf/Jahr 2996 - < 9265 US-$)
- Hohes Einkommen (BNE/Kopf/Jahr ≥ 9265 US-$)
- Keine Daten

Quelle: PGM, Jg.147, 2003/1

6.2 Räumliche Dispartitäten

kraft wie ein US-Dollar, bezogen auf das BNE der Vereinigten Staaten (WELTBANK 2002, S. 285). Einzelfallstudien von weltweit einheitlichen Produkten zeigen sehr deutlich, dass Schwankungen in den absoluten Preisen der Produkte in Verbindung mit den unterschiedlichen nationalen Einkommen zu erheblich differierenden Aufwendungen zum Erwerb der Produkte führen (M 6-3).

Neben der absoluten Höhe des Pro-Kopf-Einkommens, welches den wirtschaftlichen Entwicklungsstand zu einem Beobachtungszeitpunkt dokumentiert, findet zur Analyse von räumlichen Entwicklungsprozessen üblicherweise die durchschnittliche jährliche Wachstumsrate des PKE Verwendung. Sie erlaubt es, Tendenzen der wirtschaftlichen Entwicklung von Raumeinheiten in Relation zur Entwicklung des Gesamtraumes zu belegen und ermöglicht es so, wachstumsschwache und wachstumsstarke Regionen zu erkennen.

Auf internationaler Ebene dokumentiert die Weltbank im jährlich erscheinenden **Weltentwicklungsbericht** Ergebnisse der Volkswirtschaftlichen Gesamtrechnung der Länder der Erde und weist auch das Pro-Kopf-Einkommen aus. Auf diesem basierend erfolgt eine Gliederung in vier Einkommensgruppen: Länder mit niedrigem Einkommen, Länder mit mittlerem Einkommen der unteren Einkommenska-

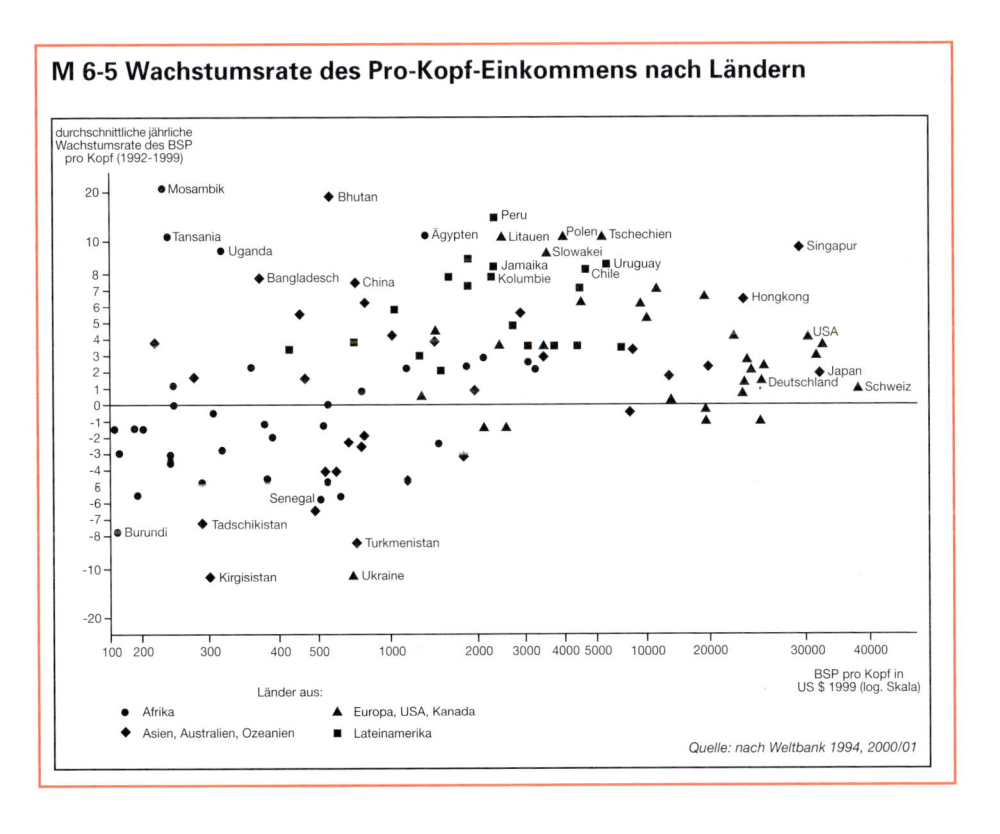

M 6-5 Wachstumsrate des Pro-Kopf-Einkommens nach Ländern

durchschnittliche jährliche Wachstumsrate des BSP pro Kopf (1992-1999)

Länder aus:
- Afrika
- Asien, Australien, Ozeanien
- Europa, USA, Kanada
- Lateinamerika

BSP pro Kopf in US $ 1999 (log. Skala)

Quelle: nach Weltbank 1994, 2000/01

tegorie, Länder mit mittlerem Einkommen der oberen Einkommenskategorie, Länder mit hohem Einkommen (M 6-4). Die Schwellenwerte zur Abgrenzung der Gruppen werden jährlich an die globale wirtschaftliche Entwicklung angepasst. Die Daten des PKE zeigen eine sehr große Spannweite zwischen dem ärmsten Land (BNE pro Kopf 2000: Kongo und Äthiopien je 100 US$) und dem reichsten Land (BNE pro Kopf 2000: Schweiz 38120 US$). Der hohe Absolutbetrag der Differenzen drückt jedoch aufgrund der o. g. Vergleichsprobleme nur bedingt die realen

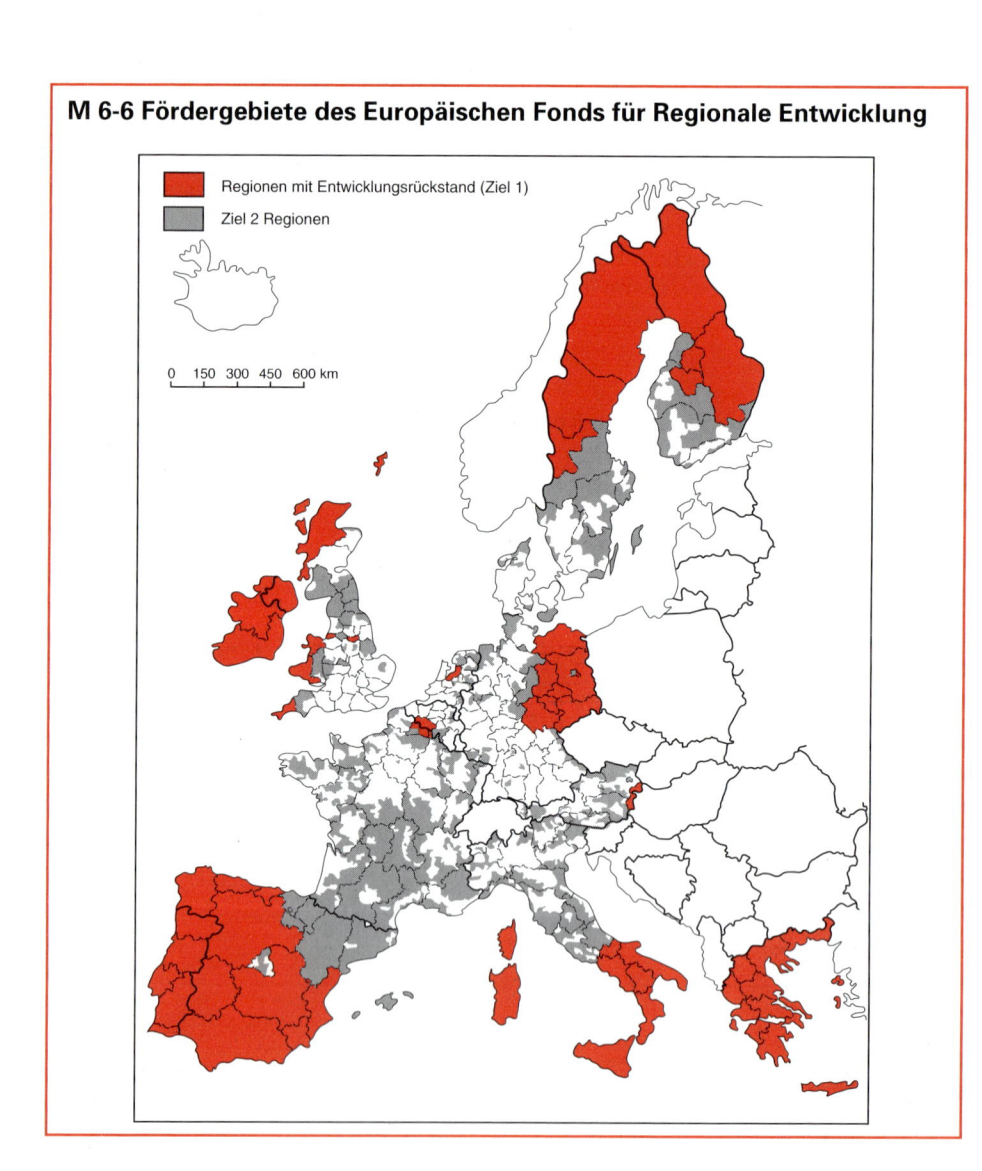

M 6-6 Fördergebiete des Europäischen Fonds für Regionale Entwicklung

Regionen mit Entwicklungsrückstand (Ziel 1)
Ziel 2 Regionen

6.2 Räumliche Dispartitäten

Unterschiede aus. Kontrollrechnungen hinsichtlich der realen Kaufkraft ergaben beispielsweise im Jahr 2000 für Indien ein PKE von 460 US$, welches einer Kaufkraft von 2390 US$ entsprach und für Japan ein PKE von 34210 US$, welches jedoch nur eine Kaufkraft von 26460 US$ besaß.

Der Vergleich der Wachstumsraten der Länder zeigt eine stark differenzierte Entwicklungsdynamik (M 6-5). Länder mit niedrigem Einkommen, insbesondere jene in Afrika, verzeichnen geringe oder sogar negative Wachstumsraten des PKE. Einige Länder mit mittlerem Einkommen, vor allem in Ost-/Südostasien, konnten dagegen überdurchschnittliche Zuwächse realisieren. Demgegenüber sind in den am höchsten entwickelten Ländern niedrigere Wachstumsraten zu beobachten. Diese langfristig zu beobachtenden Tendenzen führten dazu, dass sich in den letzten Jahrzehnten die Unterschiede zwischen den zwanzig Prozent ärmsten der Weltbevölkerung und den zwanzig Prozent reichsten vergrößerten (1960 1:30, 1980 1:45, 2000 1:62, nach UNDP).

Auch auf kleinräumigeren Ebenen stellt das Pro-Kopf-Einkommen einen häufig eingesetzten Indikator dar. So grenzt die Europäische Union die Fördergebiete, in welchen Maßnahmen des Europäischen Fonds für Regionale Entwicklung (EFRE) eingesetzt werden, mit dem PKE ab (M 6-6). Gebiete mit einem regionalen PKE von weniger als 75 % des europäischen Mittelwertes können Fördermittel erhalten.

Das Pro-Kopf-Einkommen ist der am häufigsten eingesetzte Indikator zum wirtschaftlichen Entwicklungsstand, da hierfür eine weltweit weitgehend vereinheitlichte Datenbasis vorliegt. **Andere ökonomische Indikatoren** – beispielsweise Anteile von Wirtschaftssektoren, Arbeitsmarktdaten oder Exportquoten – stellen klassische ökonomische Indikatoren dar (vgl. OTREMBA 1949) und finden je nach Verfügbarkeit und Fragestellung Verwendung, wobei die folgenden Merkmale öfter berücksichtigt werden:

– Die Betrachtung der Verteilung des BIP oder der Erwerbstätigen auf die **Wirtschaftssektoren** in Raumeinheiten erlaubt in Anlehnung an die Sektorentheorie (siehe Kap. 2.1) die Identifikation spezieller Produktionsstrukturen. In Agrargesellschaften besitzt die Landwirtschaft – bezogen auf den Anteil landwirtschaftlicher Aktivitäten an den Gesamtbeschäftigten oder an dem Gesamt-BIP – noch dominierende Bedeutung. Industrieräume lassen sich durch überdurchschnittliche Anteile von industriellen Aktivitäten identifizieren oder urbane Zentren besitzen besonders hohe Anteile von Dienstleistungsaktivitäten.

– Zur Identifikation von wirtschaftlichen Problemregionen wird häufig der Indikator **Arbeitslosenquote** eingesetzt. Er dokumentiert Ungleichgewichte zwischen dem Angebot an Arbeitskräften und der Nachfrage nach diesen. Gebiete, für welche die regionale Wirtschaftspolitik einen besonderen Handlungsbedarf annimmt, werden meist anhand der Arbeitslosenquote identifiziert.

– Der Grad der Einbindung von Ländern in die weltwirtschaftliche Arbeitsteilung lässt sich an der **Exportquote** erkennen. Sie drückt den Wert der Exporte in Prozent des BIP aus. In stark international verflochtenen Staaten mit Zwischenhandelsfunktionen, wie beispielsweise Singapur (Exportquote 1996: 273 % des BIP), kann die Exportquote ein mehrfaches des BIP erreichen.

Gerade komplexe wirtschaftliche Sachverhalte lassen sich häufig nur durch die Verwendung mehrerer ökonomischer Indikatoren charakterisieren. So gilt in jüngerer Vergangenheit sogenannten **Schwellenländern** besondere Aufmerksamkeit. Dabei handelt es sich um Staaten, welche gegenwärtig einen raschen Entwicklungsprozess durchlaufen, der mit tiefgreifenden Veränderungen der Wirtschaftsstruktur verbunden ist. Üblicherweise gelten als deren Merkmale ein mittleres Einkommen (PKE mindestens 1000 US$), ein Mindestanteil der Industrie am BIP von 20 %, der weiter ansteigt, ein wachsender Anteil an den Weltexporten sowie eine Verbesserung der persönlichen Einkommenssituation der Bevölkerung. Die genannten Kriterien erfüllen beispielsweise die auch als Tigerstaaten bezeichneten Länder in Südostasien (z. B. Taiwan, Malaysia, Thailand). Ihre Identifikation ist dabei häufig mit normativen Überlegungen im Sinne der Modernisierungstheorien (siehe Kap. 6.1.3) verbunden; d.h. ihnen gelingt es gegenwärtig, sich durch hohe Wachstumsraten vom Status eines Entwicklungslandes zu lösen und zum Industrieland aufzusteigen.

Auf regionaler Ebene wird ebenfalls häufig versucht, Regionen, die aufgrund ihrer Strukturmerkmale eine große Wachstumsdynamik (z. B. High-Tech-Regionen) oder ausgeprägte Entwicklungsprobleme aufweisen, anhand eines Bündels von Indikatoren zu erkennen. So identifiziert beispielsweise die Europäische Union sogenannte „Altindustrieregionen", in welchen Maßnahmen der Strukturpolitik zum wirtschaftlichen Wandel eingesetzt werden sollen (M 6-6). Als Indikatoren dienen eine über dem Durchschnitt liegende Arbeitslosenquote, ein mindestens in einem Jahr der Betrachtungsperiode über dem Durchschnitt liegender Anteil von Industriebeschäftigen und ein langfristiger Trend des Rückganges der Industriebeschäftigtenzahlen.

6.2.2 Gesellschaftliche/soziale Indikatoren

Im Unterschied zu der Volkswirtschaftlichen Gesamtrechnung gibt es bisher noch kein vereinheitlichtes System, welches die persönliche **Lebenssituation der Bevölkerung** ausdrückt. Dies liegt teilweise daran, dass geeignete Indikatoren, welche ein umfassendes Bild vermitteln könnten, fehlen. Zum anderen besteht aufgrund von differierenden Wertvorstellungen auch noch kein Konsens, welche Indikatoren geeignet sind, die soziale Situation von Raumeinheiten zu charakterisieren. Entsprechend liegt eine Vielfalt von differierenden Ansätzen vor (vgl. dazu COY/KRAAS 2003; HAUCHLER/ MESSNER/ NUSCHELER 1997, S. 44f; JOHNSTON 1994, S. 128f; SCHÄTZL 2000b, S. 24f; SMITH 1979, S. 15 f).

Untersuchungen der OECD (Organisation for Economic Cooperation and Development) und des UNRISD (United Nations Research Institute for Social Development) orientieren sich vor allem auf die Grundbedürfnisse für menschenwürdige Lebensverhältnisse. Sie berücksichtigen zur Beschreibung des gesellschaftlichen Entwicklungsstandes (M 6-7) insbesondere die Lebensbereiche **Gesundheit** (Indikatoren u. a. Lebenserwartung bei der Geburt, Säuglingssterblichkeit), **Bildung** (Indikatoren z. B. Analphabetenrate, Anteil einer Altersgruppe in weiterführenden Schulen), **Ernährung** (Indikatoren u. a.

6.2 Räumliche Dispartitäten

M 6-7 Ausprägung von Indikatoren zum sozialen/gesellschaftlichen Entwicklungsstand

	Mittelwert der Welt	schlechtester Wert	bester Wert
Gesundheit			
Lebenserwartung bei der Geburt in Jahren (1999)	66	37 (Sierra Leone)	81 (Japan)
Säuglingssterblichkeit je 1000 Lebendgeburten (1998)	54	169 (Sierra Leone)	3 (Hongkong)
Bildung			
Analphabetenrate Erwachsener (in % 1999)	.	85 (Niger)	1 (z.B. Italien)
Anteil einer Altersgruppe in weiterführenden Schulen (in % 1997)	68	9 (Niger)	100 (z.B. Schweden)
Haushaltsausstattung			
Zugang zu sauberem Trinkwasser (in % 1996)	.	7 (Eritrea)	100 (z.B. Schweiz)
Fernsehgeräte je 1000 Einwohner (1998)	247	1 (Tschad)	847 (USA)
Ernährung			
Verbreitung von Unterernährung bei Kindern unter 5 Jahren (in % 1998)	30	57 (Nepal)	1 (z.B. USA)
Tägliches Kalorienangebot Pro Kopf (1985)	.	1617 (Mosambik)	3530 (Irland)

Quelle: WELTBANK, Weltentwicklungsbericht, div. Jahre

durchschnittlicher Kalorienverbrauch pro Tag, Verbreitung von Unterernährung) und **Haushaltsausstattung** (Indikatoren z. B. Anteil von Wohnungen mit Trinkwasseranschluss, PKW je 1000 Einwohner).

Eine Schwierigkeit bei der Verwendung von sozialen bzw. gesellschaftlichen Indikatoren besteht darin, dass sie oft nur quantitative Hilfsgrößen für einen nicht direkt messbaren Zusammenhang darstellen. So dokumentiert die Zahl der Ärzte pro 1000 Einwohner zwar den medizinischen Input, beschreibt jedoch nur bedingt die wirkliche gesundheitliche Lage der Bevölkerung. Ebenso wenig gibt die Versorgung von Haushalten mit Fernsehern oder Tageszeitungen Aufschluss über die Informationsvielfalt und –freiheit eines Landes.

Ein weiteres Problem ergibt sich dadurch, dass ein einzelner Indikator nicht in der Lage ist, die sehr komplexe Lebenssituation auszudrücken, sondern jeweils nur einen begrenzten Teilaspekt beschreibt.

Deshalb wird auf verschiedene Weisen versucht, mehrere Einzelindikatoren zusammenzufassen, um dadurch ein umfassenderes Bild der Lebenssituation zu zeichnen.

Wissenschaftler (vgl. z. B. BRATZEL/MÜLLER 1979; GIESE 1985) setzten in der jüngeren Vergangenheit hierfür häufig Methoden der analytischen Statistik (u. a. Faktorenanalyse, Clusteranalyse) ein. Es zeigte sich jedoch, dass – entgegen der ursprünglichen Annahme des Einsatzes eines objektiven Verfahrens – bereits die Auswahl der Indikatoren erheblichen Einfluss auf das später berechnete Ergebnis hat. Auch führt die Zusammenführung zu einem erheblichen Verlust an Ursprungsinformationen und es entstehen schwer interpretierbare Ergebniskennziffern.

Weit verbreitet hat sich der von dem UNDP (United Nations Development Programme) seit 1990 jährlich berechnete **Human-Development-Index** (HDI; M 6-8). Dieser berücksichtigt als Kaufkraftindikator das Pro-Kopf-Einkommen nach Kaufkraftparitäten, als Gesundheitsindikator die Lebenserwartung bei der Geburt und als Bildungsindikatoren die Alphabetisierungsrate Erwachsener sowie die Einschulungsrate. Bei den Indikatoren erfolgt zuerst eine Standardisierung, d. h. für jeden Indikator werden ein Mindestwert und ein Höchstwert definiert und der jeweils betrachtete Wert in Relation zu dieser Spanne ausgedrückt (in Werten zwischen Null und Eins). Anschließend wird aus den Teilindikatoren ein Gesamtwert gebildet; dabei wird zuerst aus den Teilindikatoren Alphabetisierung (Gewichtung zwei Drittel) und Einschulung (Gewichtung ein Drittel) ein gewichteter Gesamtwert für den Indikator Bildung berechnet. Anschließend werden die drei Indikatoren zur Kaufkraft, zur Gesundheit und zur Bildung zu einem gleichgewichteten arithmetischen Mittelwert (d. h. jeder geht mit einem Drittel ein) zusammengefügt. Der Gesamtwert kann zwischen Null und Eins

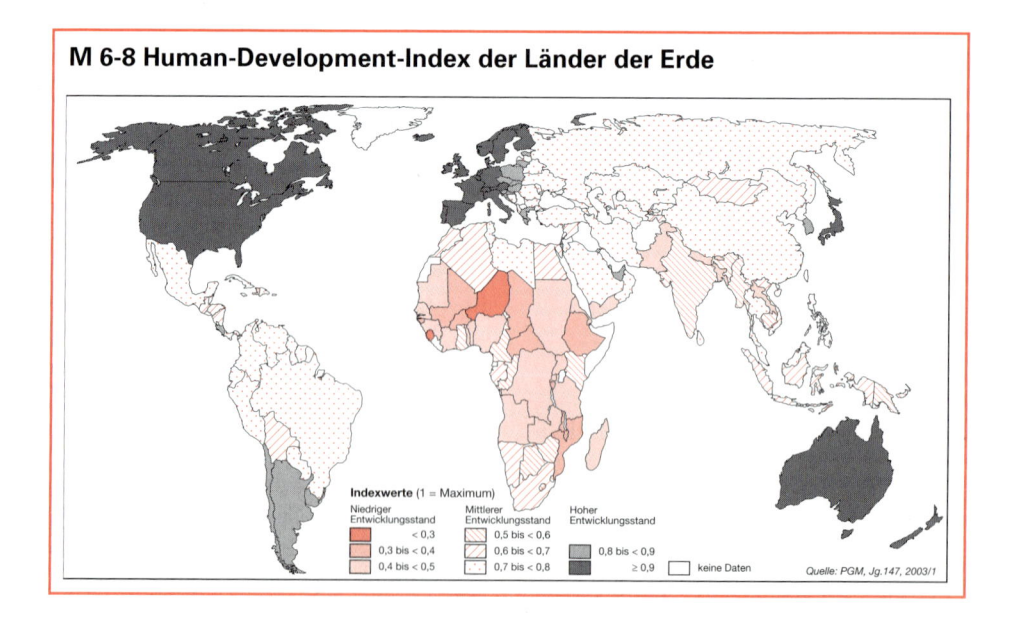

M 6-8 Human-Development-Index der Länder der Erde

6.2 Räumliche Dispartitäten

liegen; je stärker er sich dem Idealwert von Eins annähert, desto höher ist der menschliche Entwicklungsstand der betrachteten Raumeinheit. Auch wenn der HDI ein breiteres Bild als das PKE zeichnet, bleibt auch dieser aufgrund der begrenzten Zahl eingesetzter Indikatoren nur eine Hilfsgröße für die tatsächliche Lebenssituation der Bevölkerung.

Um Länder mit einer besonders ungünstigen Lebenssituation der Bevölkerung zu identifizieren, berechnet die UNDP den **Entbehrungsindex** (Capability Poverty Measure = CPM). Dieser erfasst insbesondere jenen Bevölkerungsanteil, dem grundlegende Voraussetzungen für eine selbständige Entfaltung produktiver Fähigkeiten fehlen (vgl. HAUCHLER/ MESSNER/ NUSCHELER 1997, S. 50). Als Indikatoren gehen der Anteil untergewichtiger Kinder, der Anteil von Geburten ohne fachliche Betreuung und die Analphabetenrate der weiblichen Bevölkerung ein. Der Index soll die Wirkungen der Wirtschafts- und Gesellschaftsstrukturen auf die Lebensbedingungen von Randgruppen zeigen und damit ein realistisches Bild menschlicher Entbehrung vermitteln.

Im Zusammenhang mit Überlegungen zur gesellschaftlichen oder sozialen Lebenssituation der Bevölkerung werden auch immer wieder Ansätze diskutiert, welche **kulturelle Prägungen** mit der Art und der Intensität wirtschaftlicher Aktivitäten verbinden. Bereits in den zwanziger Jahren führte A. RÜHL Studien zum **Wirtschaftsgeist** durch (vgl. RÜHL 1938); demnach hat die ethische Grundhaltung von Menschen Einfluss auf die Art und Weise ihres wirtschaftlichen Handelns. In jünge-

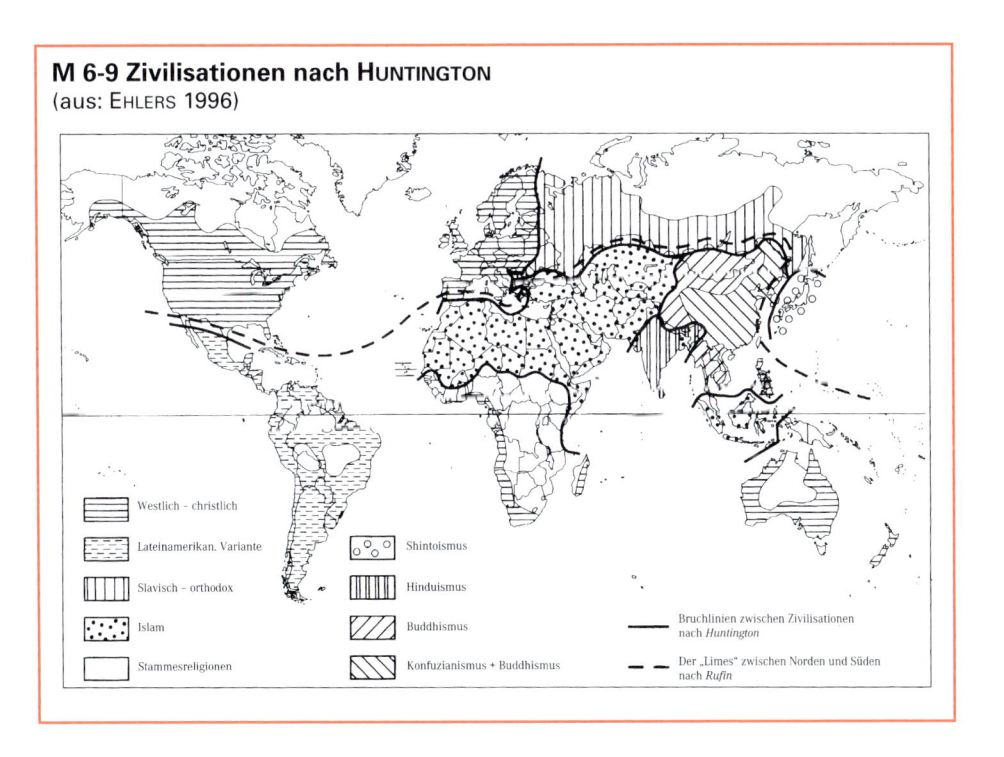

M 6-9 Zivilisationen nach HUNTINGTON
(aus: EHLERS 1996)

- Westlich - christlich
- Lateinamerikan. Variante
- Slavisch - orthodox
- Islam
- Stammesreligionen
- Shintoismus
- Hinduismus
- Buddhismus
- Konfuzianismus + Buddhismus
- Bruchlinien zwischen Zivilisationen nach *Huntington*
- Der „Limes" zwischen Norden und Süden nach *Rufin*

M 6-10 Glücksrangliste der Länder der Erde

1. Bangladesh
2. Aserbaidschan
3. Nigeria
4. Philippinen
5. Indien
6. Ghana
7. Georgien
8. China
9. Polen
10. Türkei
z.B.
27. Schweden
32. Großbritannien
42. Deutschland
46. USA

Quelle: London School of Economics 1998

M 6-11 Typen von Ländern nach sozioökonomischen Merkmalen

Ländergliederung in Zeiten des „kalten Krieges"
(basierend auf politisch-ökonomischen Ordnungen)
  Erste Welt = westliche marktwirtschaftliche Industrieländer
  Zweite Welt = östliche sozialistische Staatshandelsländer
  Dritte Welt = übrige blockfreie Länder, überwiegend Entwicklungsländer

Ländergliederung der WELTBANK
(basierend auf jährlich aktualisierten Werten des Pro-Kopf-Einkommens)
  Länder mit niedrigem Einkommen (Low Income Countries,
  2000: bis 755 US$)
  Länder mit mittlerem Einkommen (Middle Income Countries)
    Untere Kategorie (2000: 756-2995 US$)
    Obere Kategorie (2000: 2996-9265 US$)
  Länder mit hohem Einkommen (High Income Countries,
  2000: 9266 US$ und mehr)

Ländergliederung der UNDP
(basierend auf jährlich aktualisierten Daten des Human-Development-Index)
  Länder mit niedrigem Entwicklungsstand
    HDI unter 0.500
  Länder mit mittleren Entwicklungsstand
    HDI 0.500 bis 0.799
  Länder mit hohem Entwicklungsstand
    HDI 0.800 und mehr

6.2 Räumliche Dispartitäten

Länder mit besonderen Merkmalen
(ausgewählte Beispiele basierend auf unterschiedlichen Indikatoren)
 LDC = Less Developed Countries = Entwicklungsländer
 LLDC = Least Developed Countries = geringst entwickelte Länder
 Landlocked Countries = Entwicklungsländer, die aufgrund des Fehlens eines direkten Zugangs zum Meer Probleme bei der Einbindung in internationale Beziehungen haben
 OPEC-Staaten = Erdöl exportierende Staaten, die in einem Produzentenkartell organisiert sind
 Transformationsländer = Länder, die sich im Übergang vom sozialistisch-planwirtschaftlichen System zum demokratisch-marktwirtschaftlichen System befinden
 Schwellenländer = Länder, die sich in der take-off-Phase der wirtschaftlichen Entwicklung befinden

rer Vergangenheit wurden Möglichkeiten der Gliederungen der Erde nach kulturellen Indikatoren sehr kontrovers diskutiert (vgl. EHLERS 1996, REUBER/WOLKERSDORFER 2002). Der Ansatz einer „Geographie der **Kulturerdteile**" von KOLB (1962) verfolgte dabei eher ein didaktisches Konzept, um analog zur naturräumlichen Gliederung der Erde auch eine kulturräumliche Gliederung in Gebiete mit vergleichbarer gesellschaftlicher Prägung zu entwickeln. KOLB versteht dabei als Kulturerdteil einen „....Raum subkontinentalen Ausmaßes..., dessen Einheit auf dem individuellen Ursprung der Kultur, auf der besonderen einmaligen Verbindung der landschaftsgestaltenden Natur- und Kulturerdteile, auf der eigenständigen, geistigen und gesellschaftlichen Ordnung und dem Zusammenhang des historischen Ablaufs beruht."

Demgegenüber weist der Ansatz HUNTINGTONS (1993) zu „Zivilisationen" eine klare politische Konzeption auf (M6-9). Nach dem Ende der klaren Konfliktlinie des Kalten Krieges zwischen der Westlichen Welt und dem Ostblock sieht er neue globale Konflikte zwischen kulturell-religiös-geschichtlich geprägten Zivilisationen entstehen („**clash of civilisations**").

Er identifiziert dabei primär sieben Zivilisationen, welche jeweils durch gemeinsame Elemente wie Religion, Gewohnheiten, Sprache, Geschichte, Institutionen und Selbstidentifikation der Menschen geprägt sind. Zwischen diesen Zivilisationen bestehen tiefsitzende Unterschiede, welche aufgrund der weltweiten Globalisierungsprozesse – und damit schrumpfender Raum- und Zeitdistanzen – heftiger aufeinander prallen als in der Vergangenheit; Wettbewerb um Ressourcen, Märkte und Macht führen zu einem sich verstärkenden Konfliktpotential, welches dann besonders an den räumlichen Bruchlinien – beispielsweise zwischen der westlich-christlichen und der islamischen Welt – aufflammen kann.

Insgesamt gibt es eine große Vielfalt von Indikatoren und Aggregationsmethoden zur Lebenssituation der Bevölkerung. Manche Analysen liefern dabei durchaus spannende, wenn auch bisweilen nur bedingt nachvollziehbare Ergebnisse (Beispiel Glücksrangliste der London School of Economics, M 6-10). Einen hohen Verbreitungsgrad erlangen sie nur dann, wenn wie bei der Berechnung des Pro-Kopf-Einkommens ein standardisiertes Erfassungssystem einheitlich eingesetzt und laufend fortgeführt wird (vgl. Ländertypen in M 6-11); diese Kriterien erfüllt bisher nur der Human-Development-Index.

6.2.3 Umweltökonomische Indikatoren

Wirtschaftliche Entwicklung geht mit der Nutzung und häufig der Überlastung natürlicher Ressourcen einher. Erstmalig schärfte der 1972 veröffentlichte Bericht des CLUB OF ROME (Limits of growth) ein breiteres öffentliches Bewusstsein hinsichtlich der Begrenztheit der Ressourcen der Erde. Weiter gehend aufgegriffen wurde der Ansatz im BRUNDTLAND-BERICHT 1987 und in Verbindung gesetzt mit dem Begriff der **Nachhaltigkeit** („sustainability"). Nachhaltigkeit ist dabei als Konzept zu verstehen, welches menschliches Wohlergehen, soziale Gerechtigkeit und ökologisches Gleichgewicht als miteinander verknüpfte Bestandteile eines Entwicklungsmodells anstrebt (HAUCHLER/ MESSNER/ NUSCHELER 1997, S. 53). Im klassischen wirtschaftlichen Sinne bedeutet Nachhaltigkeit (ursprünglich aus der Forstwirtschaft stammend), dass Ressourcennutzung zur Befriedigung der Bedürfnisse der Gegenwart nur in dem Umfang erfolgt, welcher auch die Befriedigung der Bedürfnisse künftiger Generationen sichert (vgl. Lexikon Geographie Bd. 2, 2002, S. 413). Das bedeutet beispielsweise bei der agraren Inwertsetzung, dass der Bestand an Ressourcen in Menge und Qualität durch die Ausbeutung (z. B. Holzeinschlag) nicht reduziert wird, sondern eine Nutzung nur im Umfang des Nachwachsens erfolgt. Eine politische Konkretisierung erhielt das Konzept in dem 1992 in Rio de Janeiro von der UNO-Konferenz für Umwelt und Entwicklung (UNCED) verabschiedeten langfristigen Aktionsprogramm der Agenda 21.

Für die Bewertung von Nachhaltigkeit oder Umweltverbrauch gibt es noch keinen standardisierten internationalen Indikator, jedoch wird gegenwärtig eine Reihe von Ansätzen entwickelt. Ein international beachtetes Konzept ist dabei jenes des **ökologischen Fußabdrucks** (vgl. HAUCHLER/MESSNER/NUSCHELER 1997, S. 51; WACKERNAGEL/REES 1996, S. 85), welches die Fläche berechnet, die ein Bewohner der Erde dauerhaft für die Aufrechterhaltung seines derzeitigen Lebensstils benötigt. Die Fläche ergibt sich aus der Entnahme von natürlichen Ressourcen und der Entsorgung der Abfallstoffe und Emissionen. Dabei fließt eine Vielzahl von Einzelindikatoren, z. B. die reale Beanspruchung von Flächen für Wohnen, Verkehr, Arbeiten oder die benötigte Waldfläche für den Abbau von Kohlendioxid, ein. Die im Jahr 1991 weltweit verfügbare durchschnittliche Fläche pro Person betrug dabei 1.5 ha, die tatsächliche Beanspruchung streute zwischen dem Maximalwert von 5.1 ha in den USA und niedrigen Werten wie beispielsweise in Indien von 0.4 ha.

Sowohl auf internationaler Ebene (OECD) als auch auf nationaler Ebene (Statistisches Bundesamt) wird gegenwärtig an der Entwicklung einer umweltökonomischen Gesamtrechnung – im Sinne eines **Ökosozialproduktes** – gearbeitet (vgl. HAUCHLER/MESSNER/NUSCHELER 1997, S. 50; SCHÄTZL 2000b, S. 30f). Die Berechnung des BIP/BSP soll dabei um den Naturverbrauch erweitert werden, um ein realistischeres Bild der Wirtschaftsleistung zu erhalten. Zur Korrektur berücksichtigte Elemente stellen erstens die geldliche Bewertung von Umweltschäden – d. h. Kosten zur Vermeidung bzw. Verminderung von Umweltbelastungen und Folgekosten zur Beseitigung aufgetretener Schäden – und zweitens die Kosten des Verbrauchs an natürlichen Ressourcen dar. Eine breite Umsetzung des Konzeptes ist jedoch aufgrund von Erfassungs- und Bewertungsproblemen schwierig. Die Erfassung des vielfältigen Ressourcenverbrauchs, der Emissionen und Immissionen bleibt trotz des Einsatzes moderner Untersuchungsmethoden (z. B. Umwelt-Satellitensysteme) unvollständig und auch ergänzende Schätzungen liefern nur ein lückenhaftes Bild. Zudem muss anschließend eine monetäre Umrechnung erfolgen, welche sehr stark von den gewählten Bewertungsmaßstäben abhängt.

6.3 Räumliche Mobilitätsprozesse und Mobilitätshemmnisse

Der Entwicklungsstand und die Entwicklungsdynamik von Raumeinheiten – beispielsweise gemessen an ökonomischen oder gesellschaftlichen Indikatoren – ergeben sich aus den innerhalb der Raumeinheit vorhandenen internen Wachstumsdeterminanten und aus den Austauschbeziehungen zu anderen Raumeinheiten (vgl. SCHÄTZL 1988, S. 95f). **Interne Wachstumsdeterminanten** einer geschlossenen Raumeinheit lassen sich der Angebots-, Nachfrage- und Politikseite zuordnen (siehe die Diskussion zu den Akteursgruppen in Kap. 2.2). Besondere Bedeutung für das Produktions- und Dienstleistungsvolumen der Angebotsseite besitzen dabei die verfügbaren Produktionsfaktoren im volkswirtschaftlichen Sinne, d. h. die Qualität und Quantität der Faktoren Arbeit (Anzahl und Bildung der Arbeitskräfte), Kapital (Sachkapital wie Maschinen/Geräte, Geldkapital), Boden (Fläche und Ressourcen) und technisches Wissen (siehe Kap.

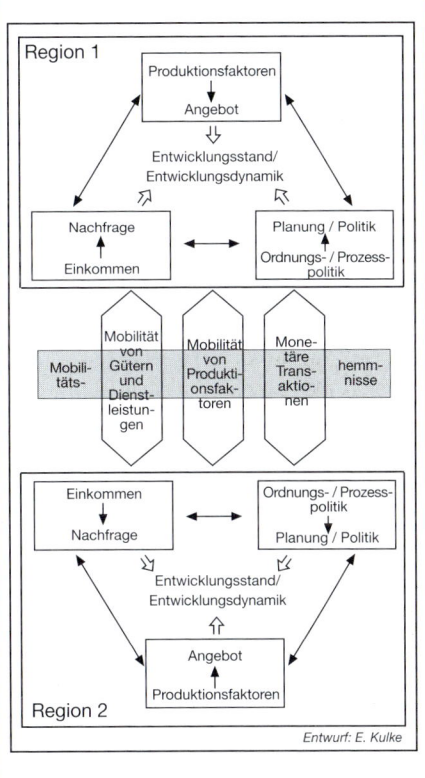

M 6-12 Modell interner und externer Wachstumsdeterminanten

Entwurf: E. Kulke

2.2.1). Art und Umfang der Nachfrage prägen vor allem das Einkommen sowie die Verhaltensweisen der Konsumenten (siehe Kap. 2.2.2). Entscheidend für die wirtschaftlichen Rahmenbedingungen (z. B. Wirtschaftssystem, Infrastruktur) sind die von der Politikseite eingesetzten ordnungs- und prozesspolitischen Instrumente (vgl. Kap. 2.2.3). Jede Veränderung interner Wachstumsdeterminanten – z. B. die Entdeckung neuer Ressourcen, die Invention von technischen Neuerungen, der Wandel von Rahmenbedingungen – führt zu Wachstums- oder Schrumpfungsprozessen.

Zwischen Raumeinheiten treten Mobilitätsprozesse auf, die ebenso Einfluss auf deren Entwicklungsdynamik nehmen (M 6-12); sie werden als **externe Wachstumsdeterminanten** oder interregionale Interaktionen bezeichnet. Dabei erfolgt üblicherweise eine Untergliederung in den Austausch von Gütern (d. h. Warenhandel) sowie Dienstleistungen, in die Mobilität von Produktionsfaktoren und in monetäre Transaktionen (vgl. SIEBERT 2000, S. 1). Von den Produktionsfaktoren (vgl. WÖHE 1984, S. 85f) sind allerdings nur Arbeit (d.h. temporäre oder permanente Zu- und Abwanderung von Arbeitskräften), Kapital (Zu- und Abfluss von Investitionen) und technisches Wissen (Vergabe oder Übernahme von Kenntnisse, Patenten, Lizenzen) mobil. Der Produktionsfaktor Boden gilt als immobil, ggf. erfolgender Transfer von Rohstoffressourcen zählt zur Gütermobilität. Üblicherweise wird angenommen, dass jeder Zufluss von Produktionsfaktoren die regionale Entwicklungsdynamik stärkt und jeder Abfluss sie schwächt.

Die Interaktionen zwischen Ländern werden in monetären Größen (= Wert in Geldeinheiten) in der Zahlungsbilanz gemessen. Sie dokumentiert pro Zeiteinheit die wirtschaftlichen Verflechtungen mit dem Ausland (M 6-13). In der Handelsbilanz wird der Wert der Importe und Exporte ausgewiesen, die Dienstleistungsbilanz dokumentiert den Austausch von Dienstleistungen (einschließlich des Reiseverkehrs), die Erwerbs- und Vermögensbilanz den Fluss von Einkommen aus unselbständiger Arbeit sowie von Kapitalerträgen und die Übertragungsbilanz unentgeltliche Wertübertragungen, z. B. Zahlungen an internationale Institutionen, Geldüberweisungen von Gastarbeitern. Die vier Teilbilanzen werden in der Leistungsbilanz zusammengefasst. Weitere wichtige Teilbilanzen der Zahlungsbilanz sind die Vermögensübertragungsbilanz (z. B. Erbschaften, Vermögensmitnahme von Auswanderern) und die Kapitalbilanz (u. a. Direktinvestitionen, Wertpapieranlagen, Kredite).

Prägend für Art und Umfang der interregionalen Interaktionen ist nicht nur der regionale Bedarf zum Aufbau von Beziehungen, sondern sind auch die bestehenden **Mobilitätshemmnisse**. Sie lassen sich den Kategorien Transportkosten, Transaktionskosten und administrative Hemmnisse zuordnen.

Transportkosten sind definiert als die finanziellen Aufwendungen für die Beförderung von Gütern, Dienstleistungen oder Produktionsfaktoren über Entfernungen. Der Umfang der Transportkosten hängt dabei von der zu überwindenden Distanz, den Eigenschaften der zu transportieren-

M 6-13 System der Zahlungsbilanz

Zahlungsbilanz		
Leistungsbilanz		
Handelsbilanz		
Einnahmen aus Warenexporten		Ausgaben für Warenimporte
Dienstleistungsbilanz		
Einnahmen aus Dienstleistungsverkäufen		Ausgaben für Dienstleistungseinkäufe
Erwerbs- und Vermögenseinkommensbilanz		
Einnahmen aus Erwerbs- und Vermögenseinkommen		Ausgaben für Erwerbs- und Vermögenseinkommen
Übertragungsbilanz		
Empfangene Übertragungen		Geleistete Übertragungen
Vermögensbilanz		
Empfangene Vermögensübertragungen		Geleistete Vermögensübertragungen
Kapitalbilanz		
Zufließendes Kapital		Abfließendes Kapital
Veränderung von Währungsreserven		
Zunahme		Abnahme
Restposten		

Quelle: Mühlbradt 1999, S. 359

6.3 Räumliche Mobilitätsprozesse und Mobilitätshemmnisse

den Einheiten (z. B. Gewicht, Volumen, Verderblichkeit, Wert) und der Qualität der Transportsysteme (z. B. Kapazität, Geschwindigkeit, Sicherheit) ab. In der Regel steigen mit zunehmender Entfernung die Transportkosten und entsprechend verringern sich die Austauschbeziehungen. Wie in Kap. 4.1.1 (siehe M 4-4) dargestellt kam es im 20. Jahrhundert durch technische Innovationen in den Transportsystemen zu einer drastischen Reduzierung der Transportkosten und entsprechend verloren sie als Mobilitätshemmnis an Gewicht. Ihre Reduzierung gilt als wichtige Grundlage für die zu beobachtende Zunahme der interregionalen Interaktionen, da für alle Akteure der Wirtschaft bei geringen Transportkosten die räumlich differenzierten übrigen Kosten- und Erlösmöglichkeiten an Bedeutung gewinnen. Die Überwindung weiterer Entfernungen ist immer dann sinnvoll, wenn die zusätzlich auftretenden Transportkosten geringer sind als die dort eingesparten anderen Kosten oder die dort erzielten zusätzlichen Erlöse.

Transaktionskosten lassen sich definieren als die Kosten für die Informationssuche, Anbahnung, Vereinbarung, Organisation, Kontrolle und Sicherung der Beziehungen zwischen den Vertragspartnern, z. B. den Akteuren. Aktuelle wirtschaftsgeographische Ansätze sehen Transaktionskosten als zentrale Größe für gegenwärtig auftretende standörtliche und räumliche Differenzierungsprozesse (vgl. BATHELT/GLÜCKLER 2002 S. 156; SCHAMP 2000; WILLIAMSON 1985, 1990). Die Höhe der Transportkosten hängt dabei vor allem von drei Faktoren ab (vgl. LICHTENBERG 2003, S. 42f; WILLIAMSON 1990, S. 20f):

– dem **Grad der Unsicherheit** über zukünftige Ereignisse und das Verhalten der Transaktionspartner; je höher die Unsicherheit ist, desto größer sind entsprechend die Transaktionskosten.
– der **Häufigkeit,** mit welcher die Transaktionspartner in Verbindung treten. Bei längere Zeit bestehenden Beziehungen bilden sich routinierte Verfahren heraus und es entwickeln sich Erfahrungen und Sicherheiten hinsichtlich des Verhaltens des Vertragspartners; entsprechend sinken die Kosten der einzelnen Transaktionen.
– der **Spezifität** der Beziehungen. Bei unspezifischen Beziehungen – beispielsweise bei dem Kauf von standardisierten Produkten oder der Nutzung standardisierter Dienstleistungen – müssen die Vertragspartner keine detaillierten Absprachen treffen und entsprechend treten nur geringe Transaktionskosten auf. Je größer die Spezifität ist, desto genauere Abstimmungen und ggf. vertragliche Absicherungen sind für die Partner erforderlich und es entstehen entsprechend hohe Transaktionskosten.

Transaktionskosten gelten als wichtiger Erklärungsansatz für die Organisation von Beziehungen auf einzelwirtschaftlicher Ebene (vgl. Kap. 2.3). Dabei wird insbesondere untersucht, inwieweit Transaktionskosten dazu führen, dass betriebliche Aufgaben (z. B. Herstellung von Produkten, Nutzung von Dienstleistungen) eher unternehmensintern erbracht oder eher unternehmensextern nachgefragt werden (**make-or-buy**-Frage). Bei großer Unsicherheit und hoher Spezifität besteht die Tendenz einer eher unternehmensinternen Lösung. Transaktionskosten können jedoch in analoger Form auch den Umfang der Beziehungen zwischen Raumeinheiten erklären; je höher die aufzuwendenden Transaktionskosten für Beziehungen mit anderen Regionen – d. h. je größer die organisatorischen Hemmnisse für Mobilitätsprozesse – sind, desto weniger entstehen interregionale Interaktionen und desto eher werden regionsinterne Beziehungen aufgebaut.

Als **administrative Hemmnisse** gelten alle von staatlicher Seite eingesetzten Maßnahmen zur Regulierung grenzüberschreitender Interaktionen. Sie treten vor allem an den Grenzen zwischen Nationalstaaten auf und eher seltener zwischen Regionen. Beeinflusst wird die Mobilität von Produktionsfaktoren beispielsweise durch gesetzliche Regelungen hinsichtlich der Arbeitskräftemobilität (z. B. Zuzug von Gastarbeitern, Zuwanderungsgesetze, Arbeitserlaubnis für ausländische Arbeitnehmer), der Kapitalmobilität (u. a. Kontroll- und Genehmigungsverfahren für Investitionen aus dem Ausland, maximaler ausländischer Anteil an Unternehmen, joint-ventures) oder der Mobilität von technischem Wissen (z. B. Schutz von Urheberrechten, Patente, Lizenzvergabe). Bei der Gestaltung der Gütermobilität wird üblicherweise zwischen tarifären und nicht-tarifären Handelshemmnissen unterschieden (vgl. BERG 1981, S. 424f). **Tarifäre Handelshemmnisse** – üblicherweise Zölle genannt – sind festgesetzte Abgaben (u. a. definierte Prozentsätze) bezogen auf den Wert (Wertzoll) oder die Menge von Gütern (spezifischer Zoll, basierend auf Anzahl, Gewicht oder Maß), die zumeist beim Import oder bei der Durchfuhr und eher seltener bei dem Export von Waren an den Staat zu zahlen sind. Zu den **nicht-tarifären Handelshemmnissen** zählen Verbote (für Waffen, Drogen, geschützte Arten), Kontingente (maximal zugelassene Mengen), Sicherheitsbestimmungen (technische Bestimmungen für Geräte, Maschinen, Fahrzeuge; Bestimmungen zur Zusammensetzung von Lebensmitteln etc.), Formalitäten des Importverfahrens (z. B. umständliche und zeitaufwendige Genehmigungs- und Abwicklungsverfahren) und auch „freiwillige Selbstbeschränkungen". Bei „freiwilligen Selbstbeschränkungen" wird politischer Druck auf die Lieferanten ausgeübt (z. B. die Androhung einschneidender Maßnahmen), bestimmte Mengen nicht zu überschreiten. Häufig sind die nicht-tarifären Handelshemmnisse schwerer kalkulierbar als die klar definierten Zölle, so dass sie den Gütertransfer stärker behindern.

6.4 Erklärungsansätze für räumliche Entwicklungsunterschiede

Nachdem Merkmale und Beziehungen von Raumeinheiten diskutiert wurden, stellt sich die Frage, welche Ursachen für die zu beobachtenden Entwicklungsunterschiede zu identifizieren sind. Seit den sechziger Jahren wird diese Frage insbesondere im Zusammenhang der Entwicklungsländerforschung diskutiert. Es lassen sich dabei zwei grundlegend differierende Erklärungsansätze unterscheiden. Zum einen gelten **interne Ursachen,** d. h. Unterschiede in den internen Wachstumsdeterminanten der Raumeinheiten, als verantwortlich für niedrigen oder hohen Entwicklungsstand. Die auf dieser internen Erklärung basierenden **Modernisierungstheorien** gehen davon aus, dass die Beseitigung vorhandener Defizite einen dynamischen Entwicklungsprozess einleiten kann. Zum anderen werden **externe Einflüsse,** d. h. ungleicher Austausch bei den externen Wachstumsdeterminanten, für einen andauernd niedrigen Entwicklungsstand verantwortlich gemacht. Diese

6.4 Erklärungsansätze für räumliche Entwicklungsunterschiede

sogenannten **Dependenztheorien** nehmen an, dass Abhängigkeiten bestehen, bei denen die interregionalen Interaktionen einseitig die wirtschaftlich stärkeren Länder begünstigen und die wirtschaftlich schwächeren benachteiligen. Die Ansätze zur Erklärung von räumlichen Unterschieden in der wirtschaftlichen Leistungsfähigkeit werden zwar primär zwischen Ländern unterschiedlichen Entwicklungsstandes diskutiert, sie lassen sich jedoch auch auf Raumeinheiten innerhalb von Ländern übertragen.

6.4.1 Interne Erklärungsansätze

Die internen Erklärungsansätze identifizieren sowohl natürliche Einflussfaktoren als auch sozioökonomische Gründe als ursächlich verantwortlich für einen geringen Entwicklungsstand (vgl. z.B. ARNOLD 1994; HEMMER 1988, S. 125f; MIKUS 1994, S. 25f).

Bereits seit Jahrhunderten (z. B. Montesquieu 1748) wird die Bedeutung des **Klimas** für wirtschaftliche Aktivitäten diskutiert. Tropisches Klima mit ganzjähriger Verfügbarkeit von Nahrungsmitteln soll demnach eine „erschlaffende" Wirkung auf die menschliche Arbeitsleistung besitzen, da Nahrungsmittel ständig vorhanden sind oder keine Notwendigkeit zur Lagerhaltung besteht. Demgegenüber zwingen jährlich wechselnde Klima- und Vegetationsbedingungen zu angepasster Wirtschaftsweise und zur Entwicklung von speziellen Nutzungs- (größere Produktion als aktueller Verbrauch), Technologie- (z. B. Lagerhaltung, Konservierungsmethoden) und Wirtschaftssystemen (räumliche Arbeitsteilung mit Waren- und Informationsaustausch). Hinsichtlich anderer **natürlicher Ressourcen** (z. B. fehlende Rohstoffbasis, schlechte Böden) wird angenommen, dass eine Unterausstattung zu extensiven Nutzungen führt, bei welchen es mangels Tauschpotentialen nur zur unzureichenden Einbindung in überregionalen Warenhandel sowie Informationsflüsse kommt; entsprechend stagniert die Entwicklung. Diese Erklärungen wirken auf den ersten Blick plausibel – berücksichtigt man beispielsweise die geographische Verteilung von Entwicklungs- und Industrieländern – es lassen sich allerdings eine Reihe von Gegenbeispielen anführen. So gab es in der Vergangenheit auch in klimatisch begünstigten Gebieten Hochkulturen (z. B. Maya, Olmeken, Tolteken in Mittelamerika) und in jüngerer Zeit konnten auch rohstoffarme Länder (z. B. Südkorea) hohe Wachstumsraten realisieren.

Aus dem **sozialpsychologischen Bereich** stammen Theorien (vgl. HEMMER 1988, S. 164f), welche die Bedeutung von sozialen, politischen und kulturellen Rahmenbedingungen (z. B. Religion, Einstellung zu materiellem Besitz, Eigentumsordnung, Wertvorstellungen) in Zusammenhang zur Leistungsmotivation und Leistungsfähigkeit setzen. So nahm bereits MAX WEBER (1904) an, dass der „asketische Protestantismus...aufgrund der ihm innewohnenden rationalisierten Lebensführung die ökonomische Leistung in höchstem Maße stimuliert". Auch heute noch gelten manche Sozialordnungen mit festgefügten Rollenzuweisungen (z. B. das Kastensystem in Indien) als eher entwicklungshemmend und andere, die materiellen Erfolg positiv werten (konfuzianische Prägung der Chinesen in Südostasien), als entwicklungsfördernd.

Weite Verbreitung erfuhren in den siebziger und achtziger Jahren des zwanzigsten Jahrhunderts sogenannte **„Teufelskreisansätze"**, welche Regelmechanismen identifizierten, bei denen negative

M 6-14 Teufelskreisansätze

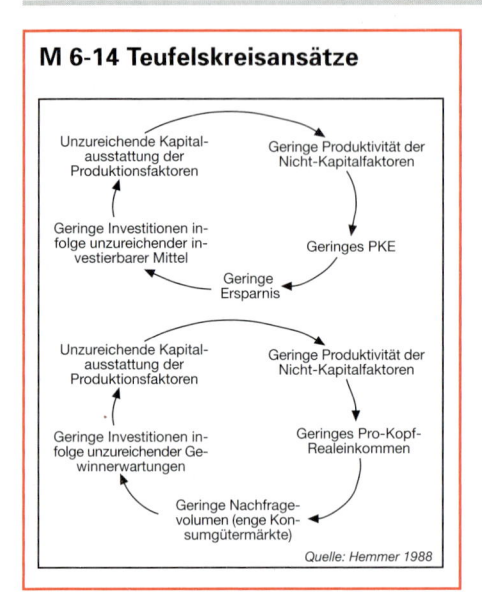

Unzureichende Kapitalausstattung der Produktionsfaktoren → Geringe Produktivität der Nicht-Kapitalfaktoren → Geringes PKE → Geringe Ersparnis → Geringe Investitionen infolge unzureichender investierbarer Mittel → Unzureichende Kapitalausstattung der Produktionsfaktoren

Unzureichende Kapitalausstattung der Produktionsfaktoren → Geringe Produktivität der Nicht-Kapitalfaktoren → Geringes Pro-Kopf-Realeinkommen → Geringe Nachfragevolumen (enge Konsumgütermärkte) → Geringe Investitionen infolge unzureichender Gewinnerwartungen

Quelle: Hemmer 1988

Faktoren wirksam werden und zugleich Ursache und Wirkung anderer negativer Faktoren darstellen (M 6-14). Als Wirkungskreislauf des Produktionsfaktors Kapital gilt: Der Mangel an Sachkapital führt zu einer niedrigen Arbeitsproduktivität; entsprechend kann der Faktor Arbeit nur gering entlohnt werden; niedriges Einkommen erlaubt nur geringe Ersparnisse und eine begrenzte Konsumgüternachfrage; bei einer geringen Sparquote stehen nur wenig Mittel für Investitionen zur Verfügung und ebenso realisieren die Unternehmen bei geringer Nachfrage nur wenig Investitionen; entsprechend bleibt die Ausstattung mit Sachkapital schlecht. Ein vergleichbarer Wirkungskreislauf besteht beim Produktionsfaktor Arbeit: Geringe Einkommen führen zu schlechter Ernährung; schlechte Ernährung begünstigt Krankheiten und reduziert die Leistungsfähigkeit; bei geringer Leistungsfähigkeit können nur niedrige Einkommen erzielt werden.

In jüngerer Vergangenheit werden insbesondere auch **politisch-institutionelle** Erklärungsansätze diskutiert. Beispielsweise zeigen die Erfahrungen in afrikanischen Ländern, dass nationale Eliten, Staatsklassen oder strategische Gruppen, die Eigeninteressen verfolgen und durchsetzen, entwicklungshemmend wirken. Diese Gruppen beherrschen die nationale Politik und gestalten die Rahmenbedingungen für die Wirtschaft so, dass sie ihre persönlichen Einkommen maximieren (Bereicherungsdiktaturen).

Gelingt die Beseitigung dieser internen, die Entwicklung hemmenden Faktoren, so kann das Land/die Region einen wirtschaftlichen Entwicklungspfad durchlaufen, wie er von W. W. ROSTOW (1960) beschrieben wird (M 6-15; vgl. auch KEEBLE 1967, S. 248f; JOHNSTON 1994, S. 587f). Basierend auf der Analyse des Entwicklungsverlaufs von 15 Ländern identifizierte ROSTOW fünf aufeinanderfolgende **Stadien der wirtschaftlichen Entwicklung**:

– Die **traditionelle Gesellschaft** ist gekennzeichnet durch geringes wirtschaftliches Wachstum. Es dominieren

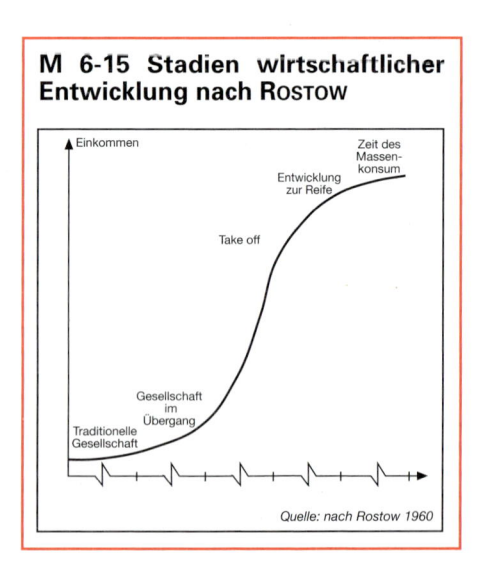

M 6-15 Stadien wirtschaftlicher Entwicklung nach ROSTOW

Einkommen: Traditionelle Gesellschaft → Gesellschaft im Übergang → Take off → Entwicklung zur Reife → Zeit des Massenkonsum

Quelle: nach Rostow 1960

6.4 Erklärungsansätze für räumliche Entwicklungsunterschiede

landwirtschaftliche Aktivitäten, der Einsatz von „primitiven" Technologien, hierarchische Sozialstrukturen mit geringen Aufstiegsmöglichkeiten und durch Gewohnheiten geprägte Verhaltensweisen.
- Bei der **Gesellschaft im Übergang** werden durch interne Veränderungen die Voraussetzungen für wirtschaftliches Wachstum geschaffen. Es erfolgen Verbesserungen in der materiellen und institutionellen Infrastruktur, die Investitionsquote steigt und gesellschaftliche Veränderungen führen zum Entstehen einer wirtschaftlichen Elite sowie effizient arbeitender staatlicher Einrichtungen.
- In der **take-off-Phase**, die etwa 10 bis 30 Jahre dauert, kommt es zu nachhaltigem wirtschaftlichen Wachstum. Die Investitionsquote steigt und die Industrie entwickelt sich zum führenden Wirtschaftssektor. Von dynamisch wachsenden Leitbranchen aus wirken Wachstumsimpulse auch auf andere Wirtschaftsbereiche.
- In der **Entwicklung zur Reife** erfolgt eine wirtschaftliche Diversifikation durch Wachstumsprozesse in fast allen Bereichen. Eine hohe Investitionsquote, sie liegt zwischen 10% und 20% des Nationaleinkommens, sichert stetiges Wachstum. Zugleich treten Veränderungen in den Profilen der Beschäftigten (höhere Qualifikation, höhere Einkommen), den Unternehmensstrukturen (effizienteres Management) und der Inno-

Bild 6-2 Moderne Raffinerie in Singapur. Die „kleinen Tiger" in Südostasien konnten innerhalb weniger Jahrzehnte eine moderne Industrie- und Dienstleistungswirtschaft aufbauen und den Sprung zum Industrieland realisieren. (Photo E. KULKE)

vationsfähigkeit (Forschungseinrichtungen) auf, welche zu einer qualitativen Weiterentwicklung von Wirtschaft und Gesellschaft führen.
- In der **Zeit des Massenkonsums** – bei hohem Einkommen und technologischem Niveau – gewinnen gegenüber Wachstum außerökonomische Ziele wie die Versorgung mit langlebigen Konsumgütern und Dienstleistungen an Bedeutung. Soziale und gesellschaftliche Rahmenbedingungen verändern sich in Richtung eines Wohlfahrtsstaates.

Der Ansatz von ROSTOW versteht sich selbst als nicht-kommunistisches Manifest und besitzt insofern auch eine ideologische Prägung (vgl. JOHNSTON 1994, S. 588). Angenommen wird ein nahezu regelhafter Entwicklungspfad zu einer kapitalistischen Gesellschaft, wie sie die Staaten Westeuropas und Nordamerikas aufweisen. Alternative Entwicklungspfade und Ergebnisse bleiben – auch aufgrund der begrenzten empirischen Grundlage – unberücksichtigt.

6.4.2 Externe Erklärungsansätze

Dependenztheorien sehen den in Raumeinheiten zu beobachtenden niedrigen Entwicklungsstand nicht als Vorstufe einer wirtschaftlichen Wachstumsphase an, sondern sie führen diesen auf **einseitige Abhängigkeiten** (spanisch „dependencia") der Peripherie (z. B. Entwicklungsländer) von den Zentren (z. B. Industrieländer) zurück. Seit den sechziger Jahren des zwanzigsten Jahrhunderts entstanden zahlreiche Partialansätze, welche als Ursachen der externen Abhängigkeiten beispielsweise historische Gründe (z. B. Kolonialismus-Ansätze), ungleiche Einbindungen in den internationalen Warenhandel (u. a. Ansatz der säkularen Verschlechterung der terms-of-trade, siehe Kap. 7.2.1), Deformationen interner Wirtschaftsstrukturen durch einseitige Ausrichtung auf die Metropolen (z. B. Ansatz des peripheren Kapitalismus, Dualismustheorie, Zentrum-Peripherie-Ansätze) oder Verhaltensmuster der nationalen Eliten (u. a. Brückenkopf-Ansätze) ausweisen. Die Heterogenität der Ansätze begründet sich auch aus den verschiedenen Raumeinheiten (z. B. Lateinamerika, Afrika), welche ihnen als empirische Basis dienen.

Die meisten der heutigen Entwicklungsländer gehörten im Zeitalter des **Kolonialismus** zu den europäischen Kolonialmächten (M 6-16). Damit erfolgten von außen politische, ökonomische, kulturelle und soziale Deformationen vorhandener Strukturen. Wirtschaftliche Überprägungen entstanden aufgrund der Ausrichtung der Produktions- und Konsummuster auf die Interessen der Mutterländer; sie führten zu folgenden möglichen Wirkungen: Der Aufbau exportorientierter agrarer Monokulturen in Plantagen (z. B. Tee, Kaffee, Kautschuk) schwächte die lokale Versorgungslage mit Lebensmitteln des Grundbedarfs. Importe von Industriewaren der Kolonialmacht (englische Textilien u. a.) führten zur Verdrängung lokaler Produzenten (z. B. indische Weber). Die Ausbeutung von Ressourcen oder Arbeitskräften ohne angemessenes Entgelt verringerte das Nationaleinkommen. Regulierungen hinsichtlich der unternehmerischen Aktivitäten begrenzten ökonomische Entfaltungsmöglichkeiten und schwächten die Innovationskraft der lokalen Wirtschaft. Auch traten räumliche Deformationen durch willkürliche Grenzziehungen (Trennung von Volksgruppen, Stämmen) und eine dezentrale, auf Küstenstandorte orientierte Raumentwicklung (Hafenstädte)

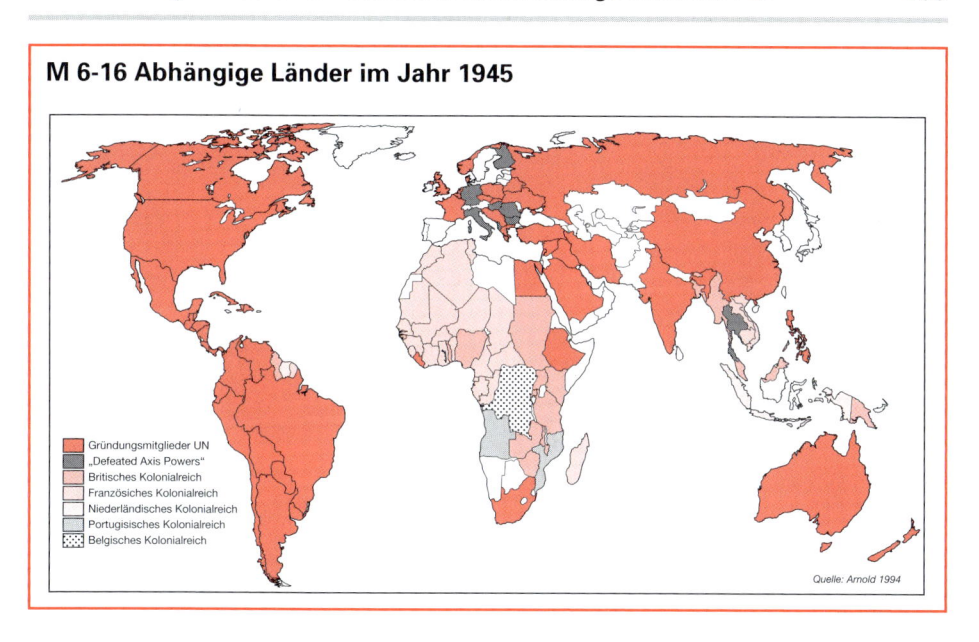

6.4 Erklärungsansätze für räumliche Entwicklungsunterschiede

M 6-16 Abhängige Länder im Jahr 1945

- Gründungsmitglieder UN
- „Defeated Axis Powers"
- Britisches Kolonialreich
- Französisches Kolonialreich
- Niederländisches Kolonialreich
- Portugisisches Kolonialreich
- Belgisches Kolonialreich

Quelle: Arnold 1994

auf. Demgegenüber werden Vorteile durch den Ausbau der materiellen Infrastruktur (Straßen, Eisenbahn etc.), den Aufbau von institutionellen Rahmenbedingungen (z. B. Verwaltung, Rechtssystem, Bildungseinrichtungen), die Verbesserung der medizinischen Versorgung oder die Ausbreitung von technischen Neuerungen bzw. Innovationen angeführt.

Grundidee der Ansätze zum **Dualismus** und zum **peripheren Kapitalismus** (vgl. HEMMER 1988, SENGHAAS 1974) ist, dass durch die internationale Einbindung innerhalb der abhängigen Länder ein unverbundenes Nebeneinander von stagnierenden traditionellen nationalen Bereichen und modernen internationalen Bereichen entsteht, welches nachhaltig die wirtschaftliche Entwicklung behindert. Die modernen Wirtschaftssektoren, vor allem die exportorientierte Produktion von Primärgütern und von arbeitsintensiven Industriegütern, entwickeln sich dynamisch, werden aber von Auslandskapital (damit Gewinnabfluss) oder nationalen Eliten (damit Gewinnverwendung für westliche Konsummuster) dominiert. Sie sind kaum mit der nationalen Wirtschaft verbunden und induzieren dort entsprechend keine Wachstumseffekte. Demgegenüber stehen traditionelle auf den Binnenmarkt orientierte Bereiche mit einfachen Produktionstechniken, geringer Kapitalausstattung, einfacher Güterherstellung (Nahrungsmittel und Gebrauchsgüter von Landwirtschaft und Handwerk), wenig ausgebildeten Arbeitskräften und kaum ausgeprägter Arbeitsteilung. Geringe Erlöse, niedrige Einkommen und wenige Investitionen führen zur wirtschaftlichen Stagnation und Marginalisierung weiter Bevölkerungsteile. Das Nebeneinander führt nicht nur zu extremen Verteilungsdisparitäten (z. B. Einkommensunterschiede, versteckte und offene Arbeitslosigkeit), sondern auch zu erheblichen Wachstumsverlusten durch die

6 Räume und Raumsysteme wirtschaftlicher Aktivitäten

Bild 6-3 Handel mit handwerklichen Erzeugnissen im ländlichen Raum Ägyptens. Einfache Güterproduktion bildet ein wesentliches Element der lokalen Wirtschaft in den peripheren Gebieten der Entwicklungsländer. (Photo E. KULKE)

suboptimale Nutzung der vorhandenen Produktionsfaktoren.

Modellhaft stellen LO/SALIH/DOUGLASS (1981) diesen „makro-räumlichen Entwicklungsrahmen" eines Entwicklungslandes dar und identifizieren fünf wenig miteinander verbundene **Komponenten wirtschaftlicher Aktivitäten** (M 6-17); vgl. auch MALECKI 1994):

1. Den Weltmarkt, in welchem Industrieländer dominieren, die Primärgüter von den Entwicklungsländern kaufen und dorthin Industriegüter exportieren.
2. Einen städtischen formalen Sektor, mit modernen Industrie- und Dienstleistungsaktivitäten, der in dem Entwicklungsland eine Enklave bildet und in internationale Beziehungen eingebunden ist.
3. Einen klar von der Enklave getrennten städtischen informellen Sektor mit einfachen Tätigkeiten und geringer Wertschöpfung zur lokalen Versorgung.
4. Einen exportabhängigen Sektor mit Primärgüterproduktion (z. B. Plantagenwirtschaft, Rohstoffabbau) für den Absatz in Industrieländern.
5. Eine ländliche Wirtschaft mit Selbstversorgungslandwirtschaft, die weitgehend isoliert von internationalen und nationalen Märkten arbeitet.

Aus den externen Erklärungsansätzen wird die Empfehlung einer temporären und selektiven Kontrolle bzw. Einschränkung (**Dissoziation**) der internationalen Verflechtungen abgeleitet (vgl. SENGHAAS 1982). Parallel sollen interne Wirtschafts-

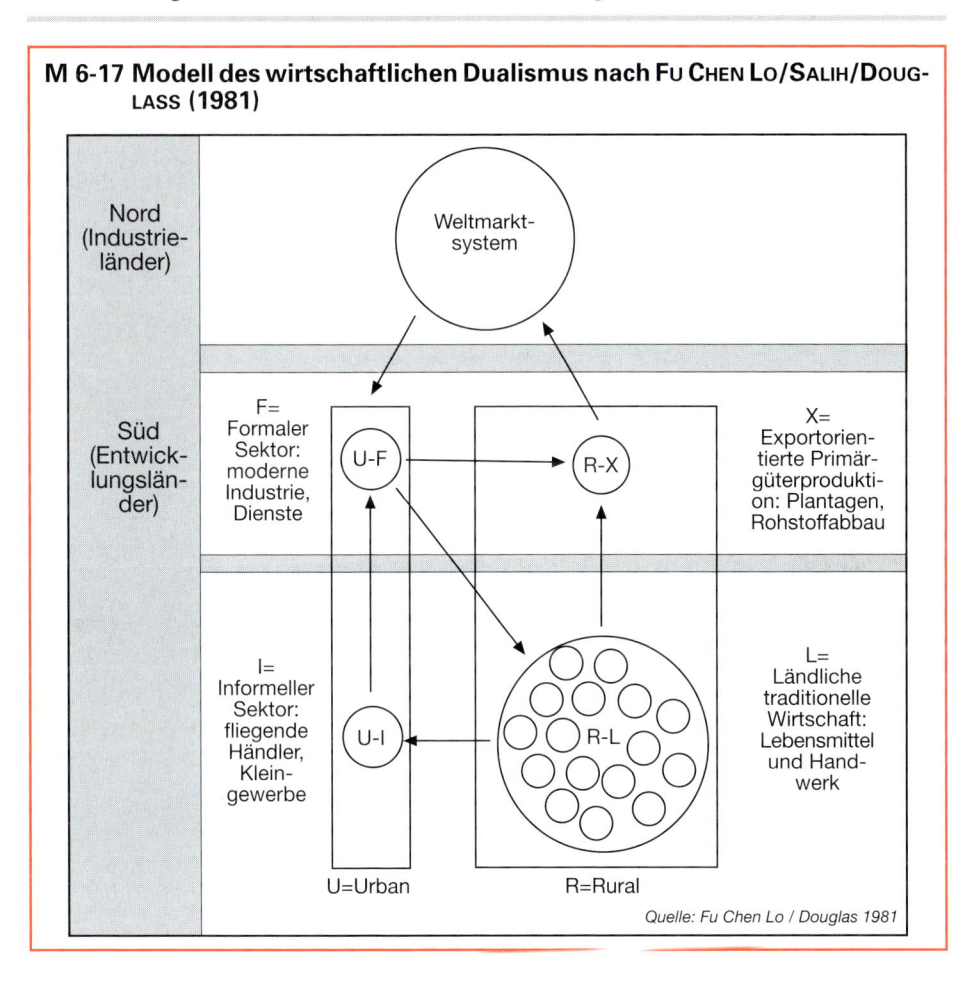

6.4 Erklärungsansätze für räumliche Entwicklungsunterschiede

M 6-17 Modell des wirtschaftlichen Dualismus nach Fu Chen Lo/Salih/Douglass (1981)

- Nord (Industrieländer)
- Süd (Entwicklungsländer)
- Weltmarktsystem
- F = Formaler Sektor: moderne Industrie, Dienste
- U-F
- R-X
- X = Exportorientierte Primärgüterproduktion: Plantagen, Rohstoffabbau
- I = Informeller Sektor: fliegende Händler, Kleingewerbe
- U-I
- R-L
- L = Ländliche traditionelle Wirtschaft: Lebensmittel und Handwerk
- U = Urban
- R = Rural

Quelle: Fu Chen Lo / Douglas 1981

kreisläufe unter Nutzung lokaler Ressourcen sowie angepasster Technologien aufgebaut werden, bei denen die regionalen Produktionsstrukturen den regionalen Nachfrageprofilen entsprechen.

Entwicklungsdisparitäten stellen ein so vielfältiges Phänomen dar, welches sich jeweils nur aus dem Zusammenspiel mehrerer Faktoren und unter Berücksichtigung der räumlichen Unterschiede erklären lässt. Entsprechend ist trotz fortschreitend differenzierterer Betrachtung (z.B. der Bielefelder Verflechtungsansatz) bisher kein Einzelansatz in der Lage, vollständig vorhandene räumliche Disparitäten zu erklären.

Literaturauswahl zur Ergänzung und Vertiefung

Indikatoren
Coy/Kraas 2003; Ehlers 1996; Hauchler/ Messner/ Nuscheler 1997; Hemmer 1988; Johnston 1994, S. 128f; Schätzl 2000b, S. 12f; Smith 1979; UNDP, jährlich; Weltbank, jährlich
Mobilitätsprozesse
Schamp 2000; Schätzl 1988; Siebert 2000; Williamson 1975 und 1990
Entwicklungsunterschiede
Hemmer 1988; Keeble 1967; Lo/Salih/Douglass 1981; Rostow 1960; Senghaas 1974

7 Internationale Raumsysteme

Bild 7-1 Denkmal der Entdecker in Lissabon (Photo E. KULKE)

Wirtschaftliche Unterschiede zwischen Raumeinheiten und über weite Entfernungen bestehende Verflechtungen sind ein seit Jahrtausenden bestehendes Phänomen. Schon die Römer pflegten einen großräumigen Handel mit Waren. Im dreizehnten Jahrhundert reiste Marco Polo nach Asien und brachte nach Europa dort unbekannte Güter wie Seide und Porzellan mit. Die weltweiten Entdeckungsfahrten der Portugiesen und Spanier im 15. und 16. Jahrhundert waren getragen von wirtschaftlichen Überlegungen, wie die Erschließung von Ressourcen und der Handel mit wertvollen Waren. Mit der Industrialisierung des 19. Jahrhunderts in Europa verstärkten sich die weltweiten Unterschiede in der wirtschaftlichen Leistung von Raumeinheiten – es entstanden Industrieländer – und zugleich nahmen die Austauschbeziehungen weiter zu. Nach dem zweiten Weltkrieg lässt sich ein stetiges Wachstum der internationalen Verflechtungen beobachten. Dieser Zuwachs erfolgte dabei mit mehr oder weniger vergleichbaren Wachstumsraten wie die des Weltsozialproduktes. In den letzten zwei bis drei Jahrzehnten kam es zu einer über-

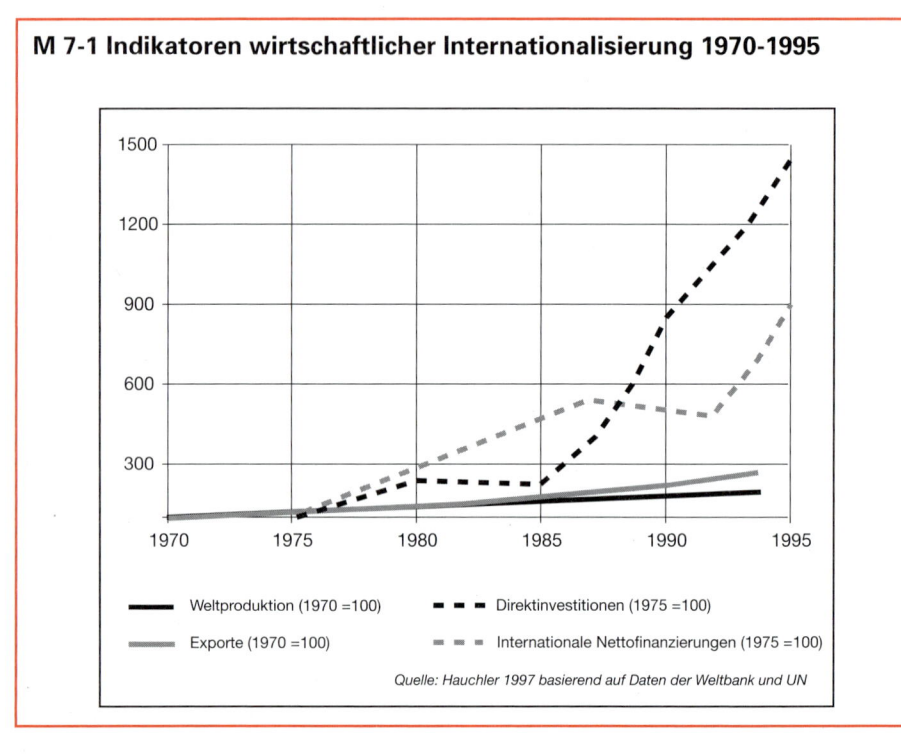

M 7-1 Indikatoren wirtschaftlicher Internationalisierung 1970-1995

— Weltproduktion (1970 =100)
— Exporte (1970 =100)
--- Direktinvestitionen (1975 =100)
--- Internationale Nettofinanzierungen (1975 =100)

Quelle: Hauchler 1997 basierend auf Daten der Weltbank und UN

proportionalen Steigerung der Austauschbeziehungen (M 7-1) in Relation zum Anstieg des Weltsozialproduktes und zugleich zu einer neuen Qualität der Verflechtungen; neben dem Zuwachs von Handelsströmen verstärkten sich die internationalen Direktinvestitionen, die Finanztransaktionen und der Wissenstransfer. Diese mit der Entstehung von globalen Produktions- und Marktsystemen verbundenen Entwicklungen werden mit dem Begriff **Globalisierung** bezeichnet (M 7-2). Mit der Verstärkung internationaler Verflechtungen geht auch ein Wandel in der wirtschaftlichen Bedeutung von Teilraumeinheiten einher; Nationalstaaten verlieren an Bedeutung, während globale und supranationale Einheiten sowie weltweit vernetzte Zentren an Gewicht gewinnen. Diesen weltweiten räumlichen Wandel beschreibt der Begriff **Regionalisierung** (vgl. BpB 1999, KULKE 1999, NUHN 1997, OSSENBRÜGGE 1998, STEGER 1998).

Im folgenden werden zuerst die sich verändernden politischen **Rahmenbedingungen** für weltwirtschaftliche Aktivitäten vorgestellt; durch staatliche Akteure getroffene Vereinbarungen zur Schaffung von internationalen Einrichtungen schufen für alle Beteiligten gleichermaßen gültige kalkulierbare Grundlagen, welche die Ausweitung internationaler Beziehungen – getragen durch Anbieter und Nachfrager – erlaubten. Anschließend werden die wichtigsten **internationalen Austauschprozesse** – der Handel von Waren und Dienstleistungen, die Direktinvestitionen, die internationale Entwicklungszusammenarbeit und die Mobilität von technischem Wissen – vorgestellt. Die Diskus-

M 7-2 Die Begriffe Globalisierung und Regionalisierung

Globalisierung: Zunahme der internationalen Verflechtungen von Gesellschaft, Kultur, Politik und Wirtschaft. Auf wirtschaftlicher Ebene im überproportionalen Zuwachs von Warenströmen, Direktinvestitionen, Finanztransaktionen und Informationsaustausch dokumentiert. Als verursachende Elemente gelten die verstärkte politische Zusammenarbeit, der Ausbau der Infrastruktur mit sinkenden Transport- und Transaktionskosten sowie der durch technisch-organisatorische Innovationen bedingte Wandel im Produktions- und Unternehmenssystem.
Regionalisierung: Wandel im Gewicht politisch-wirtschaftlicher Raumeinheiten, verbunden mit einem Bedeutungsverlust von Nationalstaaten und einem Bedeutungsgewinn von supranationalen Integrationsräumen, international vernetzten Agglomerationen (Global Cities) und lokalen Unternehmensclustern.

sion zeigt, welche Gründe, Merkmale und Wirkungen das Engagement der Akteure zur Entwicklung internationaler Beziehungen prägen. Der dritte Abschnitt stellt schließlich vor, welche **Teilraumeinheiten** das globale Wirtschaftssystem aufweist.

7.1 Rahmenbedingungen der Weltwirtschaft

Die weltweit wichtigste politische Organisation stellt die am 24. Oktober 1945 gegründete **UNO (United Nations Organization)** dar. Gründungsmitglieder waren 49 souveräne Staaten und 2 abhängige Gebiete; inzwischen sind fast alle Länder der Erde Mitglieder der UNO (2002: 189 Mitglieder). Die UNO verfolgt vor allem politische Ziele; die UN-Charta definiert als vorrangige Aufgaben erstens die Bewahrung und Förderung des Weltfriedens und der internationalen Sicherheit, zweitens die Entwicklung der Beziehungen zwischen den Völkern und Nationen vor dem Grundsatz der Gleichberechtigung und Selbstbestimmung sowie drittens die internationale Lösung globaler Probleme wirtschaftlicher, sozialer, kultureller und humanitärer Art. Neben der Generalversammlung besitzt die UNO fünf Hauptorgane mit speziellen Aufgaben: den Sicherheitsrat, den Internationalen Gerichtshof, den Treuhandschaftsrat, den Wirtschafts-/Sozialrat und das Sekretariat. Den Hauptorganen zugeordnet sind Sonderorganisationen und Spezialorgane mit besonderen Tätigkeitsfeldern. Eine Reihe von diesen besitzt Zuständigkeiten für internationale Wirtschaftsbeziehungen wie beispielsweise die UNIDO für industrielle Entwicklung, die ILO für Arbeit, die FAO für Ernährung, die UNESCO für Erziehung, die WHO für Gesundheit, die UNCTAD für Welthandel oder das UNEP für Umwelt. Häufig beschränkt sich die Tätigkeit der Organe auf die Entwicklung gemeinsamer Standards bei der Berichterstattung und Dokumentation, auf Beratungstätigkeiten oder soziale/humanitäre Einzelmaßnahmen. Besondere Bedeutung für die Gestaltung und den Ausbau der internationalen Wirtschaftsbeziehungen besitzen der IWF (Internationaler Währungsfonds) und die IBRD (International Bank for Reconstruction and Development = WELTBANK); durch sie konnte schrittweise das heutige System einer für alle Akteure glei-

M 7-3 Institutionen internationaler wirtschaftlicher Zusammenarbeit

Weltwährungsordnung
IMF = International Monetary Fund (IWF = Internationaler Währungsfonds)
1945 gegründet, z. Z. 182 Mitglieder (2001)
Ziel: Förderung eines stabilen internationalen Währungssystems
Methode: freie Konvertibilität von Währungen, Kreditvergabe zum Ausgleich von Zahlungsbilanzdefiziten, wirtschaftspolitische Auflagen wie Liberalisierung und Privatisierung

Weltwirtschaftsordnung
IBRD = International Bank for Reconstruction and Development (Weltbank)
1946 gegründet, z. Z. 181 Mitglieder (2001)
Ziel: Förderung der wirtschaftlichen und sozialen Entwicklung der Mitgliedsländer
Methode: Vergabe von Finanzmitteln, Bürgschaften und technischer Hilfe/Beratungsleistungen; ehemals vor allem Infrastrukturprojekte und Produktivitätssteigerung, jetzt eher neoliberale Strukturanpassungen

Welthandelsordnung
WTO = World Trade Organisation (Welthandelsorganisation)
1994 gegründet als Nachfolgeorganisation des 1947 vereinbarten GATT (General Agreement on Tariffs and Trade), z. Z. 144 Mitglieder und 30 Kandidaten (2001)
Ziel: Ungehinderter Austausch von Gütern und Dienstleistungen
Methode: Senkung von Zöllen und Verbot nicht-tarifärer Handelshemmnisse, Meistbegünstigtenklausel, Nicht-Diskriminierung, Reziprozität, Schutz geistigen Eigentums, Streitschlichtungsverfahren

chermaßen gültigen **Weltwährungsordnung** (basierend auf dem IWF) und einer **Weltwirtschaftsordnung** (basierend auf der WELTBANK) entwickelt werden (M 7-3).

Der **Internationale Währungsfonds** wurde 1945 aufgrund des Abkommens von Bretton Woods gegründet (vgl. BERG 1981, HAUCHLER 1993, IWF 1993). Schwerpunkt seiner Tätigkeit ist die Währungspolitik, d. h. die Einrichtung eines stabilen internationalen Währungs- und multilateralen Zahlungssystems. Wesentlich beeinflusst durch die Ideen des englischen Ökonomen J. M. Keynes wurde in der Anfangsphase ein System fester Wechselkurse auf Gold- und Dollarbasis entwickelt. Der Dollar war als offizielle Leitwährung in Gold einlösbar (35 Dollar je Feinunze) und die Mitgliedsländer waren angehalten, durch Interventionen auf den Devisenmärkten (d. h. Kauf oder Verkauf von Währungen) die Stabilität der Wechselkurse zu sichern. Bei Zahlungsbilanzschwierigkeiten von Ländern stellte der IWF kurzfristige Zentralbankkredite zur Verfügung. Die einzelnen Mitgliedsländer erhielten Kreditansprüche (Ziehungsrechte), deren Inanspruchnahme jedoch in der Regel mit Forderungen an einen restriktiven Kurs in der Finanz- und Fiskalpolitik verbunden war. Das System fester Wechselkurse zerfiel, als die USA im Verlauf des Vietnamkrieges im Jahr 1971 die Gold-Deckung aufhob. Es entstand die Möglichkeit einer freien Kursbildung, jedoch folgten die wichtigsten Welthandelsländer einer Politik des „managed floating", d.h. durch Interventionen auf den Devisenmärkten wurden kurzfristige Schwankungen von Wechselkursen abgefedert. In der jüngeren Vergangenheit dominieren deregulierte Wechselkurse, welche auf den Verhältnissen von Angebot und Nachfrage nach einer Währung beruhen. Basierend auf Artikel VIII verpflichten sich die Mitgliedsländer, auf Devisenbeschränkungen und diskriminierende Währungsregelungen zu verzichten. Der IWF vergibt Kredite an Mitgliedsländer mit Zahlungsbilanzungleichgewichten, verbindet diese jedoch mit Auflagen hinsichtlich der Wirtschafts- und Finanzpolitik. Durch den IWF entstand ein für alle Akteure internationaler Wirtschaftsbeziehungen hinreichend kalkulierbares Weltwährungssystem. Der ursprünglich vor allem zur Sicherung von Güterströmen konzipierte Rahmen wird in der Gegenwart immer mehr für globale Finanzmärkte (z. B. Kreditvergabe, Aktienmärkte, Devisenmärkte) genutzt.

Auf den Empfehlungen der Konferenz von Bretton Woods im Jahr 1945 beruhte auch die Gründung der **Weltbank** im Jahr 1946. Als ihr wichtigstes Ziel gilt die Verbesserung des wirtschaftlichen und sozialen Entwicklungsstandes der Mitgliedsländer; zu diesem Zweck vergibt die Weltbank Kredite und gewährt Beratungsdienstleistungen. Im Verlauf der Zeit gründete die Weltbank Tochterinstitutionen mit speziellen Aufgaben. Die IFC (International Finance Corporation, seit 1956) vergibt Finanzmittel und technische Hilfe für Infrastrukturprojekte, die IDA (International Development Association, seit 1960) betreut insbesondere kapitalschwache Entwicklungsländer und die MIGA (Multilateral Investment Guarantee Agency, seit 1988) sichert Direktinvestitonen gegen nicht-kommerzielle Risiken ab. Zu Beginn verstand die Weltbank als ihre wichtigste Aufgabe die Unterstützung von Ländern beim Ausbau der materiellen Infrastruktur. Die Realisierung von Großprojekten wie der Bau von Kraftwerken, Staudämmen oder Häfen sollte in den Entwicklungsländern die Voraussetzungen für einen selbsttragenden wirtschaftlichen Entwicklungsprozess schaffen. In den siebziger Jahren verfolgte die Weltbank Strategien zur Armutsbekämpfung durch wirtschaftliches Wachstum und Umverteilung. Fortschreitende Verschuldungsprobleme der Länder aufgrund teurer und ineffizienter Großprojekte führten zu einem Strategiewandel der Weltbank mit einer Neuorientierung in Richtung auf die Gestaltung der makroökonomischen Rahmenbedingungen. Seit den achtziger Jahren bilden Strukturanpassungsprogramme den Arbeitsschwerpunkt der Weltbank (vgl. MEYER/THIMM 1997). Ihr weltweiter Einsatz folgt dem Ziel der Schaffung einer globalen neoliberalen Wirtschaftsordnung. Wichtigste Elemente sind Deregulierung, Liberalisierung und Privatisierung, um damit eine möglichst effiziente Nutzung der Produktionsfaktoren zu erreichen. Länder, die sich in Wirtschaftskrisen befinden, können die Unterstützung der Weltbank erhalten (z. B. Darlehen, Beratung), müssen sich aber zur Erfüllung von Auflagen verpflichten (Konditionalität). Übliche Maßnahmen (vgl. KULESSA 1997) umfassen die Fiskalpolitik (z. B. Kürzung von Staatsausgaben, Verringerung der Kreditaufnahme, Steuererhöhungen), die Geldpolitik (u. a. Zinserhöhungen) und die Außenwirtschaftspolitik (z. B. Wechselkursabwertungen, Handelsliberalisierung); staatlicher Einfluss wird zugunsten privater Aktivitäten reduziert, der Aufbau funktionsfähiger Märkte unterstützt. Den langfristigen ökonomischen Vorteilen der

> **M 7-4 Weltweite Proteste gegen US-Stahlzölle**
>
> Die Entscheidung der US-Regierung, ihren Stahlmarkt mit Schutzzöllen abzuschotten, hat weltweit scharfen Protest ausgelöst... US-Präsident George W. Bush hatte am Dienstagabend angekündigt, die USA würden zum Schutz der angeschlagenen heimischen Stahlindustrie Einfuhrzölle bis zu 30 Prozent auf ausländische Stahlprodukte verhängen... Die Reaktion der EU-Kommission ließ nicht lange auf sich warten: Sie beschloss, Klage gegen die USA vor der Welthandelsorganisation (WTO) einzureichen. Japan, Südkorea und Brasilien wollen die EU bei ihrem Gang zur WTO in Genf unterstützten.
>
> Quelle: HAZ 7.3.2002

Strategie (z. B. Zunahme von privaten Investitionen, gesteigerte Exportfähigkeit, Erhöhung des Wirtschaftswachstums) stehen kurzfristige problematische soziale Effekte gegenüber (u. a. durch Einschnitte im sozialen System, Abbau von Subventionen; vgl. ALTENBURG 1997). Aufgrund negativer Effekte und unsicherer Perspektiven der Strukturanpassungsprogramme und der neoliberalen Politik kritisieren viele Gruppen und Wissenschaftler teilweise heftig die Politik der Weltbank.

Große Bedeutung als **Welthandelsordnung** hat das 1947 in Genf von ursprünglich nur 21 Staaten vereinbarte **GATT** (General Agreement on Tariffs and Trade) erlangt, welches als von der UNO unabhängige Einrichtung besteht. Die Mitgliedsländer folgten dabei der wirtschaftlichen Grundannahme (siehe in Kap. 7.2.1 den Ansatz von Ricardo), dass ungehinderter Austausch von Waren den Wohlstand, die Einkommen und den Beschäftigungsgrad aller beteiligten Länder steigert. Das Handelsabkommen umfasst die Strategieelemente Liberalisierung (Abbau von Handelshemmnissen), Reziprozität (gegenseitige Gültigkeit) und Nicht-Diskriminierung (Meistbegünstigung). Das Prinzip der Liberalisierung verpflichtete zur Reduzierung vorhandener Zölle und beinhaltete das Verbot von nicht-tarifären Handelshemmnissen (z. B. Kontingente); es gelang, die 1950 im weltweiten Durchschnitt noch 40 Prozent betragenden Importzölle auf gegenwärtig weniger als 5 Prozent zu senken (FRANZMEYER 1999, S. 10). Das Prinzip der Reziprozität fordert die Gleichwertigkeit von Leistungen und Gegenleistungen zwischen den Vertragspartnern. Das Prinzip der Nicht-Diskriminierung bedeutet, dass Handelserleichterungen, die einem Land gewährt werden, allen anderen Vertragspartnern ebenfalls zustehen (Meistbegünstigung) und dass ausländische Waren wie einheimische behandelt werden. Ausnahmen von den GATT-Vereinbarungen gelten für supranationale Integrationsräume (siehe Kap. 7.3.1) und Entwicklungsländer.

In zahlreichen internationalen Konferenzen (z.B. Tokio-Runde, Uruguay-Runde) erfolgte eine Weiterentwicklung der GATT-Vereinbarungen, welche 1994 in die Gründung der **Welthandelsorganisation (WTO)** einmündete. Mit der Gründung der WTO erfolgt die Umwandlung der vorher bestehenden Kodices in verbindliche Abkommen; zugleich wurden das Aufgabengebiet der multilateralen Handelspolitik um bisher ausgeschlossene Sektoren erweitert (z. B. Landwirtschaft,

Textilien, Dienstleistungen) und über den Warenhandel hinausgehende Abkommen geschlossen. Das TRIP (Trade Related Aspects of Intellectual Property Rights) setzt Mindeststandards beim Patent- und Urheberrechtsschutz, das TRIM (Trade Related Investment Measures) soll ausländische Investitionen sichern und eine Gleichbehandlung mit inländischen Investitionen durchsetzen. Falls Mitgliedsländer gegen Vereinbarungen verstoßen, kann die WTO Sanktionen erlauben (M 7-4), z. B. Strafzölle gegen diese Länder durch von den Maßnahmen benachteiligte Staaten. Bisher noch offen sind Überlegungen zur Weiterentwicklung der Welthandelsordnung zu einer Wettbewerbsordnung, welche Umweltstandards (z. B. Umweltschutzauflagen), Sozialstandards und Arbeitnehmerrechte umfasst. Insgesamt haben die Vereinbarungen von GATT und WTO wesentlich zum Anwachsen des internationalen Warenhandels – er erhöhte sich zwischen 1950 und 2000 um das Zwanzigfache, während im gleichen Zeitraum das BIP nur um das Sechsfache anstieg (BPB 1999, S. 10) – beigetragen.

Durch die Institutionen IWF, IBRD und WTO konnten die politischen Rahmenbedingungen einer kalkulierbaren Weltwährungs-, Weltwirtschafts- und Welthandelsordnung geschaffen werden. Neben diesen politischen Voraussetzungen bildeten technische Veränderungen – d. h. der Ausbau der materiellen Infrastruktur – eine wesentliche Grundlage für das Anwachsen der internationalen Verflechtungen. Innovationen in den materiellen Transportsystemen – z. B. im Schiffs-, LKW- und Luftverkehr – erhöhen die Flexibilität, Schnelligkeit und Sicherheit von Transporten und führten zu drastisch gesunkenen Transportkosten (siehe Kap. 4.1.1, M. 4-4). Der Ausbau der internationalen Verkehrs- und Kommunikationsnetze erleichterte die Informationsbeschaffung, Organisation und Durchführung von internationalen Interaktionen und reduzierte die Transaktionskosten wesentlich. Dadurch ergaben sich für privatwirtschaftliche Akteure weltweite Möglichkeiten der Nutzung von räumlich differenzierten Vorteilen zur Produktion (z. B. durch unterschiedliche Faktorausstattungen bedingte Kostenunterschiede) und zur Erschließung von Märkten.

7.2 Internationale Wirtschaftsbeziehungen

Im Folgenden werden die üblicherweise zwischen Raumeinheiten auftretenden Interaktionen (vgl. Kap. 6.2) mit Ausnahme der Arbeitsmobilität behandelt. Zwar gewinnt in jüngerer Vergangenheit die Mobilität von hochqualifizierten Arbeitskräften wieder an Umfang (siehe die „green-card"-Diskussion in Deutschland), jedoch besitzt auf internationaler Maßstabsebene die Wanderung von Arbeitskräften noch vergleichsweise geringe Bedeutung als Wachstumsdeterminate (eine detaillierte Diskussion ist nachlesbar bei SCHÄTZL 2000b, S. 169f).

7.2.1 Austausch von Waren und Dienstleistungen

Üblicherweise lassen sich drei allgemeine **Gründe für den Handel** von Waren zwischen Raumeinheiten identifizieren (vgl. FRANZMEYER 1999; HEMMER 1988, S. 173f; ROSE 1976, S. 173):

– **Verfügbarkeitsunterschiede**: Ein Bezug von Waren aus anderen Regionen erfolgt dann, wenn in einer Raumeinheit ein

Bild 7-2 Modell einer portugiesische Karavelle des 15. Jahrhunderts (S. Gabriel), mit welcher Vasco da Gama den Handelsweg nach Indien erkundete.

Bedarf bzw. eine Nachfrage an Gütern besteht, der bzw. die intern aufgrund von Defiziten in der Ressourcenausstattung oder beim technischen Wissen nicht befriedigt werden kann. Unterscheiden lässt sich dabei eine **permanente** Nicht-Verfügbarkeit, die sich aus der natürlichen Ausstattung von Räumen ergibt; Handelsströme wie beispielsweise die Lieferung tropischer Früchte nach Europa oder die Einfuhr von Rohstoffen wie Erze oder Erdöl erklären sich daraus, dass diese Güter aufgrund klimatischer Bedingungen oder fehlender Lagerstätten dauerhaft in den Zielländern des Handels nicht verfügbar sind. Eine **temporäre** Nicht-Verfügbarkeit besteht, wenn Raumeinheiten aufgrund kurzfristiger Produktionsausfälle (z. B. Missernten, Naturkatastrophen, Streiks) oder noch nicht erlangter Fähigkeiten zur Herstellung von Produkten diese Waren einführen müssen. So importieren Entwicklungsländer technologieintensive Industriegüter aufgrund noch nicht vorhandener eigener industrieller Produktion und damit fehlender interner Verfügbarkeit. Die Nicht-Verfügbarkeit bildete über Jahrtausende hinweg den wichtigsten Grund für den Warenhandel; heute sind nur noch die Außenhandelsstrukturen der Entwicklungsländer zu großen Teilen durch Nichtverfügbarkeit (Export von Primärgütern, die in Industrieländern fehlen; Import von Industriegütern, die selbst noch nicht hergestellt werden können) zu erklären.

– **Preisunterschiede:** Durch unterschiedliche Kosten der Produktionsfaktoren und

Spezialisierungen (zur Erzielung von economies of scale) können bei der Herstellung von Gütern räumliche Preisunterschiede auftreten. Die Nutzung dieser regionalen Differenzen bei den Kosten erlangt dann besondere Bedeutung, wenn nur niedrige interregionale Transport- und Transaktionkosten auftreten; diese Situation ergab sich im zwanzigsten Jahrhundert. Entwicklungsländer besitzen zumeist aufgrund niedriger Lohnkosten Preisvorteile bei der Herstellung von arbeitsintensiven Industriegütern (z.B. Bekleidung, Montage von Elektrogeräten), während Industriestaaten aufgrund hochwertiger Infrastruktur, moderner Produktionsanlagen und hochqualifizierten Personals Kostenvorteile bei technologieintensiven Produkten aufweisen. Durch Preisunterschiede lassen sich gegenwärtig vor allem Exportstrukturen von Schwellenländern, welche eher arbeitsintensive Industriegüter herstellen und ausführen, erklären.

– **Qualitätsunterschiede:** Kennzeichnend für den Handel zwischen hochentwickelten Ländern ist der Austausch von ähnlichen Produkten, zwischen denen keine wesentlichen Unterschiede im Preis, sondern nur in den qualitativen Merkmalen bestehen. Dies erklärt sich durch vielfältige Angebote der Hersteller und eine Differenzierung der Konsumpräferenzen der Nachfrager. Bei fortgeschrittener wirtschaftlicher Entwicklung – insbesondere beim Wandel zum postfordistischen Produktionssystem (vgl. Kap. 4.2.3) – bieten die Produzenten einen großen Variantenreichtum von gleichartigen

Bild 7-3 Containerhafen von Seattle. Die weltweiten Warenströme prägt immer stärker der Austausch hochwertiger Güter. (Photo E. KULKE)

M 7-5 Räumliche Verteilung des internationalen Warenhandels

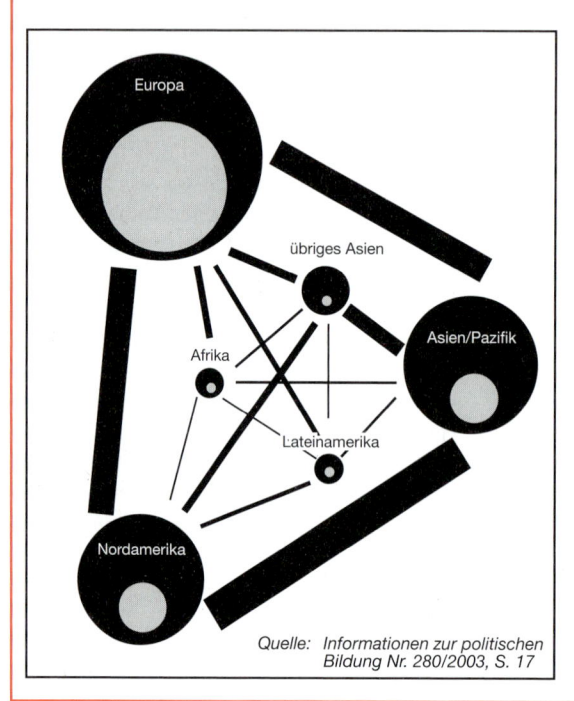

Die weltweiten Handelsströme lassen sich in intraregionale (innerhalb einer Großregion) und interregionale (zwischen Großregionen) Beziehungen untergliedern. Die inneren Kreise zeigen den Umfang intraregionaler Beziehungen und die äußeren Kreise das gesamte Handelsvolumen einer Großregion. Die Dicke der Verbindungsbalken zeigt den Umfang des interregionalen Handels zwischen Großregionen.

Quelle: Informationen zur politischen Bildung Nr. 280/2003, S. 17

Gütern an. Zugleich kommt es bei hohen Einkommen – bei welchen die Grundbedürfnisse an Gütern befriedigt sind – zu einer immer stärkeren Differenzierung der Nachfragepräferenzen. Diese Entwicklungen führen zu Marktüberschneidungen für ähnliche Produkte und erklären einen großen Anteil der Außenhandelsstrukturen hochentwickelter Länder. So ist der Verkauf von französischen oder italienischen Mittelklasseautos in Deutschland nicht durch Nicht-Verfügbarkeit oder Preisunterschiede, sondern durch unterschiedliche Verbraucherwünsche zu erklären.

Die **empirische Analyse** der Merkmale und Entwicklungen des internationalen Warenhandels zeigt eine sehr ungleiche **räumliche Verteilung** (vgl. zum folgenden die detaillierten Analysen von HEMMER 1988, S. 175f und SCHÄTZL 2000b, S.210f sowie FRANZMEYER 1999, S. 8f; HAUCHLER/ MESSNER/ NUSCHELER 1997, S. 212f; NUHN 1997, S. 136f). Über zwei Drittel der Exporte entfallen auf die Industrieländer, wobei die Länder der sogenannten „**Triade**", d.h. die Raumeinheiten West- und Mitteleuropa, Nordamerika und Japan, dominierende Bedeutung besitzen (M 7-5). Den intensivsten gegenseitigen Austausch verzeichnen die Staaten der Europäischen Union; die Integration erlaubt eine kostenorientierte Arbeitsteilung und es kommt zu immer stärkeren Marktüber-

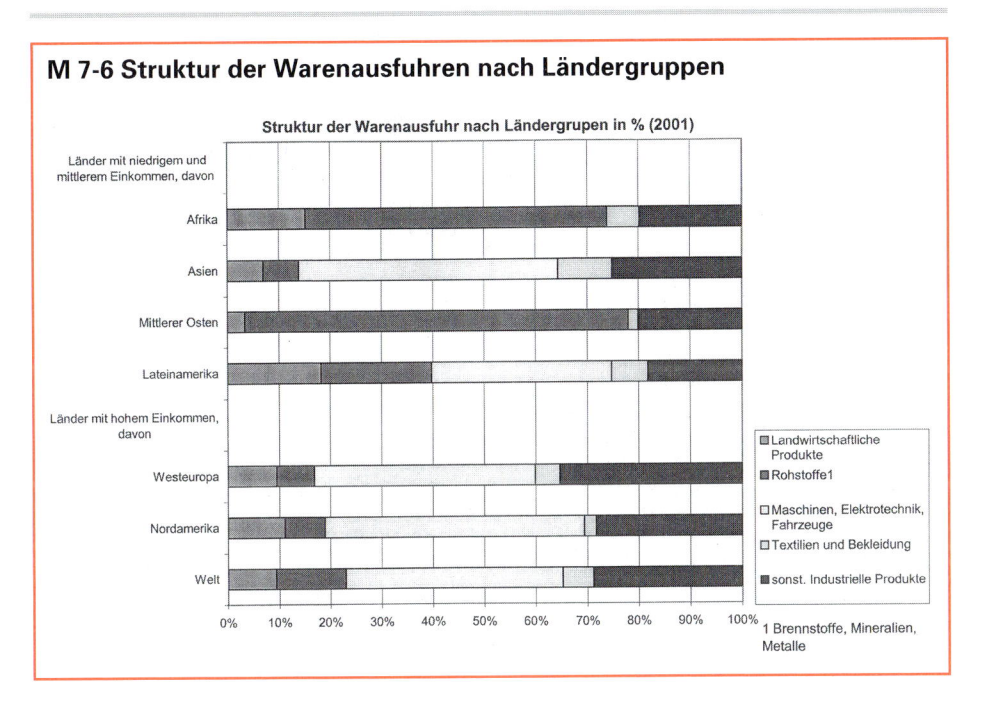

M 7-6 Struktur der Warenausfuhren nach Ländergruppen

Struktur der Warenausfuhr nach Ländergrupen in % (2001)

[Balkendiagramm mit folgenden Kategorien:
- Länder mit niedrigem und mittlerem Einkommen, davon: Afrika, Asien, Mittlerer Osten, Lateinamerika
- Länder mit hohem Einkommen, davon: Westeuropa, Nordamerika
- Welt

Legende:
- Landwirtschaftliche Produkte
- Rohstoffe1
- Maschinen, Elektrotechnik, Fahrzeuge
- Textilien und Bekleidung
- sonst. Industrielle Produkte

1 Brennstoffe, Mineralien, Metalle]

schneidungen. Innerhalb der übrigen Länder bestehen sehr ungleiche Verteilungen. Während auf die Schwellenländer in Ost/Südostasien bereits über die Hälfte des Handels der übrigen Länder entfällt, tragen die Entwicklungsländer – mit einem Anteil an der Weltbevölkerung von über drei Vierteln – zu weniger als 10 % zum internationalen Warenhandel bei.

Sehr deutlich unterscheiden sich auch die **Güterstrukturen** des Warenhandels der Ländergruppen (M 7-6). Sie dokumentieren die fortbestehende klassische weltwirtschaftliche Arbeitsteilung. Die ärmeren Entwicklungsländer exportieren überwiegend Primärgüter, d. h. Rohstoffe und landwirtschaftliche Produkte, und importieren Fertigwaren (komplementärer Handel). Allgemein besteht in Ländern mit einem niedrigen Pro-Kopf-Einkommen sehr häufig eine Abhängigkeit vom Export nur eines Primärgutes. Kommt es zu Preisschwankungen und einem längerfristigen Preisverfall, so hat dies gravierende Effekte auf die Exporterlöse des Landes und kann dessen gesamte Volkswirtschaft destabilisieren. Gerade bei Primärgütern besteht die Tendenz, dass sich das Angebot aufgrund der Erschließung von zusätzlichen Lagerstätten und Ertragssteigerungen erhöht, während gleichzeitig die Nachfrage stagniert oder zurückgeht (M 7-7).

Bei Agrarprodukten handelt es sich überwiegend um einkommensunelastische Güter, d. h. bei Einkommensanstieg steigt die Nachfrage nicht. Bei Rohstoffen versuchen die Industrieländern in zunehmendem Maße, durch moderne Technologien Einsatzstoffe sparend zu produzieren, synthetische Produkte einzusetzen (Substitution) und ein Recycling zu realisieren.

M 7-7 Entwicklung des Preises von Rohkaffee und Röstkaffee

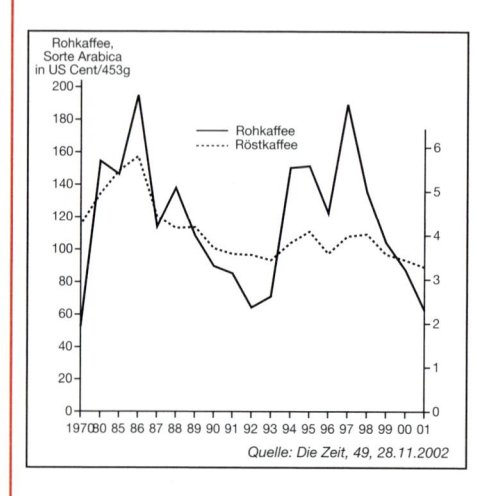

Gerade bei landwirtschaftlichen Produkten ergeben sich starke Schwankungen des Preises auf dem Weltmarkt. Witterungsbedingungen oder Schädlingsbefall können zu einer erheblichen Verknappung führen, welche sich dann in starkem Preisanstieg ausdrückt; gute Ernten können durch das mengenmäßige Überangebot zum Preisverfall führen. Diese Bedingungen machen die möglichen Exporterlöse für Entwicklungsländer schwer kalkulierbar.

Häufig sind die Endverkaufspreise (hier Röstkaffee) geringeren Schwankungen unterworfen als die Rohstoffpreise (hier Rohkaffee), da die Produzenten (Röstereien) und Zwischenhändler Ausgleichslager zur Mengen- und Preisstabilisierung anlegen.

Eine besondere Außenhandelsstruktur weisen die Staaten in Nordafrika und im Nahen Osten auf, deren Exporte zu rund 90 % aus der Ausfuhr von Erdöl bestehen; da es sich hierbei um ein stark nachgefragtes und nur in wenigen Gebieten verfügbares Produkt handelt, können sie dadurch hohe Exporterlöse realisieren. Demgegenüber exportieren die Länder mit hohem Einkommen vor allem Industriegüter (z. B. Maschinen, Elektrotechnik, Fahrzeuge) und importieren ebenfalls überwiegend Fertigwaren (substitutiver Handel).

Von Bedeutung sind auch die **räumlichen Orientierungen** der Handelsströme. Die Industrieländer handeln vorwiegend untereinander mit Fertigprodukten. Schwellenländer weisen eine starke Ausrichtung ihrer eher arbeitsintensiven Exportprodukte auf die Märkte der Industrieländer auf. Die Entwicklungsländer besit-

M 7-8 Entwicklung der Weltexporte und der Weltwirtschaftsleistung

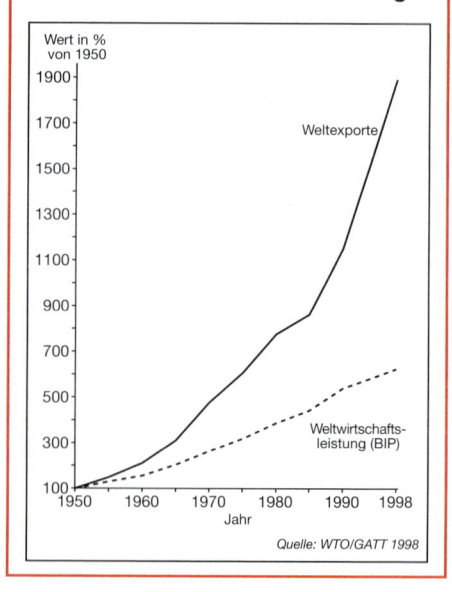

7.2 Internationale Wirtschaftsbeziehungen

M 7-9 Entwicklung des Welthandels nach Ländergruppen

Anteil in %	1950	1960	1970	1980	1990	2000
Industrieländer	63.5	69.7	75.4	68.7	74.0	66.2
- davon EU (12)	32.1	37.4	40.4	38.2	41.0	35.9
- davon Japan	1.5	3.5	6.3	7.0	8.0	6.5
- davon USA	16.6	15.1	14.1	12.4	13.4	15.5
Entwicklungsländer	36.6	30.3	24.6	31.3	26.0	33.8
- davon asiatische Schwellenländer[1] und China	5.8	5.4	4.2	6.3	11.3	15.9
- davon Lateinamerika	10.4	7.7	5.6	5.7	3.4	5.7
- davon Afrika	6.5	5.6	4.2	4.6	2.5	2.1

1) Hongkong, Malaysia, Singapur, Südkorea, Taiwan, Thailand

Quellen: WELTBANK, Weltentwicklungsbericht, div. Jahre; Yearbook of Trade Statistics, div. Jahre

zen nur einen geringen Anteil von Handelsverflechtungen untereinander; sie exportieren ihre Primärgüter in Industrieländer und beziehen von dort die Fertigprodukte.

Der seit Jahrzehnten im Zuge der Globalisierung zu beobachtende starke **Zuwachs des internationalen Warenhandels** (M 7-8) verteilt sich ungleich über die Länder der Erde (M 7-9). Der Austausch zwischen den hochentwickelten Staaten stieg etwa proportional zum Zuwachs des Welthandels. Immer größere Anteile am Welthandel erzielen die Schwellenländer, insbesondere jene in Ost-/Südostasien. Dabei lassen sich Veränderungen in den Exportstrukturen beobachten, welche den Entwicklungsverlauf dieser Länder widerspiegeln (vgl. KULKE 1998b, WESSEL 1998). In einer ersten Entwicklungsphase erfolgte eine Diversifikation der Rohstoffexporte, an welche sich eine Spezialisierung auf die Ausfuhr von arbeitsintensiven Produkten (z. B. Bekleidung/Textilien, Elektrogeräte), für deren Herstellung sie Lohnkostenvorteile aufwiesen, anschloss.

Mit fortschreitender wirtschaftlicher Entwicklung (und entsprechendem Anstieg der Lohnkosten) vollzogen sie eine zweite Industrialisierungsphase, in welcher eine eher sach- und humankapitalintensive Herstellung von höherwertigen Industriegütern (z. B. Elektro-/Elektronikgeräte, Fahrzeuge) wichtiger wurde. Da die ost/südostasiatischen Schwellenländer zeitlich versetzt eine ähnliche Entwicklung durchliefen, wird deren Pfad häufig mit dem Flug der Wildgänse verglichen (M 7-10). Demgegenüber verringerte sich der Anteil der Entwicklungsländer am internationalen Warenhandel ständig. Diese Länder konnten keine zusätzlichen Produkte auf dem Weltmarkt absetzen und der Anteil der von ihnen exportierten Primärgüter am Welthandel sank.

Die Veränderungen in der **Struktur des internationalen Warenhandels** geben Aufschluss über die wichtigsten Gründe des Zuwachses. Unter der Voraussetzung einer kalkulierbaren Welthandelsordnung (GATT/WTO) und bei niedrigen Transport- und Transaktionskosten gewinnen

> **M 7-10 Entwicklungspfad nach dem „flying-geese-Ansatz"**
>
> Übertragen auf die Staaten Ost- und Südostasiens bedeutet der „flying-geese-Ansatz", dass Japan als „Leitgans" des pazifisch-asiatischen Subkontinents durch technologische Innovationen neue Zyklen hervorbringt und die Nachbarländer nach dem Konzept des „aufholenden Produktzyklus" phasenverschoben folgen. In dieser Aufholjagd reihen sich hinter Japan die „asiatischen Zugvögel" auf: Zunächst die ANICs („Vier Kleine Tiger" als Schwellenländer), dann die ASEAN-Staaten Malaysia und Thailand als dynamische Entwicklungsländer und Vorbild für sonstige ASEAN-Staaten, an denen sich wiederum China sowie inzwischen auch Vietnam orientieren.
> Das „Fluggänse"-Modell hat seinen Reiz dadurch, dass es nachholende Entwicklungen in hierarchischen Etappen (staats-) räumlich veranschaulicht, Beziehungen zwischen Binnenentwicklung und Außenverflechtungen herstellt sowie den asiatischen Schwellen- und Entwicklungsländern, denen der Aufstieg Japans zur Weltwirtschaftsmacht als Vorbild dient, Zukunftsperspektiven eröffnet.

Quelle: FLÜCHTER 1996, S. 708

Preisunterschiede und Qualitätsunterschiede als Handelsmotive an Bedeutung. Im Zuge der Globalisierung entstanden immer mehr multinationale Mehrbetriebsunternehmen, welche ein räumlich-gegliedertes Produktionssystem besitzen (vgl. Kap. 4.3.1; siehe NUHN 1999). Dieses erlaubt es ihnen, die Kostenvorteile von Standorten in verschiedenen Ländern zu nutzen. Schätzungen gehen davon aus (vgl. HAUCHLER/ MESSNER/ NUSCHELER 1997, S. 223), dass gegenwärtig bereits ein Drittel des weltweiten Handels innerhalb von Mehrbetriebsunternehmen – d. h. zwischen deren weltweit verteilten Teilbetrieben – erfolgt. Zugleich kam es in jüngerer Vergangenheit bei den Endverbrauchern zu einer Differenzierung von Nachfragepräferenzen und der Herausbildung unterschiedlicher Lebensstile (vgl. Kap. 2.2.2); diese Entwicklungen verstärken die qualitätsbedingten Marktüberschneidungen.

Hinsichtlich der **Auswirkungen des internationalen Warenhandels** bestehen zwei differierende Grundinterpretationen.

Zum einen wird angenommen, dass Außenhandel Wohlfahrtsgewinne für alle Beteiligten ermöglicht, zum anderen wird angeführt, dass sich die Vorteile ungleich verteilen und einseitig den schwächeren Partner benachteiligen.

Überlegungen zu Vorteilen des internationalen Warenhandels beruhen auf der von den britischen Nationalökonomen ADAM SMITH (1723-1790) und David Ricardo (1772-1823) entwickelten Theorie des Wirtschaftsliberalismus, der Arbeitsteilung und des Freihandels (vgl. FRANZMEYER 1999, GROTZ 2003). Ricardos **Theorie der komparativen Kostenvorteile** zeigt, dass räumliche Arbeitsteilung, bei welcher sich Länder auf bestimmte Güter spezialisieren, Kostenersparnisse (gemessen in der Arbeitszeit zur Herstellung von Gütern) ermöglicht (Nachdruck Ricardo 1994). Dieser Zusammenhang lässt sich an einem einfachen Modell erläutern, welches die Herstellung von zwei Gütern A und B in zwei Ländern 1 und 2 berücksichtigt (M 7-11; nach SCHÄTZL 2001, S. 130). In dem ersten Fall besitzt je-

M 7-11 Theorie der komparativen Kostenvorteile (RICARDO)

Beispiel 1: absolute Kostenvorteile

		Gut A	Gut B	Gesamt
Autarkie	Land 1	120	80	200
	Land 2	100	120	220
				420
Arbeitsteilung	Land 1	–	160	160
	Land 2	200	–	200
				360

Beispiel 2: komparative Kostenvorteile

		Gut A	Gut B	Gesamt
Autarkie	Land 1	90	80	170
	Land 2	110	120	230
				400
Arbeitsteilung	Land 1	–	160	160
	Land 2	220	–	220
				380

nach SCHÄTZL 2001, S. 130

des Land für ein bestimmtes Gut (Land 1 für Gut B, Land 2 für Gut A) absolute Kostenvorteile. Falls jedes Land diese Güter selbst herstellt (Autarkiesituation), treten insgesamt Arbeitszeitkosten in Höhe von 420 Einheiten auf. Spezialisieren sich die Länder dagegen auf jenes Gut, welches sie kostengünstiger produzieren können und tauschen die Güter dann untereinander aus, entstehen bei gleicher Gütermenge nur Arbeitszeitkosten in Höhe von 360 Einheiten. Realitätsnäher wird die Analyse im zweiten Fall, in welchem eines der beiden Länder (Land 1) alle beiden Güter kostengünstiger herstellen kann. Unter der Annahme, dass Land 1 keine ausreichenden Kapazitäten zur Herstellung aller Güter besitzt, ist auch in diesem Fall eine Arbeitsteilung sinnvoll. Land 1 spezialisiert sich auf jenes Gut, bei dem es den komparativ größeren Vorteil hat (Gut B), Land 2 auf jenes Gut, bei dem der vergleichsweise geringere Nachteil besteht (Gut A). Die gesamten Arbeitszeitkosten können auch so von 400 in der Autarkiesituation auf 380 bei Arbeitsteilung gesenkt werden.

Ricardo erläuterte seine Überlegungen am Beispiel von England und Portugal und den Gütern Wein und Tuch (vgl. HAMMERSCHMIDT/KORT 1999). England bezieht Wein aus Portugal und liefert Tuch dorthin, obwohl Portugal beide Güter – gemessen in Arbeitszeit – preisgünstiger herstellen könnte. Die Weinerzeugung ist in Portugal jedoch deutlich produktiver als die Tuchherstellung, d. h. es muss weniger Arbeit einsetzen, um die zusätzliche für den Export benötigte Menge Wein zu erzeugen als für die Herstellung des Eigenbedarfs an Tuch. Entsprechend erlaubt die Spezialisierung auf Wein und der Import von Tuch Arbeitszeitersparnis. Gleiches gilt in England für Tuch. In beiden Ländern können die eingesparten Arbeitszeiten für andere wirtschaftliche Aktivitäten eingesetzt werden und damit wächst in beiden Ländern der Wohlstand.

Die Idee von Ricardo bildet noch heute eine wichtige Argumentationsgrundlage für die Liberalisierung des Welthandels durch die WTO, obwohl eine Reihe von realen Elementen in dem Ansatz unberücksichtigt bleiben. So geht Ricardo von konstanten Skalenerträgen (d. h. keine Realisierung von economies of scale bei größeren Produktionsmengen) sowie von einer durch natürliche Bedingungen gegebenen Obergrenze der Produktion (welche aber z. B. durch technischen Fortschritt verändert werden könnte) aus und er bezieht nicht die bei räumlicher Arbeitsteilung auftretenden zusätzlichen Transport- und Transaktionskosten ein (vgl. BENDER 1980, S. 378f; HEMMER 1988, S. 118). Als weitgehend unstrittig gilt, dass Arbeitsteilung Wohlfahrtsgewinne für den Gesamtraum ermöglicht, dagegen wird aber die Verteilung der Vorteile auf die Teilräume unterschiedlich interpretiert.

Die **Dependenzansätze** (vgl. Kap. 6.3.2) gehen davon aus, dass der internationale Handel zu einem Realeinkommenstransfer führt, welcher nur die Industrieländer begünstigt und die Entwicklungsländer behindert. Zahlreiche Überlegungen wurden hierzu veröffentlicht (vgl. HEMMER 1988, S. 180f). So geht beispielsweise F. PERROUX (1952) von einem Vormachteffekt aus, bei welchem die Wirtschaftsstrukturen der dominierten Entwicklungsländer durch die Industrieländer zementiert werden. MYRDAL (1974) diskutiert internationale Kontereffekte, welche dazu führen, dass Faktorabwanderungen aus den Entwicklungs- in die Industrieländer das Wirtschaftspotential der reichen Länder zu Lasten der armen stärkt. Große Verbreitung als Erklärungsansatz hat die auf empirischer Grundlage entwickelte **Theorie der säkularen Verschlechterung der terms-of-trade** des argentinischen Ökonomen Raúl PREBISCH (1950) erlangt.

Terms-of-trade beschreiben das Austauschverhältnis der Güter im Außenhandel. Sie sind definiert als Quotient aus dem Index der Exportgüterpreise und dem Index der Importgüterpreise eines Landes (M 7-12). Die terms-of-trade geben an, welche Importmenge für den Erlös einer Exporteinheit erworben werden kann. Steigen die terms-of-trade, d. h. nehmen die durchschnittlichen Preise der exportierten Güter stärker zu als die der importierten, muss das Land weniger Einheiten zum Import von Gütern aufwenden, d. h. die Außenhandelssituation des Landes verbessert sich. Der Wert der „tot" liegt dann über 100 % (bzw. über 1). Liegen die Werte unter 100 (bzw. 1), entwickelten sich die Exportgüterpreise schlechter als die Importgüterpreise; ein Land kann dann bei gleicher Exportmenge weniger Güter importieren.

Die empirischen Beobachtungen von PREBISCH basieren auf dem langfristigen Vergleich der Preise von Primär- und Industriegütern; sie zeigen, dass sich die Austauschverhältnisse zwischen den Gütergruppen über einen längeren Zeitraum zuungunsten von Primärgütern verändert haben. Damit müssen die von Primärgü-

---

M 7-12 Definition der „terms-of-trade"

$$tot = \frac{P_x}{P_m}$$

P_x = Index der Exportgüterpreise
P_m = Index der Importgüterpreise

tern abhängigen Entwicklungsländer mehr Rohstoffe exportieren, um die gleiche Menge an Industriegütern importieren zu können, bzw. ihre Exporterlöse verringern sich.

PREBISCH erklärt diese Entwicklungen durch güterspezifische Einkommenselastizitäten der Nachfrage (vgl. Kap 2.1; M 2-5) und durch den räumlich ungleich ausgeprägten technischen Fortschritt (vgl. NOHLEN 1984, S. 557). Mit dem Einkommensanstieg erfolgt in den Industrieländern kein Nachfragezuwachs nach Primärgütern der Entwicklungsländer, aber die Entwicklungsländer fragen mehr Industriegüter nach. Der technische Fortschritt ist räumlich ungleich verteilt; in Industrieländern erfolgt eine Diffusion in alle Wirtschaftszweige, während in den Entwicklungsländern nur der Exportsektor erfasst wird. Das Zusammenspiel der Faktoren führt in Industrieländern zu einem Produktivitätszuwachs in der Industrie, der jedoch verbunden ist mit einer noch stärkeren Einkommenserhöhung (z. B. wegen Gewerkschaftsmacht, Knappheit an Arbeitskräften) der Endnachfrager; dadurch kommt es zu einem Anstieg der Preise für Industrieerzeugnisse. In den Entwicklungsländern führt der technische Fortschritt auch zu Produktivitätserhöhungen, da jedoch ein Überangebot an Arbeitskräften besteht, erfolgen nicht in gleichem Umfang Einkommenserhöhungen; entsprechend sinken die Preise der Exportprodukte. Der dadurch auftretende Verfall der terms-of-trade führt zu einem Realeinkommenstransfer in die Industrieländer, welcher sich in den zu beobachtenden Problemen der Entwicklungsländer wie Devisenmangel, Verschuldung oder Zahlungsbilanzdefizite dokumentiert.

Die **Entwicklung der terms-of-trade nach Ländergruppen** (M 7-13) zeigt tatsächlich die Tendenz, dass sich jene der besonders von Primärgüterexporten abhängigen Entwicklungsländer verschlechterten (vgl. HAUCHLER 1993, S. 243f).

M 7-13 Entwicklung der tot nach Ländergruppen

	Anteil von Rohstoffexporten in %	terms-of-trade 1990=100 1980	2000
Länder mit niedrigem Einkommen			
– Afrika	57	161	116
– Mittlerer/naher Osten	74	175	122
– Asien	7	122	96
– Lateinamerika	22	160	107
Länder mit hohem Einkommen			
– gesamt	5	90	101
– Deutschland	5	84	86
– USA	4	101	102
– Japan	1	73	127

Datengrundlage: WTO und UNCTAD, div. Jahre

Auch für zahlreiche Rohstoffe lässt sich ein Preisverfall beobachten. Dennoch ist die Allgemeingültigkeit der These der säkularen Verschlechterung der terms-of-trade nicht eindeutig belegt. So wird zum einen die statistische Basis (Verwendung der Net Barter tot, Methode des Preisvergleichs, Wechselkursungenauigkeiten) kritisiert. Zum anderen wird angeführt, dass die Entwicklungsländer nicht nur Primärgüter exportieren und dass einige hochentwickelte Länder trotz starker Abhängigkeit von Primärgüterexporten hohe Einkommen erzielen (z. B. Australien, Dänemark, Neuseeland).

Gegenüber dem internationalen Warenhandel besaß der **Austausch von Dienstleistungen** lange Zeit nur untergeordnete Bedeutung (vgl. KLODT/MAURER/SCHIMMELPFENNIG 1997; LICHTBLAU 2000). Üblicherweise fand deshalb bei Betrachtungen internationaler Dienstleistungsbeziehungen nur der Tourismus Berücksichtigung (vgl. SCHÄTZL 2000b, S. 223f), welcher aber im engeren Sinne keinen Dienstleistungstransfer darstellt, sondern nur als Mobilität von Nachfragern zu verstehen ist. Der geringe Austausch von Dienstleistungen hängt mit ihrem Charakter zusammen (vgl. Kap. 5). Bei klassischen Dienstleistungen ist eine räumliche und zeitliche Trennung von Produktion und Konsum aufgrund des uno-actu-Prinzips nicht möglich und entsprechend können diese gebundenen Dienstleistungen nicht international transferiert werden. Erst die neuen Kommunikationsmedien ermöglichen Anbieter-Nachfrager-Trennungen (separated services) und im engeren Sinne einen Handel mit Dienstleistungen.

Als **Gründe für den internationalen Dienstleistungstransfer** lassen sich die gleichen wie für den Warenhandel – d.h. Verfügbarkeitsunterschiede, Preisunterschiede, Qualitätsunterschiede – anführen. Wie in der Vergangenheit des Güterhandels so scheinen gegenwärtig bei Dienstleistungen Verfügbarkeitsunterschiede noch relativ große Bedeutung zu besitzen. Dies betrifft insbesondere die vergleichsweise große Exportanteile einnehmenden hochwertigen unternehmensnahen Dienste aus den Bereichen Beratung, Management, Entwicklung oder Forschung. In diesen Bereichen besitzen wenige Länder Kenntnisvorsprünge, die sie international vermarkten können.

Die **empirische Analyse der weltweiten Dienstleistungsverflechtungen** zeigt eine ungleiche Verteilung. Obwohl im Jahr 2000 rund 61 % des BIP der Welt durch Dienstleistungen erbracht wurden, entsprachen Exporte von gewerblichen Dienstleistungen nur etwa 24 % der Warenexporte (WELTBANK 2002). So bestehen im Dienstleistungsbereich noch ausgeprägte nationale oder regionale Märkte, die erst eine langsame Internationalisierung erfahren. Allerdings verzeichnen Dienstleistungen in jüngerer Vergangenheit einen stärkeren Zuwachs als der Warenhandel; zwischen 1985 und 2000 lag die durchschnittliche jährliche Wachstumsrate von Dienstleistungsexporten mit 9.4 % über jener des Warenhandels (7.7 %). Bei Berücksichtigung der stärkeren Preiszuwächse bei Diensten als bei Waren relativiert sich der Unterschied aber noch etwas (LICHTBLAU 2000).

In räumlicher Hinsicht bestehen extreme Disparitäten. Auf die USA allein entfallen bereits 18.8 % aller Dienstleistungsexporte und die fünf größten Exporteure zusammen (USA, UK, F, D, I) besitzen einen Marktanteil von 44.5 % (WELTBANK 2000). Besondere Bedeutung besitzen für den amerikanischen Vorsprung die Bereiche Unternehmensberatung/Software/F&E, Finanzdienstleistungen, Film/Video/Musik und Patente/Lizenzen (LICHTBLAU 2000). Demgegenüber tragen die Länder mit niedrigem Einkommen nur mit 2.5 % zu den internationalen Dienstleistungsexporten bei.

Der insgesamt noch geringe Grad von Dienstleistungsexporten hängt auch mit anderen Strategien der Unternehmen zur Internationalisierung zusammen. Aufgrund der bei Diensten wichtigen unmittelbaren Kontakte zwischen Anbieter und Nachfrager wird statt des Exports die Alternative der Direktinvestition, d. h. der Gründung von Betriebseinheiten im Ausland, gewählt. International tätige Banken, Versicherungen oder Unternehmensberater errichten Niederlassungen, von welchen aus sie die nationalen Märkte erschließen.

7.2.2 Direktinvestitionen

Direktinvestitionen sind definiert als Investitionen im Ausland, bei welchen der Investor dort unmittelbaren Einfluss auf ökonomische Aktivitäten nimmt. Es kann sich dabei um den Erwerb von Immobilien oder Unternehmen, den Kauf von Geschäftsanteilen, die Errichtung von Betriebsstätten, Tochterunternehmen oder Auslandsniederlassungen oder den Transfer von Mitteln an bereits zu maßgeblichen Anteilen im Besitz befindliche Einheiten handeln. Vollzogen werden sie durch monetäre Transaktionen (Geldtransfer), reale Transfers (z. B. Transport von Maschinen und Betriebsmitteln ins Ausland) oder immaterielle Übertragungen (u. a. Einsatz von technischem Wissen im Ausland). Nicht zu den Direktinvestitionen gehören Portfolioinvestitionen, bei welchen nur aus Ertragsmotiven ein Kapitaltransfer (z.B. durch den Kauf von Aktien) in das Ausland erfolgt, ohne dass damit die Geschäftsaktivitäten beeinflusst werden.

Die klassische makroökonomische Theorie nimmt an, dass Unterschiede in der Profitrate den entscheidenden **Grund für Direktinvestitionen** bilden; d.h. aufgrund rational-ökonomischer Entscheidungen fließt Kapital aus Ländern mit geringerer Profitrate in jene mit höherer (vgl. SCHÄTZL 2001, S. 113). Einen umfassenderen Erklärungsansatz liefert DUNNING (1981) mit seinem **eklektischen Paradigma**. Er betrachtet dabei die Voraussetzungen, unter welchen ein Unternehmen bereit ist, im Ausland zu investieren. Dabei lassen sich drei Bedingungen

---

M 7-14 Alternative Formen von Auslandsaktivitäten

Art der Auslands-Aktivität:	Bedingungen für Unternehmensaktivitäten		
	Eigentumsvorteile	Internalisierungsvorteile	Standortvorteile
Direktinvestition	ja	ja	ja
Export	ja	ja	nein
Lizenzvergabe	ja	nein	nein

Quelle: DUNNING 1981, S. 32

identifizieren (vgl. auch HAAS/WERNECK 1998, MISCHKE 2002):

– **Eigentumsvorteile** (O = ownership advantages). Der potentielle Investor besitzt in einem bestimmten Aktivitätsbereich gegenüber anderen Unternehmen exklusive Wettbewerbsvorteile (z. B. hinsichtlich Produkten, Produktionsverfahren, Organisationsformen), von denen zumindest ein Teil über nationale Grenzen hinweg transferierbar ist. Durch diese Vorteile kann sich das Unternehmen im Zielland entweder neue Märkte erschließen oder die Kosten senken.

– **Internalisierungsvorteile** (I = internalisation advantages). Der Investor kann die vorhandenen Eigentumsvorteile innerhalb des eigenen Unternehmens besser nutzen, als wenn er die Nutzungsrechte an andere (z. B. in Form von Patenten, von Auftragsarbeit) vergeben würde. Dieser Faktor gewinnt besonders dann an Gewicht, wenn entweder im Zielland der Schutz geistigen Eigentums bei Transfer an andere nicht gesichert ist oder wenn die Außenvergabe von Kenntnissen den Wettbewerbsvorteil des ganzen Unternehmens gefährden würde (z. B. Coca Cola-Rezept).

– **Standortvorteile** (L = location advantages). Im Zielland müssen spezifische Vorteile gegenüber dem Heimatstandort gegeben sein, welche wirtschaftliche Aktivitäten begünstigen. Dazu können besondere Marktbedingungen (z. B. durch Einkommen und Nachfrageprofil), Kostenvorteile des Standortes (u. a. Rohstoffe, Arbeitskosten, Infrastruktur) oder günstige politische Rahmenbedingungen (z. B. geringe Abgaben, Umgehung von Handelshemmnissen, Investitionszulagen) gehören.

Nur wenn alle drei Bedingungen (OLI) vorliegen, wählt das Unternehmen den Weg der Direktinvestition. DUNNING geht davon aus, dass je stärker ausgeprägt die Eigentums-, Internalisierungs- und Standortvorteile sind, desto größere Bereitschaft besteht bei Unternehmen, im Ausland zu investieren. Sind einzelne der drei Bedingungen nicht erfüllt, stehen dem Unternehmen alternative Möglichkeiten des Auslandsengagements zur Verfügung (M 7-14). Besitzt ein Unternehmen Eigentums- und Internalisierungsvorteile, aber fehlen im Ausland die Standortvorteile, stellt sich der Export in das Zielland als günstigste Lösung dar. Kann ein Unternehmen die Eigentumsvorteile auch extern verwerten, erfolgt eine Lizenz- bzw. Auftragsvergabe an Unternehmen im Ausland.

Zahlreiche wirtschaftsgeographische Untersuchungen beschäftigen sich im Detail mit den **Standortvorteilen** in den Zielländern und begründen anhand deren Gewichtung durch Unternehmen Direktinvestitionen. Dabei lassen sich zwei Gruppen von Motiven unterscheiden, zum einen absatzorientierte Gründe, zum anderen kosten- oder beschaffungsorientierte Gründe (M 7-15).

Zu den wichtigen **absatzorientierten Gründen für Direktinvestitionen** gehören die Umgehung von Importrestriktionen und die Konkurrenzvorteile durch Marktnähe. In vielen Ländern liegen die Einfuhrzölle für Fertigprodukte über jenen für Vorprodukte (siehe Kap. 7.3.2); Investitionen im Zielland und Erbringung der Leistungen dort ermöglichen die Umgehung dieser Einfuhrhemmnisse. Durch die Erstellung von Gütern und Dienstleistungen im Zielland können sich auch Konkurrenzvorteile ergeben; auf regional unterschiedliche Käuferpräferenzen kann bes-

M 7-15 Motive für Investitionen im Ausland

Absatzorientierte Gründe
- Größe und Kaufkraft des Zielmarktes
- Umgehung von Handelshemmnissen
- Anpassung an länderspezifische Produktmerkmale und Marktbedingungen
- Herkunfts-Goodwill

Kosten-/beschaffungsorientierte Gründe
- vorhandene Rohstoffe und Vorprodukte
- Verfügbarkeit von billigen Arbeitskräften
- Verfügbarkeit hochqualifizierter Arbeitskräfte
- Niedrige Standortkosten (z.B. Steuern, Umweltauflagen, Flächen, Infrastruktur)
- Reduzierung von Transportkosten, geringere Wechselkursrisiken
- Nähe zu anderen Anbietern/Herstellern

ser durch Angebotsmodifikationen eingegangen werden und absatzpsychologische Gründe (Herkunftsgoodwill = erstellt im „eigenen" Land) begünstigen den Verkauf. Den absatzorientierten Vorteilen des Ziellandes stehen oft Nachteile des Heimatlandes gegenüber. Heimatmärkte weisen häufig Stagnationstendenzen der Nachfrage auf, während am Zielmarkt Expansionsmöglichkeiten erwartet werden.

Kosten- oder beschaffungsorientierte Gründe für Direktinvestitionen basieren zum Teil auf Überlegungen zur Sicherung von benötigten Rohstoffen bzw. Vorprodukten oder zur Verringerung von Transportkosten (z. B. bei der Weiterverarbeitung von Gewichtsverlustmaterialien). Als wichtiger Faktor gelten insbesondere Bedingungen des Arbeitsmarktes. Arbeitsintensive Güterproduktion wandert in Länder mit niedrigen Lohnsätzen, um Kosten zu sparen, während technologieintensive Produktionen und hochwertige Dienstleistungen Standorte mit guter Verfügbarkeit hochqualifizierter Arbeitskräfte wählen. Bedeutung besitzen auch regional differenzierte Standortkosten; neben den klassischen Vorteilen durch staatliche Regionalpolitik (z. B. Investitionszulagen, Infrastrukturausbau) begründen sich einige Standortentscheidungen der Industrie (u. a. chemische Industrie) auch durch geringe Umweltschutzauflagen in Zielländern (vgl. BpB 1999, S. 11).

Neben den expliziten Gründen müssen in den Zielländern gewisse **Mindestvoraussetzungen** gegeben sein, damit dort überhaupt Direktinvestitionen erfolgen. So wählen Unternehmen nur Standorte, die über eine Basisinfrastruktur (internationale Verkehrs- und Kommunikationsverbindungen, Ver- und Entsorgungseinrichtungen) verfügen. Zudem müssen rechtliche Voraussetzungen für Investoren vorliegen, wie z. B. Rechtssicherheit vor Verstaatlichungen, Gewinntransfermöglichkeit, Doppelbesteuerungsabkommen. Einen klaren Ausschlussfaktor stellen politische Instabilitäten von Ländern dar; kein Investor wählt Zielländer mit Bürgerkriegen, politischem Extremismus oder unsicheren Rahmenbedingungen.

Die **empirische Analyse der internationalen Direktinvestitionen** zeigt eine deutliche Zunahme in der Globalisie-

Bild 7-4 Bekleidungsfabrik in Malaysia. Arbeitsintensive Produktionen werden aus Kostengründen in Entwicklungs- und Schwellenländer verlagert. (Photo E. KULKE)

rungsphase. Bis in die achtziger Jahre entwickelten sich die Aktivitäten moderat, seitdem verzeichnen sie einen weit über der Wachstumsrate des Warenhandels liegenden Zuwachs (vgl. M 7-1); so erhöhte sich der weltweite Bestand an Direktinvestitionen zwischen 1980 und 1995 von 500 Mrd. US$ auf 2700 Mrd. US$ (HAUCHLER/ MESSNER/ NUSCHELER 1997, S. 142). Als wichtige Gründe für den Zuwachs gelten Veränderungen in den Rahmenbedingungen und Unternehmenssystemen (vgl. Kap. 4.3.1). Durch die Schaffung globaler wirtschaftlicher Rahmenordnungen, durch eine zunehmende Zahl von Ländern mit vergleichbaren marktwirtschaftlichen Systemen und durch das Auftreten der höherentwickelten Schwellenländer verbesserten sich die Bedingungen für Direktinvestitionen (vgl. DUNNING 1994, KRÄGENAU 1995). Zugleich traten Veränderungen in den unternehmensinternen Strukturen (post-fordistisches räumlich gegliedertes Standortsystem) auf. Statt einfacher „off-shore"-Auslagerungen aus Gründen der Arbeitskostenersparnis entstanden immer mehr multi- und transnational operierende Unternehmen (M 7-16; vgl. NUHN 1999). Zwischen 1970 und 1995 erhöhte sich die Zahl der in den 14 größten Industrieländern beheimateten multinationalen Unternehmen von 7000 auf etwa 40000 (HAUCHLER/ MESSNER/ NUSCHELER 1997, S. 142). Eine Betrachtung der Strategien der größten multinationalen Unternehmen zeigt einen wachsenden Anteil von Auslandsinvestitionen gegenüber jenen an Heimatstandorten (M 7-17).

> **M 7-16 International tätige Unternehmen**
>
> **Internationale Unternehmensorganisation**: Die unternehmerischen Schwerpunktbereiche (Management, Produktion, Vertrieb) befinden sich im Heimatland; im Ausland erfolgen Verkauf und ggf. Teilschritte der Produktion.
>
> **Multinationale Unternehmensorganisation**: Das Unternehmen wird hierarchisch von einem Heimatland koordiniert; in zahlreichen Ländern befinden sich Produktionsstätten, Zweigbetriebe und Verkaufsniederlassungen.
>
> **Transnationale Unternehmensorganisation**: Das Unternehmen besitzt in mehreren Ländern Teilzentralen mit Kompetenzen und Koordinierungsaufgaben; in zahlreichen Ländern befindliche Einheiten sind in gegenseitige Austauschbeziehungen eingebunden.
>
> Quelle: BATHELT 2001, S. 275f

Wichtigste Quellgebiete der Direktinvestitionen sind die Industrieländer, aus denen über 80 % stammen (vgl. KRÄGENAU 1995, UNCTAD 1998). Die übrigen Direktinvestitionen kommen aus den Erdöl exportierenden Staaten und sogenannten Finanzholding Ländern (z. B. Antillen, Bermudas, Bahamas), während auf die Entwicklungsländer weniger als 1 % entfallen. Als Zielgebiete besitzen ebenfalls die Industrieländer mit fast 70 % Anteil die größte Bedeutung. Weitere wichtige Ziele sind die Transformationsländer in Europa sowie die Schwellenländer Ost/Südostasiens. In den Entwicklungsländern erfolgen vergleichsweise wenige Investitionen und diese sind auf eine geringe Zahl von Staaten mit relativ großem Binnenmarkt, infrastrukturellen Voraussetzungen und stabilen politischen Verhältnissen konzentriert. So erhielten im Jahr 1999 12 von den Entwicklungs- und Transformationsländern 86 % aller Zuflüsse von Direktinvestitionen (UNCTAD 2000).

Es bestehen typische räumliche Orientierungen von Investitionsströmen, die sich durch räumliche und kulturelle Nähe erklären lassen (vgl. KRÄGENAU 1995, HAUCHLER/ MESSNER/ NUSCHELER 1997). Europäische Unternehmen investieren zu hohen Anteilen in Europa und Nordamerika, nordamerikanische in Europa, Asien und Lateinamerika und japanische in Asien und Nordamerika. Bei den räumlichen Orientierungen lässt sich auch eine Sonderform grenzüberschreitender Produktionssysteme beobachten, die häufig mit dem Begriff Maquiladora-Industrie (ursprüngliche Bezeichnung für US-amerikanische Unternehmen, die in Mexiko entlang der Grenze angesiedelt wurden) bezeichnet wird (vgl. DÖRRENBÄCHER/SCHULZ 2002; FUCHS 2001; SCHAMP 2000, S. 174f). Hierbei werden aus Kostengründen Teilschritte der Produktion unmittelbar auf der anderen Seite der Grenze (in einem Land mit niedrigeren Arbeitskosten) angesiedelt; die damit einhergehenden Warenströme heißen Veredelungshandel.

Die räumlichen Orientierungen geben auch Aufschluss über die wichtigsten **Investitionsmotive**. Bei der Wahl des Ziellandes besitzen Marktüberlegungen größere Bedeutung – selbst bei Investitionen

M 7-17 Investitionsstrategien multinationaler Unternehmen

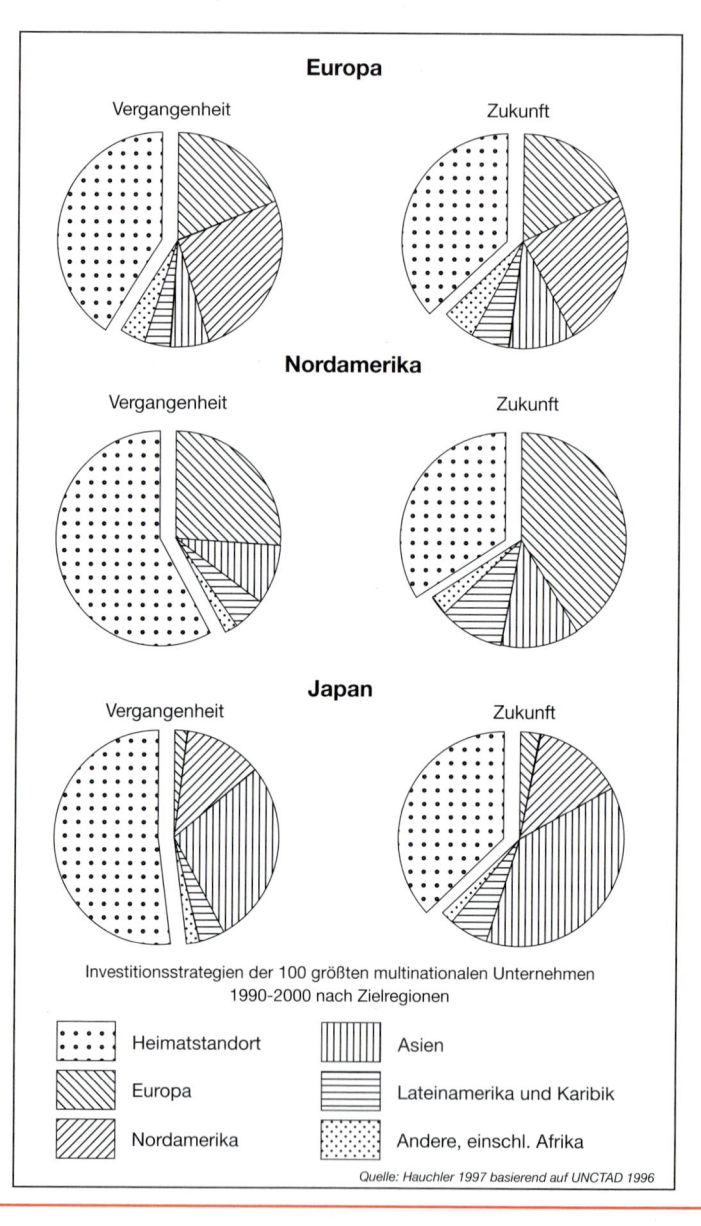

Europa
Vergangenheit — Zukunft

Nordamerika
Vergangenheit — Zukunft

Japan
Vergangenheit — Zukunft

Investitionsstrategien der 100 größten multinationalen Unternehmen 1990-2000 nach Zielregionen

- Heimatstandort
- Europa
- Nordamerika
- Asien
- Lateinamerika und Karibik
- Andere, einschl. Afrika

Quelle: Hauchler 1997 basierend auf UNCTAD 1996

M 7-18 Wirkungen ausländischer Direktinvestitionen

Positive Effekte
– Kapitalbildung
– Devisenersparnis
– Beschäftigungseffekt
– Einkommenseffekt
– Technologietransfer
– Diversifizierung der Wirtschaft
– Wachstums- und Multiplikatorwirkungen

Negative Effekte
– Verdrängungseffekt lokaler Anbieter
– Vorkosten des Staates
– ökonomische und politische Abhängigkeit
– Umweltbelastungen
– Gewinnabzug

in Entwicklungsländern – als Kostengründe. Allerdings geht der Impuls für Auslandsinvestitionen häufig von Kostenproblemen im Heimatland aus. So zeigt eine Befragung des DIHT (1999), dass für Auslagerungen aus Deutschland Arbeitskosten, hohe Belastungen mit Steuern und Abgaben sowie die große Regulierungsdichte wichtige Ursachen darstellen.

In der **sektoralen Verteilung von Direktinvestitionen** zeigten sich in jüngerer Vergangenheit deutliche Verschiebungen. Zu Beginn der siebziger Jahre entfielen noch ca. 25 % auf rohstofforientierte Produktion und ca. 30 % auf Dienstleistungen. Heute nehmen Dienstleistungen etwa die Hälfte aller Direktinvestitionen ein, während auf Rohstoffe (z. B. Bergbau, Erdöl) weniger als 10 % entfallen (vgl. HAUCHLER 2002, KRÄGENAU 1995). Diese Strukturen erklären auch den im Vergleich zu ihrer sektoralen Bedeutung geringen Handel mit Dienstleistungen (vgl. Kap. 7.2.1); hier ist die Alternative Direktinvestition offenbar von größerer Bedeutung als der Export.

Der Zufluss von Direktinvestitionen wird in der klassischen makroökonomischen Theorie als positiv bewertet, da sich dadurch der regionsinterne Kapitalbestand erhöht und somit das Produktionspotenzial steigt (vgl. SCHÄTZL 2001, S. 112). Die auch auf empirischen Untersuchungen beruhenden wirtschaftsgeographischen Überlegungen zeichnen ein umfassenderes Bild möglicher **Wirkungen von Direktinvestitionen** (vgl. ALTENBURG 2001; HEMMER 1988, S. 496f; M 7-18). Als überwiegend positiv gelten der Beschäftigungseffekt (neue Arbeitsplätze) und der Einkommenseffekt (sekundäre Wirkungen, die durch Konsumausgaben der Beschäftigten entstehen). Differenzierter wird der Technologieeffekt beurteilt. Bei Investitionen in anderen Industrieländern erfolgt zumeist ein Transfer der jeweils modernsten Technologien und somit kann dort ein Innovationsschub auch in anderen Bereichen ausgelöst werden. In Entwicklungsländern kommen zumeist nur standardisierte Produktionen zum Einsatz; die in wenigen Stunden angelernten Arbeitskräfte (z. B. Näherinnen) erlangen kaum neue weiterverwendbare Kenntnisse und auch Impulse auf andere Einheiten bleiben begrenzt.

Ebenso strittig sind die Wirkungen auf andere Unternehmen und die Wirtschaftsstruktur des Landes (M 7-19). Einerseits können Verflechtungen mit Zulieferern, Partnern, Dienstleistern und Weiterverarbeitern Wachstumseffekte induzieren und

M 7-19 Ausländische Direktinvestitionen – Chancen und Risiken für die lokale Unternehmensentwicklung

Kooperationspartner (in Joint ventures und strat. Allianzen, Lizenznehmer)

(−) Tw. ungleiche Kosten-Nutzen-Verteilung, u.U. Übernahme durch ADI-Partner
+ Zugang zu Technologie, Managementwissen und etablierten Marken

+ Schaffung neuer Absatzmärkte
+ Bereitstellung hochwertiger und preiswerter Vorprodukte Bereitstellung von Produkt- und Marktinformationen an Kunden

Vorgelagerte Unternehmen (Agrarproduzenten, Teilefertiger, Spezialdienstleister)
+ Beratung, Finanzierung usw.
Ausländische Direktinvestition
− Starke Abhängigkeit kann zu Risikoüberwälzung führen
+ Nutzung bewährter Betriebskonzepte z.B. durch Franchising
Nachgelagerte Unternehmen (Vertrieb, Kundenbetreuung, Weiterverarbeitung)

− Zu große Überlegenheit und/oder Missbrauch oligopolistischer Marktmacht ruiniert Wettbewerber
+ Wettbewerb fördert Innovationen
(−) Abwerben von Fachkräften
+ Erweiterung des Fachkräftepools, Ausgründungen
+ Demonstrationseffekte bzgl. neuer Produkte, Märkte und Managementkonzepte

Wettbewerber

Lokales Unternehmensumfeld

→ Direkte Markt- oder Vertragsbeziehungen
⋯► Indirekte Auswirkungen
+ Potentieller Vorteil für lokale Unternehmen
− Potentieller Nachteil für lokale Unternehmen
( ) Schwache Wirkung

Quelle: Altenburg 2001

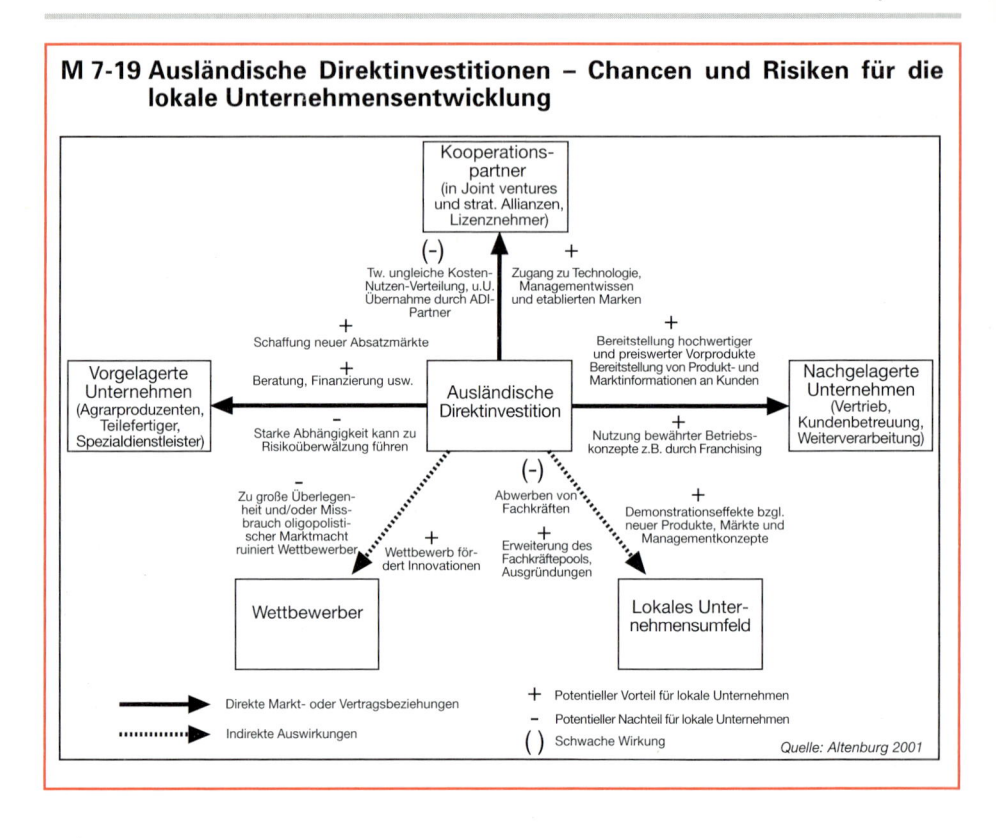

zur Diversifikation beitragen. Andererseits kann ein moderner ausländischer Betrieb aufgrund seiner hohen Konkurrenzfähigkeit inländische kleinbetriebliche Produzenten verdrängen. Die Zahl der verlorenen Arbeitsplätze in Kleinbetrieben (z. B. bei Schustern, Töpfern) kann größer sein als die Beschäftigtenzahl in neuen Betrieben mit sachkapitalintensiverer Herstellung (u. a. in einer Schuhfabrik, bei der Herstellung von Plastikeimern). Schwierig ist auch die Abwägung des Nutzens gegenüber den erforderlichen Vorleistungen des Staates (z. B. Infrastrukturausbau, Investitionszulagen, Steuererleichterungen) und hinsichtlich eines möglichen entstehenden Grades politischer Abhängigkeit. Schließlich besteht bei manchen multinationalen Unternehmen die Neigung, umweltbelastende Produktionen in Entwicklungsländer mit geringen Auflagen zu verlagern (vgl. BpB 1999, S. 11). Dort wird häufig den erwarteten wirtschaftlichen Wachstumseffekten größere Bedeutung als den Umweltbeeinträchtigungen zugemessen.

Trotz möglicher Nachteile wird von den meisten Ländern der Erde versucht, ausländische Investoren zu gewinnen. Die zu erwartenden positiven Effekte gelten als wichtiger als mögliche negative Wirkungen.

7.2.3 Entwicklungszusammenarbeit

Der Begriff **Entwicklungszusammenarbeit** hat den lange Zeit üblichen Begriff der Entwicklungshilfe weitgehend ersetzt. Beide bedeuten einen Transfer von Finanzmitteln, Sachkapital oder technischem Wissen aus den Industrie- in die Entwicklungsländer zum Zwecke der Verbesserung der wirtschaftlichen Lage und Lebensbedingungen der Bevölkerung der bisher gering entwickelten Länder. Der Wandel des Begriffes drückt einen Paradigmenwechsel aus; **Entwicklungshilfe** war bis in die achtziger Jahre verbunden mit der Idee der Übertragung eines westlich geprägten Verständnisses von wirtschaftlichen und gesellschaftlichen Strukturen auf die Länder der Dritten Welt. Entwicklungszusammenarbeit wird dagegen als ein eher partnerschaftliches Verhältnis zur Lösung von wirtschaftlichen und sozialen Problemen verstanden.

Es lassen sich drei wichtige **Kategorien von Gründen für Entwicklungszusammenarbeit** identifizieren (vgl. HEMMER 1988, S. 453f; DICKENSON U.A. 1996):

– Erstens können Überlegungen einer globalen **sozialen Verantwortung** zum Transfer führen; vor allem karitative Einrichtungen folgen diesem Ansatz. Die sozialen Überlegungen finden sowohl in der Hilfe bei Katastrophen (Naturkatastrophen, Hungersnöte) als auch bei den Entwicklungsansätzen zur Sicherung der Grundbedürfnisse der Bevölkerung (medizinische Versorgung, Bildung, Ernährung) ihren Ausdruck.

– Zweitens verbinden Geberländer die Entwicklungshilfe mit ihrer speziellen **politisch-ökonomischen Interessenlage**. Die politisch-ökonomischen Interessen waren lange insbesondere bei bilateralen Beziehungen (d. h. zwischen einem Industrie und einem Entwicklungsland) prägend; sie dokumentieren sich in der Vergabe an Mitteln nur an Länder, die bestimmte Verhaltensweisen zeigen (z. B. in West-Deutschland die Hallstein-Doktrin, nach welcher Mittel nur an Länder gegeben wurden, welche die DDR nicht anerkannten; geostrategische Überlegungen der USA) oder in der Bindung der Mittel an Auftragsvergaben in das Geberland (z. B. zur Beschaffung von Industriewaren).

– Der dritter Grund gewinnt in jüngster Vergangenheit an Bedeutung; er beruht auf dem **Verständnis von globalen Zusammenhängen** gesellschaftlicher (z. B. Wanderungsbewegungen), wirtschaftlicher (Erleichterung globaler Verflechtungen bei Angleichung von Wirtschaftsstrukturen und –systemen) oder ökologischer (z. B. Klima- und Umweltbedingungen) Entwicklung.

Wichtig für die Entwicklungszusammenarbeit sind auch die sie tragenden Institutionen und die Arten von Projekten (vgl. BEIER/REGER 2003; DICKENSON U. A. 1996; NOHLEN 1984). Bei der **institutionellen Gliederung** ist zu unterscheiden zwischen bilateraler (zwischen zwei Ländern) und multilateraler (mehrere Geber- und Nehmerländer) Zusammenarbeit und zudem hinsichtlich der Träger zwischen öffentlichen/staatlichen Einrichtungen (official development assistance = ODA) und privaten Einrichtungen (non governmental organisations = NGO). Zu den wichtigen multilateralen öffentlichen Organisationen gehören die Einrichtungen der Weltbank, des Internationalen Währungsfonds oder der Vereinten Nationen (z.B. UNESCO, FAO, UNIDO, ILO, UNCTAD). Sie erhalten von den Geberländern Finanzmittel zur Realisierung ihrer Aufgaben. Ihr Vorteil besteht darin, dass sie unabhängig von den Eigeninteressen der Geberländer Maßnahmen durchführen können. Nachteile ergeben sich durch wesentlich höhere Verwaltungskosten und z. T. langwierige Entscheidungsprozesse. Gegenwärtig entfällt etwa ein Viertel der gesamten erbrachten Leistungen auf die multilateralen Organisationen.

In den Geberländern selbst gibt es eine Vielzahl von Entwicklungsaufgaben durchführenden Einrichtungen (M 7-20). In der Bundesrepublik Deutschland wird die öffentliche Entwicklungspolitik durch

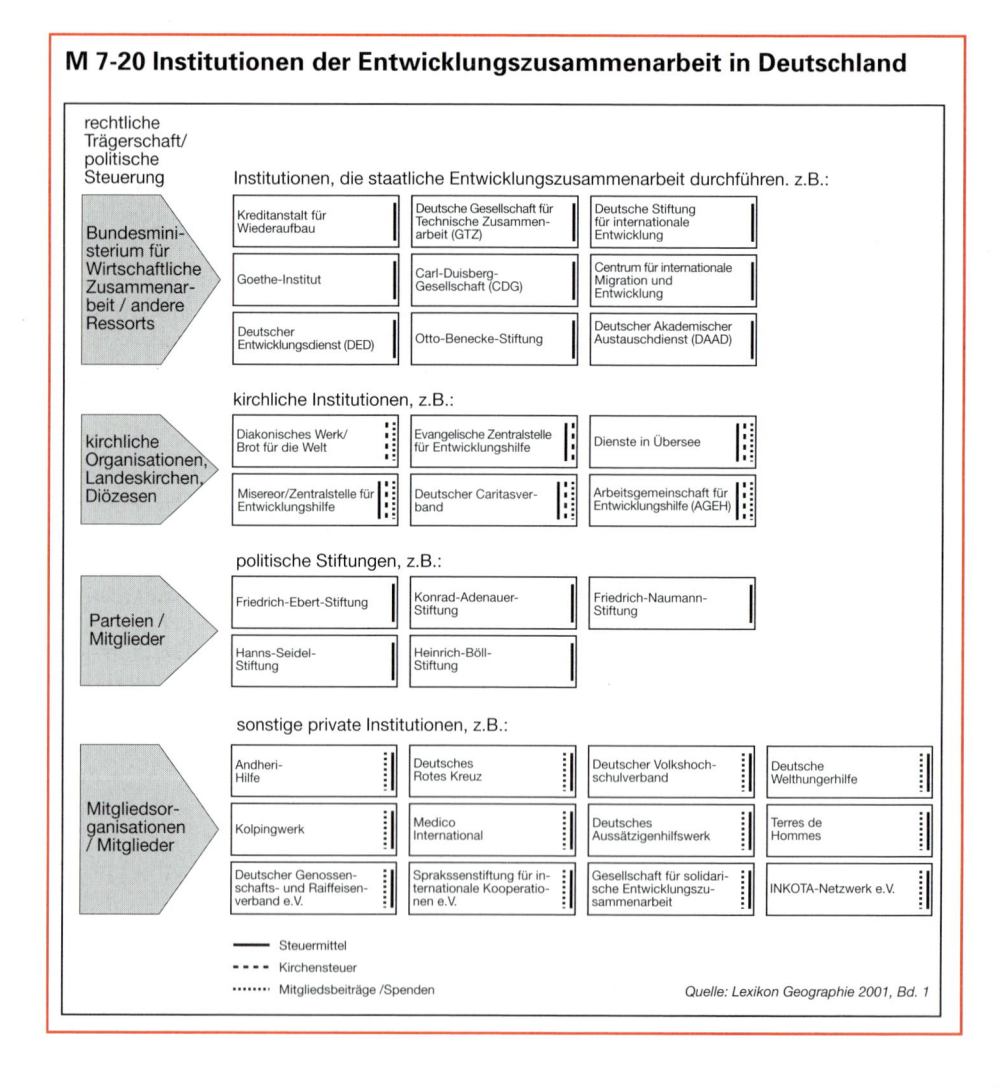

M 7-20 Institutionen der Entwicklungszusammenarbeit in Deutschland

rechtliche Trägerschaft / politische Steuerung

Bundesministerium für Wirtschaftliche Zusammenarbeit / andere Ressorts

Institutionen, die staatliche Entwicklungszusammenarbeit durchführen, z.B.:

Kreditanstalt für Wiederaufbau	Deutsche Gesellschaft für Technische Zusammenarbeit (GTZ)	Deutsche Stiftung für internationale Entwicklung
Goethe-Institut	Carl-Duisberg-Gesellschaft (CDG)	Centrum für internationale Migration und Entwicklung
Deutscher Entwicklungsdienst (DED)	Otto-Benecke-Stiftung	Deutscher Akademischer Austauschdienst (DAAD)

kirchliche Organisationen, Landeskirchen, Diözesen

kirchliche Institutionen, z.B.:

| Diakonisches Werk / Brot für die Welt | Evangelische Zentralstelle für Entwicklungshilfe | Dienste in Übersee |
| Misereor / Zentralstelle für Entwicklungshilfe | Deutscher Caritasverband | Arbeitsgemeinschaft für Entwicklungshilfe (AGEH) |

Parteien / Mitglieder

politische Stiftungen, z.B.:

| Friedrich-Ebert-Stiftung | Konrad-Adenauer-Stiftung | Friedrich-Naumann-Stiftung |
| Hanns-Seidel-Stiftung | Heinrich-Böll-Stiftung | |

Mitgliedsorganisationen / Mitglieder

sonstige private Institutionen, z.B.:

Andheri-Hilfe	Deutsches Rotes Kreuz	Deutscher Volkshochschulverband	Deutsche Welthungerhilfe
Kolpingwerk	Medico International	Deutsches Aussätzigenhilfswerk	Terres des Hommes
Deutscher Genossenschafts- und Raiffeisenverband e.V.	Sprakssenstiftung für internationale Kooperationen e.V.	Gesellschaft für solidarische Entwicklungszusammenarbeit	INKOTA-Netzwerk e.V.

—— Steuermittel
---- Kirchensteuer
······ Mitgliedsbeiträge / Spenden

Quelle: Lexikon Geographie 2001, Bd. 1

7.2 Internationale Wirtschaftsbeziehungen

ein Ministerium (Bundesministerium für wirtschaftliche Zusammenarbeit = BMZ) gesteuert, dessen zugeordnete Institutionen jeweils spezielle Aufgaben (z. B. die Kreditanstalt für Wiederaufbau für finanzielle Zusammenarbeit, die Gesellschaft für technische Zusammenarbeit für technische Zusammenarbeit) erfüllen. Neben der öffentlichen Entwicklungszusammenarbeit gewinnen Aktivitäten der NGOs immer mehr an Bedeutung. Dabei handelt es sich um Einrichtungen, welche sich eher auf konkrete Einzelprojekte in den Entwicklungsländern orientieren. Von Seiten der NGOs werden die bürokratischen Hürden, die dominierenden ökonomischen Maßnahmen und die den Bedürfnissen der Zielländer nicht angepassten Projekte der öffentlichen Entwicklungshilfe kritisiert. Gegenwärtig beträgt in Deutschland der finanzielle Umfang der NGOs etwa 15 % der öffentlichen Ausgaben für Entwicklungszusammenarbeit.

Hinsichtlich der **Arten von Aktivitäten** ist zu unterscheiden zwischen Nahrungsmittelhilfe, finanzieller Zusammenarbeit, technischer Zusammenarbeit und Programm-/Projekthilfe. Eine der ältesten Formen stellt die Nahrungsmittel- bzw. Katastrophenhilfe dar, bei welcher bei Versorgungsengpässen im Zielland (z. B. bei Missernten, Hungersnöten, Naturkatastrophen) eine kostenlose Lieferung von Nahrungsmitteln und einfachen Grundbedarfsgütern (u. a. Zelte, Medikamente) erfolgt. Die finanzielle Zusammenarbeit konzentriert sich auf verbilligte Kredite und direkte Zuschüsse für entwicklungspolitisch relevante Maßnahmen (z. B. Infrastrukturausbau). Der Wert der Zahlungen wird häufig dadurch gemindert, dass damit Lieferbedingungen (Kauf der Einrichtungen im Geberland) verknüpft werden. Sie werden zudem immer häufiger mit Auflagen (Konditionalität) wie beispielsweise die Durchführung von wirtschaftlichen und politischen Reformen

M 7-21 Öffentliche Leistungen der Entwicklungszusammenarbeit wichtiger Geberländer

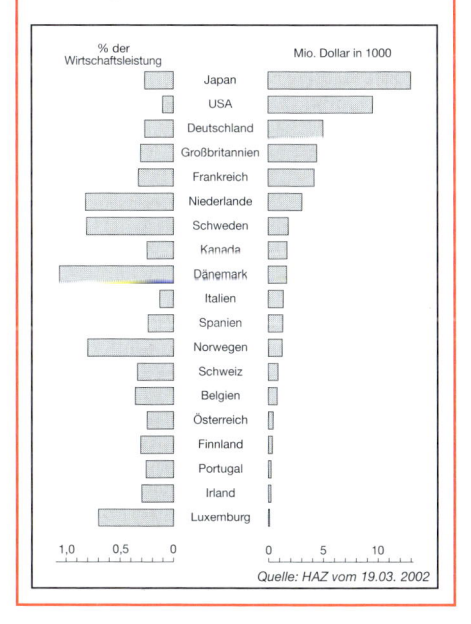

Quelle: HAZ vom 19.03. 2002

M 7-22 Entwicklung der Mittel für Entwicklungszusammenarbeit (in % des Bruttosozialproduktes)

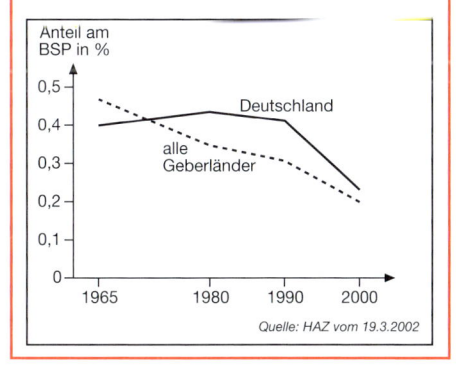

Quelle: HAZ vom 19.3.2002

(siehe die Strukturanpassungsprogramme der Weltbank in Kap. 7.1) verbunden. In jüngerer Vergangenheit haben Maßnahmen der technischen Zusammenarbeit sowie der Projekt-oder Programmhilfe an Bedeutung gewonnen. Die technische Zusammenarbeit dient dem Transfer von technischem Wissen; sie kann die Ausbildung von Experten, die Einrichtung von Ausbildungsstätten oder das Erlernen von Fertigkeiten in Projekten umfassen. Bei der Projekthilfe führen Geber- und Nehmerländer gemeinsam Einzelmaßnahmen durch. Die Geber sind bei Auswahl, Durchführung und laufender Überprüfung (Monitoring, Evaluation) des Projektes beteiligt; später soll es in Eigenregie des Entwicklungslandes weitergeführt werden. Die Maßnahmen sollen mittel- und langfristig als „Hilfe zur Selbsthilfe" dienen und einen nachhaltigen Entwicklungsprozess hervorrufen.

Die **empirische Verteilung der internationalen Entwicklungszusammenarbeit** (vgl. WELTBANK 2001) zeigt einen allgemein vergleichsweise geringen Umfang. Auf mehreren Konferenzen der Vereinten Nationen wurde zwar das Ziel definiert, dass die Industrieländer Hilfe im Umfang von 0.7 % ihres Bruttosozialproduktes leisten sollten. Tatsächlich liegen die öffentlichen Leistungen aber mit Ausnahme der skandinavischen Länder deutlich unter diesem Wert (M 7-21). Im Verlauf der letzten Jahrzehnte verringerten sich zudem die Anteile nahezu kontinuierlich (M 7-22). Dies hängt mit der angespannten Wirtschaftslage der Industrieländer und den Einnahmeproblemen der öffentlichen Haushalte zusammen. Es begründet sich jedoch auch in einem veränderten Systemverständnis. Die Erfahrungen aus vielen gescheiterten Projekten führten zu einer stärkeren Orientierung auf die Gestaltung der makroökonomischen Rahmenbedingungen. Diese umfassen zum einen die politisch-ökonomischen Bedingungen in den Ländern (siehe Strukturanpassungsprogramme) und zum anderen ihre Einbindung in den Weltmarkt („Handel statt Hilfe").

Die räumliche Verteilung der Mittel (M 7-23) zeigt eine klare Orientierung auf die Länder mit sehr niedrigem Entwicklungsstand und besonderen strukturellen Problemen in Afrika, Asien und Lateinamerika. Einige Länder erhalten dabei Transferleistungen von mehr als 20 % ihres BSP.

Die **Wirkungen der Entwicklungszusammenarbeit** werden sehr kontrovers diskutiert (vgl. DICKENSON U. A. 1996, MIKUS 1994, NOHLEN 1984). Der generellen Erwartung, dass sie zur Verbesserung der Lebenssituation der Bevölkerung und der wirtschaftlichen Lage beitragen kann, werden vielfältige Argumente entgegengestellt. So können die zuungunsten der Entwicklungsländer wirkenden protektionistischen Maßnahmen der Industrieländer im Handel den Umfang der Entwicklungshilfe bei weitem übersteigen. Vielfach lässt sich auch beobachten, dass die Rahmenbedingungen in den Empfängerländern so ungünstig sind (z. B. Bereicherungsdiktaturen), dass keine nachhaltige Wirkung der Maßnahmen auftritt. Auch folgen die Maßnahmen dem marktwirtschaftlichen Paradigma der Geberländer, ohne den lokalen Situationen angepasst zu sein. Schließlich kann Entwicklungshilfe, wenn sie im Verhältnis zum BSP sehr hohen Umfang besitzt, auch Eigeninitiative und selbständige Wachstumsprozesse behindern; sie wird deshalb bisweilen auch als „tödliche Hilfe" bezeichnet (vgl. ERLER 1985).

M 7-23 Empfänger von Entwicklungshilfe

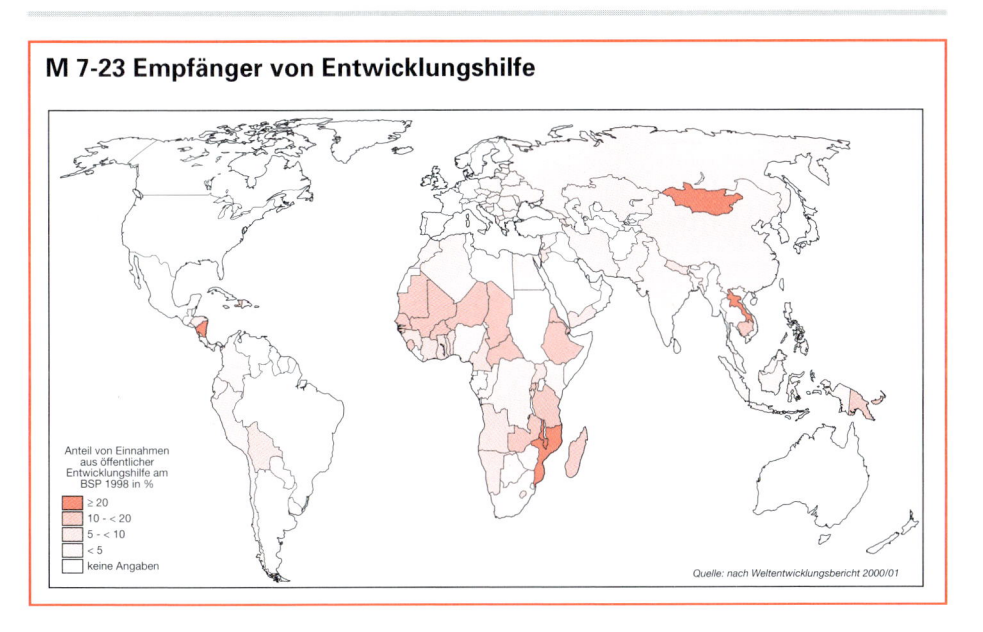

Anteil von Einnahmen aus öffentlicher Entwicklungshilfe am BSP 1998 in %
- ≥ 20
- 10 - < 20
- 5 - < 10
- < 5
- keine Angaben

Quelle: nach Weltentwicklungsbericht 2000/01

7.2.4 Mobilität von technischem Wissen

Mobilität von technischem Wissen ist definiert als der zwischen Raumeinheiten erfolgende Transfer von Kenntnissen hinsichtlich der Herstellung von Produkten, des Einsatzes von Produktionsverfahren und der Verwendung von Organisationsformen (zur Definition siehe Kap. 4.2, M 42-1). Als entscheidender **Grund** für die Mobilität von technischem Wissen lassen sich die räumlich ungleiche Verteilung von Inventionen und die zeitlich versetzten Ausbreitungsprozesse von Innovationen identifizieren. Für die Entstehung von Inventionen bzw. von neuem technischem Wissen gibt es drei **Erklärungsansätze** (SCHÄTZL 2001, S. 116): Sie könnten aus Zufall erfolgen (d. h. ohne zielgerichtete Arbeiten tritt eine Entdeckung auf), sie könnten das Ergebnis eines Lernprozesses (beruhend auf bereits vorliegenden breiten Kenntnissen sowie Lernen aus Erfolg und Misserfolg) sein oder sie könnten auf einem geplanten Suchprozess (d. h. gezielt werden Lösungen für bestehende Probleme entwickelt) basieren. Die ungleiche räumliche Verteilung von Inventionen deutet darauf hin, dass Lern- und Suchprozesse größere Bedeutung als der Zufall besitzen. Für diese bilden in einer Raumeinheit bereits vorhandene **technologische Kompetenzen** die Voraussetzung (vgl. REVILLA DIEZ 2002, S. 11f; MEYER-STAMER 1992, S 620f). Wichtige Elemente zur Entstehung einer hohen Kompetenz für Inventionen und Innovationen (M 7-24) sind das in einer Raumeinheit vorhandene Bildungssystem (Basis- und Weiterbildung), die bestehenden technologieorientierten Institutionen (z. B. Forschungseinrichtungen, Wissenstransfer), die Anreize auf betrieblicher Ebene zur Entwicklung von Inventionen (z. B. F&E-Aktivitäten, Vernetzungen) und die politischen Rahmenbedingungen (u. a. Finanzmittel, Patentschutz). Je besser deren qualitative Aus-

M 7-24 Elemente technologischer Kompetenz

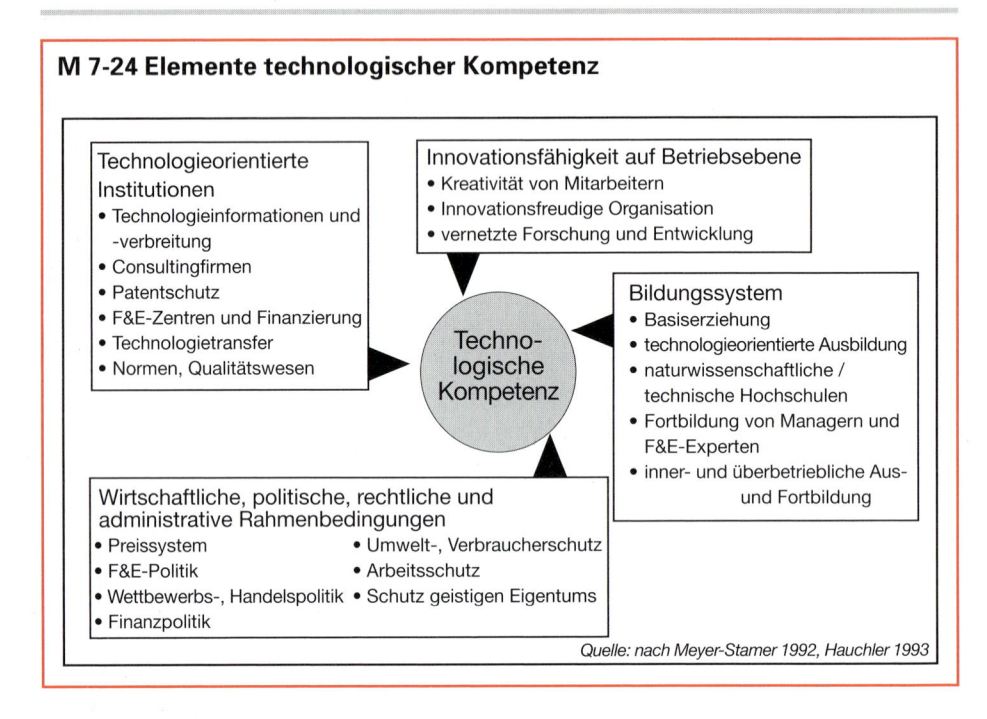

Technologieorientierte Institutionen
- Technologieinformationen und -verbreitung
- Consultingfirmen
- Patentschutz
- F&E-Zentren und Finanzierung
- Technologietransfer
- Normen, Qualitätswesen

Innovationsfähigkeit auf Betriebsebene
- Kreativität von Mitarbeitern
- Innovationsfreudige Organisation
- vernetzte Forschung und Entwicklung

Bildungssystem
- Basiserziehung
- technologieorientierte Ausbildung
- naturwissenschaftliche / technische Hochschulen
- Fortbildung von Managern und F&E-Experten
- inner- und überbetriebliche Aus- und Fortbildung

Wirtschaftliche, politische, rechtliche und administrative Rahmenbedingungen
- Preissystem
- F&E-Politik
- Wettbewerbs-, Handelspolitik
- Finanzpolitik
- Umwelt-, Verbraucherschutz
- Arbeitsschutz
- Schutz geistigen Eigentums

→ **Technologische Kompetenz**

Quelle: nach Meyer-Stamer 1992, Hauchler 1993

---

prägung ist, desto höher ist die Wahrscheinlichkeit für die Entstehung von Inventionen und Innovationen.

In räumlicher Hinsicht lassen sich Hierarchieebenen von räumlichen **Innovationssystemen** identifizieren(M 7-25). So gibt es einen globalen Informationsaustausch, supranationale Vernetzungen und auf nationaler Ebene ausgeprägte Innovationscluster. Die lokalen Cluster besitzen besondere Bedeutung, „die räumliche Verteilung innovativer Aktivitäten ist auf wenige Standorte konzentriert" (REVILLA DIEZ 2002, S. 9). Zahlreiche jüngere Untersuchungen (vgl. z.B. FROMHOLD-EISEBITH 2000, STRAMBACH 1993) belegen, dass Cluster aus modernen Industriebetrieben und hochwertigen Dienstleistern, welche intensive Vernetzungen untereinander und eine Einbettung in ein innovatives Umfeld aufweisen, in besonderem Maße Inventionen und Innovationen generieren. Sie erlangen dadurch weltweite Wettbewerbsvorteile.

Aus diesen Zentren erfolgt dann eine räumlich und zeitlich versetzte Ausbreitung. Dabei bestehen zwei **typische Formen der Ausbreitung** (vgl. Kap. 5.2.1; M 7-26). Auf weltweiter Ebene erfolgt zuerst meist eine hierarchische Ausbreitung; d. h. Innovationen verbreiten sich von dem Entstehungszentrum aus zuerst in international vernetzte Metropolen und folgen dann dem nationalen Hierarchiesystem von Zentren. Später erfolgt dann eine wellenförmige flächenhafte Diffusion aus den Zentren (vgl. HAGGETT 2001, S. 484f; JOHNSTON 1994, S. 132; REES/STAFFORD 1984; SHEFER/FRENKEL 1998). Die Geschwindigkeit der Ausbreitung hängt da-

7.2 Internationale Wirtschaftsbeziehungen

M 7-25 Hierarchieebenen von Innovationssystemen

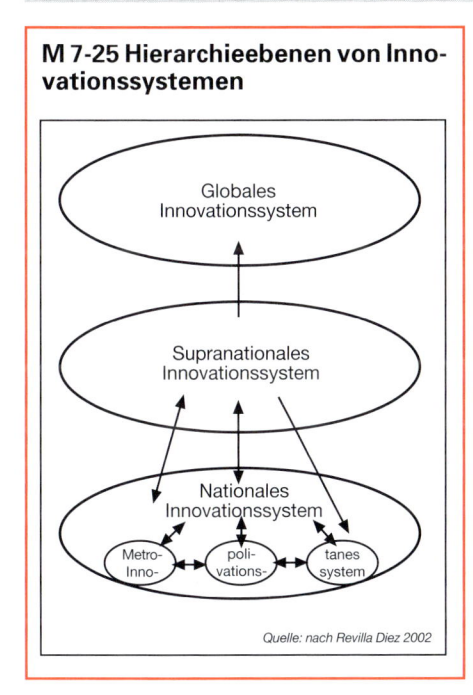

Globales Innovationssystem
Supranationales Innovationssystem
Nationales Innovationssystem
Metro-Inno-, polivations-, tanes system

Quelle: nach Revilla Diez 2002

M 7-26 Muster räumlicher Ausbreitung von Innovationen

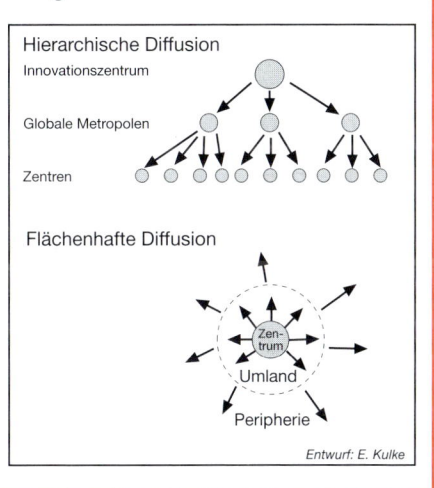

Hierarchische Diffusion
Innovationszentrum
Globale Metropolen
Zentren

Flächenhafte Diffusion
Zentrum
Umland
Peripherie

Entwurf: E. Kulke

bei von der Sendebereitschaft der Inventoren, der Leistungsfähigkeit der Informationskanäle und der Aufnahmebereitschaft der Empfänger ab. Insbesondere privatwirtschaftliche Inventoren neigen dazu, zur Steigerung ihrer Wettbewerbsfähigkeit ihr neues technisches Wissen zurückzuhalten. Die räumliche Ausbreitung wird durch leistungsfähige Kommunikationsmedien und intensive persönliche Kontakte erleichtert. Bei den Empfängern lassen sich vier Verhaltensweisen, aufgrund welcher Neuerungen unterschiedlich schnell ihre Umsetzung finden, identifizieren (M 7-27; vgl. REICHARDT 1999, S. 141).

Zur **empirischen Analyse** finden üblicherweise Input- und Output-Indikatoren Verwendung (vgl. GIESE/STOUTZ 1997). Bei den Input-Indikatoren wird der Einsatz von Mitteln (z. B. Ausgaben für F&E in Prozent des BIP oder als Anteil des Umsatzes von Unternehmen) oder von Personal (beispielsweise Zahl von Wissenschaftlern oder Qualifikationsniveau der Beschäftigten) berücksichtigt. Output-Indikatoren sind beispielsweise die Patentanmeldungen oder der Exportanteil von Hochtechnologie-Produkten. Die Daten zeigen eine weltweit sehr ungleiche Verteilung; so stammen fast 95 % des am Markt verwertbaren geistigen Eigentums aus den westlichen Industrieländern (vgl. HAUCHLER/ MESSNER/ NUSCHELER 1997, S. 226). Die größte Zahl von Patenten entfällt dabei auf die USA, Japan und Deutschland; im Jahr 1995 hatten die USA einen Anteil von 29 % an den Anmeldungen bei dem Europäischen Patentamt und Japan von 17 %.

Die Entwicklungsländer erlangen nur einen sehr geringen Anteil an Patenten. Sie befürchten gegenwärtig, dass sie aufgrund der neuen Rahmenbedingungen der WTO (siehe Kap. 7.1, TRIP zum Schutz geistigen Eigentums) erheblich mehr Zahlungen an Lizenzgebühren an die Industrieländer (bzw. die dort befindlichen Patent-

> **M 7-27 Typen von Innovationsempfängern**
>
> **Pionier**: setzt als Erster unmittelbar nach Auftreten einer Innovation diese ein
>
> **Imitierender Akteur**: verwendet – häufig spontan – nach Durchsetzung einer Innovation diese für eigene Zwecke
>
> **Reagierender Akteur**: setzt Innovationen erst unter Druck – z.B. wenn sonst seine Wettbewerbsfähigkeit nicht mehr gegeben ist – ein
>
> **Unbeweglicher Akteur**: verwendet nur klassisches, ihm geläufiges technisches Wissen
>
> Quelle: REICHARDT 1999, S. 141 nach HEUSS 1965, S.10

inhaber) leisten müssen und sich ihre Wettbewerbssituation dadurch weiter verschlechtert. Auch wird angeführt, dass die konventionellen Patentvorschriften primär auf technologische Erfindungen ausgerichtet sind. Der natürliche und kulturelle Reichtum des Südens sei dagegen ebenso wertvoll; es müssten dafür aber keine Entgelte (z. B. genetische Ressourcenvielfalt, Heilkundeverfahren, Sauerstoff des tropischen Regenwaldes) geleistet werden (HAUCHLER/ MESSNER/ NUSCHELER 1997, S. 226).

Grundsätzliche **Wirkung von Innovationen** ist, dass sie die Wettbewerbsfähigkeit der Regionen ihrer Entstehung stärken. Aufgrund der räumlichen Verteilung zwischen Industrie- und Entwicklungsländern geht eine Reihe von Autoren davon aus, dass die Innovationen in besonderem Maße bestehende Zentrum-Peripherie-Unterschiede zementieren können (vgl. MEUSBURGER 1998) und den wirtschaftlichen Rückstand der Entwicklungsländer weiter verstärken. Gelingt es allerdings in weniger entwickelten Ländern Voraussetzungen für die Nutzung und Verbreitung von Innovationen zu schaffen, können diese einen raschen technologischen Lernprozess realisieren (M 7-28; vgl. MALECKI 1994, S. 283f). In der ersten Phase werden nur Fähigkeiten zur Nutzung der neuen Technologie erlangt, später wird die Technologie nachgeahmt, schließlich wird sie in veränderter Form eingesetzt und am Ende wird sie – aufbauend auf den gewonnenen Erfahrungen – weiterentwickelt und es ergeben sich eigene Neuentwicklungen.

Eine Reihe **empirischer Analysen** belegt, dass in der jüngeren Vergangenheit in einzelnen Ländern, die einen allgemein raschen wirtschaftlichen Entwicklungsprozess durchliefen, lokale wirtschaftliche Cluster entstanden, welche internationale technologische Kompetenz erlangten. Besonders deutlich zeigten sich diese Prozesse im Bereich der Mikroelektronik und Software-Entwicklung, bei welchen an einzelnen Standorten in Entwicklungs- und Schwellenländern eine nachholende Technologieentwicklung erfolgte. Prominente Beispiele hierfür sind die Technologieregionen Bangalore/Indien (vgl. FROMHOLD-EISEBITH 2001) oder Penang/Malaysia (vgl. ALTENBURG 2001; WEHMEYER 2001). Diese neuen Technologiezentren sind allerdings vor allem in weltweite Netzwerke eingebunden, während ihr flächenhafter Entwicklungsimpuls auf das Land ihres Standortes begrenzt bleibt. Den modernen Clustern mit hoher wirtschaft-

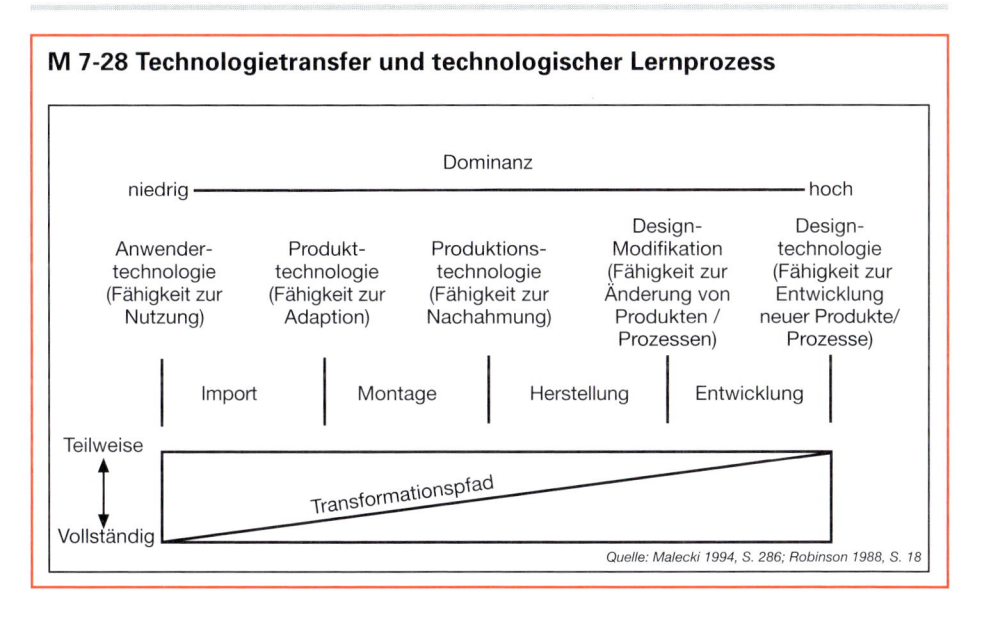

M 7-28 Technologietransfer und technologischer Lernprozess

```
                          Dominanz
niedrig ─────────────────────────────────────── hoch

                                       Design-        Design-
Anwender-   Produkt-      Produktions- Modifikation   technologie
technologie technologie   technologie  (Fähigkeit zur (Fähigkeit zur
(Fähigkeit zur (Fähigkeit zur (Fähigkeit zur Änderung von  Entwicklung
Nutzung)    Adaption)     Nachahmung)  Produkten /    neuer Produkte/
                                       Prozessen)     Prozesse)

     │ Import      │ Montage      │ Herstellung  │ Entwicklung
Teilweise
                         Transformationspfad
Vollständig
```

Quelle: Malecki 1994, S. 286; Robinson 1988, S. 18

licher Dynamik steht eine wenig eingebundene Peripherie mit traditioneller wirtschaftlicher Basis und geringer Entwicklungsdynamik gegenüber (vgl. KULKE 1998b, S. 200). Nur wenn zusätzliche Maßnahmen ergriffen werden (z. B. Institutionen zum Technologietransfer, zur Ausbildung), kann eine Ausbreitung mit Modernisierungen in den übrigen Sektoren stattfinden (vgl. STAMM u. a. 2000).

7.3 Teilräume globaler Systeme

Innerhalb des Systems globaler Verflechtungen besitzen Teilräume mit ausgeprägten Vernetzungen besondere Bedeutung. **Supranationale Integrationsräume** sind Zusammenschlüsse von Ländern, welche untereinander eine noch stärkere Liberalisierung der Beziehungen als auf Weltmarktebene vereinbaren. **Nationalstaaten** können durch den Einsatz außenwirtschaftlicher Instrumente den Grad ihrer Integration in die globalen Systeme steuern. **Global Cities** stellen die Steuerungs- und Kontrollzentralen weltweiter wirtschaftlicher Aktivitäten dar. Die Teilräume erfuhren im Zuge der Globalisierung einen Bedeutungswandel. Einem relativen Bedeutungsverlust der Nationalstaaten (Schlagwort „Entgrenzung"; vgl. SEGER 1998, OSSENBRÜGGE 1998) steht die auffällige Entwicklung von supranationalen Integrationsräumen und weltweit vernetzter Agglomerationen gegenüber.

7.3.1 Supranationale Integrationsräume

Mitgliedsstaaten von supranationalen Integrationsräumen realisieren untereinander eine noch weitergehendere Liberalisierung der Wirtschaftsbeziehungen, als es die Vereinbarungen der WTO vorsehen (vgl. zum folgenden KULKE 1999, S. 13f). Ziel der Zusammenschlüsse ist es, durch die Erleichterung der Austauschbeziehungen eine optimale Nutzung der vorhandenen Ressourcen zu erreichen, damit Kosten zu sparen und das Wirtschaftswachstum zu maximieren. Basierend auf multilateralen Vereinbarungen erfolgt zuerst ein schrittweiser Abbau der bestehenden Beschränkungen im Waren- und Dienstleistungshandel, d. h. von Zöllen und nicht-tarifären Handelshemmnissen. Bei weiter fortschreitender Integration werden bestehende Einschränkungen bei der Mobilität von Produktionsfaktoren aufgehoben; die Staaten ermöglichen untereinander einen freier Kapitalverkehr, erlauben die freie Arbeitsplatzwahl in den Mitgliedsländern und nehmen einen gemeinsamen Schutz von technischem Wissen vor. Die Integration erfolgt, um kurzfristige Nachteile für einzelne der beteiligten Staaten zu vermeiden, im Rahmen eines längerfristigen Prozesses, wobei sich fünf aufeinanderfolgende Stufen unterscheiden lassen (vgl. M 7-29; vgl. SIEBERT 1994, S. 186f):

– Die **Präferenzzone** erlaubt für ausgewählte Güter Handelserleichterungen zwischen den Mitgliedsstaaten.
– Die **Freihandelszone** ermöglicht für alle aus den Mitgliedsländern stammenden Güter einen freien Warenaustausch, d. h. tarifäre und nicht-tarifäre Handelshemmnisse werden aufgehoben. Ausgeschlossen bleiben Waren aus Drittländern, die zuvor in eines der Mitgliedsländer importiert wurden.
– In der Stufe der **Zollunion** gelten zusätzlich zum freien Handel untereinander gemeinsame Zollvereinbarungen gegenüber allen nicht der Integrationszone angehörenden Ländern. Dann können innerhalb des Integrationsraumes alle Waren frei ausgetauscht werden.
– Die Stufe des **gemeinsamen Marktes** eröffnet neben dem freien Warenhandel den freien Austausch von Kapital, Arbeitskräften und technischem Wissen.
– Die **Wirtschaftsunion** stellt die weitestgehende Integrationsstufe dar. Neben der freien Mobilität von Gütern und Produktionsfaktoren werden Entscheidungsbefugnisse in der Wirtschaftspo-

---

M 7-29 Formen supranationaler Integration

Präferenzzone
Zollsenkung für ausgewählte Güter zwischen den Mitgliedsländern

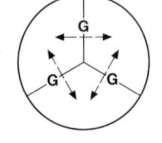

Freihandelszone
Freier Warenhandel (ohne tarifäre und nicht-tarifäre Handelshemmnisse) zwischen den Mitgliedsländern

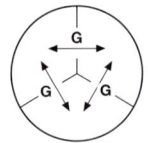

Zollunion
Freihandel untereinander und gemeinsame Handelshemmnisse gegenüber Drittländern

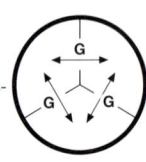

Gemeinsamer Markt
Freihandel und freie Mobilität von Arbeit, Kapital, technischem Wissen untereinander

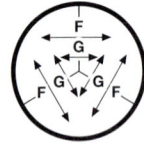

Wirtschaftsunion
Freihandel, freie Faktormobilität und eine gemeinsame Wirtschaftspolitik durch supranationale Organisationen

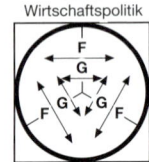

G = Güter
F = Produktionsfaktoren (Arbeit, Kapital, Technisches Wissen)

Entwurf: E. Kulke

litik – z. B. der Geld-, Konjunktur-, Sektoral-, Regional- oder Sozialpolitik – an supranationale Institutionen abgegeben. Die einzelnen Staaten sind an diese Beschlüsse gebunden und müssen sie umsetzen.

Der Integration nach innen steht häufig der Aufbau von Zugangsbeschränkungen für Drittländer gegenüber; um nicht den WTO-Vereinbarungen zu widersprechen, werden dabei häufig subtile nicht-tarifäre Hemmnisse (z. B. technische und administrative Vorschriften) eingesetzt (Schlagwort „Festung Europa").

Den höchsten Grad der Integration erreichte in einem Zeitraum von über vier Jahrzehnten (M 7-30) die **Europäische Union**; sie hat den gemeinsamen Markt verwirklicht und vollzieht mit der gemeinsamen Währung bereits Teile einer Wirtschaftsunion. Seit der Schaffung des Binnenmarktes im Jahr 1993 gelten vier Grundfreiheiten: Der freie Personenverkehr bedeutet nicht nur den Wegfall von Grenzkontrollen, sondern auch Niederlassungs- und Beschäftigungsfreiheit für alle EU-Bürger. Der freie Dienstleistungsverkehr ermöglicht in der ganzen EU Finanz-, Bank-, Versicherungs-, Transport- und Dienstleistungsaktivitäten. Der bereits länger bestehende freie Warenverkehr wird durch die Vereinheitlichung von Vorschriften und Normen weiter erleichtert. Der freie Kapitalverkehr erlaubt Investitionen in der ganzen EU.

Der erfolgreiche Integrationsprozess der EU besitzt Vorbildfunktion für viele aktuelle Bemühungen von Zusammenschlüssen in anderen Regionen der Erde. Insbesondere die neunziger Jahre des zwanzigsten Jahrhunderts waren durch ein Gründungsfieber gekennzeichnet (vgl. HAUCHLER/ MESSNER/ NUSCHELER 1997, S. 157); seit 1990 entstanden weltweit über 35 Freihandelszonen und Zollunionen. Die anderen Zusammenschlüsse beschränken sich jedoch bisher auf Erleichterungen der Handelsbeziehungen. Günstige Perspektiven weisen der MERCOSUR (1991), die ASEAN/AFTA (1993) und die NAFTA (1994) auf (vgl. KOSCHATZKY 1997, REVILLA DIEZ 1997). Dagegen stellen sich die zahlreichen Integrationsbemühungen zwischen Entwicklungsländern als problematisch dar. Ähnliche Außenhandelsstrukturen mit begrenztem Austauschpotential (z. B. Export gleicher Primärgüter), politische Differenzen (u. a. Grenzstreitigkeiten, unterschiedliche Wirtschafts- und Gesellschaftssysteme) und differierende wirtschaftliche Interessen (Länder mit Indust-

---

M 7-30 Schritte der Integration der Europäischen Union

1952 Gründung der Europäischen Gemeinschaft für Kohle und Stahl (D, F, I, BeNeLux)
1958 Einrichtung der Europäischen Wirtschaftsgemeinschaft (Präferenzzone)
1959 Einrichtung einer Freihandelszone
1968 Verwirklichung der Europäischen Gemeinschaft (Zollunion)
1973 Norderweiterung durch den Beitritt von DK, UK, IRL
1981 Süderweiterung durch den Beitritt von GR
1986 Süderweiterung durch den Beitritt von E, P
1993 Einrichtung der Europäischen Union (Gemeinsamer Markt)
1995 Beitritt der ehemaligen EFTA-Länder A, S, SF
1999 Währungsunion als Vorstufe der Wirtschaftsunion (ohne DK, S, UK)

riegüterproduktion suchen neue Märkte, Länder ohne wollen eine eigene Industrie unter Zollschutz aufbauen) erschweren die Zusammenarbeit.

Die Integration von regionalen Wirtschaftsgemeinschaften trägt zu veränderten Mustern der Ströme des Welthandels und der Direktinvestitionen bei. Es vergrößert sich der Anteil von Austauschbeziehungen innerhalb der Zusammenschlüsse; dieser größere Regionalhandel kann die Peripherisierung der nicht eingebundenen gering entwickelten Länder weiter verstärken (vgl. NUHN 1997).

7.3.2 Außenwirtschaftspolitik von Nationalstaaten

Ein einzelner Staat kann seine außenwirtschaftspolitische Strategie in der Spannweite zwischen einer totalen Integration, bei welcher ein weitgehend freier Austausch von Gütern und Produktionsfaktoren möglich ist, und einer weitgehenden Abkopplung (bzw. Dissoziation), bei welcher die internationalen Wirtschaftsbeziehungen fast vollständig beschränkt werden, wählen. Häufiger als diese Extremformen finden Mischformen, die Importsubstitution und die Exportdiversifikation, Verwendung.

Die **Integrationsstrategie** orientiert sich an neoklassischen Überlegungen und den Modernisierungstheorien (vgl. Kap. 6.3). Sie nehmen an, dass unter marktwirtschaftlichen Bedingungen Mobilitätsprozesse von Gütern, Dienstleistungen und Produktionsfaktoren räumliche Entwicklungsunterschiede ausgleichen. Das wirtschaftliche Wachstum gering entwickelter Länder wird durch den Zufluss mobiler Produktionsfaktoren – z. B. ausländische Direktinvestitionen aufgrund von Arbeitskostenvorteilen – gestärkt. Zugleich erlaubt der Absatz heimischer Güter auf dem Weltmarkt eine optimale Nutzung inländischer Produktionspotentiale (vgl. die Überlegungen von RICARDO in Kap. 7.2.1). Dementsprechend hat die nationale Wirtschaftspolitik die Aufgabe, bestehende internationale Mobilitätshemmnisse (z. B. Zölle) abzubauen. Als Vorteile dieser Strategie gelten, dass vorhandene Ressourcen optimaler genutzt werden können und dass aufgrund des Konkurrenzdruckes eine auf dem Weltmarkt wettbewerbsfähige Produktion entsteht. Nachteile können dadurch auftreten, dass durch ausländische Direktinvestitionen eine starke Einflussnahme erfolgt, dass vorhandene Anbieter durch übermächtige internationale Konkurrenz schließen müssen und dass negative soziale Effekte (z. B. Einkommenspolarisierung) entstehen. Die Integration stellt das Leitbild der Gestaltung der internationalen Wirtschaftsbeziehungen dar und wird in den supranationalen Integrationsräumen verwirklicht. Einzelländer außerhalb von Wirtschaftsgemeinschaften vollziehen die vollständige Integration jedoch eher seltener (Beispiele sind Singapur und Hongkong).

Die **Dissoziationsstrategie** beruht auf den Überlegungen der Dependenzansätze (vgl. Kap. 6.3.2). Demnach benachteiligen die internationalen Interaktionen die weniger entwickelten Länder und deformieren deren Wirtschaftsstrukturen. Im Warenhandel verschlechtern sich die terms-of-trade der Primärgüterexporteure, Importe von Industriegütern verdrängen lokale Produzenten und der Einsatz von modernen, auf den Weltmarkt orientierten Technologien entlastet nicht den lokalen Arbeitsmarkt. Entsprechend gelten als Aufgaben der Wirtschaftspolitik, die Außenbeziehungen einzuschränken (z. B. durch Zölle und Mobilitätsverbote) und statt dessen interne Wirtschaftskreisläufe mit Produktionen zur Versorgung des Binnenmarktes zu entwickeln. Problematisch an der Strategie ist, dass für den Aufbau einer vollständigen Selbstversorgung vielfach geeignete Ressourcen fehlen und es deshalb zu einer Fehlnutzung vorhandener Potentiale kommt und so hohe Kosten entstehen. Auch steht eine geschützte inländische Produktion nicht unter Konkurrenzdruck; der Zwang zur Entwicklung und zum Einsatz von Innovationen fehlt und es werden suboptimale Produktionsverfahren verwendet und veraltete Produkte hergestellt. Um diese Nachteile zu begrenzen empfehlen Wissenschaftler (z. B. FRIEDMANN/WEAVER 1979, MYRDAL 1974; SENGHAAS 1982) eine temporäre – d. h. zeitlich begrenzte – und selektive – d. h. nur bestimmte Wirtschaftsbereiche betreffende – Dissoziation. Die Abkoppelungsstrategie wurde in der Vergangenheit von einer Reihe von Ländern verfolgt (z. B. China, Myanmar, Vietnam; Staaten des Ostblocks). Nach Anfangserfolgen zeigten sich jedoch deutlich die Fehlallokationen von Ressourcen und ein fortschreitender technologischer Rückstand, so dass diese Länder jetzt schrittweise eine internationale Öffnung vollziehen.

Eine weltweit sehr häufig eingesetzte Strategie stellt die der **Importsubstitution** dar. Ihr Ziel ist es, bisher importierte Waren durch Güterherstellungen im eigenen Land zu ersetzen. Sie beruht auf Überlegungen von FRIEDRICH LIST (1841) zur wirtschaftlichen Entwicklung des im 19. Jahrhundert agrarisch geprägten Deutschlands, welches nicht mit dem industrialisierten England konkurrieren konnte (vgl. KIRSTEN 1999, SIEBERT 1994). Er sah als entscheidende Initialzündung die „Pflanzung einer Manufakturkraft" an. Junge Industrien konnten sich jedoch aufgrund des übermächtigen Konkurrenzdrucks der englischen Industrie nicht entwickeln. Um ihre Entwicklung zu ermöglichen, empfahl er einen „Erziehungszoll", d. h. die Verteuerung des Imports von Waren durch Importzölle. Dieser Zollschutz erlaubt es jungen Industrien zu expandieren und ohne äußere Konkurrenz Erfahrungen zu sammeln. Durch diese Strategie erhöhen sich zwar die Verbraucherpreise, dies gilt aber als zumutbar, da sich längerfristig die gesamtwirtschaftliche Leistungsfähigkeit vergrößert. Nach einer Schutz- und Lernphase sollen die Zölle dann wieder gesenkt und internationale Konkurrenzfähigkeit erlangt werden.

Das wichtigste Instrument der Importsubstitutionsstrategie stellt die Differenzierung der Zölle für Rohstoffe/Vorprodukte und Fertigprodukte dar (M 7-31). Werden für Fertigprodukte höhere Zölle als für Vorprodukte verlangt, ist es billiger, die Güter im Zielland herzustellen. Ausländische Hersteller verlagern dann möglicherweise ihre Endfertigung in das Zielland und es kommt zum Zufluss von Investitionskapital. Inländische Hersteller können, auch wenn bei ihnen noch höhere Herstellungskosten bestehen, konkurrenzfähig produzieren. Durch die Güterherstellung erlangen sie Kenntnisse und Erfahrungen, die mittelfristig ihre Konkurrenzfähigkeit steigern und ihre Produktionskosten senken. In beiden Fällen kommt es zu einer Vergrößerung der inländischen Produktion, zu Investitionen und zur Schaffung von Arbeitsplätzen.

Weltweit zeigt sich, dass die Umgehung von Importrestriktionen zur Erschließung von ausländischen Märkten ein wichtiges Motiv für internationale Direktinvestitionen darstellt (siehe Kap. 7.2.2). Auch gibt es zahlreiche Beispiele von Ländern, welche unter Zollschutz eine eigene binnen-

M 7-31 Protektionistische Wirkung von Zollsatzdifferenzen

	Beispiel 1 Import des Fertigproduktes	Beispiel 2 Import der Vorprodukte und Fertigung im Zielland
Materialkosten für die Vorprodukte	60	60
Produktionskosten im Ausland	40	–
Gesamtkosten bei Import	100	60
Zoll für Fertigprodukte 20 %, für Material 5 %	20	3
Produktionskosten im Zielland	–	40
Verkaufspreis im Zielland	120	103

marktorientierte Industrie aufbauten. Der wirkliche Erfolg dieser Strategie bleibt jedoch umstritten. Das Beispiel Automobilindustrie zeigt einen erfolgreichen Entwicklungspfad in Japan oder Südkorea (vgl. z. B. WESSEL 1998). Diese Länder bauten zuerst eine geschützte binnenmarktorientierte Produktion auf, sammelten Erfahrungen in Produktion und Absatz und erschlossen sich später mit diesen Fahrzeugen weltweit Märkte. Dem stehen jedoch Beispiele von geschützten Automobilherstellungen (z. B. Indien) gegenüber, die zu hoffnungslos veralteten und nicht konkurrenzfähigen Produkten führten. Entscheidend für den Erfolg der Strategie ist offenbar, dass ein ausreichend großer Binnenmarkt mit einem auf Qualität orientierten Nachfrageprofil vorhanden ist, dass die Hersteller konsequent Innovationen umsetzen und dass der Zollschutz nur zeitlich befristet und nicht dauerhaft gewährt wird.

Als Begründung für eine Strategie der **Exportdiversifikation,** welche die Vergrößerung der Exportaktivitäten anstrebt, können die Überlegungen zur Exportbasistheorie dienen (vgl. JOHNSTON 1994, S. 147; SCHÄTZL 2001, S. 149f). Demnach lässt sich die Wirtschaft einer Raumeinheit (ein Land oder auch eine Region) in einen exportorientierten Bereich (basic sector) und in einen binnenorientierten Bereich (non-basic sector) untergliedern (M 7-32). Exportaktivitäten führen zu einem Einkommensstrom in die Region. Ein Teil davon fließt für Importe und Gewinntransfer wieder ab, der andere Teil wird jedoch für lokale Güter und Dienstleistungen ausgegeben. Dieser induziert lokale Wachstumseffekte; Zulieferer und Dienstleister für die Exportbetriebe, aber auch lokale

Unternehmen, in welchen die Beschäftigten ihre Konsumausgaben tätigen können, expandieren. Es entsteht ein über die unmittelbaren Ausgaben hinausgehender Multiplikatorprozess, welcher zusätzliche Einkommen generiert. Ausgaben für Importe können den Umfang des Multiplikatorprozesses jedoch einschränken. Je differenzierter und umfangreicher der lokale Sektor ist, desto größere lokale Wirkungen können auftreten und desto eher wird auch die Leistungsfähigkeit des Exportsektors gestärkt.

Bei der Strategie der Exportdiversifikation lassen sich ein horizontaler Ansatz und ein vertikaler Ansatz unterscheiden. Bei der **horizontalen Exportdiversifikation** wird versucht, die Abhängigkeit von einem oder wenigen Exportprodukten – und den dort auftretenden Preisschwankungen – durch die Ausfuhr zusätzlicher Güter zu verringern. Die **vertikale Exportdiversifikation** strebt die Vergrößerung der Produktionstiefe an. Weiterverarbeitung bisher exportierter Primärgüter, z. B. Möbel oder Furnier statt Rundholz, sollen zu einer höheren Wertschöpfung innerhalb des Landes führen.

Als **Beispiele** für eine erfolgreiche Strategie der Exportdiversifikation gelten die sog. Tiger-Staaten in Südostasien. Sie konnten mit einer exportorientierten Entwicklungsstrategie über einen Zeitraum von drei Jahrzehnten hohe Wachstumsraten realisieren. Entscheidend für ihren Erfolg war dabei, dass sie ihre Wirtschaftspolitik ständig den sich verändernden Rahmenbedingungen des Weltmarktes und der Binnenwirtschaft anpassten. Malaysia (vgl. KULKE 1991, 1998b) war beispielsweise zum Zeitpunkt der Unabhängigkeit (1957) einseitig vom Export von Kautschuk und Zinn abhängig. Zuerst realisierte das Land eine horizontale Exportdiversifikation, d. h. zusätzliche Primärgüter (Palmöl, Holz, Rohöl) wurden erschlossen und ausgeführt. Später erfolgte zur Steigerung der nationalen Wertschöpfung ein schrittweiser Aufbau einer exportorientierten Industrie, erst arbeitsintensiv (Bekleidung, Montage von Elektrogeräten), dann sach- und humankapitalintensiv (Fahrzeugbau, Mikroelektronik). Auch andere Staaten der Region (z. B. Taiwan, Südkorea) setzten erfolgreich eine Kombination aus Importsubstitution und Exportdiversifikation ein.

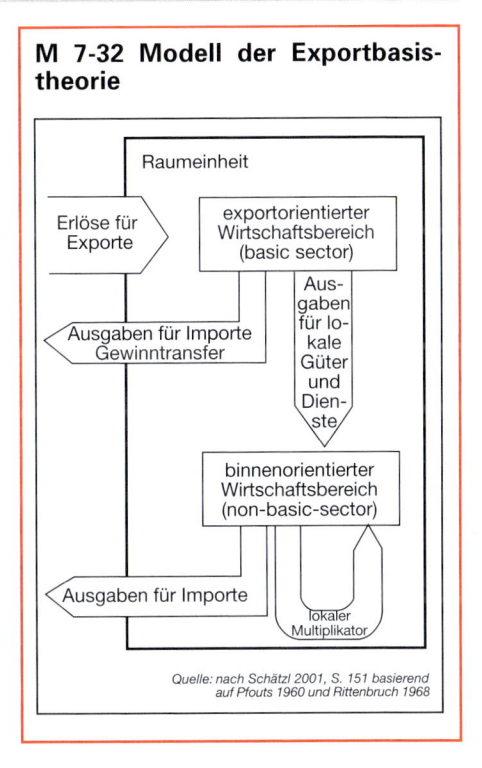

Der internationale Vergleich des Zusammenhangs zwischen dem Grad der Weltmarktorientierung und den langfristigen wirtschaftlichen Wachstumsraten von Ländern der Erde (vgl. WELTBANK 1991, 2000) zeigt, dass jene Staaten erfolgreicher waren, die eine stärker integrations-

M 7-32 Modell der Exportbasistheorie

Quelle: nach Schätzl 2001, S. 151 basierend auf Pfouts 1960 und Rittenbruch 1968

Bild 7-5 New York Stock Exchange. Hochrangige Finanzdienstleistungen bilden ein wesentliches Element von Global Cities. (Photo E. KULKE)

Bild 7-6 Flughafen Amsterdam, einer der wichtigen europäischen Hubs. (Photo E. KULKE)

orientierte Politik verfolgten. Die geringsten Wachstumsraten realisierten Länder, die sich auf eine Binnenstrategie und die Reduzierung der Außenverflechtungen orientierten.

7.3.3 Global Cities

Nicht alle Teilräume von Ländern sind gleichermaßen in die internationalen Verflechtungen eingebunden und von den Globalisierungsprozessen betroffen. Weltweit entwickelte sich ein neuer Typ von Zentren, welcher aus dem nationalen Städtesystem herausragt und besonders ausgeprägte internationale Vernetzungen aufweist. Diese **Global Cities** gelten als die Steuerungs- und Kontrollzentralen der globalen wirtschaftlichen Aktivitäten.

Auf das Phänomen der „world cities", welches im Verlauf der neuen räumlichen Organisation der Produktion entstand, machte J. FRIEDMANN (1986) aufmerksam (M 7-33). Zahlreiche in der Folge erstellte Studien beschäftigten sich vor allem mit den **Merkmalen der Global Cities** (vgl. SASSEN 1991). Generell sind diese Zentren durch eine hohe Konzentration von Einrichtungen, die weltweite Aktivitäten steuern, gekennzeichnet (vgl. DANIELS 1993, S. 113f):
– So befinden sich dort die Hauptsitze von multi- und transnationalen Unternehmen, in welchen Entscheidungen getroffen sowie auch Forschungs- und Entwicklungsaufgaben erfüllt werden.
– Weltweit agierende politische Institutionen (z. B. Organe der UN, Weltbank, NGOs) sind in den Global Cities angesiedelt und organisieren von dort ihre Tätigkeiten.
– Kennzeichnend ist auch eine starke Konzentration hochrangiger Dienstleistungsbetriebe; Finanzdienstleister wie Börsen, Aktienhändler, Geschäftsbanken oder Devisenhändler stellen dort ihre Dienstleistungen für Unternehmen (z. B. für Handel, Direktinvestitionen) bereit und agieren mit eigenen Geschäften weltweit.
– Auch hochrangige unternehmensorientierte Dienste (z. B. Unternehmens-, Rechts-, Steuer, Standortberater, Werbung, Marketing) organisieren von diesen Zentren aus ihre Aktivitäten.
– Schließlich gelten auch internationale Kommunikationsaktivitäten – z. B. Messen oder internationale Kongresse – als Merkmal von Global Cities.

Die Einrichtungen benötigen zur Erfüllung ihrer Aufgaben eine leistungsfähige **Kommunikations- und Verkehrsinfrastruktur**. Für sie besitzen Flughäfen und Häfen besondere Bedeutung. Bei diesen Transportsystemen vollzogen sich in den letzten zwei Jahrzehnten wesentliche organisatorische Veränderungen. Vorher bestanden sowohl im Luftverkehr als auch bei Container-Transporten vor allem Direktverbindungen zwischen einzelnen Städten. Heute dominieren Hub-and-Spoke-Systeme (Nabe und Speiche) und die Global Cites erfüllen die Hub-Aufgaben als Drehscheiben mit internationalen Umsteige- bzw. Umladefunktionen (vgl. Hoffmann 2001). Im Luftverkehr landen in diesen Hubs innerhalb eines relativ kurzen Zeitfensters (z. B. eine Stunde) zahlreiche Zubringerflüge, es erfolgt dort ein Umsteigen und danach gehen in alle Richtungen Flüge ab. Innerhalb eines Tages werden mehrere dieser Umsteigewellen (Waves) vollzogen. Nur wenige Flughäfen in günstiger großräumiger Lage (z. B. Zentraleuropa für Amerika- und Asienverbindungen), in der Nähe zu zahlreichen Nachfragern, mit Hauptsitzen großer Fluggesellschaften und mit leistungsfähiger Infrastruktur (z. B. Startbahnen, Terminal,

M 7-33 Hierarchie der Global Cities

- ● Zentrale Länder, primäre Zentren
- • Zentrale Länder, sekundäre Zentren
- ○ Semiperiphere Länder, primäre Zentren
- ○ Semiperiphere Länder, sekundäre Zentren
- —— Verflechtungen zwischen primären Zentren
- — andere Verflechtungen

WEST-EUROPA: London, Rotterdam, Brüssel, Frankfurt, Madrid, Paris, Wien, Zürich, Mailand

NORDAMERIKA: Chicago, Toronto, San Francisco, New York, Houston, Los Angeles, Miami, Mexiko

ASIEN: Tokio, Seoul, Taipei, Hongkong, Bangkok, Manila, Singapur

CHINA, INDIEN

SÜDAMERIKA: Caracas, Rio, Sao Paulo, Buenos Aires

AFRIKA: Johannesburg

AUSTRALIEN: Sydney

Quelle: nach Friedmann 1986

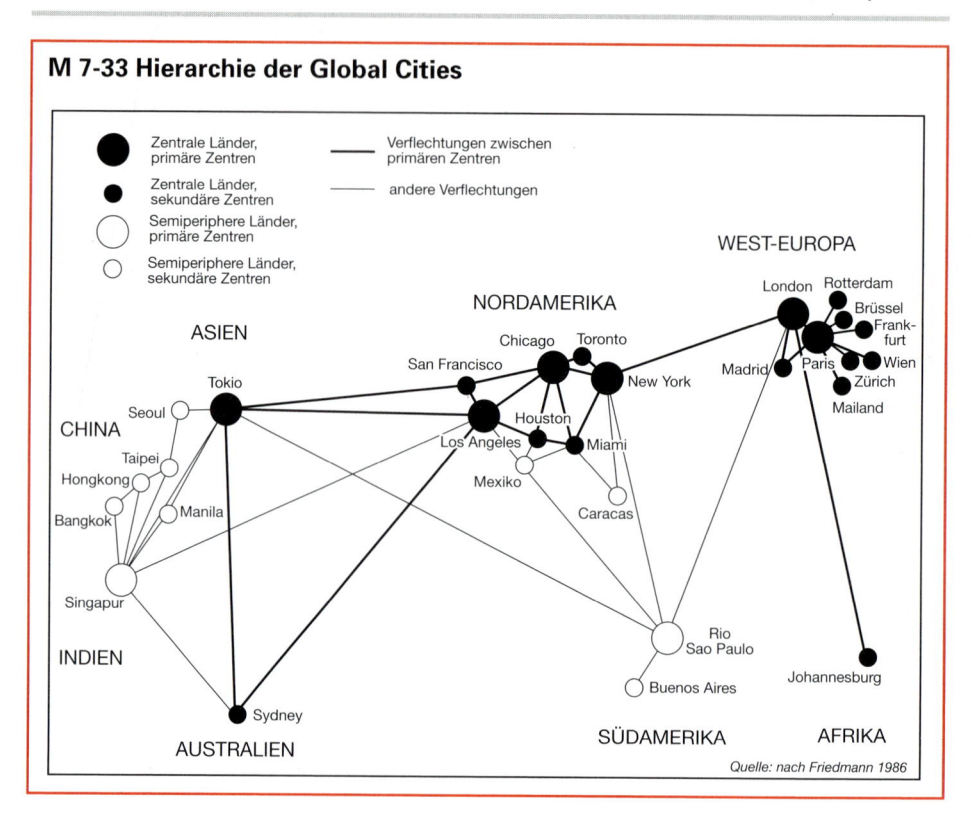

Ganztagsbetrieb) besitzen hierfür die Voraussetzungen.

Die Existenz von Global Cities ist weitgehend unumstritten, dagegen mühen sich zahlreiche Wissenschaftler um deren Identifikation und Rangfolge (vgl. M 7-34). Als wichtigste Zentren gelten Tokyo, Los Angeles, Chicago, New York, London und Paris. Sie besitzen fast alle Funktionen, während die sekundären Zentren jeweils spezialisierte Einrichtungen aufweisen.

Bedeutung besitzt die Frage, wie sich die Herausprägung von Global Cities auf das übrige Raumsystem eines Landes auswirkt. Dabei besteht offenbar ein Zusammenhang zu dem Entwicklungsstand eines Landes. In hochentwickelten Ländern bestehen intensive Verflechtungen der Global City mit dem übrigen Regionen. Dagegen kann in geringer entwickelten Ländern eine Verstärkung bereits vorhandener dualistischer Raumstrukturen (vgl. Kap. 6.3.2) auftreten (vgl. KULKE 1998b). In dem Zentrum konzentrieren sich die modernen wirtschaftlichen Aktivitäten, die in internationale Wirtschaftssysteme integriert sind, und das Zentrum realisiert einen raschen wirtschaftlichen Entwicklungsprozess. Die übrigen Gebiete des Landes sind dagegen kaum in die modernen Aktivitäten eingebunden und sie stagnieren in traditionellen wirtschaftlichen Aktivitäten (z. B. subsistenzorientierte Landwirtschaft, Kleinhandwerk).

7.3 Teilräume globaler Systeme

M 7-34 Standorte wichtiger globaler Funktionen

	Großbanken	Devisen-händler	internationale Organisationen	internationale Kongresse
1.	Tokyo	London	Paris	Paris
2.	New York	New York	Brüssel	London
3.	London	Paris	London	Genf
4.	Paris	Luxemburg	Rom	Brüssel
5.	Osaka	Frankfurt	Genf	Madrid
6.	Frankfurt	Hongkong	New York	Wien
7.	Zürich	Singapur	Washington	Berlin
8.	Amsterdam	Zürich	Stockholm	Singapur
9.	Basel	Brüssel	Wien	Barcelona
10.	Hongkong	Mailand	Kopenhagen	Amsterdam

(Rangfolge nach Anzahl bzw. Umsatz; Stand Anfang 90er Jahre)

Quelle: DANIELS 1993, S. 125f

Literaturauswahl zur Ergänzung und Vertiefung

Globalisierung und Regionalisierung
BPB 1999; GROTZ 2003; KULKE 1999; OSSENBRÜGGE 1998; STEGER 1998
Rahmenbedingungen
ALTENBURG 1997; BERG 1981; FRANZMEYER 1999; HAUCHLER 1993; IWF 1993; KULESSA 1997; MEYER/THIMM 1997
Austausch von Waren und Dienstleistungen
FRANZMEYER 1999; GROTZ 2003; HEMMER 1988; Klodt/Maurer/Schimmelpfennig 1997; LICHTBLAU 2000; NOHLEN 1984; NUHN 1997; SCHÄTZL 2000b; S. 210f; WELTBANK 2002
Direktinvestitionen
ALTENBURG 2001; BPB 1999; DUNNING 1981; HAUCHLER/ MESSNER/ NUSCHELER 1997; KRÄGENAU 1995; NUHN 1999; UNCTAD 2000; SCHAMP 2000, S. 174f
Entwicklungszusammenarbeit
DICKENSON U. A. 1996; HEMMER 1988; MIKUS 1994; NOHLEN 1984; WELTBANK 2001
Mobilität von technischem Wissen
FROMHOLD-EISEBITH 2000; MALECKI 1994; MEYER-STAMER 1992; MEUSBURGER 1998; REVILLA DIEZ 2002; SCHÄTZL 2001, S. 116f; SHEFER/FRENKEL 1998
Raumeinheiten
FRIEDMANN 1986; KULKE 1999; MYRDAL 1974; SASSEN 1991; SENGHAAS 1982; SIEBERT 1994

8 Nationale und regionale Raumsysteme

Bild 8-1 Berlin-Adlershof. Der gegenwärtig im Aufbau befindlicher Wissenschafts- und Wirtschafts-Park soll zum wirtschaftlichen Aufschwung Berlins beitragen. (Photo E. Kulke)

Auf nationaler Ebene lassen sich ausgeprägte Unterschiede in der wirtschaftlichen Leistungsfähigkeit von Raumeinheiten und in dem Grad der Verdichtung von Aktivitäten beobachten. Die regionalen Wachstums- und Entwicklungstheorien beschreiben Merkmale und erklären Gründe für diese räumlichen Differenzierungsprozesse; dabei berücksichtigen sie vor allem Standortentscheidungen von Unternehmen sowie teilweise auch raumwirtschaftspolitische Einflussnahmen. Vertieft behandeln die regionalpolitischen Strategieansätze die Möglichkeiten und Grenzen der Gestaltung von nationalen raumwirtschaftlichen Systemen durch den Einfluss staatlicher Politik. Im Hintergrund all dieser Überlegungen steht die Jahrtausende alte Idee, dass es einen irgendwie gearteten Idealzustand eines räumlichen Systems gibt (M 8-1), welcher sich entweder selbständig durch räumliche Mobilitätsprozesse entwickelt oder durch raumwirtschaftspolitischen Einfluss erreicht wird.

> **M 8-1 Erläuterungen zum idealen Städtesystem der Insel Utopia**
>
> Die Insel hat vierundfünfzig Städte, alle geräumig und prächtig, in Sprache, Sitten, Einrichtungen, Gesetzen genau übereinstimmend. Sie haben alle dieselbe Anlage und, soweit das die lokalen Verhältnisse gestatten, dasselbe Aussehen. Die einander am nächsten benachbarten liegen immer noch vierundzwanzig Meilen auseinander, und wiederum liegt keine so einsam, dass man nicht von ihr aus zu Fuß in einem Tagesmarsch die nächste Stadt erreichen könnte.
>
> Quelle: MORUS 1516 (in der Übersetzung von 1922; erschienen 1964, S. 61)

8.1 Regionale Wachstums- und Entwicklungsprozesse

Ausgangspunkt aller Überlegungen zu räumlich differenziert erfolgendem wirtschaftlichen Wachstum ist die Annahme, dass es durch **historischen Zufall** an einem Ort im Raum zur Verdichtung von Aktivitäten kommt. Dieser historische Zufall kann zum Beispiel entstehen
– durch an bestimmten Standorten gegebene günstige natürliche Bedingungen – z. B. vorhandene Rohstoffe, Naturhafen, Furt eines Flusses – für wirtschaftliche Aktivitäten,
– durch politische Entscheidungen – u. a. Stadtgründung, Ausbau zum Regierungssitz – zugunsten einer räumlichen Lage oder
– durch unternehmerische Aktivitäten – z. B. Unternehmerpersönlichkeiten, die sich dort ansiedeln, Inventionen und Innovationen – in Raumeinheiten.
Ein dadurch entstehender Kern bildet den Mittelpunkt eines Kräftefeldes aus am Standort auftretenden Agglomerationswirkungen und in die umgebenden Gebiete ausstrahlenden Ausbreitungs- bzw. Entzugseffekten (M 8-2).

> **M 8-2 Kräftefeld von Kern und Umland**
>
> A = Ausbreitungseffekt
> E = Entzugseffekte
>
> *Entwurf: E. Kulke*

Verdichtungen von ökonomischen Aktivitäten an Standorten führen dort zu **Agglomerationswirkungen** (M 8-3; vgl. KNOX/MARSTON 2001, S. 350f). Generell eröffnet ein städtisches Umfeld durch die Nähe zu politischen Entscheidungsträgern, zu Nachfragern oder zu leistungsfähigen Infrastruktureinrichtungen Möglichkeiten der Kostensenkung für Betriebe bzw. Unternehmen; bezeichnet werden diese Effekte als **Urbanisationsvorteile**. Gleichzeitig konzentrieren sich in Städten andere Betriebe. Aufgrund

M 8-3 Agglomerationswirkungen

Agglomerationsvorteile = Ersparnisse
Agglomerationsnachteile = Kostenbelastungen
- externe Agglomerationswirkungen (Vorteile bzw. Nachteile) ergeben sich durch die Nähe von artähnlichen Betrieben (Lokalisationswirkungen z. B. durch Zuliefer-/Reparaturverflechtungen, Zugriff auf spezialisierten Arbeitsmarkt) oder durch das urbane Umfeld (Urbanisationswirkungen z. B. durch Infrastruktur, Administration, Marktnähe).
- Interne Agglomerationswirkungen (Vorteile bzw. Nachteile) ergeben sich durch zunehmende Produktionsmengen, welche die Erzielung von economies of scale (oder diseconomices of scale) und economies of scope (oder diseconomies of scope) ermöglichen.

Quellen: JOHNSTON 1994, S. 578, SCHÄTZL 2001, S. 34

---

der räumlichen Nähe können die Beziehungen zu jenen, deren Leistungen unmittelbar im Zusammenhang mit der eigenen betrieblichen Tätigkeit stehen – z. B. Zulieferer, Dienstleister, Weiterverarbeiter – aufgrund der räumlichen Nähe effizienter gestaltet werden; diese Effekte nennen sich **Lokalisationsvorteile**. Die externen Agglomerationswirkungen können ihre Ergänzung erfahren durch interne Vorteile aufgrund einer größeren Produktionsmenge (economies of scale) oder interner Diversifikation/Flexibilisierung (economies of scope; vgl. Kap. 4.2.3 und M 4-29). Aufgrund dieser Agglomerationswirkungen besteht die Tendenz, dass sich in den aus historischem Zufall entstandenen Zentren in der Folge immer mehr wirtschaftliche Aktivitäten ansiedeln.

Grundsätzlich gilt, dass **Agglomerationsvorteile** erst mit einer gewissen Mindestverdichtung auftreten (M 8-4). Ab einer Schwelle liegt der Nutzen einer räumlichen Konzentration über den aufzuwendenden Kosten. Mit zunehmender Größe der Agglomeration steigen die Vorteile an, da sich vielfältigere Möglichkeiten von Verflechtungen ergeben und eine sinnvolle Auslastung von Infrastruktureinrichtungen besteht. Bei sehr großen Verdichtungen können dann **Agglomerationsnachteile** entstehen, d. h. die aufzuwendenden Kosten liegen über dem Nutzen der Agglomeration. Sie äußern sich beispielsweise in hohen Umweltbelastungen (z. B. Lärm, Luftverschmutzung), Überlastungserscheinungen der Infrastruktur (u. a. Staus, Zusammenbruch der Stromversorgung) oder hohen Standortkosten (z. B. durch hohe Boden-/Mietpreise, lange Fahrzeiten).

Gerade in den großen Metropolen der Entwicklungsländer (z. B. Mexiko-City, Bangkok) lassen sich diese Probleme oftmals beobachten. Trotz der erkennbaren Nachteile wachsen diese Agglomerationen immer noch weiter; dies wird in Zusammenhang gesetzt mit **externen Effekten** (M 8-5), welche zu einer ungleichen Verteilung von Vor- und Nachteilen führen. Betriebe erzielen häufig noch erhebliche Vorteile durch die Agglomeration – u. a. aufgrund der Nähe zu anderen Einheiten und zu einem aufnahmefähigen Absatzmarkt –, während sie für die von ih-

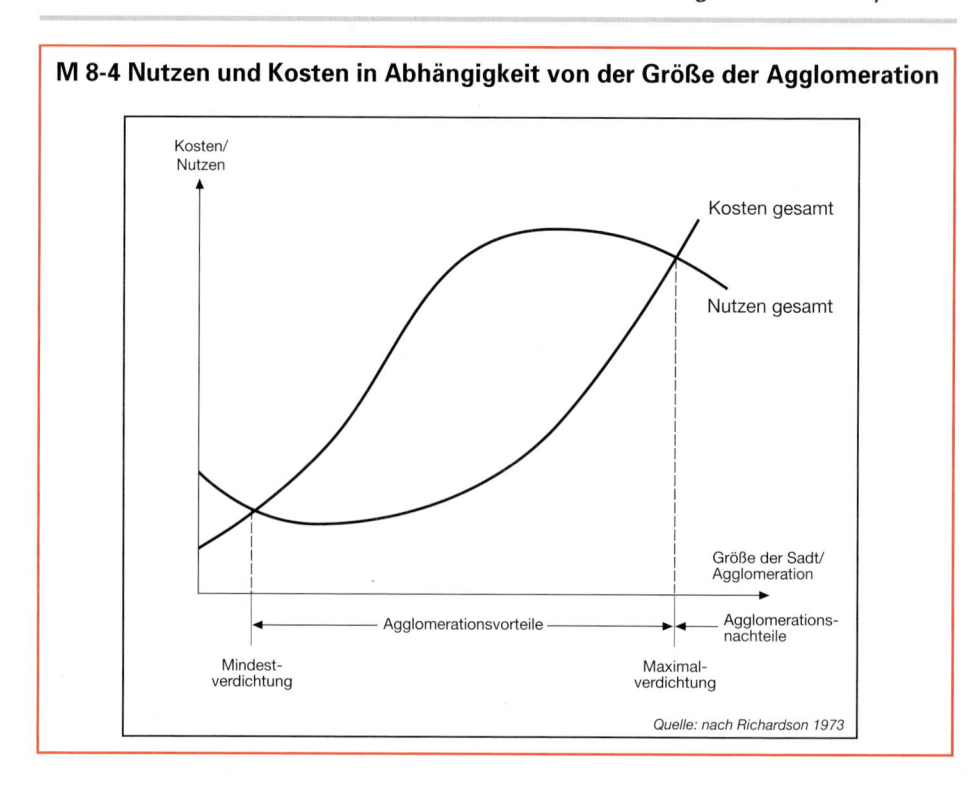

M 8-4 Nutzen und Kosten in Abhängigkeit von der Größe der Agglomeration

Achsen: Kosten/Nutzen (y) – Größe der Stadt/Agglomeration (x). Kurven: Kosten gesamt, Nutzen gesamt. Bereiche: Mindestverdichtung, Agglomerationsvorteile, Maximalverdichtung, Agglomerationsnachteile.

Quelle: nach Richardson 1973

---

nen verursachten Belastungen (z. B. Lärm, Abgase) nicht aufkommen. Demgegenüber müssen Dritte (beispielsweise Bewohner durch schlechte Umweltbedingungen und hohe Mieten) die Nachteile tragen. Die Internalisierung der externen Effekte stellt gegenwärtig eine große Herausforderung für eine marktgerechte Umweltpolitik und Raumwirtschaftspolitik dar.

Der vorhandene Kern darf jedoch nicht allein betrachtet werden, vielmehr stellt er das Zentrum eines Kräftefeldes mit Wirkungen auf das Umland dar (M 8-1; vgl. DICKEN/LLOYD 1990, S. 243f; JOHNSTON 1994, S. 60; RICHARDSON 1976, S. 2f). Aufgrund der im Kern bestehenden Agglomerationsvorteile entzieht der Kern dem Umland mobile Produktionsfaktoren (**Entzugseffekte** oder backwash-effects oder zentripetale Kräfte). Hochqualifizierte Arbeitskräfte wandern in den Kern, weil dort höhere Löhne zu erzielen sind, oder Kapital wird im Zentrum investiert, weil dort eine höhere Rendite möglich ist. Dadurch steigt das Produktionspotenzial des Zentrums und verringert sich jenes des Umlandes. Von dem Kern strahlen jedoch auch positive **Ausbreitungseffekte** (spread-effects oder zentrifugale Kräfte) aus. So können sich von dort Innovationen ausbreiten, welche effizientere Nutzungen von Potentialen des Umlands ermöglichen. Betriebe erwerben Zulieferprodukte in der Umgebung oder im Zentrum, Erwerbstätige transferieren Einkommen in die Peripherie und steigern damit dort die Nachfrage.

8.1 Regionale Wachstums- und Entwicklungsprozesse

M 8-5 Externe Effekte

Nebeneffekt einer Aktivität, der sich nicht in Kosten oder Nutzen für diese Einheit ausdrückt.
Beispiel für negative externe Effekte: Ein Industriebetrieb, der Abgase ausstößt, die bei Nutzung einer verfügbaren Technik gereinigt werden könnten, verringert seine eigenen Kosten unter Belastung der Umwelt und der Gesundheit Dritter.
Beispiel für positive externe Effekte: Ein Dienstleistungsunternehmen, welches Gebäude und Umfeld (z. B. Grünanlage) aufwendig gestaltet, verbessert damit das städtische Umfeld für Dritte, ohne dafür Einnahmen zu erzielen.

Quelle: CHAPMAN/WALKER 1992, S. 261; JOHNSTON 1994, S. 185

Das sich aus dem Zusammenspiel von Agglomerationswirkungen und Umlandwirkungen entwickelnde nationale System von Standorten oder Verdichtungen ökonomischer Aktivitäten, Siedlungsflächen und Bevölkerung bildet den Betrachtungsgegenstand der **regionalen Wachstums- und Entwicklungstheorien**. Dabei lassen sich drei verschiedene Ansätze unterscheiden. Die neoklassische Theorie besagt, dass Marktmechanismen zu einem regionalen Ausgleich führen. Die Polarisationstheorie geht von einer sich ständig verstärkenden räumlichen Konzentration aus. Stufentheorien nehmen dagegen an, dass im Verlauf der Entwicklung von Volkswirtschaften Phasen von räumlicher Konzentration und räumlicher Dispersion aufeinander folgen.

8.1.1 Neoklassischer Ansatz räumlicher Entwicklung

Die stark die allgemeine volkswirtschaftliche Debatte prägenden neoklassischen Überlegungen lassen sich auf räumliche Entwicklungen übertragen (vgl. dazu BORTS/STEIN 1964 und SIEBERT 1970 sowie die Diskussion bei JOHNSTON 1994, S. 410f; KULKE 1986, S. 46f und SCHÄTZL 2001, S. 136f). Grundsätzliche Annahme ist dabei, dass ein funktionierender Marktmechanismus zum Angleichen der temporär in verschiedenen Teilräumen auftretenden Unterschiede von Preisen auf den Güter- und Faktormärkten führt (M 8-6, vgl. Kap. 2.3). Diese Ausgleichsmechanismen treten allerdings nur unter den Bedingungen von freier Mobilität der Produktionsfaktoren, vollkommener Konkurrenz und Vollbeschäftigung auf und die Theorieüberlegungen klammern auch die räumli-

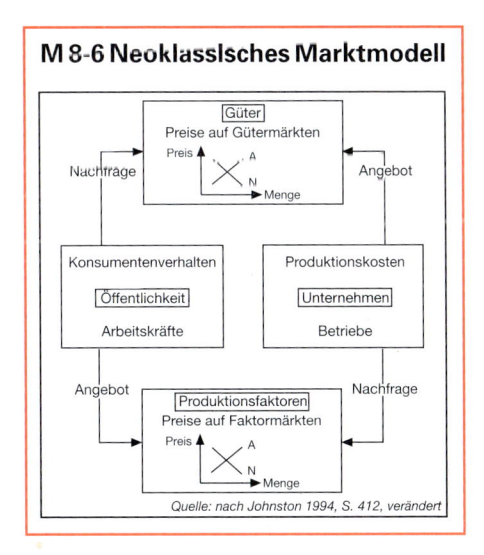

M 8-6 Neoklassisches Marktmodell

Quelle: nach Johnston 1994, S. 412, verändert

che Differenzierungen bewirkenden Transport- und Transaktionskosten aus.

Als entscheidende Größe für den Ausgleich regionaler Unterschiede bei den Faktorentgelten (in den folgenden Erläuterungen am Beispiel von Lohnsatz und Kapitalrendite) gelten räumliche Wanderungen der Produktionsfaktoren. Dieser Mechanismus lässt sich am Beispiel des Zusammenhangs der Produktionsfaktoren Arbeit (Arbeitskräfte) und Kapital (Maschinen, Geräte, Anlagen), welche beide zur Leistungserstellung benötigt werden, erläutern (vgl. RICHARDSON 1969, S. 350f). In Raumeinheiten mit einem hohen Kapitalbestand (z. B. in den durch historischen Zufall entstandenen Agglomerationen = Zentrum) muss für den ebenfalls benötigten, aber dort knappen Faktor Arbeit ein relativ hohes Entgelt (höhere Löhne) gezahlt werden; entsprechend ist dort die Kapitalrendite niedrig. Demgegenüber liegen in Raumeinheiten mit einer geringen Kapitalausstattung (z. B. die Gebiete außerhalb des Zentrums = Peripherie) aufgrund eines relativ höheren Angebots an Arbeit niedrige Lohnsätze vor; dadurch kann dort eine höhere Kapitalrendite realisiert werden.

Diese Ungleichgewichte in den Faktorentgelten bewirken, dass Arbeitskräfte aus den Gebieten mit niedrigem Lohnsatz (aus der Peripherie) in die Gebiete mit höherem Lohnsatz (in die Zentren) wandern. Unter der Bedingung funktionierender Märkte führt dies im Zentrum aufgrund des steigenden Angebots an Arbeitskräften zu Lohnsenkungen. Gleichzeitig wird in den Abwanderungsgebieten der Produktionsfaktor Arbeit knapper, was sich dort in Lohnerhöhungen ausdrückt. In entsprechender Weise sind auch Wanderungen des Faktors Kapital vorstellbar. Im Zentrum angesiedelte Unternehmen können Zweigbetriebe in der Peripherie errichten, weil dort aufgrund niedrigerer Lohnkosten höhere Kapitalrenditen erzielt werden können; d. h. Kapital fließt aus dem Zentrum in die Peripherie.

Im Ergebnis führen die Faktorwanderungen zu einem Angleichen der Faktorentgelte zwischen Zentrum und Peripherie. Aus dieser Annahme ist jedoch nicht der Schluss zu ziehen, dass ein vollkommen homogenes Raumsystem ohne hoch verdichtete und gering verdichtete Räume entsteht, sondern nur, dass sich Unterschiede in der wirtschaftlichen Leistungsfähigkeit zwischen den Raumeinheiten (z. B. gemessen am Pro-Kopf-Einkommen) ausgleichen.

Die empirische Beobachtung, dass auch in hochentwickelten Volkswirtschaften räumliche Unterschiede in den Faktorentgelten auftreten, erklären Vertreter des neoklassischen Ansatzes durch Unvollkommenheiten der Märkte (z. B. durch festgesetzte Mindestlöhne über dem Gleichgewichtslohn; vgl. Kap. 2.3) und durch räumliche Beharrungstendenzen der Produktionsfaktoren. Daraus lässt sich als Aufgabe der regionalen Wirtschaftspolitik ableiten, dass die Voraussetzungen für einen Ausgleichsmechanismus neoklassischer Art hergestellt werden müssen. Entsprechend konzentrieren sich die Empfehlungen auf den Abbau von Mobilitätshemmnissen für die Produktionsfaktoren. Der in den meisten hochentwickelten Ländern im Schwerpunkt der regionalen Wirtschaftspolitik stehende Ausbau der materiellen Infrastruktur (z. B. Straßen, Kommunikationsverbindungen, Ver- und Entsorgung) führt zur Erleichterung von räumlichen Mobilitätsprozessen und entspricht der neoklassischen Idee.

8.1.2 Polarisationsansatz räumlicher Entwicklung

Polarisationsansätze beruhen auf der empirischen Beobachtung, dass eine Tendenz zum selbständigen Ausgleich von Disparitäten, wie es die neoklassischen Überlegungen erwarten, in der Realität meist nicht auftritt. Das Raumsystem bewegt sich nicht auf ein Gleichgewicht hin, sondern vorhandene Disparitäten verstärken sich. Ein **zirkulär-kumulativer Prozess** bewirkt weiteres Wachstum in den durch historischen Zufall entstandenen Wirtschaftszentren, während Abwanderungen zu fortschreitenden Schrumpfungs- und Auslaugungsvorgängen in den damit verbundenen peripheren Gebieten führen (MYRDAL 1974, S. 37f; DICKEN/LLOYD 1990, S. 244f; FRIEDMANN/DOUGLASS 1976 und FRIEDMANN/WEAVER 1979, S. 114f; vgl. auch KULKE 1986, S. 65f; SCHÄTZL 2001, S. 161f). MYRDAL (1974, S. 44) stellt als Grundlage der Polarisationsüberlegungen fest: „Daß dem freien Spiel der Kräfte eine Tendenz in Richtung auf regionale Ungleichgewichte inhärent ist und diese Tendenz stärker wird, je ärmer ein Land ist, sind die beiden wichtigsten Gesetze wirtschaftlicher Unterentwicklung und Entwicklung im laissez-faire."

Auch die Überlegungen zur Polarisation sehen als entscheidende Determinante die räumlichen Mobilitätsprozesse von Produktionsfaktoren (Arbeit, Kapital, technisches Wissen) an. Die Charakteristika der Mobilitätsprozesse, insbesondere deren **Selektivität**, führen jedoch nach Ansicht ihrer Vertreter zu einer fortschreitenden Vergrößerung der Disparitäten.

So sind die von der Peripherie in das Zentrum gerichteten Arbeitskräftebewegungen nicht gleichmäßig über alle Personengruppen verteilt. Es wandern vor allem jüngere, besser ausgebildete, innovationsbereite Personen im arbeitsaktiven Alter, während ältere, schlechter ausgebildete Arbeitskräfte zurückbleiben. Damit steigt die Innovationskraft des Zentrums und es erfolgt eine Schwächung des Produktionspotentials der Peripherie.

Für das Kapital bestehen starke Beharrungstendenzen; Unternehmen bleiben weiter im Zentrum aufgrund der dort gegebenen Agglomerationsvorteile (siehe die Ausführungen zu externen Effekten) und nutzen die Peripherie nur als Absatzmarkt. Dies führt aufgrund der Konkurrenzüberlegenheit der Betriebe des Zentrums (niedrigere Produktionskosten, bessere Qualität; vgl. HEIERLI 1979, RAUCH 1979) zur Verdrängung der weniger leistungsfähigen lokalen Produzenten in der Peripherie. Selbst wenn Kapital aus dem Zentrum in die Peripherie fließt, handelt es sich dabei überwiegend nur um extern abhängige Einheiten (siehe Kap. 4.3.1), d.h. um Zweigbetriebe mit geringen lokalen Multiplikatoreffekten, aus denen Gewinntransfer ins Zentrum erfolgt, die häufig als Konjunkturpuffer dienen und die bei Kosten- oder Absatzproblemen als erste schließen.

Auch das Auftreten und die räumliche Ausbreitung von Innovationen begünstigen die Zentren. Dort sind die besseren Rahmenbedingungen für die Umsetzung von Innovationen gegeben. Erst mit zeitlicher Verzögerung breiten sich diese räumlich aus. Damit erlangen die Zentren nicht nur einen temporären Konkurrenzvorteil, sondern sie sind generell durch modernere und leistungsfähigere Einheiten gekennzeichnet.

Insgesamt führen also die Mobilitätsprozesse zu einer fortschreitenden Verdichtung im Zentrum und einer laufenden

Erhöhung von dessen Leistungsfähigkeit. Demgegenüber treten in der Peripherie Deformationen auf, welche deren Wachstumsmöglichkeiten einschränken. Dieser Verdichtungs- und Auslaugungsmechanismus ist um so größer, je stärker die Unterschiede in der Ausgangslage sind (vgl. FRIEDMANN/DOUGLASS 1976, FRIEDMANN/WEAVER 1979, MYRDAL 1974). In Entwicklungsländern, in welchen häufig durch internationalen Einfluss entstandene (z. B. koloniale Gründungen, heutige Ziele von Direktinvestitionen), weltweit eingebundene Zentren einer sehr gering entwickelten Peripherie gegenüberstehen, treten die Polarisationstendenzen besonders stark auf.

Aufgrund der Beobachtungen empfehlen die Vertreter der Polarisationstheorie eine den neoklassischen Überlegungen entgegengesetzte Strategie zur räumlichen Wirtschaftsentwicklung. Nicht eine Verstärkung der Mobilitätsprozesse, sondern deren Einschränkung kann zur Entwicklung der Peripherie beitragen (vgl. HEIERLI 1979, SCHNEIDER-BARTHOLD 1980). So sollen eine Kontrolle der Arbeitskräftewanderungen oder eine temporäre Begrenzung des interregionalen Warenhandels (z. B. durch hohe Transportkosten) der Peripherie die Möglichkeit eröffnen, eigene Produktionen für den lokalen Markt aufzubauen und regionale Wirtschaftskreisläufe zu entwickeln. Diese Überlegungen sind allerdings für hochentwickelte Länder mit einer ausgeprägten räumlichen Arbeitsteilung kaum vorstellbar.

8.1.3 Ansätze zu Stufen räumlicher Entwicklung

Die Grundidee aller Stufenansätze ist, dass in Abhängigkeit von dem Stand der wirtschaftlichen Entwicklung von Ländern Phasen mit einer eher ausgeglichenen räumlichen Verteilung von Siedlungen, Verkehrswegen und wirtschaftlichen Aktivitäten und Phasen mit einer starken räumlichen Konzentration aufeinander folgen. Alle Modelle diskutieren dabei einen ähnlichen Entwicklungsverlauf, bei welchem im Ausgangszustand eine eher gleichmäßige räumliche Verteilung besteht, auf die während der Phasen der stärksten wirtschaftlichen Veränderungen eine räumliche Polarisation folgt und die schließlich bei hohem Entwicklungsstand wieder in eine ausgeglichene räumliche Verteilung einmündet. Sowohl die räumlichen Muster in den Phasen als auch die behandelten Merkmale und Determinanten unterscheiden sich zwischen den Ansätzen im Detail.

Erste Überlegungen zu der Verteilung von Städten unterschiedlicher Größe – bezogen auf deren Einwohnerzahl – in einer Raumeinheit (z. B. ein Land) erfolgten durch AUERBACH (1913), JEFFERSON (1939) und ZIPF (1941). Demnach gibt es eine optimale **Rang-Größen-Verteilung** (rank-size-rule): Werden die Städte entsprechend ihrer Einwohnerzahl in eine Rangfolge – beginnend mit der größten Stadt – eingeordnet, so entspricht bei der Optimalverteilung die Einwohnerzahl jeder Stadt (Pr) multipliziert mit ihrem Rangplatz (R) der Einwohnerzahl der größten Stadt (P1) (d. h. Pr * R = P1). Wählt man für die graphische Umsetzung einen doppelt-logarithmischen Maßstab, so ergibt diese Verteilung eine Gerade mit der Steigung von –1 (M 8-7). Der Grad der Abweichung von der Geraden der Optimalverteilung gibt Aufschluss über Ungleichgewichte im Städtesystem eines Landes.

Weitere **empirische Untersuchungen** von BERRY/HORTON 1970 stellten einen

8.1 Regionale Wachstums- und Entwicklungsprozesse

M 8-7 Optimalverteilung nach der Rang-Größen-Regel

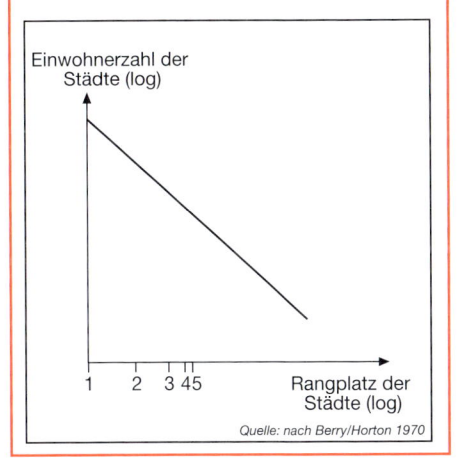

Quelle: nach Berry/Horton 1970

M 8-8 Veränderung der Rang-Größen-Verteilung

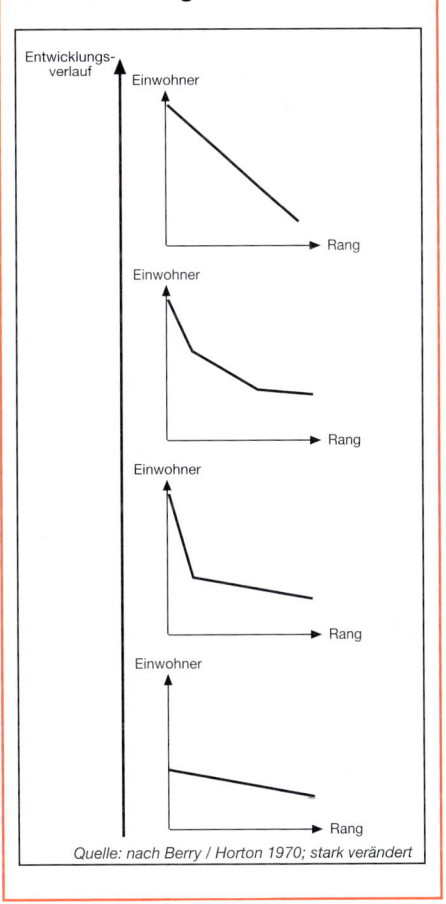

Quelle: nach Berry / Horton 1970; stark verändert

Zusammenhang zwischen dem Entwicklungsstand von Ländern und der Rang-Größen-Verteilung her. Auch Ergebnisse anderer empirischer Analysen (z. B. FROHLOFF-KULKE 1988) legen nahe, dass eine gering entwickelte Volkswirtschaft durch ein System relativ vieler städtischer Siedlungen mit ähnlicher Einwohnerzahl gekennzeichnet ist, d. h. die Rang-Größen-Verteilung weist nur eine geringe Steigung auf (M 8-8). Mit einsetzender moderner wirtschaftlicher Entwicklung kommt es zu einer starken Konzentration der Bevölkerung in einer Stadt, die das nationale Siedlungssystem dominiert. Solche **Primatstädte** sind kennzeichnend für viele Entwicklungsländer (z. B. Bangkok in Thailand, Lima in Peru) und ihre Einwohnerzahl beträgt häufig ein Vielfaches der nächst kleineren Stadt. Mit fortschreitender Entwicklung können auch nachrangige Städte einen Einwohnerzuwachs realisieren. In hochentwickelten Ländern liegt schließlich oftmals wieder eine Optimalverteilung vor (z. B. weist in Deutschland Berlin etwa die doppelte Einwohnerzahl wie Hamburg auf), bei der allerdings die Steigung der Geraden größer (d. h. etwa −1) ist als in der Ausgangslage.

Diesem scheinbar idealtypischen Verlauf, welchen BERRY/HORTON in einer Querschnittsanalyse von 38 Ländern belegen, können jedoch auch Fallbeispiele gegenübergestellt werden, bei welchen auch hochentwickelte Länder eine Primatstadt besitzen (z. B. London in GB, Paris in Frankreich). Zudem sagt die rein statistische Analyse nichts über die tatsächliche räumliche Lage der Städte aus. So kann eine statistische Optimalverteilung auch auftreten, wenn sich eine größere Zahl von Großstädten in unmittelbarer räumlicher Nähe zueinander befindet, während in der Peripherie größere Siedlungen fehlen (vgl. SCHÄTZL 1983, S. 326). Damit wäre aber keine günstige Verteilung über den Gesamtraum gegeben.

Die Rang-Größen-Regel diskutiert rein von der quantitativen Dimension her (bezogen auf die Einwohnerzahl) das im Entwicklungsverlauf erfolgende Auftreten von Primatstädten. Diese Städte weisen zumeist auch eine **funktionale Primacy** auf; in ihnen sind alle wichtigen politischen Entscheidungsebenen, alle hochrangigen Bildungseinrichtungen, alle Unternehmens-Headquarter und die meisten modernen Industrie- und hochrangigen Dienstleistungsbetriebe konzentriert. Dadurch dominiert die Primatstadt das gesamte nationale Wirtschaftssystem.

Den Zusammenhang zwischen der **Entwicklung des Transportsystems** und des Städtesystems stellten TAAFFE/MORRILL/GOULD 1963 in ihrem Phasenmodell her (M 8-9). Dabei identifizieren sie typische Formen der Entwicklung des Verkehrsnetzes und dokumentieren deren Wirkung auf das Wachstum von Städten. In der ersten Phase gibt es eine Reihe kleiner Städte entlang der Küste, die keine Landverbindung untereinander aufweisen und von denen nur kurze Wege in das unmittelbare Hinterland ausgehen. In der zweiten Phase werden in das weiter entfernte Binnenland Wege gebaut, um beispielsweise dort vorhandene Ressourcen (an den Standorten I1 und I2, z. B. Erzvorkommen, landwirtschaftliche Produkte) zu erschließen und an die Küste zu transportieren; die Küstenorte (P1, P2) erfahren als Exporthä-

M 8-9 Idealtypische Entwicklung eines Transportsystems

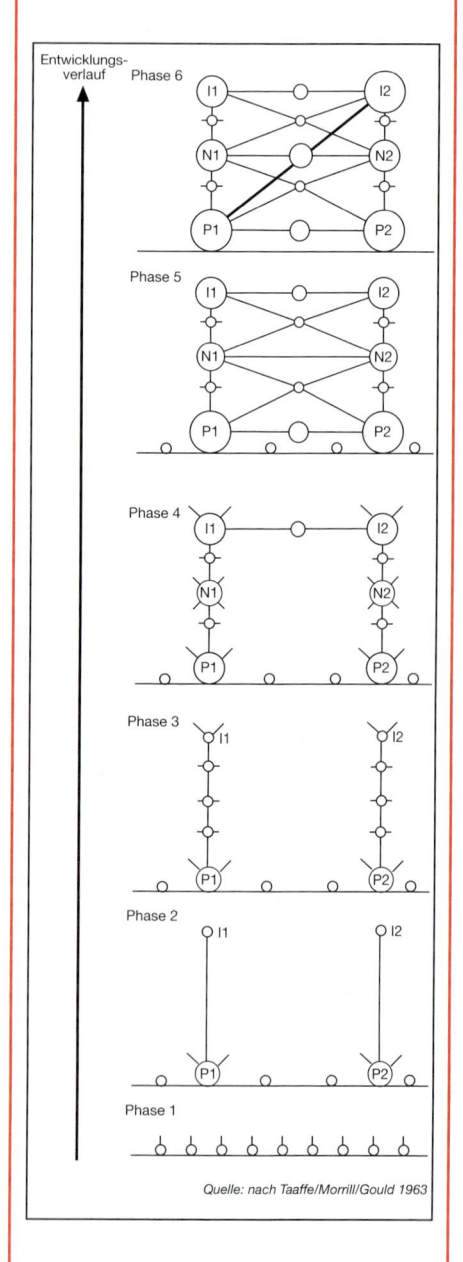

Quelle: nach Taaffe/Morrill/Gould 1963

8.1 Regionale Wachstums- und Entwicklungsprozesse

fen oder Märkte einen Zuwachs an Einwohnern und wirtschaftlichen Aktivitäten. In Phase 3 kommt es entlang der neuen Verkehrswege zur Entstehung kleinerer Marktorte, von denen kurze Wege in die unmittelbare Umgebung führen. Erste Querverbindungen zwischen den neuen Orten (I1, I2) im Binnenland stärken deren Wachstum in Phase 4. Von dem weiteren Ausbau des Netzes durch Querverbindungen in Phase 5 profitieren am stärksten die Küstenzentren (P1, P2) und die Ressourcenfundorte (I1, I2), aber auch Orte an Kreuzungen der Fernhandelswege (z.B. N1, N2) können sich entwickeln. In der Endphase 6 verfügt das Land nicht nur über ein ausgebautes und vernetztes Wegesystem, sondern auch über ein über das gesamte Land verteiltes System von Städten unterschiedlicher Größen.

Der dargestellte **idealtypische Entwicklungsverlauf des Verkehrs- und Siedlungssystems** gilt insbesondere für die Entwicklungsländer. Empirische Untersuchungen (vgl. z.B. LEINBACH 1975, KULKE 1998b) zeigen an Beispielländern einen in den Grundstrukturen ähnlichen stufenweisen Aufbau eines Verkehrsnetzes. Das Modell ist auch in Weiterentwicklungen eingeflossen. So bindet VANCE (1970) die Überlegungen zur Entwicklung des Verkehrsnetzes in ein Handelsmodell zwischen Industrie- und Entwicklungsländern ein (siehe die Erläuterungen bei HEINEBERG 2001, S. 96) und zeigt die Entstehung eines hierarchischen Systems von Handelszentren entlang von nationalen und internationalen Fernhandelswegen. Dabei verknüpft er das Verkehrsmodell mit dem Hierarchiesystem von CHRISTALLER (siehe Kap. 5.1.2).

Die besondere Bedeutung von wirtschaftlichen Einflussfaktoren auf räumliche Entwicklungen diskutiert FRIEDMANN (1966) in seinem **Phasenmodell räumlicher Organisation**. Basierend auf empirischen Untersuchungen in Venezuela identifiziert er vier Phasen wirtschaftlichen Entwicklungsstandes mit jeweils typischen räumlichen Verteilungen von Siedlungen und ökonomischen Aktivitäten (M 8-10).

Die erste Phase stellt eine **vorindustrielle Raumstruktur** dar; sie ist gekennzeichnet durch eine über den Gesamtraum gestreute Verteilung unabhängiger etwa gleich großer Siedlungen. Diese bilden jeweils den Kern eines kleinräumigen Wirtschaftssystems, in welchem Marktort und Umland intensive Verflechtungen untereinander aufweisen. Zwischen diesen Enklaven bestehen nur in sehr geringem Umfang Austauschbeziehungen, entsprechend sind

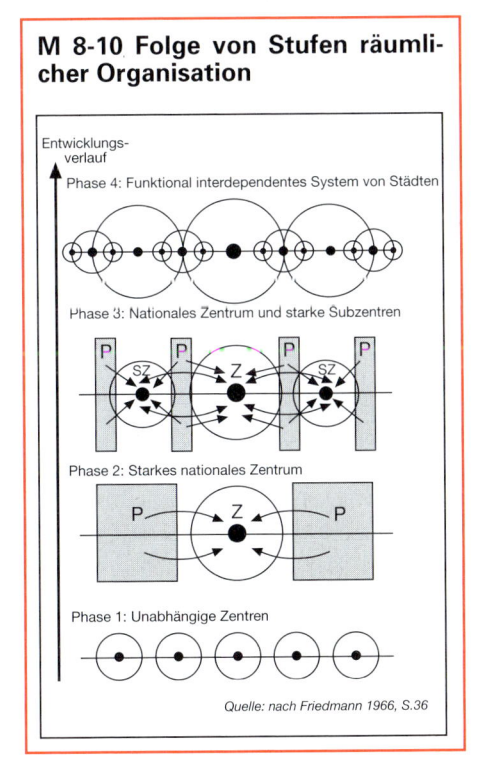

M 8-10 Folge von Stufen räumlicher Organisation

Entwicklungsverlauf

Phase 4: Funktional interdependentes System von Städten

Phase 3: Nationales Zentrum und starke Subzentren

Phase 2: Starkes nationales Zentrum

Phase 1: Unabhängige Zentren

Quelle: nach Friedmann 1966, S.36

die Wachstumspotentiale begrenzt und die gesamte Volkswirtschaft tendiert zur Stagnation.

In der zweiten Phase – mit einsetzender Industrialisierung – kommt es zur Herausbildung eines dominierenden **Zentrums** (Z) und einer stagnierenden **Peripherie** (P). Mobile Produktionsfaktoren (z. B. potentielle Unternehmer, Intellektuelle, Arbeitskräfte) wandern in das Zentrum und stärken dieses, während gleichzeitig die Entleerungsprozesse die Peripherie schwächen.

In der dritten Phase entstehen, bei fortschreitender industrieller Reifung, **strategische Subzentren** (SZ). Diese sind Ziel von Wanderungen mobiler Produktionsfaktoren und sie weisen höhere Wachstumsraten als das Zentrum auf. Die Zentren stehen in intensiven gegenseitigen Austauschbeziehungen und vorhandene Wachstumsressourcen aller Landesteile werden in den Wirtschaftskreislauf eingebracht. Das Wachstumspotential der Volkswirtschaft erhöht sich und nur in den peripheren Zwischenräumen bestehen noch Probleme von Armut und wirtschaftlicher Rückständigkeit.

In der vierten Phase entsteht ein **funktional interdependentes Städtenetz** („organized complexity", FRIEDMANN 1966, S. 37), d. h. ein hierarchisches System unterschiedlich großer untereinander verflochtener Zentren. Wichtige Elemente einer günstigen räumlichen Organisation sind erreicht: nationale wirtschaftliche Integration, maximale Nutzung vorhandener Wachstumspotentiale, effiziente Standortverteilung, geringe regionale Disparitäten, stabile räumliche Ordnung.

Ergebnis der Überlegungen ist die Erkenntnis, dass der Grad räumlicher Disparitäten mit dem Niveau wirtschaftlicher Entwicklung zusammenhängt. FRIED-MANN diskutiert in seinem Modell aber nicht nur die Beziehung zwischen wirtschaftlicher Entwicklung und räumlicher Organisation, sondern bringt auch Elemente der regionalen Wirtschaftspolitik ein. Zum Erreichen eines integrierten Systems wie in Phase vier sieht er die Notwendigkeit einer bewussten räumlichen Planungspolitik.

Ähnlichkeiten mit dem Modell von FRIEDMANN weist der Ansatz von RICHARDSON (1980) zur **Polarization-Reversal-Hypothese** auf (vgl. dazu KOSCHATZKY 1987, S. 11f). Detaillierter diskutiert er jedoch die Einflussfaktoren (Standortfaktoren, Innovationsdiffusion, Raumwirtschaftspolitik) und fügt weitere Phasen räumlicher Entwicklung ein. Grundidee der Überlegungen ist, dass im Verlauf des wirtschaftlichen Wachstums zuerst eine räumliche Konzentration erfolgt und dass schließlich ein Wendepunkt („polarization reversal") erreicht wird, ab welchem Dezentralisierungstendenzen auftreten (M 8-11). Ausführlich diskutiert RICHARDSON (1980, S. 69) die Frage, zu welchem Zeitpunkt („timing of intervention") wirtschaftspolitische Eingriffe zur Gestaltung des Raumsystems effizient sind.

In der ersten Phase kommt es zu einer **räumlichen Konzentration** von wirtschaftlichen Aktivitäten und Bevölkerung in einem Zentrum, welches über spezielle Standortvorteile (z. B. Hafen, Rohstoffe) verfügt. Die dort gegebenen Agglomerationsvorteile führen zur Zuwanderung mobiler Produktionsfaktoren (u. a. Arbeitskräfte, Kapital) aus den übrigen Teilen des Landes. Auch ausländische Direktinvestoren wählen aufgrund der Vorteile diesen Standort. Zwischen Zentrum und Peripherie treten erhebliche Unterschiede in der wirtschaftlichen Leistungsfähigkeit auf.

8.1 Regionale Wachstums- und Entwicklungsprozesse

In Phase zwei zeigen sich im Zentrum erste **Agglomerationsnachteile**; der starke Zufluss mobiler Produktionsfaktoren führt dort zu Flächenknappheit, Überlastungen der Infrastruktur oder Umweltbelastungen. Um die damit verbundenen hohen Kosten zu umgehen, wählen Unternehmen günstigere Standorte im Umland. Diese erlauben ihnen Kostenreduzierungen bei gleichzeitiger weiterer Nutzung der Agglomerationsvorteile (z. B. Nähe zu politischen Entscheidungsträgern und anderen Betrieben, verfügbare hochqualifizierte Beschäftigte) des Zentrums. An den Umlandstandorten siedeln sich auch Arbeitskräfte an und es kommt zu einer **intraregionalen Dezentralisierung** mit der Bildung von Umlandstädten in der Zentralregion.

In Phase drei breiten sich mit fortschreitendem wirtschaftlichen Wachstum in der Zentralregion die Agglomerationsnachteile flächenhaft aus. Bei Unternehmen steigt dadurch die Bereitschaft, kostengünstigere Standorte in der Peripherie zu wählen und sich ggf. dort vorhandene Ressourcen oder Marktpotentiale zu erschließen. Zugleich entstehen nun Bedingungen, welche raumwirtschaftspolitische Interventionen erlauben (vgl. KOSCHATZKY 1987, S. 21). Es können in ausgewählten Subzentren der Peripherie Voraussetzungen für einen eigendynamischen Wachstumsprozess geschaffen werden. Die im Verlauf der Wirtschaftsentwicklung gestiegenen Einnahmen der Zentralregierung erlauben dort den Ausbau der Infrastruktur oder den Einsatz regionalpolitischer Instrumente. Es führt zu einer **interregionalen Dezentralisierung,** getragen durch ein Umlenken der Investitionsströme, auch ausländischer Direktinvestitionen, in die Subzentren. Diese profitieren zusätzlich von Zuwanderungen

M 8-11 Raumstrukturmodell eines „Polarization-Reversal"

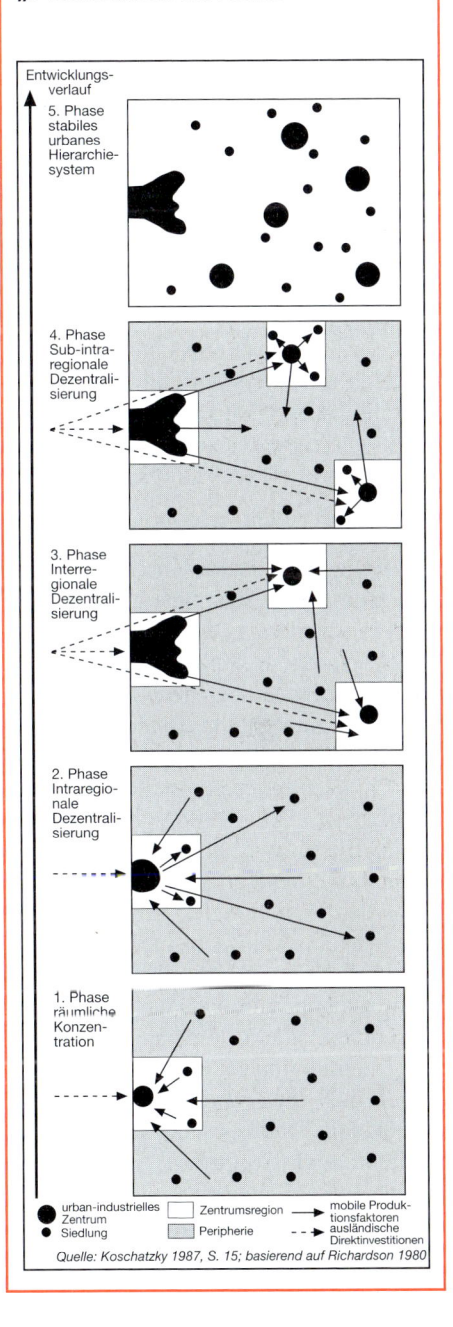

Quelle: Koschatzky 1987, S. 15; basierend auf Richardson 1980

aus der Peripherie und es entstehen dort Agglomerationsvorteile. Der Rückstand in der wirtschaftlichen Leistungsfähigkeit der Peripherie gegenüber der Zentralregion verringert sich.

In der vierten Phase tritt schließlich auch in der Umgebung der Subzentren der Peripherie ein Prozess der **sub-intraregionalen Dezentralisierung** auf. Umlandstandorte verzeichnen einen größeren Zuwachs an wirtschaftlichen Aktivitäten und Bevölkerung als die Subzentren selbst.

In der Endphase entsteht ein **stabiles hierarchisches System** von über das gesamte Land verteilten Städten und es bestehen geringe Unterschiede in der wirtschaftlichen Leistungsfähigkeit zwischen den Landesteilen.

In den achtziger Jahren orientierten sich zahlreiche **empirische Untersuchungen** zum räumlichen Strukturwandel in Entwicklungsländern an der Polarization-Reversal-Hypothese. Sie konnten in einzelnen Ländern mit hohen nationalen Wachstumsraten tatsächlich Tendenzen einer Dezentralisierung nach einer Phase räumlicher Konzentration beobachten (vgl. z.B. FROHLOFF-KULKE 1988, KOSCHATZKY 1987). Allerdings besitzen die räumlichen Strukturen eines Landes großen Einfluss (siehe den Vergleich des polyzentrischen Städtesystems Malaysias und der Primatstadtstruktur Thailands). Ohne Mindestvoraussetzungen in der Peripherie (z. B. Ressourcen, Markt, günstige Lage) setzt nur ein intraregionaler Dezentralisierungsprozess in der Zentralregion, aber keine interregionale Dezentralisierung ein (z.B. Thailand; vgl. SCHNEIDER 1997). Auch zeigten spätere Untersuchungen längerer Zeiträume (z. B. KULKE 1997, WESSEL 1991), dass kein einmaliges Durchlaufen eines Entwicklungspfades von Konzentration, intraregionaler und später interregionaler Dezentralisierung erfolgt. Vielmehr bestehen eher zyklische Folgen der Phasen, die in engem Zusammenhang mit der Art der wirtschaftlichen Entwicklung stehen; bei einer Industrialisierungsphase, basierend auf arbeitsintensiver Industrie mit geringen Standortansprüchen, können auch Auslagerungen in die Peripherie erfolgen. Moderne international vernetzte Branchen (z. B. Mikroelektronik, Fahrzeugbau) tendieren dagegen zur räumlichen Konzentration.

Die Veränderungen innerhalb von Agglomerationen behandeln die Überlegungen zu **Entwicklungsphasen von Verdichtungsräumen** von VAN DEN BERG u.a. (1982) und GAEBE (1987). Das entwickelte Modell (M 8-12) nimmt dabei eine räumliche Untergliederung in die Kernstadt, deren Umland und den ländlichen Raum vor und diskutiert in den Raumeinheiten erfolgende Bevölkerungs- und Beschäftigungsentwicklungen. In der ersten Phase – der **Urbanisierungsphase** – führt starkes natürliches Bevölkerungswachstum innerhalb des Landes zu räumlichen Bevölkerungsbewegungen. Sowohl aus den ländlichen Räumen, in welchen aufgrund fehlender zusätzlicher Arbeitsmöglichkeiten die ökonomische Tragfähigkeit überschritten wird, als auch aus dem Umland wandert Bevölkerung (und andere mobile Produktionsfaktoren) in die Kernstadt. Vor allem dort entstehen im Zuge der einsetzenden wirtschaftlichen Entwicklung neue vielfältige außerlandwirtschaftliche Erwerbsmöglichkeiten. Zugleich besteht aufgrund noch wenig ausgebauter Verkehrswege die Notwendigkeit, dass Wohn- und Arbeitsstandort eng beieinander liegen. Die Einwohner- und Beschäftigtenzahl im Zentrum nimmt stark zu; es

8.1 Regionale Wachstums- und Entwicklungsprozesse

entsteht ein baulich hoch verdichteter Stadtkörper mit klarer Grenze zum Umland.

Im weiteren Entwicklungsverlauf steigen die individuellen Einkommen und leistungsfähigere Verkehrsmittel werden verfügbar (z. B. Ausbau öffentlicher Verkehrsmittel, Verfügbarkeit von Individualverkehrsmitteln). Dies erlaubt Verbesserungen der Wohnsituation und das Pendeln über größere Entfernungen. Zugleich verändern sich durch neue Technologien (Einsatz von Maschinen auf einer Ebene) und andere Verkehrsträger (LKW statt Bahn) die Standortanforderungen der Unternehmen. Es kommt zur **Suburbanisierung**, d. h. das Umland verzeichnet hohe Zuwächse. Bei der Bevölkerungssuburbanisierung wandern aus dem Kern und aus dem ländlichen Raum Bewohner (insbesondere Familien mit Kindern und mittlerem bis höherem Einkommen) in neu entstehende, weniger dicht bebaute Gebiete des Umlandes (z. B. Einfamilien- und Reihenhaus-Bebauung). Gleichzeitig wandern noch jüngere Einpersonenhaushalte, die den Kern aus Arbeitsplatz- oder Ausbildungsgründen wählen, aus ländlichen Räumen in die freigezogenen Wohnungen. Bei der Gewerbesuburbanisierung verlagern sich Betriebe aus den Kerngebieten aufgrund dort fehlender Erweiterungsflächen und ungünstiger verkehrlicher Erreichbarkeit in neue Gewerbegebiete des Umlandes. Die Dienstleistungssuburbanisierung ist gekennzeichnet durch die Entstehung neuer nicht-integrierter Einzelhandelszentren und von Bürostädten im Umland. Die scharfe Grenze zwischen Stadt und Umland löst sich auf, und es entsteht ein ausgedehntes Gebiet geringerer baulicher Dichte im Umland.

Mit sich verschlechternden Bedingungen im gesamten Verdichtungsraum (z. B.

M 8-12 Entwicklungsphasen von Verdichtungsräumen

Reurbanisierungsphase
Desurbanisierungsphase
Suburbanisierungsphase
Urbanisierungsphase

LR = Ländlicher Raum
U = Umland
Z = Zentrum } Verdichtungsraum

→ Wanderung von Bevölkerung und Kapital (Stärke zeigt Umfang)

Quelle: nach Gaebe 1987, S.161f

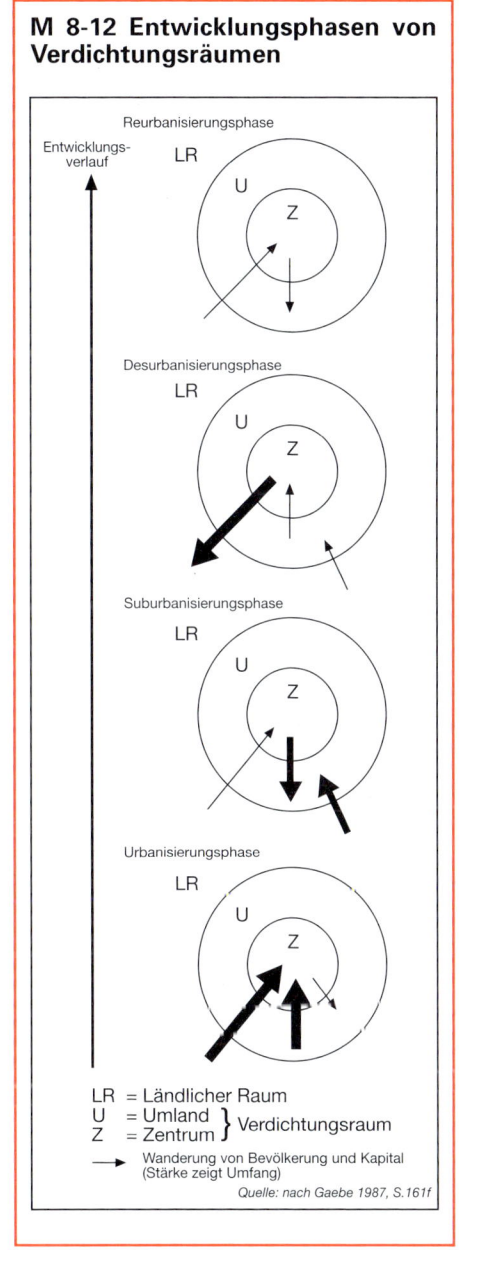

Verkehrsüberlastung, Umweltbelastungen, weite Pendeldistanzen) und Verbesserungen in den ländlichen Räumen

(Ausbau von Verkehrs- und Kommunikationsnetzen) kann es zur **Desurbanisierung** kommen. Bevölkerung und Unternehmen wandern in wenig belastete und durch günstige Ausprägung weicher Standortfaktoren geprägte kleinere und mittelgroße Zentren des ländlichen Raumes ab. Dort können neue Cluster (vgl. Kap. 4.3.2) moderner Industrie- und Dienstleistungsbetriebe entstehen. Der Verdichtungsraum verzeichnet eine Abnahme von Bevölkerung und Arbeitsplätzen und Tendenzen des Brachfallens ehemals genutzter Flächen treten auf.

Schließlich ergeben sich mit dem Brachfallen von attraktiven Flächen im Zentrum Möglichkeiten für baulich-funktionale Aufwertungen, und es setzt die **Reurbanisierung** ein. Bestimmte Bevölkerungsgruppen (z. B. Ein- und Zweipersonenhaushalte mit höheren Einkommen) verlagern ihren Wohnstandort in attraktive sanierte innerstädtische Lagen (Gentrifikation). Auch hochrangige Dienstleistungsbetriebe (z. B. Unternehmensberatung, Finanzwesen) erschließen sich verkehrsgünstige Standorte im Zentrum. Es kommt erneut zu einer relativen Zunahme der Einwohner- und Beschäftigtenzahl im Zentrum. Zugleich entsteht eine differenzierte, stark gegliederte Stadtlandschaft.

Empirisch lässt sich in hochentwickelten Ländern eine relativ deutliche Aufeinanderfolge der Urbanisierungs- und Suburbanisierungsphase beobachten. Weniger klar ist dagegen die übrige Phasenfolge ausgeprägt. In den USA verzeichneten Altindustriegebiete Tendenzen der Desurbanisierung und teilweise späteren Reurbanisierung. In den hochverdichteten Ländern Mitteleuropas können Elemente der Suburbanisierung und Reurbanisierung dagegen auch gleichzeitig auftreten, während Tendenzen der Desurbanisierung kaum bestehen.

8.2 Regionalpolitische Strategien

Regionalpolitische Strategien diskutieren Möglichkeiten des auf bestimmte Standorte konzentrierten Einsatzes von Instrumenten der räumlichen Wirtschaftspolitik (vgl. Kap. 2.2.3 und M 2-25). **Strategien** sind dabei mehr als ein auf einzelwirtschaftliche Aktivitäten orientierter Instrumenteeinsatz. Sie stellen vielmehr ein Bündel von Maßnahmen dar; parallel werden Anreizmittel für die Ansiedlung privatwirtschaftlicher ökonomischer Aktivitäten eingesetzt, Ausbauten der materiellen und institutionellen Infrastruktur sowie ggf. auch der Siedlungen an den ausgewählten Standorten vollzogen, interregionale Verbindungen (z. B. Verkehr, Kommunikation) verbessert und auch ggf. staatliche Pionierbetriebe angesiedelt.

Die Form und die räumlichen Ansatzpunkte der eingesetzten Strategie hängen dabei von den verfolgten **Zielen** der Raumwirtschaftspolitik (siehe Kap. 2.2.3), der politisch-strategischen **Grundsatzentscheidung**, der räumlichen **Lage** der Standorte und dem **sektoralen Schwerpunkt** der Maßnahmen ab.

Ziel (vgl. Kap. 2.2.3) einer eher wachstumsorientierten Strategie ist die Maximierung des nationalen Wachstums durch die Nutzung aller verfügbaren Ressourcen des Landes. Dies kann einen Einsatz der Mittel zur Sicherung der Funktionsfähigkeit der bereits bestehenden Verdichtungsregion bedingen. Eine ausgleichsorientierte Strategie setzt dagegen eher in der Peripherie an; sie kann auch aus politi-

8.2 Regionalpolitische Strategien

schen Gründen, z. B. zur Vermeidung innenpolitischer Spannungen oder zur Sicherung des Territoriums, gewählt werden.

Die **politisch-strategischen Grundsatzentscheidungen** hängen von der Interpretation der Ursachen des Auftretens räumlicher Entwicklungsunterschiede ab. Basierend auf den neoklassischen Überlegungen werden die Entscheidungsträger eine stärkere Verknüpfung von Zentrum und Peripherie (Integration) anstreben. Bei einer polarisationstheoretischen Interpretation hinsichtlich der Ursachen von Disparitäten können auch Möglichkeiten der regionalen Eigenentwicklung (Dissoziation) ausgeschöpft werden. Ein Element der zu treffenden Grundsatzentscheidung ist die Art und Weise des Einsatzes von Strategie und Instrumenten. Bei einer Vorgehensweise „von oben" werden der Einsatz von Instrumenten und Strategie zentral koordiniert. Bei dem Ansatz „von unten" erhalten die Teilregionen weitreichende Entscheidungskompetenz bei aktiver Partizipation der lokalen Bevölkerung.

Entscheidenden Einfluss auf den Erfolg der Maßnahmen hat die räumliche **Lage der Standorte** des Instrumenteeinsatzes. Dabei besteht offenbar ein Zusammenhang zwischen der Entfernung zum Zentrum und den Wachstumsperspektiven von Städten (nach v. BÖVENTER 1971; M 8-13). In der unmittelbaren Nachbarschaft des Zentrums besitzen Städte gute Entwicklungsperspektiven, da sie von den Agglo-

Bild 8-2 Downtown Chicago: Entscheidungszentralen von Unternehmen und moderne Dienstleistungen konzentrieren sich in den hochentwickelten Zentren. (Photo E. KULKE)

Bild 8-3 Ziegelei im ländlichen Raum Thailands. Einfache handwerkliche Produktion prägt die Peripherie von Entwicklungsländern. (Photo E. KULKE)

merationsvorteilen des Kerns profitieren können. Allerdings besteht dort die Gefahr, dass der Grad der Selbständigkeit ihrer Entwicklung begrenzt bleibt und sie nur abhängige Satelliten werden (S1). Mit zunehmender Entfernung verschlechtern sich zuerst die Wachstumschancen, da die Agglomerationsvorteile des Kerns immer schlechter nutzbar werden. Dann steigen sie wieder an, weil weiter entfernte Städte (S2) Kern eines regionalen Wirtschaftssystems werden können und eine diversifizierte multifunktionale Struktur ausbilden.

In Abhängigkeit von der Größe der Siedlungen ist auch die Entscheidung hinsichtlich der zu fördernden **Sektoren** zu treffen (vgl. M 2-13 in Kap. 2.1). In kleineren Städten stellt sich die Entwicklung von Handwerk und Kleingewerbe in Verflechtung mit der Landwirtschaft des Umlandes als erfolgversprechend dar (vgl. FU CHEN LO/SALIH 1978). Ab einer Mindestverdichtung sind die Entwicklungsperspektiven von Industrieansiedlungen günstiger und in sehr großen Städten jene von hochrangigen Dienstleistungen.

Im folgenden werden die unterschiedlichen Strategieansätze am **Beispiel der generalisierten, idealtypischen Raumstruktur** (M 8-14) eines Landes während der Phase der räumlichen Konzentration auf ein Zentrum dargestellt (die folgenden Erläuterungen nach KULKE/FROHLOFF-KULKE 1989). Diese Primatregion ist gekennzeichnet durch die

8.2 Regionalpolitische Strategien

M 8-13 Räumliche Lage und Wachstumsperspektiven von Städten

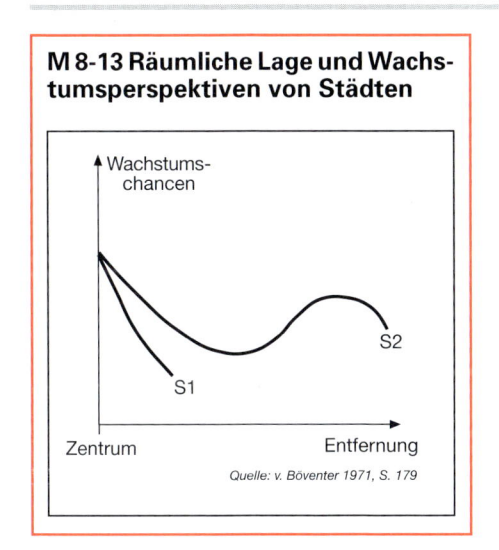

Wachstumschancen

S1
S2

Zentrum — Entfernung

Quelle: v. Böventer 1971, S. 179

gen infrastrukturell schlecht erschlossenen Gebiete der Peripherie einen deutlich geringeren Entwicklungsstand als das Zentrum. Bei den wirtschaftlichen Aktivitäten dominieren in der Peripherie die Landwirtschaft und in deren Städten Handwerk, Kleingewerbe und einfache Dienstleistungen, an einzelnen Standorten ergänzt durch die Gewinnung von Rohstoffen. Im ländlichen Raum ist die Bevölkerungsdichte regional unterschiedlich; sie liegt in Bereichen mit höherer Tragfähigkeit (landwirtschaftliche Gunsträume) über jener der restlichen Gebiete des Landes.

Verdichtung moderner wirtschaftlicher Aktivitäten (Industrie, hochwertige Dienste), der Verwaltungsfunktionen (z. B. Regierung, Planungseinrichtungen) und der Verkehrsinfrastruktur (Hafen, Flughafen, nationale Verkehrslinien). In den übrigen Landesteilen liegen wenige wesentlich kleinere Städte; sie besitzen wie die übri-

8.2.1 Ansätze von Strategien der räumlichen Integration

Ansätze zur räumlichen Integration von Zentrum und Peripherie orientieren sich an der neoklassischen Entwicklungstheorie. Demnach kann eine Erleichterung der räumlichen Mobilität der Produktionsfaktoren einen regionalen Ausgleich bewirken.

M 8-14 Idealtypische Raumstruktur

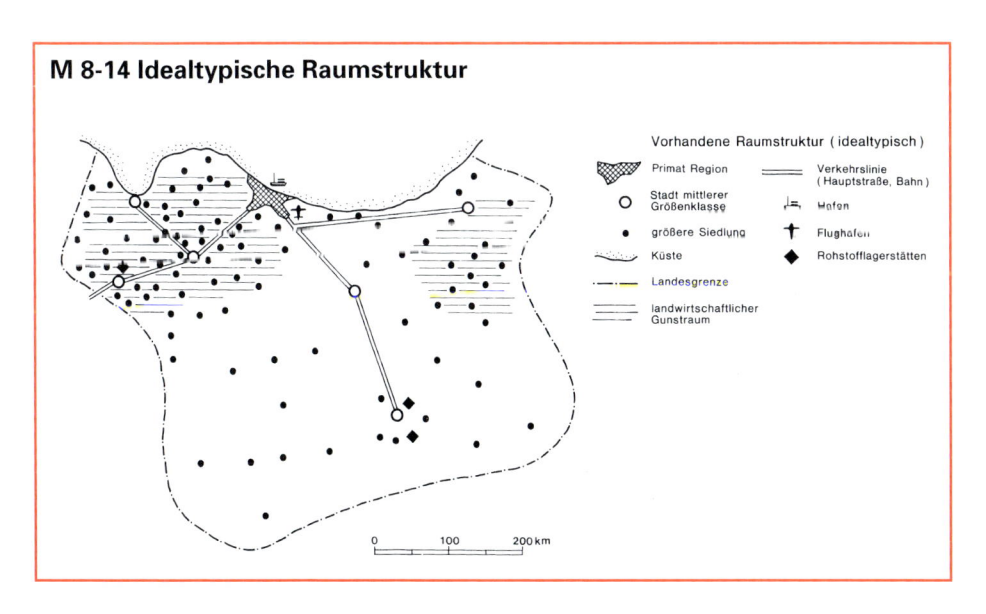

Vorhandene Raumstruktur (idealtypisch)
- Primat Region
- Stadt mittlerer Größenklasse
- größere Siedlung
- Küste
- Verkehrslinie (Hauptstraße, Bahn)
- Hafen
- Flughafen
- Rohstofflagerstätten
- Landesgrenze
- landwirtschaftlicher Gunstraum

0 100 200 km

Als Instrumente dienen der Ausbau der interregionalen Verkehrs- und Kommunikationsverbindungen. Zusätzlich können an ausgewählten Standorten Maßnahmen zur Entstehung von Agglomerationsvorteilen durchgeführt werden. Hierzu gehören der gezielte Ausbau betrieblicher Infrastruktur (z. B. Industrieparks, Strom- und Wasserversorgung, Entsorgung) und die Errichtung von öffentlichen Institutionen (z. B. Bildungseinrichtungen, Administration). Zugleich erfolgen dort Bemühungen zur Ansiedlung von Betrieben. Hierbei sind sowohl Errichtungen von staatlichen Pionierbetrieben möglich als auch die Unterstützung von privatwirtschaftlichen Aktivitäten durch die Gewährung von Anreizinstrumenten (z. B. Investitionszulagen, Steuererleichterungen, Transportkostensubventionen). Die durch diese Aktivitäten entstehenden Multiplikatoreffekte (vgl. Kap. 2.2.1 und M 2-22) sollen einen selbsttragenden Wachstumsprozess am Standort und in dessen Umland induzieren.

Die **Strategie der Entlastungsorte** (M 8-15) eignet sich vor allem für Phasen einer sehr starken räumlichen Polarisierung mit einem noch begrenzten Entwicklungspotential in der weiter vom Zentrum entfernten Peripherie. Der Instrumenteeinsatz (Infrastruktur, Anreize, ggf. kompletter Aufbau von Städten) konzentriert sich auf eine begrenzte Zahl von Standorten im Umland der Metropole. Die dort erfolgende Errichtung von neuen Städten oder der Ausbau vorhandener Siedlungen soll ein schnelles Umlenken der Mobilitätsprozesse von Bevölkerung (= Arbeit) und Betrieben (= Kapital) ermöglichen, die Metropole entlasten und eine erste Entwicklung von Standorten mit vermittelnder Funktion zur Peripherie eröffnen. Als wichtig gilt die räumliche Lage der Entlastungsorte. Eine Obergrenze der Entfernung zum Zentrum (ca. 100-120 km) erlaubt für betriebliche Aktivitäten die weitere Nutzung von dessen Agglomerationsvorteilen. Zugleich soll die Untergrenze der Entfernung (ca. 50-60 km) sicherstellen, dass die Städte nicht reine Satelliten werden, sondern einen selbständigen Entwicklungsprozess durchlaufen und eine diversifizierte Struktur (d. h. Arbeiten, Wohnen, Versorgen) erreichen.

Die Strategie der Entlastungsorte wird weltweit in Ländern mit einer ausgeprägten räumlichen Konzentration eingesetzt. Beispiele finden sich in hochentwickelten Ländern, z. B. die New Towns in der Umgebung von London, ebenso wie in Entwicklungsländern, z. B. die Neuen Städte im Umland von Kairo (vgl. ZIMMERMANN 1984, MEYER 1996). Problematisch an der Strategie ist, dass sie nicht zu einer großräumigen Entlastung mit Entwicklung der Peripherie und Nutzung von deren Ressourcen beiträgt. Vielmehr kann durch sie die Attraktivität der Zentralregion weiter steigen und damit eine flächenhafte Ausdehnung von deren Agglomerationsnachteilen erfolgen.

Die **Strategie der Wachstumszentren** stellt den weltweit am häufigsten eingesetzten Politikansatz dar. Die Grundidee sieht den Einsatz eines Bündels von Instrumenten zur Entwicklung einer begrenzten Zahl von Zentren in der Peripherie vor. Bei der Entwicklung nur eines großen Zentrums wird sie auch als Countermagnet-(Gegenpol-)Strategie bezeichnet, bei wenigen Zentren als Wachstumspolstrategie und bei mehreren als Wachstumszentrenstrategie (M 8-16). Als entscheidendes strategisches Element gilt die Ansiedlung von motorischen Einheiten an diesen Standorten. Die Bedeutung von **motorischen Einheiten** (unité´ motrice) für die nationale Wirtschaftsentwicklung hat PERROUX

8.2 Regionalpolitische Strategien

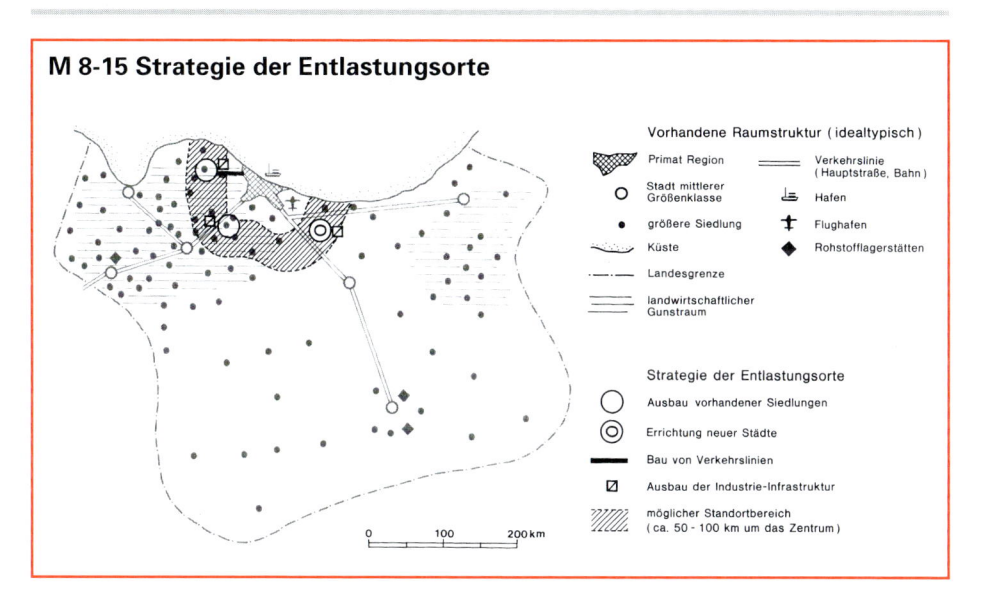

M 8-15 Strategie der Entlastungsorte

Vorhandene Raumstruktur (idealtypisch)
- Primat Region
- Stadt mittlerer Größenklasse
- größere Siedlung
- Küste
- Landesgrenze
- landwirtschaftlicher Gunstraum
- Verkehrslinie (Hauptstraße, Bahn)
- Hafen
- Flughafen
- Rohstofflagerstätten

Strategie der Entlastungsorte
- Ausbau vorhandener Siedlungen
- Errichtung neuer Städte
- Bau von Verkehrslinien
- Ausbau der Industrie-Infrastruktur
- möglicher Standortbereich (ca. 50 - 100 km um das Zentrum)

(1964) in seinem Ansatz der sektoralen Polarisierung diskutiert (vgl. SCHÄTZL 2001, S. 159f). Eine motorische Einheit besitzt demnach eine bedeutende Größe (z. B. gemessen an der Beschäftigtenzahl), eine hohe Wachstumsdynamik und aufgrund von intensiven Außenverflechtungen (zu Zulieferern, Weiterverarbeitern) starke Effekte auf andere Wirtschaftsbereiche. Sie ist der Impulsgeber für nationales Wirtschaftswachstum. Übertragen auf die Raumwirtschaftspolitik soll die Ansiedlung von motorischen Einheiten an wenigen Standorten als Initialzündung für die regionale Wirtschaftsentwicklung dienen. Dabei können entweder die Errichtung von staatlichen Großbetrieben oder die massive Unterstützung privatwirtschaftlicher Großinvestitionen erfolgen. Flankiert wird die Ansiedlung durch den Ausbau der betrieblichen Infrastruktur, der öffentlichen Einrichtungen und ggf. der Siedlung am Standort sowie deren Verbindungen (Straßen, Flughafen, Hafen) zu anderen Zentren.

In Ländern verschiedenen Entwicklungsstandes gibt es zahlreiche **Beispiele für die Wachstumszentrenstrategie** (vgl. MIKUS 1994). In der Vergangenheit diente häufig die Errichtung von Komplexen der Eisen- und Stahlindustrie (z. B. in Tarent/Italien, Ciudad Guayana/Venezuela) oder der Chemischen Industrie (z. B. Fos sur Mer/Frankreich, Eastern Seaboard Region/Thailand) als motorische Einheit. Jüngere Bemühungen konzentrieren sich als Schlüsselindustrie oft auf den Straßenfahrzeugbau. Die realisierten Projekte erfüllten jedoch häufig nicht die Erwartungen. Die Großindustrie induzierte aufgrund begrenzter regionaler Verflechtungen nicht in erhofftem Umfang Effekte und blieb in der Region ein wenig vernetzter Fremdkörper („Kathedrale in der Wüste"). Zudem hat sich die Wachstumsdynamik der Einheiten aufgrund der Zeitverzögerung zwischen Identifikation und Ansiedlung bisweilen bereits erschöpft.

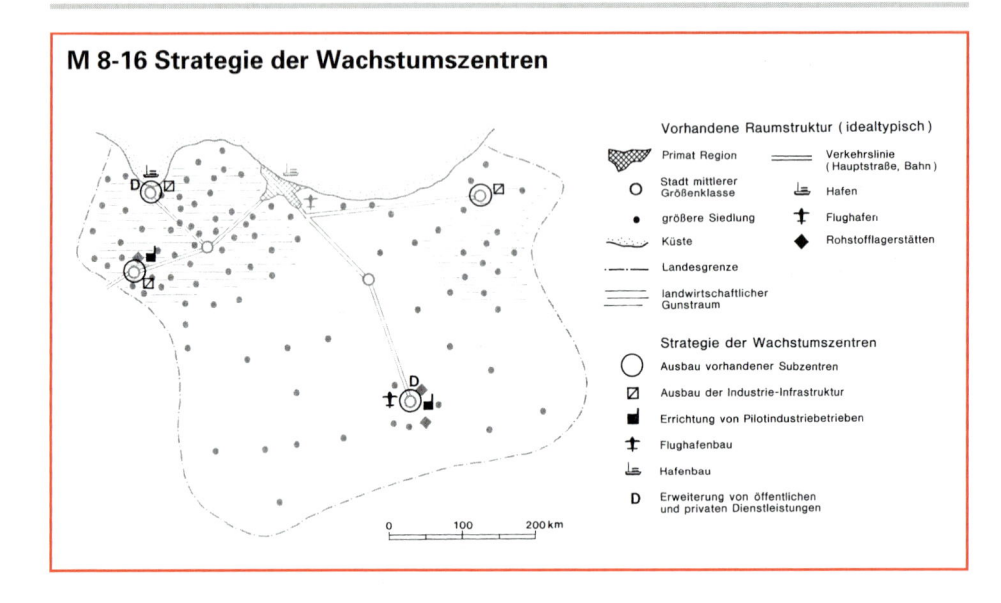

M 8-16 Strategie der Wachstumszentren

Vorhandene Raumstruktur (idealtypisch)
- Primat Region
- Stadt mittlerer Größenklasse
- größere Siedlung
- Küste
- Landesgrenze
- landwirtschaftlicher Gunstraum
- Verkehrslinie (Hauptstraße, Bahn)
- Hafen
- Flughafen
- Rohstofflagerstätten

Strategie der Wachstumszentren
- Ausbau vorhandener Subzentren
- Ausbau der Industrie-Infrastruktur
- Errichtung von Pilotindustriebetrieben
- Flughafenbau
- Hafenbau
- D Erweiterung von öffentlichen und privaten Dienstleistungen

Die **Strategie der Entwicklungsachsen** (M 8-17) erweitert das Wachstumszentrenkonzept; neben dem konzentrierten Mitteleinsatz zur Entwicklung der Zentren ist auch ein Ausbau der zwischenliegenden Verbindungen geplant. Die Strategie umfasst dabei nicht nur die Verbesserung der Bandinfrastruktur (Verkehrswege, Kommunikationsverbindungen, Versorgungsleitungen), sondern auch die Entwicklung von Siedlungen und Agrargebieten entlang dieser. Die Maßnahmen sollen zu wirtschaftlichem Wachstum in den Zentren und zur Erschließung der Flächen entlang den Achsen beitragen.

Obwohl in der Raumplanung vieler Länder der Erde häufig Entwicklungsachsen dargestellt werden (vgl. HOTTES 1981), ist der Erfolg der Strategie umstritten. Im ungünstigsten Fall, bei sehr großen Entwicklungsunterschieden zwischen Zentrum und Peripherie, kann der Ausbau der Verbindungen zum verstärkten Zufluss mobiler Produktionsfaktoren in das Zentrum führen und damit die Disparitäten noch vergrößern. Sonst zeigt sich die Tendenz, dass die Strategie das Wachstum der „end-point-cities" stärkt, während die Zwischenbereiche geschwächt werden. Meist bleiben die Achsen reine Verkehrsstrecken mit geringen Umlandwirkungen.

Die **Mittelzentrenstrategie** setzt nicht nur auf einer niedrigeren zentralörtlichen Ebene an (mittelgroße Siedlungen), sondern berücksichtigt auch stärker das regionale Potential (vgl. WALLER 1985). Die Grundsatzplanung „von oben" wird ergänzt durch die Beteiligung der lokalen Bevölkerung an der Planung und Realisierung der Maßnahmen. Die Entwicklung von Handwerk, Kleinindustrie und Landwirtschaft dient zur Versorgung des regionalen Marktes und zur Befriedigung der Grundbedürfnisse der Bevölkerung. Industriebetriebe, die lokale Agrarprodukte und Rohstoffe verarbeiten, können durch den Ver-

8.2 Regionalpolitische Strategien

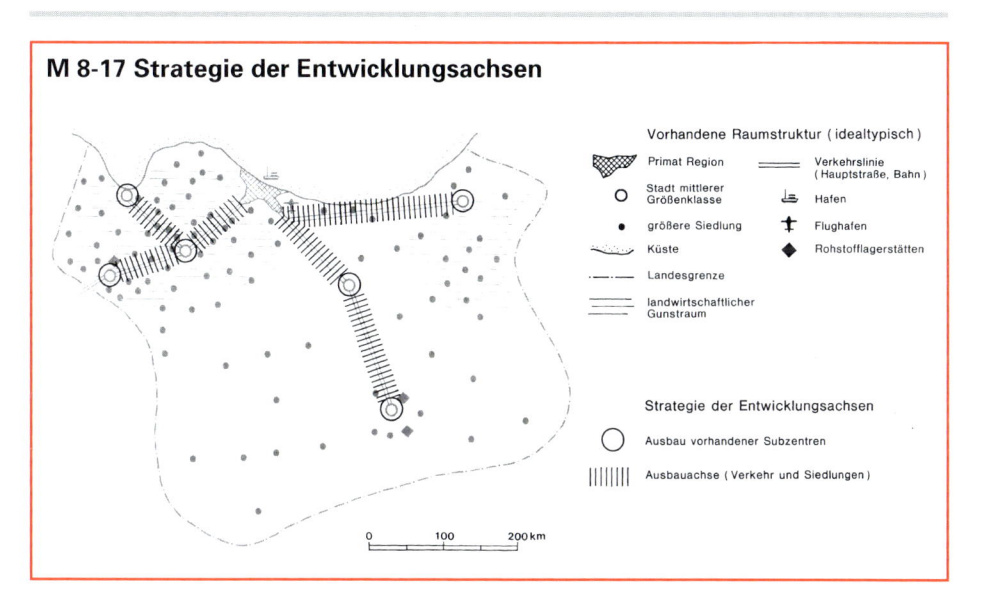

M 8-17 Strategie der Entwicklungsachsen

Vorhandene Raumstruktur (idealtypisch)
- Primat Region
- Stadt mittlerer Größenklasse
- größere Siedlung
- Küste
- Landesgrenze
- landwirtschaftlicher Gunstraum
- Verkehrslinie (Hauptstraße, Bahn)
- Hafen
- Flughafen
- Rohstofflagerstätten

Strategie der Entwicklungsachsen
- Ausbau vorhandener Subzentren
- Ausbauachse (Verkehr und Siedlungen)

kauf der Produkte in anderen Regionen zusätzliche Einkommen erzielen (siehe das Exportbasiskonzept in Kap. 7.3.2).

Zahlreiche Elemente dieser Strategie finden heute in der praktischen Entwicklungszusammenarbeit (vgl. Kap. 7.2.3), z. B. im Rahmen der integrierten ländlichen Entwicklung, Verwendung. Allerdings ergeben sich Probleme bei dem flächenhaften Einsatz der Strategie, da für sie oftmals die finanziellen und personellen Ressourcen der Entwicklungsländer nicht ausreichen. Auch fehlen vielfach geeignete Standorte mit ausreichender Mindestgröße und zentralörtlichen Funktionen.

Setzt man die **Strategiealternativen der Integration** (M 8-18) in Zusammenhang zu den **Erklärungsansätzen zu Stufen der räumlichen Entwicklung**, so ist ein **phasenspezifischer Einsatz** vorstellbar. In der Phase der stärksten Polarisation können Entlastungsorte zu einer ersten intraregionalen Dezentralisierung beitragen.

Bei fortschreitendem Wachstum wäre eine Entwicklung der Peripherie durch die Förderung von Wachstumszentren sinnvoll; diese könnten ggf. durch den Ausbau der Entwicklungsachsen mit dem Zentrum verbunden werden und zu einer interregionalen Dezentralisierung führen. In einer späteren Phase wirtschaftlicher Entwicklung trägt der Ausbau der Mittelzentren zum Erreichen eines stabilen hierarchischen Systems von über das ganze Land verteilten Städten bei.

8.2.2 Ansätze von Strategien der räumlichen Dissoziation

Die Ansätze zur Dissoziation von Zentrum und Peripherie beruhen auf der polarisationstheoretischen Interpretation der Raumentwicklung. Entsprechend deren Annahme können die sich in einem zirkulär-kumulativen Prozess verstärkenden räumlichen Disparitäten nur reduziert werden, wenn die Peripherie die Chance für eine selbständige und nicht durch das Zentrum deformierte Entwicklung erhält. Entsprechend sehen die Strategieansätze eine temporäre selektive Abkopplung vom Zentrum vor, d. h. die Einschränkung der Mobilitätsbeziehungen zwischen den Raumeinheiten (vgl. STÖHR/TÖDTLING 1977). Als Instrument zur Entflechtung aus den nationalen Märkten dient vor allem eine **Verkehrspolitik**, welche überregionale Transporte erschwert und verteuert (vgl. HEIERLI 1979, S.48f). Dadurch wird die lokale Produktion geschützt und kann auch bei ungünstigeren Kostenstrukturen den lokalen Markt versorgen. Als ergänzende Maßnahmen können auch **Handelshemmnisse** (z. B. Binnenzölle) oder sogar **Mobilitätsverbote** (z. B. Wanderung von Arbeitskräften) Verwendung finden.

In den peripheren Regionen sollen demgegenüber die lokalen Austauschbeziehungen verstärkt werden. Landwirtschaftliche Entwicklungsmaßnahmen zur Verbesserung der Versorgungslage, der Aufbau von nahbedarfsorientiertem Handwerk und Kleingewerbe und die Errichtung von Industrien, welche lokale Primärgüter verarbeiten, sollen **lokale Wirtschaftskreisläufe** entstehen lassen. Die Produktion soll dabei auf angepassten arbeitsintensiven Technologien beruhen. Zur Mobilisierung des regionsinternen Potenzials sind auch zusätzliche soziale Veränderungen (z. B. Land- und Besitzreform) und politische

M 8-18 Übersicht der Strategien der Integration

Strategie	Standorte	Wirtschaftsbereiche	Instrumente
Entlastungsorte	Städte im Bereich von ca. 50-80 km um das Zentrum	moderne Industrie und Dienstleistungen	Ausbau von Infrastruktur und Siedlungen, Anreize für Privatwirtschaft
Wachstumszentren	begrenzte Zahl großer Zentren in der Peripherie	große „motorische Einheiten" der Industrie	staatliche Pilotbetriebe oder Förderung privater Großindustrie, Ausbau von Infrastruktur und Siedlungen
Entwicklungsachsen	Zentren in der Peripherie und sie verbindende Wege	in den Zentren Industrie, entlang der Achse Handwerk, Gewerbe, Landwirtschaft	Anreize in den Zentren, Ausbau der Verkehrs- und Kommunikationsverbindungen
Mittelzentren	größere Zahl mittelgroßer Siedlungen in der Peripherie	Handwerk, Kleingewerbe, Verarbeitung landwirtschaftlicher Produkte und Rohstoffe, Dienste	Anreize für Privatwirtschaft, Beratung, Ausbildung

8.2 Regionalpolitische Strategien

Umstrukturierungen (Planung „von unten", Partizipation der Bevölkerung) vorgesehen.

Nach einer Phase, in welcher sich eine leistungsfähige lokale Wirtschaft entwickelt hat, ist eine Wiedereinbindung in den nationalen Markt geplant.

Die Strategie des **Agropolitan Development** (nach FRIEDMANN/DOUGLASS 1976, FRIEDMANN/WEAVER 1979) sieht die Entwicklung kleiner Einheiten, bestehend aus einem zentralen Ort von ca. 5000 bis 25000 Einwohnern und seinem Umland (eine Stunde Fahrradentfernung, also ca. 10 km Radius), vor (M 8-19). Bei hoher Bevölkerungsdichte kann somit der Wirtschaftsraum eine gesamte Einwohnerzahl von ca. 50000 bis 150000 Einwohnern aufweisen. Das Zentrum soll alle benötigten außerlandwirtschaftlichen Aktivitäten besitzen (Handwerk, Gewerbe, Dienstleistungen) und Versorgungsaufgaben für das Umland erfüllen. Eine diversifizierte landwirtschaftliche Produktion im Umland dient der Versorgung der Bevölkerung mit allen benötigten Nahrungsmitteln.

Zur Realisierung des Konzeptes müssen Maßnahmen in allen Sektoren realisiert werden. Diese umfassen Produktionsverbesserungen durch den Einsatz angepaßter Technologien, Ausbildung der Beschäftigten und Beratung der Betriebsleiter. Auch gesellschaftlich-politische Veränderungen wie weitreichende lokale Entscheidungskompetenz, Kommunalisierung des Eigentums und Umverteilung des Landbesitzes sind vorgesehen.

Bei dem Strategiekonzept handelt es sich um ein theoretisches Modell, für welches allerdings ein in Ansätzen vergleichbares Projekt in Bangladesh als Beispiel angeführt wird. Der tatsächlichen Umsetzung in Entwicklungsländern stehen jedoch viele Restriktionen gegenüber. So verhindern nationale und regionale Eliten wirtschaftliche und soziale Veränderungen der geplanten Art. Die vorgesehenen Raumstrukturen sind für eine flächenhafte

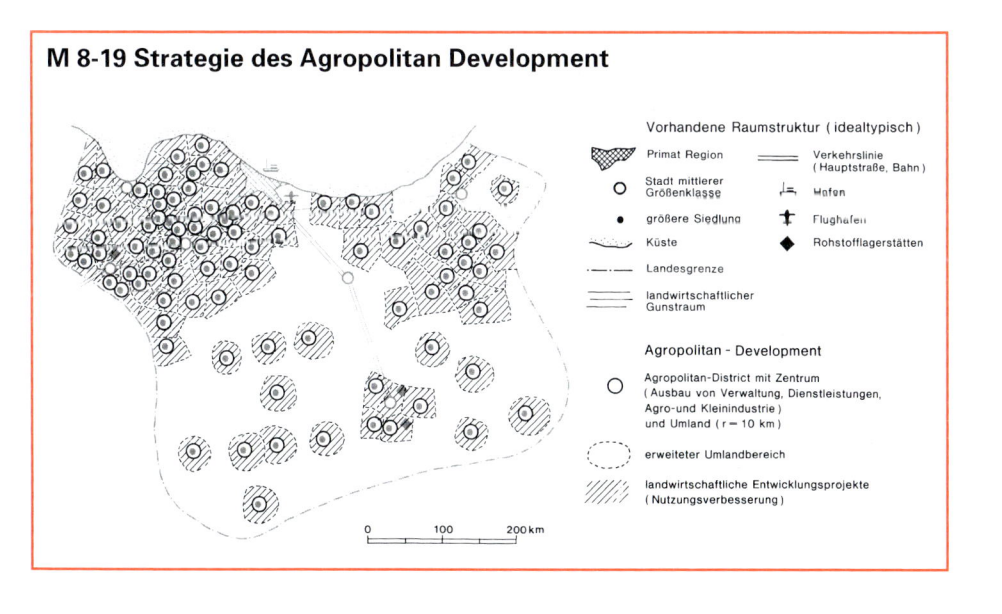

M 8-19 Strategie des Agropolitan Development

Entwicklung von Ländern meist nicht gegeben. Schließlich reichen die lokalen Ressourcen und die regionale Wirtschaftskraft für eine eigenständige Entwicklung in der Regel nicht aus und eine kostensparende, arbeitsteilige regionale Spezialisierung unterbleibt.

Die Strategie der **autozentrierten Regionalentwicklung** (STÖHR/TÖDTLING 1977) sieht eine von der strategischen Konzeption, d. h. den geförderten Wirtschaftsbereichen und den politisch-gesellschaftlichen Veränderungen, vergleichbare Vorgehensweise vor. Allerdings gelten größere Raumeinheiten mit mehreren zentralen Orten und ausgedehnten Agrargebieten (z. B. wie ein Bundesland in Deutschland) als erforderlich für den Aufbau stark verflochtener regionaler Wirtschaftskreisläufe (M 8-20). Als grundlegendes Element für deren Entwicklung gilt die Enthierarchisierung der wirtschaftlichen Verflechtungen; die einseitig auf das nationale Zentrum gerichteten Interaktionen sollen eingeschränkt und statt dessen regionale Beziehungen gestärkt werden. Bei der Raumgliederung sollen geographische Gegebenheiten wie trennende Gebirge, Waldgebiete oder Wüsten Berücksichtigung finden und ggf. bestehende historisch-politische oder ethnisch-kulturelle Einheiten zusammengefügt werden.

Eine praktische Verwendung hat der Ansatz noch nicht gefunden, so dass seine Realisierbarkeit strittig bleibt. Beim praktischen Einsatz besteht nicht nur die Gefahr zu geringer regionaler Potentiale, aufgrund welcher sich die Entwicklungsunterschiede zwischen Zentrum und Peripherie noch vergrößern. Die Abkopplung kann auch zur Stärkung unerwünschter Autonomiebestrebungen führen.

Bei allen Ansätzen der räumlichen Dissoziation handelt es sich nur um Modellvorstellungen von Wissenschaftlern. Ein praktischer Einsatz fand bisher nicht statt und stellt sich unter den gegeben ökonomischen und politischen Bedingungen auch als kaum realisierbar dar. Nur extreme Ereignisse können zur Entstehung lokaler Wirtschaftskreisläufe führen. So entwickelten sich beispielsweise in Kuba durch den Zusammenbruch der interregionalen Verkehrsverbindungen (ausgelöst aufgrund von Treibstoffmangel durch die Beendigung der Wirtschaftsbeziehungen mit der ehemaligen Sowjetunion) lokale Selbstversorgungssysteme mit landwirtschaftlichen Produkten (vgl. KRÜGER/KULKE 2003). Damit einher gingen aber ein ausgeprägter Effizienzverlust der Produktion und ein drastischer Rückgang der wirtschaftlichen Leistung. Diese wirtschaftlichen Effekte sind, neben den möglichen Autonomiebestrebungen, allgemein beim Einsatz der Strategien zu erwarten.

8.2 Regionalpolitische Strategien 265

M 8-20 Strategie der Autozentrierten Regionalentwicklung

Vorhandene Raumstruktur (idealtypisch)
- Primat Region
- Stadt mittlerer Größenklasse
- größere Siedlung
- Küste
- Landesgrenze
- landwirtschaftlicher Gunstraum
- Verkehrslinie (Hauptstraße, Bahn)
- Hafen
- Flughafen
- Rohstofflagerstätten

Autozentrierte Regionalentwicklung
- Grenze der Teilregionen
- regionale wirtschaftliche Verflechtungen
- landwirtschaftliche Entwicklungsmaßnahmen (Neulandgew., Nutzungsverb.)
- Ausbau von Handwerk, Kleingewerbe und ressourcenorientierter Industrie

---

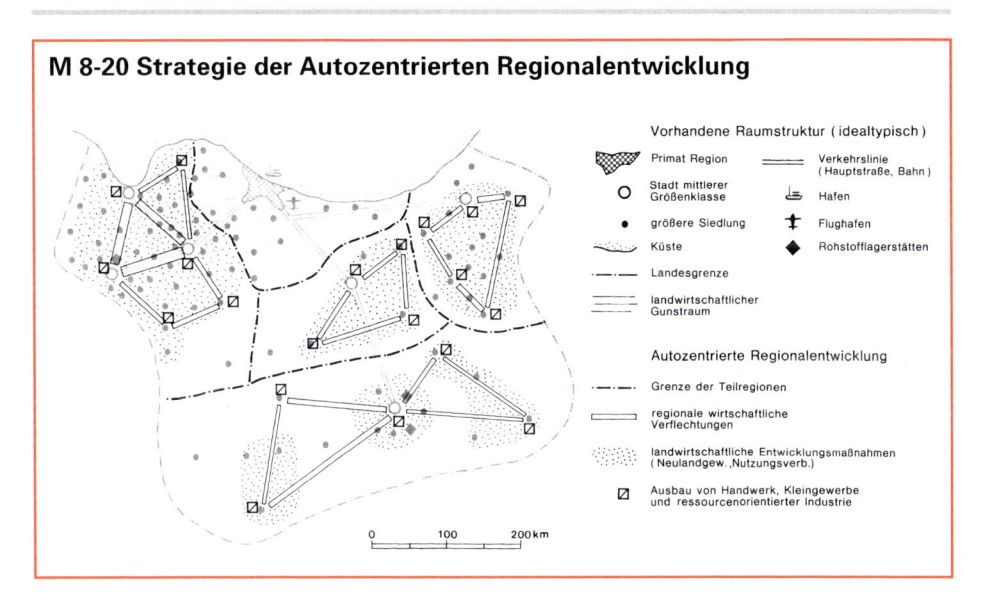

Literaturauswahl zur Ergänzung und Vertiefung

Regionale Wachstums- und Entwicklungsprozesse
BERRY/HORTON 1970; DICKEN/LLOYD 1990, S. 243f; FRIEDMANN 1966; FRIEDEMANN/DOUGLASS 1976; FRIEDMANN/WEAVER 1979; GAEBE 1987; KNOX/MARSTON 2001; KOSCHATZKY 1987; MYRDAL 1974; RICHARDSON 1969, 1976 und 1980; SCHÄTZL 2001, S. 136f; TAAFFE/MORRILL/GOULD 1963

Regionalpolitische Strategien
FU CHEN LO/SALIH 1978; FRIEDMANN/DOUGLASS 1976; FRIEDMANN/WEAVER 1979; HEIERLI 1979; HOTTES 1981; KULKE/FROHLOFF-KULKE 1989; MEYER 1996; MIKUS 1994; WALLER 1985; STÖHR/TÖDTLING 1977

Literatur

ABERNATHY, W.J./UTTERBACK, J.M. 1978: Patterns of industrial innovation. In: Technology Review 80, H.7, S. 40-71.
AGERGARD, A./OLSEN, P.A./ALLPASS, J. 1970: The interaction between retailing and the urban center structure: a theory of spiral movement. In: Environment and Planning Vol. 2, S. 55-71.
AGLIETTA, M. 1979: A theory of capitalist regulation. London.
ALBACH, H. 1989: Dienstleistungen in der modernen Industriegesellschaft. München.
ALEXANDER, N. 1994: NAFTA and the EU – UK retailers strategic response. Surrey (Department of Management Studies Working Paper Series 2/94).
ALONSO, W. 1960: A theory of urban land market. In: Papers and Proceedings of the Regional Science Association 6, S. 149-157.
ALTENBURG, T. 1997: Wirtschaftliche und soziale Auswirkungen der Strukturanpassung in Zentralamerika. In: MEYER, G./THIMM, A. (Hg.): Strukturanpassung in der Dritten Welt. Mainz, S. 45-74 (Universität Mainz).
ALTENBURG, T. 2001: Ausländische Direktinvestitionen und technologische Lernprozesse in Entwicklungsländern. In: Geographische Rundschau 53, H. 7-8, S. 10-15.
ANDERSEN, D. 1992: Small industry in developing countries. World Bank Staff Working Papers N. 518, Washington DC.
ARNOLD, A. 1997: Allgemeine Agrargeographie. Gotha (Klett-Perthes).
ARNOLD, A. 1998: Landwirtschaft. In: KULKE, E. (Hg.): Wirtschaftsgeographie Deutschlands, Gotha, S. 30-63.
ARNOLD, G. 1994: The third world handbook. London/New York.
ARROW, K.J. 1985: The economics of agency. In: PRATT, J.W./ZECKHAUSER, R.J. (eds.): Principal and Agents: The Structure of Business. Boston/Mass., S. 37-51.
AUERBACH, F. 1913: Das Gesetz der Bevölkerungskonzentration. In: Petermanns Geographische Mitteilungen 59, H. 1, S. 74-76.
AYDALOT, P. (Ed.) 1986: Millieux innovateurs en Europe. Paris.
BALLESTREM, F. v. 1974: Standortwahl von Unternehmen und Industriestandortpolitik. Finanzwissenschaftliche Forschungsarbeiten H. 44, Berlin.
BARNES, T.J./GERTLER, M.S. (eds.) 1999: The new industrial geography: regions, regulation and institutions. London, New York.
BARTELS, D. 1980: Wirtschafts- und Sozialgeographie. In: Handbuch der Wirtschaftswissenschaften 23. Lfg., Stuttgart, S. 44-255.
BATER, J.H./WALKER, D.F. 1977: Industrial services: literature and research prospects. In: WALKER, D.F. (ed.): Industrial services. Ontario, S. 1-25.

BATHELT, H. 1992: Erklärungsansätze industrieller Standortentscheidungen. In: Geographische Zeitschrift 80, S. 195-213.
BATHELT, H. 1994: Die Bedeutung der Regulationstheorie in der wirtschaftsgeographischen Forschung. In: Geographische Zeitschrift 82, H. 2, S. 63-90
BATHELT, H. 1998a: Regionales Wachstum in vernetzten Strukturen: Konzeptioneller Überblick und kritische Bewertung des Phänomens "Drittes Italien". In: Die Erde 129, H. 3, S. 247-271.
BATHELT, H. 1998b: Gobale Positionierung und/oder regionale Verbundenheit – unternehmerischer Handlungsspielraum am Beispiel der Chemieindustrie. In: Regensburger Beiträge zur Didaktik der Geographie 5, S. 61-78.
BATHELT, H. 2001: Warum Paul Krugmans Geographical Economics keine neue Wirtschaftsgeographie ist! In: Die Erde 132, H. 2, S. 107-118.
BATHELT, H./GLÜCKLER, J. 2000: Netzwerke, Lernen und evolutionäre Regionalentwicklung. In: Zeitschrift für Wirtschaftsgeographie 44, H. 3/4, S. 167-182.
BATHELT, H./GLÜCKLER, J. 2002: Wirtschaftsgeografie: Ökonomische Beziehungen in räumlicher Perspektive. Stuttgart.
BAUER, S./HUMMELSHEIM, S. 1995: Überlegungen zur Nutzung des ländlichen Raumes aus heutiger Sicht. In: Berichte über Landwirtschaft 210. Sonderheft, Münster-Hiltrup, S. 66-83.
BEHRENS, C. 1971: Allgemeine Standortbestimmungslehre. Opladen.
BEIER, C./REGER, J. 2003: Entwicklungszusammenarbeit im Wandel – Herausforderungen für den Brückenschlag von Wissenschaft und Praxis. In: Petermanns Geographische Mitteilungen 147, H. 1, S. 74-83.
BENDER, D. 1980: Außenhandel. In: Vahlens Kompendium der Wirtschaftstheorie und Wirtschaftspolitik, Bd. 1, München, S. 367-418 (Vahlen).
BERG, H. 1981: Außenwirtschaftspolitik. In: Vahlens Kompendium der Wirtschaftstheorie und Wirtschaftspolitik, Bd. 2, S. 413-454 (Vahlen).
VAN DEN BERG, L. u.a. 1982: Urban Europe: a study of growth and decline. Vol. 1. Oxford.
BERRY, B./HORTON, F. 1970: Geographic perspectives of urban systems. Englewood Cliffs/New Jersey.
BERTHOLD, A. 1993: Die hessischen Keltereien – Erhalt regionaler Produktionsketten durch regionaltypische und „alternative" Nahrungsmittel. In: Zeitschrift für Wirtschaftsgeographie 37, H. 3-4, S. 151-158.
BERTRAM, H. 1994: Das Speditions- und Transportgewerbe im Wandel. In: Geographische Rundschau 46, H. 5, S. 298-303.
BIRCH, D. L. u.a. 1981: Who creates jobs?. In: The Public Intrest 65, H. 11, S. 3-14.

BLOTEVOGEL, H.H. 1996: Zentrale Orte: Zur Karriere und Krise eines Konzepts in Geographie und Raumplanung. In: Erdkunde 50, H. 1, S. 9-25.
BMBAU 1995: Raumordnungspolitischer Handlungsrahmen. Bonn.
BOESCH, H. [4]1977: Weltwirtschaftsgeographie. Braunschweig (Westermann).
BÖVENTER, E. v. 1971: Die räumlichen Wirkungen von öffentlichen und privaten Investitionen. In: Schriften des Vereins für Socialpolitik 58, S. 167-200, Berlin.
BORCHERDT, C./SCHNEIDER, H. 1976: Innerstädtische Geschäftszentren in Stuttgart. In: Stuttgarter Geographische Studien, Bd. 90, Stuttgart, S. 1-38.
BORTS, G.H./ STEIN, J.L. 1964: Economic Growth in a Free Market. New York/London.
BOYER, R. 1988: Technical change and the theory of "Régulation". In: Dosi, G. u.a. (eds.): Technical change and economic theory. S. 67-94, London/New York (Pinter)
BPB = BUNDESZENTRALE FÜR POLITISCHE BILDUNG 1999: Globalisierung. H. 263, Bonn.
BRATZEL, P./MÜLLER, H. 1979: Regionalisierung der Erde nach dem Entwicklungsstand der Länder. In: Geographische Rundschau 31, H. 4, S. 131-137.
BROMLEY, D.W. [2]1993: Environment and Economy. Property Rights and Public Policy. Oxford.
BROWN, S. 1987: The microlocational perceptions of city center retailers. In: Transactions of the Institute of British Geographers, New Series 12, S. 337-344.
BROWN, S. 1988: The wheel of the wheel of retailing: an historical application. In: Transactions of the Institute of British Geographers, New Series 12, S. 4-18.
BROWN, S. 1989: Retail location theory: the legacy of Harold Hotelling. In: Journal of Retailing 65, H. 4, S. 450-470.
BRÜCHER, W. 1982: Industriegeographie. Braunschweig (Westermann).
BRUNDTLAND-BERICHT = World Commission on Environment and Development 1987: Our Common Future. New York.
BRUSCO, S. 1990: The idea of the industrial district: its genesis. In: PYKE, F./BECATTI, G./SENGENBERGER, W. (eds.): Industrial districts and inter-firm co-operation in Italy. Genf, S. 1-15.
BUTZIN, B. 2000a: Netzwerkansätze und Regionalentwicklung. In: Zeitschrift für Wirtschaftsgeographie 44, H. 3/4, S. 145-148.
BUTZIN, B. 2000b: Netzwerke, Kreative Milieus und Lernende Regionen: Perspektiven für die regionale Entwicklungsplanung. In: Zeitschrift für Wirtschaftsgeographie 44, H. 3/4, S. 149-166.
CAMAGNI, R. 1991: Introduction: from the local "milieu" to innovation through cooperation networks. In: CAMAGNI, R. (ed): Innovation networks: spatial perspectives. London/New York, S. 1-9.
CAROL, H. 1959: Die Geschäftszentren der Großstadt, dargelegt am Beispiel der Stadt Zürich. In: Berichte zur Landesforschung und Landesplanung 3, S. 132-144.
CAROL, H. 1960: The hierarchy of central functions within the city. In: Annals of the Association of American Geographers 4, S. 419-438.

CHANDLER, A.D. 1962: Strategy and structure: chapters in the history of industrial enterprise. Cambridge/Mass. (MIT Press).
CHAPMAN, K./WALKER, D.F. [3]1992: Industrial location. Oxford (Blackwell).
CHRISTALLER, W. 1933: Die zentralen Orte in Süddeutschland. Jena (Nachdruck Darmstadt 1968).
CLARK, C. 1940: The conditions of economic progress. London (Macmillan).
CLARK, G.L./FELDMAN M.P./GERTLER M.S. (eds.) 2000: The oxford handbook of economic geography. Oxford.
CLUB OF ROME 1972: Grenzen des Wachstums. Rom.
COASE, R.H. 1960: The problem of social costs. In: Journal of Law and Economics 3, S. 1-40.
COY, M./KRAAS, F. 2003: Kann man Entwicklung messen? In: Petermanns Geographische Mitteilungen 147, H. 1, S. 56-57.
DAHREMÖLLER, A. 1986: Beschäftigungspolitische Bedeutung kleiner und mittlerer Unternehmen. In: Raumforschung und Raumordnung 44, H. 2/3, S. 71-74.
DANIELS, P.W. 1993: Service industries in the world economy. Oxford (Blackwell).
DANIELZYK, R./OSSENBRÜGGE, J. 1993: Perspektiven geographischer Regionalforschung. In: Geographische Rundschau 45, H. 4, S. 210-217.
DECKER, H. 1984: Standortverlagerungen der Industrie in der Region München. Münchener Studien zur Sozial- und Wirtschaftsgeographie 25, Kallmünz/Regensburg.
DEITERS, J. 1978: Zur Überprüfbarkeit der Theorie der zentralen Orte. Fallstudie Westerwald. Arbeiten zur Rheinischen Landeskunde 44, Bonn.
DICKEN, P. 1976: The multiplant business enterprise and geographical space: some issues in the study of external control and regional development. In: Regional Studies 10, S. 401-412.
DICKEN, P. 1986: Global shift: industrial Change in a turbulent world. London (Harper and Row).
DICKEN, P./ LLOYD P.E. [3]1990: Location in Space. New York.
DICKEN, P./ LLOYD P.E. 1999: Standort und Raum – Theoretische Perspektiven der Wirtschaftsgeographie. Stuttgart (Ulmer).
DICKENSON, J. u.a. 1996: A geography of the third world. London/ New York (Routledge).
DIFU (=Deutsches Institut für Urbanistik) 1994: Standortbedingungen in Deutschland und Bedeutung von Standortfaktoren. Berlin.
DIFU (= Deutsches Institut für Urbanistik) 1997: Entscheidungsfelder städtischer Zukunft. In: DIFU-Berichte 2, S. 2-5.
DIHT = Deutscher Industrie- und Handelstag 1999: Produktionsverlagerungen ins Ausland – eine Antwort auf Standortprobleme in Deutschland? Berlin.
DÖRRENBÄCHER, H./SCHULZ, C. 2002: Cross-border production systems and cross-border corporate cultures: the case of the saar-lorraine automotive industry. In: Die Erde 133, H. 1, S 3-18.
DUNNING, J.H. 1981: Explaining the international direct investment position of countries: towards a dynamic or developmental approach. In: Weltwirtschaftliches Archiv 117, S. 30-64.

DUNNING, J.H. 1994: Re-evaluating the benefits of foreign direct investment. In: Transnational Corporations 3, H. 1, S. 24ff.
EGLITIS, A. 1999: Grundversorgung mit Gütern und Dienstleistungen in ländlichen Räumen der neuen Bundesländer. Kiel (Kieler Geographische Schriften 100).
EHLERS, E. 1996: Kulturkreise – Kulturerdteile – Clash of Civilisations. In: Geographische Rundschau 48, H. 6, S. 338-344.
ELIOT HURST, M. 1972: A geography of economic behavior. An introduction. North Scituate, Mass. (Duxbury Press).
ELLGER, C. 1993: Die Dienstleistungen als Gegenstand der Wirtschaftsgeographie. In: Die Erde 124, H. 4, S. 291-302.
ENGEL, E. 1857: Die vorherrschenden Gewerbezwige in den Gerichtsämtern mit Beziehung auf die Produktions- und Consumverhältnisse des Königreichs Sachsen. In: Zeitschrift des statistischen Bureaus des königl. sächs. Ministeriums des Inneren 3, No. 8 u. 9, S. 153-182.
ERLER, B. 1985: Tödliche Hilfe. Bericht von meiner letzten Dienstreise in Sachen Entwicklungshilfe. Freiburg (Dreisam).
ESCHER, A. 1999: Der Informelle Sektor in der Dritten Welt. In: Geographische Rundschau 51, H. 12, S. 568-661.
EWERS H.J. 1986: Eine neue Gründerzeit in der deutschen Industrie? In: Stadtbauwelt 91, S. 1385-1389.
FISHER, A. 1939: Production, primary, secundary and tertiary. In: The Economic Record 15, S. 24-38.
FLÜCHTER, W. 1996: Bedeutung und Einfluß Japans in Ost- und Südostasien. In: Geographische Rundschau 48, H. 12, S. 702-709.
FOURASTIE, J. 1949: Die große Hoffnung des zwanzigsten Jahrhunderts. Deutsche Ausgabe Köln 1954.
FRANZMEYER, F. 1999: Welthandel und internationale Arbeitsteilung. In: BpB, Globalisierung, H. 263, S. 8-21.
FREUND, B. 1989: Landwirtschaft in Ballungsgebieten. In: Geographische Rundschau 41, H. 3, S. 142-148.
FRIEDMANN, J. 1966: Regional development policy: a case study of Venezuela. Cambridge/Mass. u. London (MIT Press).
FRIEDMANN, J. 1986: The world city hypothesis. In: Development and Change 17, No.1, S. 69-83.
FRIEDMANN, J./DOUGLASS, M. 1976: Agropolitan development. In: UNCRD = United Nations Centre for Regional Development (ed.) Growth pole strategy and regional planning in Asia. NAGOYA, SW. 333-387.
FRIEDMANN, J./WEAVER, C. 1979: Territory and Function. London (Edward Arnold).
FRITSCH, M. 1984: Die Arbeitsplatzentwicklung in kleinen und mittleren Betrieben bzw. Unternehmen. In: Informationen zur Raumentwicklung 9, S. 921-935.
FRITSCH, M. 1985: Groß und Klein in der Wirtschaft. Berlin.
FRITSCH, M./ HULL, C. 1987: Arbeitsplatzdynamik und Regionalentwicklung. Berlin (WZB).
FROHLOFF-KULKE, H. 1988: Spatial disparities in west Malaysia. In: SCHÄTZL, L. (ed.): Growth and spatial equity in west Malaysia. Singapore, ASEAN Research notes and Discussions Paper No. 63, S. 53-95.
FROMHOLD-EISEBITH, M. 2000: Technologieregionen in Asiens Newly Industrialized Countries. Wirtschaftsgeographie Bd. 18, Münster/Hamburg/London (Lit).
FU CHEN LO/ SALIH, K. 1978: Growth pole strategy and regional development. NAGOYA.
FU CHEN LO/ SALIH, K./ DOUGLASS, M. 1981: Rural-urban transformation in Asia. In: Lo, F.-C. (ed.): Rural-urban relations and regional development. Singapore, S. 7-43 (Maruzen)
FUCHS, M. 2001: Ciudad Juárez – „Hauptstadt der Maquiladora". In: Praxis Geographie 31, H. 9, S. 24-28.
FÜRST, D./ KLEMMER, P./ ZIMMERMANN, K. 1976: Regionale Wirtschaftspolitik. Tübingen.
GAEBE, W. 1984: Industriegeographie. In: Sozial- und Wirtschaftsgeographie Bd. 3, S. 113-279. München (List).
GAEBE, W. 1987: Verdichtungsräume. Stuttgart (Teubner).
GAEBE, W. 1995: Strategische Allianzen im globalen Wettbewerb: Versuch einer Definition und Erklärung. Institut für Geographie der Universität Stuttgart, Diskussionsbeiträge 3, Stuttgart.
GAEBE, W. 1998: Industrie. In: KULKE, E. (Hg.): Wirtschaftsgeographie Deutschlands. Gotha/Stuttgart, S. 87-156 (Perthes).
GEBHARDT, H. 1996: Zentralitätsforschung – ein "alter Hut" für die Regionalforschung und Raumordnung heute? In: Erdkunde 50, H. 1, S. 1-8.
GEREFFI, G./ KORZENIEWICZ, M. 1994 (eds.): Commodity chains and global capitalism. New York (Praeger Publishers).
GEREFFI, G. 1996: Global commodity chains: new forms of coordination and control among nations and firms in international industries. In: Competition & Change 4, S. 427-439.
GEREFFI, G./KORZENIEWICZ, M./KORZENIEWICZ, R. 1994: Introduction: global commodity chains. In: GEREFFI, G./ KORZENIEWICZ, M. 1994 (eds.): Commodity chains and global capitalism. New York (Praeger Publishers) S. 1-14.
GERTEL, J. 1999: Informeller Sektor: Zur Erklärungsreichweite des umstrittenen Konzepts. In: Geographische Rundschau 51, H. 12, S. 705-711.
GIESE, E. 1985: Klassifikation der Erde nach ihrem Entwicklungsstand. In: Geographische Rundschau 37, H. 3, S. 164-175.
GIESE, E. 1995: Die Bedeutung Johann Heinrich von Thünens für die geographische Forschung. In: Berichte über Landwirtschaft 210. Sonderheft, Münster-Hiltrup, S. 30-47.
GIESE, E./STOUTZ, R. v. 1997: Indikatorfunktion von Patentanmeldungen für regionalanalytische Zwecke in der Bundesrepublik Deutschland. Studien zur Wirtschaftsgeographie, Gießen.
GOTTMANN, J. 1961: Megalopolis. The urbanized Northeastern Seaboard of the US. New York.
GRÄBER, H./HOLST, M. 1987: Externe Kontrolle in der Bundesrepubik Deutschland. In: Raumforschung und Raumordnung 45, H. 5-6, S. 207-220.

GRÄBER, H./HOLST, M./SCHACKMANN-FALLIS, K.-P./SPEHL, H. 1987: Externe Kontrolle und regionale Wirtschaftspolitik. Berlin (Ed. Sigma).

GRANOVETTER, M. 1985: Economic Action and Social Structure: The Problem of Embeddedness. In: The American Journal of Sociology 91, H. 3, S. 481-510.

GROTZ, R. 1996: Kreative Milieus und Netzwerke als Triebkräfte der Wirtschaft: Ansprüche, Hoffnungen und die Wirklichkeit. In: Arbeitsmaterialien zur Raumordnung und Raumplanung 153, Bayreuth, S. 65-84.

GROTZ, R. 2003: Globalisierung – neue Rahmenbedingungen für wirtschaftsgeographisches Denken. In: Geographie und Schule 25, H.141, S. 3-11.

GROTZ, R./BRAUN, B. 1993: Networks, Milieux and individual firm strategies: empirical evidence of an innovative SME environment. In: Geografisker Annaler 75B, H. 3, S. 149-163.

GRUNSVEN, L. V. 1995: Industrial Regionalization and urban-regional transformation in Southeast Asia. In: Malaysian Journal of Tropical Geography 26, H. 1, S. 47-65.

GRUPPE, O. 2000: Zentrale Orte in der Raumordnung – Konzept von gestern oder Instrument mit Zukunft? Materialien zur regionalen Entwicklung, H. 7, Hannover.

GSCHWIND, F./HENCKEL, D. 1984: Innovationszyklen der Industrie – Lebenszyklen der Städte. In: Stadtbauwelt 82, S. 992-995.

GUTENBERG, E. 1973/20: Grundlagen der Betriebswirtschaftslehre. Berlin-Göttingen-Heidelberg

HAAS, H.-D./WERNECK, T. 1998: Internationalisierung der bayerischen Wirtschaft. In: Geographische Rundschau 50, H. 9, S. 515-521.

HÄGERSTRAND, T. 1967: Innovation Diffusion as a Spatial Process. Chicago (University of Chicago Press).

HAGGETT, P. 2001: Geography a Global Synthesis. Harlow.

HÅKANSON, L. 1979: Towards a theory of location and corporate growth. In: HAMILTON, F./LINGE, G. (ed.): Industrial Systems. Chichester, S. 115-138.

HALDER, G. 2000: How does globalisation affect local production and knowledge systems? In: INEF Report 57, Duisburg.

HALL, P./PRESTON, P. 1988: The carrier wave: new information technology and the geography of innovation. London (Unwin Hyman), S. 1846-2003.

HALVES, J.-P. 2001: Call Center in Deutschland. Räumliche Analyse einer standortunabhängigen Dienstleistung. Sankt Augustin (Ansgar-Verlag).

HAMBLOCH, H. [5]1982: Allgemeine Anthropogeographie. Stuttgart (F. Steiner).

HAMMERSCHMIDT, R./ KORT, K. 1999: Lohnender Tausch. In: Die Zeit, Nr. 23, S. 27.

HAMPE, J. 1985: "Lange Wellen" im Raum: Die räumliche Dimension des sektoralen Strukturwandels als Aufgabe der Raumordnung. In: Schriftenreihe Landes- und Stadtentwicklungsforschung des Landes Nordrhein-Westfalen, Bd. 1.042, S. 38-45.

HANSMANN, K. 1974: Entscheidungsmodelle zur Standortplanung der Industrieunternehmen. Wiesbaden.

HAUCHLER, I. (Hg.) Globale Trends 93/94. Frankfurt (Fischer).

HAUCHLER, I./ MESSNER, D./ NUSCHELER, F. 1997: Globale Trends 1998. Frankfurt (Fischer).

HAUCHLER, I./ MESSNER, D./ NUSCHELER, F. 2002: Globale Trends 2002. Frankfurt (Fischer).

HÄUßER, M. 1999: Entwicklungsdynamik und Raummuster unternehmensorientierter Dienstleistungen in West-Malaysia. Berliner Geographische Arbeiten 88, Berlin.

HEIERLI, U. 1979: Abkopplung, Freihandel oder Entwicklung nach innen? Lateinamerika Institut an der Hochschule St. Gallen, Band 14, Diessenhofen.

HEINEBERG, H. [2]2001: Grundriß Allgemeine Geographie – Stadtgeographie. Paderborn (Schöningh).

HEINEBERG, H. 2003: Grundriß Allgemeine Geographie – Anthropogeographie. Paderborn (Schöningh).

HEINEBERG, H./DE LANGE, N. 1983: Die Cityentwicklung in Münster und Dortmund seit der Vorkriegszeit – unter besonderer Berücksichtigung des Standortverhaltens quartärer Dienstleistungsgruppen. In: Münstersche Geographische Arbeiten 15, S. 221-285, Paderborn (Schöningh).

HEINRITZ, G. 1979: Zentralität und zentrale Orte. Stuttgart (Teubner).

HEINRITZ, G. 1990: Der "tertiäre Sektor" als Forschungsgebiet der Geographie. In: Praxis Geographie 20, H. 1, S. 6-13.

HEMMER, H.-R. [2]1988: Wirtschaftsprobleme der Entwicklungsländer. München (Vahlen).

HENKEL, G. 1993: Der Ländliche Raum. Stuttgart (Teubner).

HEUSS, E. 1965: Allgemeine Markttheorie. Tübingen/Zürich.

HIRSCH, S. 1967: Location of industry an international competitiveness. Oxford.

HIRSCH, J. 1990: Kapitalismus ohne Alternative? Hamburg (VSA).

HOFFMANN, U. 2001: Grundlegende Netzentwicklungen im weltweiten Linienluftverkehr und deren Auswirkungen auf den Luftverkehrsstandort Berlin. In: Die Erde 132, H. 3, S. 187-204.

HOLLBACH-GRÖMIG, B. 1996: Kommunale Wirtschaftsförderung in den 90er Jahren. DIFU-Beiträge zur Stadtforschung 21. Berlin.

HOTELLING, H. 1929: Stability in Competition. In: The Economic Journal 39, S. 41-57.

HOTTES, K.-H. 1981: Entwicklungsachsen in Entwicklungsländern. In: Ringer, K. u.a. (Hg.): Perspektiven der Entwicklungspolitik. Bochumer Schriften zur Entwicklungsforschung und Entwicklungspolitik 21, S. 159-184. Tübingen.

HÜBL, L. 1980: Kreislauf und Volkswirtschaftliche Gesamtrechnung. In: Vahlens Kompendium der Wirtschaftstheorie und Wirtschaftspolitik, Bd. 1, S. 49-72, (Vahlen).

HUGON, P. 1988: L´industrie agro-alimentaire. Analyse en termes de filières. In: revue Tiers-Monde 29, S. 665-693.

HUNTINGTON, S.P. 1993: The clash of civilisations? In: Foreign Affairs 72, No. 3, S. 22-49.

IFO-STUDIEN 1983: Direktinvestitionen in Entwicklungsländern. Bedeutung, Probleme, Risiken. IFO-STUDIEN zur Entwicklungsforschung. München/Köln/London.

ILLERIS, S. 1996: The Service economy a geographical approach. Chichester (Wiley).
ISARD, W. 1956: Location and space economy. A general theory relating to industrial location, market areas, land use and urban structure. New York/London.
IWF = Internationaler Währungsfonds 1993: Der internationale Währungsfonds. IMF Survey, Oktober 1993.
JEFFERSON, M. 1939: The law of the Primate City. In: The Geographical Review 29, S. 226-232.
JESSOP, B. 1992: Fordism and post-fordism: a critical reformulation. In: STORPER, M./SCOTT, A.J.: Pathways to industrialization and regional development. London/New York, S. 46-69 (Routledge).
JOHNSTON, R.J. unter Mitarbeit von D. GREGORY u. D.M. SMITH [3]1994: The dictionary of human geography. Oxford (Blackwell).
JÖNS, H./KLAGGE, B. 1997: Bankwesen und Regionalstruktur in Ungarn. Wien (IRS-Forschungsberichte 16).
KEEBLE, D.E. 1967: Models of Economic Development. In: CHORLEY, R.J./HAGGETT, P. (eds.): Models in Geography. London, S. 248-254 (Methuen).
KIEL, H.-J. 1996: Dienstleistungen und Regionalentwicklung: Ansätze einer dienstleistungsorientierten Strukturpolitik für ländliche Regionen. Wiesbaden (Dt. Univ.-Verl., Gabler).
KIRSTEN, N. 1999: Mauern gegen die Konkurrenz. In: Die Zeit Nr. 26, S. 23.
KLEIN, K. 1997: Die Raumwirksamkeit des Betriebsformenwandels im Einzelhandel. Regensburg (Beiträge zur Geographie Ostbayerns, 26).
KNOX, P.L./MARSTON, S.A. 2001: Humangeographie. Heidelberg/Berlin (Spektrum).
KÖCK, H. 1975: Das zentralörtliche System von Rheinland-Pfalz. Forschungen zur Raumentwicklung 2, Bonn-Bad Godesberg.
KOHL, J.G. 1841: Der Verkehr und die Ansiedlung der Menschen in ihrer Abhängigkeit von der Gestaltung der Erdoberfläche. Dresden.
KOLB, A. 1962: Die Geographie und die Kulturerdteile. In: LEIDLMAIR, A. (Hg.): Hermann von Wissmann-Festschrift. Tübingen, S. 42-50.
KONDRATIEFF, N.D. 1926: Die langen Wellen der Konjunktur. In: Archiv für Sozialwissenschaft und Sozialpolitik 56, S. 291-298.
KORZENIEWICZ, R./MARTIN, W. 1994: The global distribution of commodity chains. In: GERLFITI, G./ Korzeniewicz, M. 1994 (eds.): Commodity chains and global capitalism. S. 66-71.
KOSCHATZKY, K. 1987: Trendwende im sozioökonomischen Entwicklungsprozeß West Malaysias? Jahrbuch der Geographischen Gesellschaft zu Hannover, Sonderheft 12, Hannover.
KOSCHATZKY, K. 1997: Die ASEAN-Staaten zwischen Globalisierung und Regionalisierung. In: Geographische Rundschau 49, H. 12, S. 702-707.
KRÄGENAU, H. 1995: Internationale Direktinvestitionen. HWWA-Veröffentlichungen 27, Baden-Baden.
KRÄTKE, S. 1996: Regulationstheoretische Perspektiven in der Wirtschaftsgeographie. In: Zeitschrift für Wirtschaftsgeographie 40, H. 1-2, S. 6-19.

KRÜGER, D./KULKE, E. 2003: Berichte der Kuba Exkursion 2002. Geographisches Institut der Humboldt-Universität zu Berlin, Berlin.
KRUGMAN, P. 1991a: Geography and trade. Leuven/Cambridge/London.
KRUGMAN, P. 1991b: Increasing returns and economic geography. In: Journal of Political Economy 110, No. 3, S. 483-499.
KRUGMAN, P. 1995: Urban concentration: the role of increasing returns and transport costs. In: The World Bank (ed.): Proceedings of the World Bank Annual Conference on Development Economics 1994. Washington, S. 241-263.
KRUGMAN, P. 1998: What's new about new economic geography. In: Oxford Review of Economic Policy, S. 7-17.
KULESSA, M. 1997: Wirtschaftliche und soziale Auswirkungen der Strukturanpassungspolitik: Theorie und Praxis. In: MEYER, G./THIMM, A. (Hg.): Strukturanpassung in der Dritten Welt. Mainz, S. 11-44 (Universität Mainz).
KULKE, E. 1986: Hemmnisse und Möglichkeiten der Industrialisierung peripherer Regionen von Entwicklungsländern. Jahrbuch der Geographischen Gesellschaft zu Hannover. Hannover.
KULKE, E. 1990: Faktoren industrieller Standortwahl – theoretische Ansätze und empirische Ergebnisse. In: Geographie und Schule 12, H. 63, S. 2-8.
KULKE, E. 1991: Der wirtschaftliche Aufstieg der Länder Ost-/Südostasiens. In: Geographie und Schule 13, H. 70, S. 2-8.
KULKE, E. 1992a: Empirische Ergebnisse zur regionalen Produktlebenszyklushypothese – Untersuchung in Niedersachsen. In: Die Erde 123, H. 1, S. 49-61.
KULKE, E. 1992b: Veränderungen in der Standortstruktur des Einzelhandels. Münster/Hamburg (Lit).
KULKE, E. 1995a: EU-Integration und Industrialisierung der europäischen Peripherie. In: Geographie und Schule 17, H. 97, S. 17-28.
KULKE, E. 1995b: Tendenzen des strukturellen und räumlichen Wandels im Dienstleistungssektor. In: Praxis Geographie 25, H. 12, S. 4-11.
KULKE, E. 1996: Räumliche Strukturen und Entwicklungen im deutschen Einzelhandel. In: Praxis Geographie, J. 26, H. 5, S. 4-11.
KULKE, E. 1997: Einzelhandel in Europa. In: Geographische Rundschau 49, H. 9, S. 478-483.
KULKE, E. 1998a: Einzelhandel und Versorgung. Unternehmensorientierte Dienstleistungen. In: KULKE, E. (Hg.): Wirtschaftsgeographie Deutschlands, Gotha (Klett-Perthes), S. 157-198.
KULKE, E. 1998b: Wirtschaftliches Wachstum und räumliche Restrukturierung in Malaysia. In: Zeitschrift für Wirtschaftsgeographie 42, H. 3-4, S. 191-200.
KULKE, E. 1999: Räumliche Aspekte der wirtschaftlichen Globalisierung. In: Geographie und Schule 21, H. 122, S. 10-15.
KULKE, E. 2000a: Die wirtschaftsgeographischen Standorttheorien. In: DIEKMANN, I./KRÜGER, P./ SCHOEPS, J.H. (Hg.): Geopolitik. Potsdam, S. 283-299.
KULKE, E. 2000b: The service sector in Germany – structural and locational change of consumer- and

enterprise-oriented services. In: Beiträge zur Regionalen Geographie 52, Leipzig, S. 105-116.
KULKE, E./FROHLOFF-KULKE, H. 1989: Regionalpolitische Strategien in Entwicklungsländern. In: Geographie und Schule 11, H. 60, S. 34-41.
KURTHS, C. 1997: Private Kleinbetriebe in Vietnam. Sozialwissenschaftliche Studien zu internationalen Problemen 204. Saarbrücken (Verlag für Entwicklungspolitik).
LANGE, S. 1972: Die Verteilung von Geschäftszentren im Verdichtungsraum – ein Beitrag zur Dynamisierung der Theorie der zentralen Orte. In: ARL Forschungs- und Sitzungsberichte 72, Hannover, S. 7-48.
LANGE, S. 1973: Wachstumstheorie zentralörtlicher Systeme. Beiträge zur Raumplanung 5, Münster.
LAULAJAINEN, R. 1991: International Expansion of an Apparel Retailer – Hennes & Mauritz of Sweden. In: Zeitschrift für Wirtschaftsgeographie 35, H. 2, S. 1-15.
LEINBACH, T.R. 1975: Transportation and the development of Malaya. In: Annals of the Association of American Geographers 65, H. 2, S. 270-282.
LENZ, B. 1997: Das Filière-Konzept als Analyseinstrument der organisatorischen und räumlichen Anordnung von Produktions- und Distributionsprozessen. In: Geographische Zeitschrift 85, H. 1, S. 20-33.
LICHTBLAU, K. 2000: Internationalisierung von Dienstleistungen. In: IW-Trends 27, H. 1, S. 61-73.
LICHTENBERG, T. 2003: Kooperation in der Regionalplanung – Effizienzanalyse des Regionalen Entwicklungskonzeptes der Insel Rügen. Diss. an der Humboldt-Universität zu Berlin.
LIEFNER, I. 2001: Leistungsorientierte Ressourcensteuerung in Hochschulsystemen. Abhandlungen zu Bildungsforschung und Bildungsrecht 9, Berlin (Duncker und Humblot).
LINDNER, H. 1997: Internationalisierung und Dienstleistungshandel der BRD. In: Bullinger, H.-J: (Hg.): Dienstleistungen für das 21. Jahrhundert. Stuttgart, S. 235-252 (Schäfer-Poeschel).
LIPIETZ, A. 1985: Akkumulation, Krisen und Auswege aus der Krise: Einige methodische Überlegungen zum Begriff "Regulation". In: Prokla 58, S. 109-137.
LIST, F. 1841: Das nationale System der politischen Ökonomie. Nachdruck Düsseldorf 1989 (Verlagsgruppe Handelsblatt).
LÖSCH, A. 1940: Die räumliche Ordnung der Wirtschaft. Jena.
MAIER, J. 2000: Industriegeographie. Gotha (Klett-Perthes).
MALECKI, E. ²1994: Technology and economic development. Harlow (Longman).
MALERI, R. ³1994: Grundlagen der Dienstleistungsproduktion. Berlin (Springer).
MARKUSEN, A. 1996: Sticky places in slippery space: a typology of industrial districts. In: Economic Geography, Vol. 72, S. 293-313.
MARSHALL, A. ³1927: Industry and trade. A study of industrial technique and business organization and their influences on the conditions of various classes and nations. London.

MASSEY, D. ²1995: Spatial Division of Labor. New York (Routledge).
MCNAIR, M.P. 1958: Significant trends and developments in the post-war period. In: SMITH, A.B. (ed.): Competitive distribution in a free high level economy and its implications for the university. Unversity of Pittsburg Press, S. 1-25.
MENSCH, G. 1975: Das technologische Patt. Frankfurt.
MEUSBURGER, P. 1998: Räumliche Disparitäten des Wissens als Strukturmerkmal der Wirtschaft. In: Heidelberger Jahrbücher XLII, S. 87-117, Berlin/Heidelberg (Springer).
MEYER, A. 1985: Produktdifferenzierung durch Dienstleistungen. In: Marketing: Zeitschrift für Forschung und Praxis 6, H. 2, S. 99-107.
MEYER, G. 1996: Kairo. In. Geographische Rundschau 8, H. 2, S. 97- 103.
MEYER, G./THIMM, A. (Hg.) 1997: Strukturanpassung in der Dritten Welt. Mainz (Universität Mainz).
MEYER-STAMER, J. 1992: Der Süden als permanente Peripherie? In: Nord-Süd aktuell VI, Nr. 4, S. 619-632.
MIKUS, W. 1994: Wirtschaftsgeographie der Entwicklungsländer. Stuttgart (UTB).
MISCHKE, J. 2002: Wirtschaftliche Aktivitäten unter schwierigen Rahmenbedingungen: Deutsche Unternehmen in der russischen Exklave Kaliningrad. Diplomarbeit an der Humboldt-Universität zu Berlin.
MORUS, T. 1516: Utopia (deutsche Übersetzung). Stuttgart 1964 (Reclam).
MÜHLBRADT, F.W. 1999: Wirtschaftslexikon. Berlin (Cornelsen).
MYRDAL, G. 1959 (deutsche Übersetzung 1974): Ökonomische Theorie und unterentwickelte Regionen. Stuttgart.
NEFIODOW, L.A. ²1997: Der fünfte Kondratieff: Strategien zum Struturwandel in Wirtschaft und Gesellschaft. Frankfurt.
NELSON, R. L. 1958: The selection of retail location. New York.
NIESCHLAG, R. 1954: Die Dynamik der Betriebsformen im Handel. Essen.
NOHLEN, D. (Hg.) 1984: Lexikon Dritte Welt. Hamburg (rororo).
NORTON, R.D./REES, J. 1979: The product cycle and the spatial decentralisation of american manufacturing. In: Regional Studies 13, S. 141-151.
NUHN, H. 1985: Industriegeographie. In: Geographische Rundschau 37, H. 4, S. 187-193.
NUHN, H. 1989: Technologische Innovation und industrielle Entwicklung. In: Geographische Rundschau 41, H. 5, S. 42-53.
NUHN, H. 1993a: Strukturwandel in der Nahrungsmittelindustrie. In: Geographische Rundschau 45 H. 9, S. 510-515.
NUHN, H. 1993b: Auflösung regionaler Marktsysteme und Konzentrationsprozesse in der Milchwirtschaft der BRD. In: Zeitschrift für Wirtschaftsgeographie 37, H. 3-4, S. 143-150.
NUHN, H. 1997: Globalisierung und Regionalisierung im Weltwirtschaftsraum. In: Geographische Rundschau 49, H. 3, S. 136-143.
NUHN, H. 1999: Fusionsfieber – Neuorganisation der Produktion in Zeiten der Globalisierung. In: Geographie und Schule 21, H. 122, S. 16-22.

OHR, R. 1985: Produktzyklustheorie. In: WiSt = Wirtschaftswissenschaftliches Studium?, Jg. 13, H. 1, S. 27-30.

OSMANOVIC, A. 2000: "New Economic Geography", Globalisierungsdebatte und Geographie. In: Die Erde 131, H. 3, S. 241-257.

OSSENBRÜGGE, J. 1998: Globalisierung und Umbrüche im Verhältnis von Politik und Raum. In: Geographie und Schule 20, H. 115, S. 2-7.

OSTERTAG, M. 2001: Globalisierung unter Aspekten der Wirtschaftsgeographie. Nürnberger Wirtschafts- und Sozialgeographische Arbeiten 55, Nürnberg.

OTREMBA, E. 1949: Die wirtschaftsgeographische Ordnung der Länder. In: Die Erde 80, S. 216-232.

PARK, S. O. 1996: Networks and embeddedness in the dynamic types of new industrial districts. In: Progress in Human Geography 20, No. 4, S. 476-493.

PEN, C-J. 1999: Improving the behavioral location theory; Strategic decision-making on firm relocations. Faculty of Spatial Sciences. Groningen.

PERROUX, F. 1952: Entwurf einer Theorie der dominierenden Wirtschaft. Erster Teil. In: Zeitschrift für Nationalökonomie 13, H. 1, S. 1-25.

PERROUX, F. 1952: Entwurf einer Theorie der dominierenden Wirtschaft. Zweiter Teil. In: Zeitschrift für Nationalökonomie 13, H. 2, S. 242-268.

PERROUX, F. ²1964: L´économie du XXéme siécle. Paris.

PEZ, P. 1989: Sonderkulturen im Umland von Hamburg. Kieler Geographische Schriften 71, Kiel.

PFOUTS, R. W. (ed.) 1960: The techniques of urban economic analysis. West Trenton, N.J. (Chandler-Davis Publishing).

PIEPER, M. 1994: Das interregionale Standortwahlverhalten der Industrie in Deutschland. Göttingen (Schwartz).

PIORE, M.J./SABLE, C.F. 1985: Das Ende der Massenproduktion. Berlin.

PORTER, M.E. 1993: Nationale Wettbewerbsvorteile. Wien (Ueberreuter).

PREBISCH, R. 1950: The economic development of Latin America and its pricipal problems. UN/ECLA, New York.

PRED, A. 1967: Behavior and location. Lund Studies in Geography, Ser. B No. 27, Lund.

PUDEMAT, P. 1997: Ausländische Direktinvestitionen im Verarbeitenden Gewerbe Portugals. Frankfurt a M. (Peter Lang).

RATZEL, F. 1882: Anthropo Geographie. Stuttgart.

RAU, J.-P. 2002: Analyse des Standortsystems von Galerien in Berlin. Magisterarbeit am Geographischen Institut der Humboldt-Universität zu Berlin.

RAUCH, T. 1979: Industrielle Wachstumszentren in Nigeria. In: Afrika Spectrum 14, H. 3, S. 249-265.

REES, J./STAFFORD, H. 1984: High-Technology location and regional development: the theoretical base. In: Congress of the United States, Office of Technology Assesment (ed.): Technology, Innovation and Regional Economic Development. Washington, S. 97-107.

REICHART, T. 1999: Bausteine der Wirtschaftsgeographie. Bern/Stuttgart/Wien (Haupt).

REICHWALD, R./MÖSLEIN, K. 1997: Innovationsstrategien und neue Geschäftsfelder von Dienstleistern –
Den Wandel gestalten. In: Bullinger, H.-J: (Hg.): Dienstleistungen für das 21. Jahrhundert. Stuttgart, S. 75-105 (Schäfer-Poeschel).

REUBER, P./WOLKERSDORFER, G. 2002: Clash of Civilisations aus der Sicht der kritischen Geopolitik. In: Geographische Rundschau 54, H. 7-8, S. 24-28.

REVILLA DIEZ, J. 1997: NAFTA. In: Geographische Rundschau 49, H. 12, S. 688-695.

REVILLA DIEZ, J. 2002: Betrieblicher Innovationserfolg und räumliche Nähe. Wirtschaftsgeographie Bd. 22, Münster/Hamburg/London (Lit).

RICHARDSON, H.W. 1969: Regional economics: location theory, urban structure and regional change. New York.

RICHARDSON, H. W. 1976: Growth pole spillovers: the dynamics of backwash and spread. In: Regional Studies 10, No. 1, S. 1-9.

RICHARDSON, H.W. 1980: Polarization Reversal in Developing Countries. In: Papers of the Regional Science Association 45, S. 67-85.

RITTENBRUCH, K. 1968: Zur Anwendbarkeit der Exportbasiskonzepte im Rahmen von Regionalstudien. Berlin (Duncker & Humblodt).

RITTER, W. 1991: Wirtschaftsgeographie. München (Vahlen).

ROSE, K. 1976: Theorie der Außenwirtschaft. München.

ROSTOW, W.W. 1960: The stages of economic growth: a non-communist manifesto. Cambridge (Cambridge University Press).

ROTHWELL, R. 1982: The role of technology in industrial change: inmplications for regionl policy. In: Regional Studies 16, No. 5, S. 361-369.

RÜHL, A. 1938: Einführung in die allgemeine Wirtschaftsgeographie. Leiden.

RUPPERT, R. 1988: Die portugiesische Industrie. In: RITTER, W./RUPPERT, R./STORCK , K.-L.: Portugal im Aufbruch? Nürnberg, S. 105-186 (Selbstverlag).

SASSEN, S. 1991: The global city. New York/London/Tokyo.

SCHÄKEL, W. 1996: Die wirtschaftliche Bedeutung des Agrarkomplexes für ländliche Räume. Kiel (Vauk).

SCHÄTZL, L. 1983: Regionale Wachstums- und Entwicklungstheorien. In: Geographische Rundschau 35, H. 7, S. 322- 327.

SCHÄTZL, L. 1996: Wirtschaftsgeographie. In: Gabler-Volkswirtschafts-Lexikon. Wiesbaden (Gabler), S. 1295-1302.

SCHÄTZL, L. ³2000a: Wirtschaftsgeographie 3 Politik. Paderborn (Schöningh).

SCHÄTZL, L. ³¹1988 und ⁸2001: Wirtschaftsgeographie 1 Theorie. Paderborn (Schöningh).

SCHÄTZL, L. ³2000b: Wirtschaftsgeographie 2 Empirie. Paderborn (Schöningh)

SCHAMP, E.W. 1981: Persistenz der Industrie im Mittelgebirge am Beispiel des Märkischen Sauerlandes. Kölner Forschungen zur Wirtschafts- und Sozialgeographie 24, Köln.

SCHAMP, E.W. 1983: Grundansätze der zeitgenössischen Wirtschaftsgeographie. In: Geographische Rundschau 35, H. 2, S. 74-80.

SCHAMP, E.W. 2000: Vernetzte Produktion. Darmstadt (Wiss. Buchgesellschaft).

SCHLÜTTER, L./ STAMM, A./ TSCHUPKE, H.-G. 1991: Regionale Auswirkungen des Einsatzes neuer Technologien in der niedersächsischen Bekleidungsindustrie. Wirtschaftsgeographische Werkstattberichte 1, Frankfurt.

SCHMOOKLER, J. 1966: Invention and economic growth. Cambridge.

SCHNEIDER-BARTHOLD, W. 1980: Förderung von Handwerk und Kleinindustrie im Rahmen einer grundbedürfnisorientierten Entwicklungsstrategie: Fallstudie Südwest-Obervolta. Schriften des Deutschen Instituts für Entwicklungspolitik 64, S. 79-114, Berlin.

SCHOENBERGER, E. 1994: Competition, time, and space in industrial change. In: GEREFFI, G./ Korzeniewicz, M. 1994 (ed.): Commodity chains and global capitalism. New York (Praeger Publishers) S. 50-66.

SCHUMPETER, J.A. 1911: Theorie der wirtschaftlichen Entwicklung. Berlin.

SCHUMPETER, J.A. 1939: Business cycles. New York/London (McGraw-Hill).

SCOTT, A.J. 1998: Regions and the world economy: the coming shape of global production, competition, and political order. Oxford/New York.

SEDLACEK, P. ²1994: Wirtschaftsgeographie: eine Einführung. Darmstadt.

SEDLACEK, P. 1998: Wissenschaftliche Regionalisierungsverfahren. In: SEDLACEK, P./ WERLEN, B. (Hg.): Texte zur handlungstheoretischen Geographie. Jenaer Geographische Manuskripte 18, S. 35-52.

SEGER, U. (Hg.) 1998: Wirkungsmuster der Globalisierung. Ladenburg.

SENGENBERGER, W./ PYKE, F. 1992: Industrial districts and local ecnomic regeneration: Research and policy issues. In: PYKE, F./SENGENBERGER, W. (eds.): Industrial districts and local economic regeneration. Geneva, S. 3-29.

SENGHAAS, D. (Hg.) 1974: Peripherer Kapitalismus – Analysen über Abhängigkeit und Unterentwicklung. Frankfurt.

SENGHAAS, D. 1982: Von Europa lernen. Frankfurt/Main (Suhrkamp).

SHEFER, D./FRENKEL A. 1998: Local milieu and innovations: some empirical results. In: The Annals of Regional Science 32, S. 185-200.

SIEBERT, H. 1970: Regionales Wirtschaftswachstum und regionale Mobilität. Tübingen.

SIEBERT, H. ⁶1994 und ⁸2000: Außenwirtschaft. Stuttgart/Jena (Fischer).

SINCLAIR, R. 1967: Von Thünen and urban sprawl. In: Annals of the Association of American Geographers 57, S. 72-87.

SINGELMANN, J. 1978: From agriculture to services: the transformation of industrial employment. Beverly Hills.

SMITH, D.M. 1971: Industrial location. New York/ London/ Sydney/ Toronto (Wiley).

SMITH, D.M. 1979: Where the grass is greener. Geographical perspectives of inequality. London (Croom Helm).

STAMM, A. 1993: Konzentrationsprozesse und die Auflösung regionaler Marktbeziehungen in der deutschen Brauwirtschaft. In: Zeitschrift für Wirtschaftsgeographie 37, H. 3-4, S. 159-167.

STAMM, A. u.a. 2000: Ansatzpunkte für nachholende Technologieentwicklung in den fortgeschrittenen Ländern Lateinamerikas: das Beispiel der Softwareindustrie in Argentinien. DIE-Berichte 10/2000, Bonn.

STAUDACHER, C. 1991: Dienstleistungen, Raumstruktur und räumliche Prozesse. Wien (Service Fachverlag).

STAUDACHER, C. 1995: Dienstleistungen als Gegenstand der Wirtschaftsgeographie. In: Die Erde 126, H. 2, S. 139-153.

STEGER, U. (Hg.) 1998: Wirkungsmuster der Globalisierung. Ladenburg.

STERN R.M./HOEKMAN, B.M. 1987: Issues and needs for GATT negotiantions on services. In: The World Economy 10, S. 39-59.

STERNBERG, R. 1987: Technologie- und Gründerzentren als Instrument der kommunalen Wirtschaftsförderung in der Bundesrepublik Deutschland. Dortmund.

STERNBERG, R. 1995: Technologiepolitik und High-Tech-Regionen – ein internationaler Vergleich. Wirtschaftsgeographie Bd. 7, Münster/Hamburg (Lit).

STÖHR, W./TÖDTLING, F. 1977: Spatial equity – some anti-theses to current regional development doctrin. In: Papers of the Regional Science Association 38, S. 33-53.

STRAMBACH, S. 1993: Wissensintensive unternehmensorientierte Dienstleistungen: Netzwerke und Interaktionen. Münster (Lit).

STRAMBACH, S. 2001: Die Veränderung von Innovationssystemen in der globalen Ökonomie: Wissensintensive unternehmensorientierte Dienstleistungen und organisatorischer Wandel. Stuttgart (Habilitationsschrift).

STORPER, M./ WALKER, R. 1989: The Capitalist Imperative – Territory, Technology, and Industrial Growth. Oxford (Blackwell).

STROETMANN, K.A./ STEINLE, W.J. 1985: Kleine und mittlere Unternehmen als Adressat staatlicher Forschungs- und Innovationsförderungspolitik. In: Bruder, W. u.a. (Hg.): Forschungs- und Technologiepolitik in der Bundesrepublik Deutschland. Opladen. S. 292-317.

TAAFFE, R.N./MORRILL, R.L./GOULD, P.R. 1963: Transport Expansion in Underdeveloped Countries. In: Geographical Review 53, S. 503-529.

TANK, H./KLEMM, U. 1980: Standorttendenzen in Branchen des Dienstleistungssektors und ihre Bedeutung für die Stadtentwicklungsplanung. Opladen.

TAYLOR, M. 1975: Organizational growth, spatial interaction and location decision-making. In: Regional Studies 9, S. 313-323.

TAYLOR, M./THRIFT, N. 1983: Business organization, segmentation and location. In: Regional Studies 17, S. 445-465.

THOMI, W. 2001: Institutionenökonomische Perspektiven im Kontext der Reorganisation subnationaler Gebietskörperschaften. In: Geographica Helvetica 56, H. 1, S. 4-12.

THÜNEN, J.H. V. 1826: Der isolierte Staat in Beziehung auf Landwirtschaft und Nationalökonomie. Nachdruck 1990 Berlin (Akademie-Verlag).
TICHY, G. 1991: The product-cycle revisited: some extensions and clarifications. In: Zeitschrift für Wirtschafts- und Sozialwissenschaften 111, S. 27-54.
UNCTAD = United Nations Conference on Trade and Development 1998: World Investment Report. New York/Genf.
UNCTAD = United Nations Conference on Trade and Development 2000: World Investment Report. New York/Genf.
VANCE, J.E. 1970: The merchant´s world: the geography of wholesaling. Englewood Cliffs (Prentice-Hall).
VERNON, R. 1966: International investment and international trade in the product cycle. In: Quarterly Journal of Economics 80, S. 190-207.
VERNON, R. 1979: The product cycle hypothesis in a new international environment. In: Oxford Bulletin of Economics and Statistics. 41, No. 4, S. 255-267.
VOPPEL, G. 1999: Wirtschaftsgeographie – Räumliche Ordnung der Weltwirtschaft unter marktwirtschaftlichen Bedingungen. Stuttgart (Teubner).
WACKERNAGEL, M./ REES, W. 1996: Our ecological footprint: reducing human impact on the earth. Gabriola Island and Philadelphia.
WAGNER, H.G. 1994: Wirtschaftsgeographie. Braunschweig (Westermann).
WALLER, P.P. 1985: Ansätze einer grundbedürfnisorientierten ländlichen Regionalplanung in Entwicklungsländern. In: Scholz, F. (Hg.): Entwicklungsländer. Darmstadt, S. 392-414.
WEBER, A. 1909: Über den Standort der Industrie. 1. Teil. Reine Theorie des Standortes. Tübingen.

WEBER, H.K. 1985: Industriebetriebslehre. Berlin, Heidelberg, New York, Tokyo (Springer).
WEBER, M. 1922: Die protestantische Ethik und der Geist des Kapitalismus. In. WEBER, M. (Hg.): Gesammelte Aufsätze zur Religionssoziologie. Tübingen.
WEHMEYER, C. 2001: Technologischer Wandel und industrieräumliche Restrukturierung in West-Malaysia. Berlin (Dissertation).
WELTBANK (Hg.) jährlich: Weltentwicklungsbericht. Washington.
WESSEL, K. 1991: Raumstrukturelle Veränderungen im Entwicklungsprozeß Südkoreas. Hannover.
WESSEL, K. 1998: Wirtschaftsdynamik und intraregionale Integration in Ost-/Südostasien. In: Zeitschrift für Wirtschaftsgeographie 42, H. 3-4, S. 155-172.
WIEßNER, R. 1999: Ländliche Räume in Deutschland. In: Geographische Rundschau 51, H. 6, S. 300-304.
WILLIAMSON, O.E. 1985: The economic institutions of capitalism. New York.
WILLIAMSON, O.E. 1990: Die ökonomischen Institutionen des Kapitalismus. Tübingen (Mohr/Siebeck).
WILLMS, M. 1991: Strukturpolitik. In: Vahlens Kompendium der Wirtschaftstheorie und Wirtschaftspolitik. München, S.331-368.
WÖHE, G. 1984: Einführung in die Allgemeine Betriebswirtschaftslehre. 15. Aufl. München (Vahlen).
WÜRTH, M. 1986: Räumliche Konsequenzen des Strukturwandels innerhalb des tertiären Sektors in der Schweiz. In: Geographica Helvetica 41, S. 179-184.
ZIMMERMANN, J. 1984: Neue Städte in Ägypten. In: Geographische Rundschau 36, H. 5, S. 230-235.
ZIPF, G.K. 1941: National unity and disunity. Bloomington.

Sachregister

n = Seitenzahl fett = hauptsächliche Erwähnung oder Nennung des Begriffes auf Seite n
n = Seitenzahl normal = (zusätzliche) Erwähnung des Begriffes auf Seite n
n° = Erwähnung des Begriffs in Abbildung und/oder in Abbildungserläuterung auf Seite n
n⁺ = Erwähnung des Begriffes in Kasten/ Tabelle auf Seite n
s. = siehe   s.a. = siehe auch

1a-Lagen 145

Abhängigkeiten
–, einseitige 188
–, externe **111**°
Abkopplung 230
Abläufe, interne **42**
Absatz
-faktoren 127
-orientierung **78**
-verflechtung 62
-volumen 44
Abschreckungsmittel **46**⁺, 47
Absonderungsprinzip 135
administrative
- Einheiten 166
- Hemmnisse 184
AFTA 229
Agent 51
Agglomeration(s)
-faktoren 78, 112
-nachteil 241, 251
-raum 59
-vorteil 68, 241, 250, 258
-wirkungen **240, 241**⁺
Agrar
-geographie 17
-güter 58
-landschaft 56
-produkte 203
-produktionsfunktion 62
-raumtyp 59⁺
-system (regionales) **62**°, **62**
agrarische Intensivgebiete 61
Agropolitan Development **263**, 263°
agrosoziale Rahmenbedingungen 53
Akkumulationsregime 95
Akteur(e) (s) 112
-gruppe 19, 66
-gruppenansatz **18**, **33**, 127
–, Verhalten 48
Aktionsraum/ gruppenspezifischer 16, 43
Allianzen, strategische **119**⁺, **120**
Alter 44
Altes Land 56
Altindustrie
-gebiet 94
-region 174
Aluminiumindustrie 77
Analphabetenrate 175⁺
Anbieter 18
-Nachfrager-Mobilität **125**

-Nachfrager-Trennung **125**
Angebot(s)
-kategorien 127
-seite 141
-standorte 32
Anreizmittel **46**⁺, 47
Ansatz
–, einzelwirtschaftlicher **17**
–, funktionaler **12**⁺, **16**
–, gesamtwirtschaftlicher **19**
–, neoklassischer **243**
–, raumwirtschaftlicher **12**⁺, **15**, **18**
–, Teufelskreis- 185
–, verhaltenstheoretischer **12**⁺
–, verhaltenswissenschaftlicher **15**, **78**
Anteilseigner 104
Anziehungskraft
–, eigene **142** s.a. generative business
–, fremde **142** s.a. suscipient business
–, gemeinsame **142** s.a. shared business
Arbeit(s) 34, 181
-intensiv 83, **85**⁺
-kosten 217
-kostenersparnis 68
-kraft 69
-losenquote 173
-markt 93
-marktdaten 173
-marktpolitik **47**⁺
-motivation der Beschäftigten 35
-organisation **97**⁺
-produktivität **24, 25**⁺, **26**, 186
-teilung/ funktionsräumliche 44, 206
-zeit, flexible 99
Armutsbekämpfung 197
ASEAN 229
Aufstiegsphase **151**
Ausbreitung(s)
–, hierarchische 224
-effekte **242**
-prozesse 153
–, Wellenform 153
außerlandwirtschaftliche Aktivitäten 263
ausgeglichene Funktionsräume 44
Ausgleich(s)
-räume, ökologische 44
-ziel **44**
Auslaugungsmechanismus 246
Außenverflechtungen, immaterielle 42
Austausch
-beziehungen 193
–, Dienstleistungen 210

-prozesse, internationale 194
Auswahl, rational-ökonomische 40
Autarkiesituation 207
Automobilbau 92
autozentrierte Regionalentwicklung **264**, 265°

backwash-effects 242
Bandinfrastruktur 260
Banken 32
basic sector 232
Basis
-infrastruktur 39, 213
-innovation **82, 92**°
-invention 92°
Baumwollindustrie 92
Bearbeitungsstufe 63
behavioral matrix **78** s.a. Verhaltensmatrix
Bekleidungsindustrie 77, 88+
Bereicherungsdiktaturen 186, 222
Bergbauprodukte 77
Beschaffungsfaktoren 129
Beschäftigungseffekt 217
Beschreibung, länderkundliche 1, 12+
Besorgung(s)
-kapazität **163**
-profil **162**
Betrachtungsebenen 19
Betrieb(s) 18, 33, **101**
–, Anforderungen 33
–, Gewerbe- 80
-größe **104**
–, Industrie- 102
–, Magnet- **142**
Betriebsformen **150**
-lebenszyklus **150°**
- des Einzelhandels 151°
-wandel 163
Bevölkerung(s)
-dichte 137
-suburbanisierung 253
Bezugsverflechtung 62
Bid-Price-Funktion **59**
Bildung 174, 175+
Binnenland 248
Biotechnologie 92
BIP s. Bruttoinlandsprodukt
Black-Box 122
Blumen 58
BMZ s. Bundesministerium für wirtschaftliche Zusammenarbeit
BNP s. Bruttonationaleinkommen
Boden 34, 181
-nutzungsintensität 56
-preise 93
-qualität 56
-rentenmodelle 144
Börse 147
Brachfläche 60
Branche(n) **22**, 75+
-Cluster 113, **115**
-spezifische Standortorientierung 76
Brückenkopf-Ansätze 188
Brutto
-inlandsprodukt 167+

-nationaleinkommen 168
-sozialprodukt 167+
BSP s. Bruttosozialprodukt
Bundesministerium für wirtschaftliche Zusammenarbeit 221
Bürostädte 131, 145

Cafeteria-Effekt 112
Call Center 125
City **139**, 140+
clash of civilisations **179**
Cluster(ung) 16, 42, 62, 116, 119, 144, 147, 154,166, 224
-analyse 176
-muster **147**
Commodity Chain 43, 62, **120** s.a. Warenketten
–, käuferdominierte 120°
–, produzentendominierte 120°
Container 69
cost surfaces 76 s.a. Kostenoberflächen
Countermagnet-Strategie 258
cultural turn 16
cumulative attraction **142** s.a. Kumulationsvorteile

Dampf
-kraft 92
-schiffe 92
de-facto-Standards 120
demander-located services 124
dependencia 188
Dependenz
-ansätze 208
-theorien 185
Deregulierung 98, 197
–, Wechselkurse 197
Desintegration, territoriale **100**
Desurbanisierung 254
Deviation **68**
Devisenmarkt 196
dezentrale Konzentration 44
Dezentralisierung(s)
–, interregionale **251**
–, intraregionale 251
-tendenzen 250
Dialog 112
Diamánt 116
Dienste
–, distributive **126**
–, konsumentenorientierte **126**
–, Logistik- 124
–, öffentliche **127**
–, soziale **127**
–, unternehmensorientierte **126**
Dienstleistung(s) 23+, **123**
–, anbieterbasierte 124 s. provider-located services
–, Austausch 210
–, Bedeutungszuwachs 148
-bereich, unternehmensorientierter 29
-effekte **42**
-exporte 210

Sachregister

–, Fristigkeit **126**
-geographie 17
–, Gliederungssysteme **125,** 126+
–, konsumentenorientierter -bereich 29
–, Merkmale 124, **125**
-parameter 156+
–, primäre 149+
-sektor 22
–, sekundäre 149+
-suburbanisierung 253
-transfer, internationaler **210**
-verflechtung 62, 210
-wirtschaft 22+
Differenzierung 98
– der Verbraucherwünsche 44
–, räumliche **110**
Diffusion, flächenhafte 224
Direktinvestitionen 194, **211**
–, ausländische 217+
–, Voraussetzungen **213**
Disparitäten
–, räumliche 19
–, soziale Indikatoren **167**
–, ökonomische Indikatoren **167**
–, Verteilungs- 189
–, Zentrum-Peripherie-Unterschiede 226
Dispersion 119, 121
dispositive Betriebsteile 106
Dissoziation(s) **190,** 255, **261**
-strategie **230**
Distanzparameter 156+
distributive Dienste **126**
Distributionssystem 63
Drei-Sektoren-Hypothese **23**
Dritte Welt 178+
Dualismus 189
–, wirtschaftlicher 191
-theorie 188
Durchführungsseite **37**

early mover advantage **87**
Ebene
–, einzelwirtschaftliche **16**
–, gesamtwirtschaftliche **16**
economies
- of scale 63, 75, 98, **98**+, 155, 157+, 241
  of scope **98**+, **99**, 241
Effekte 42
–, externe **241, 243**+
–, regionalwirtschaftliche **42**
Eigentumsvorteile **212**
Einbetriebsunternehmen 40, **101,** 110
Einbettungen 113
Einflüsse, externe 19
Einfuhr
-hemmnisse 212
-zölle 212
Einheit
–, funktionale 166
–, homogene 166
–, motorische **258**
Einkauf(s)
-gemeinschaften 157+
–, Kopplung 43, **163**

–, Maximalkopplung 163
–, Mindestkopplung 163
Einkommen(s) **43**
-anstieg **24,** 148, 161
-elastizität **24,** 25+
-effekt 217
-ziel 45+
Einrichtungen 18
Einwohnerzuwachs 160
Einzelhandel, Lebensmittel-153
einzelwirtschaftlicher Ansatz 17
Einzwecktechnologien 98
Eisen- und Stahlindustrie **71, 71**°
Eisenbahn 92
Eklektisches Paradigma **211**
Elastizität 25+
–, Einkommens- **24,** 25+
–, Einkommens- der Nachfrage 209
Elektro- und Elektronikprodukte 77
Elektroindustrie 92
embeddedness 16, 113
Endverbraucher 19
Engelkurven 26, 161
–, Gesetz der **24**
Entbehrungsindex **177**
Entdeckungsfahrten 193
Entgrenzung 227
Entlastungsorte **258,** 259°
Entscheidung(s)
–, rational-ökonomische 54
-spielraum 46, 163
-träger/ - Verhalten 33, 65, 78
Entstehungs- und Experimentierungsphase
  150
Entwicklung
–, integrierte ländliche E. 261
–, Stadien der wirtschaftlichen E.186
- zur Reife 187
Entwicklung(s)
-achsen **260,** 261°
-disparitäten 191
-dynamik 173
-hilfe **219**
-länder 90, 200, 201, 215
-pfad **28,** 92
-stand 23, 30°, 171
-theorie 239
- und Einführungsphase **83**
Entwicklungszusammenarbeit **219**
–, finanzielle 221
–, Handel statt Hilfe 222
–, Hilfe zur Selbsthilfe 222
–, Konditionalität 221
–, Programmhilfe **222**
–, Projekthilfe **222**
Entzugseffekte **242**
Erhaltungsinvestitionen 94
Erlös 73
Ernährung 174, 175+
Erste Welt 178+
Erzfundorte 72
Erziehungszoll **231**
Europäische Union 229
Evolution 16

Expansionsphase **151**
Export
-basistheorie **232, 233°**
-diversifikation **232**
-häfen 248
-quote 173
Externalisierungsthese 26, **148**
Externe Effekte **241, 243+**
externe Verflechtungen 38, **101**
externe Wachstumsdeterminanten **182**
Extra-Gewinne **134** s.a zentrale Orte

face-to-face 112
Fähigkeit 79
–, intellektuelle 78
- zur Informationsnutzung 78
Faktor
-abwanderungen 208
-ausstattung **34+**
–, dispositiver **34**
-enanalyse 176
-entgelte 244
-märkte 243
–, weicher **35**
–, Wissen 83
FAO 195
Filialistensystem **157+**
Filière-Konzept **63**
Finanzholding Länder 215
Finanz
-märkte 197
-transaktionen 194
Fischerei 53
Fiskalpolitik 197
Flächen
-nutzungspolitik **47+**
-politik 47
-produktivität 31
-verfügbarkeit 88
flexible Produktion **113**
Flexibilisierung 98
Flexibilität 112
Flug der Wildgänse 205 s.a. flying-geese-Ansatz
Flugzeugbau 92
flying-gesse-Ansatz **206+**
footloose industry **77**
Fördergebiete (EFRE) **172°**
Fordismus **97**
fordistische Produktion **114**
Formation/-skrise 96
Forschungs- und Entwicklung(s)
-bereich 110
-intensität **86+**
Forschungsmethoden, quantitative **12+**   Fortschritt, technischer 209
Forstwirtschaft 53
Franchising **157+**
Freihandel(s) 206
-zone **228**
freiwillige Ketten **157+**
Fremdbestimmung 64
Fristigkeit (von Dienstleistungen) **126**
funktional interdependentes Städtenetz 250
Funktionsräume, ausgeglichene 44

Fusionsfieber 105
Fußabdruck, ökologischer **180**

GATT s. General Agreement on Tariffs and Trade
Geberländer 220
Gebrauchstechnologie, gehobene **86+**
Gefährdung, existenzielle 81
Gegenpol-Strategie 258
Gemeinsamer Markt **228**
Gemeinschaftsgefühl 118
Gemüse 58
General Agreement on Tariffs and Trade **198**
generative business **142** s. eigene Anziehungskraft
Gentechnologie 92
Geographical Economics **12+, 16**
geographische Industrialisierung 113, **116**
Gesamt
-erlös 73
-kosten 73
-nachfragevolumen 43
gesamtwirtschaftlicher Ansatz **19**
Gesellschaft
- für technische Zusammenarbeit 221
- im Übergang 187
–, traditionelle 186
gesellschaftliche Indikatoren **167**
Gestaltungskategorien 127
Gesundheit **174, 175+**
Gewächshaus 60
Gewerbe
-betrieb 80
-hof 47
-suburbanisierung 253
Gewichtsverlustmaterial **67, 71**
Gewinn
-maximierung 49, 54, 55, 132
-transfer 213
Gleichgewicht(s)
-lohn **50**
-preis **49**
Global Cities **227, 235, 236°**
Globalisierung 17, **194, 195+,** 227
Glücksrangliste 179
Gravitationskraft 93
Grenzgut, hierarchisches **134**
Groß
-serienproduktion **21°**
-stadt 31
-unternehmen 80
Grund
-bedarfsgüter **24**
-freiheiten 229
-kosten **74** s.a. unter Kosten
-satzentscheidung, politisch-strategische **254**
-stoffindustrie 71
-zentrum **136+, 140+**
Gründerzentrum 47
GTZ s. Gesellschaft für technische Zusammenarbeit
Güter
-strukturen 203
–, immaterielle **22**
-verkehrszentrum 153

Hallstein-Doktrin 219

Sachregister

Handel **199**
Handelshemmnisse 198, 228, 262
–, nicht-tarifäre **184**
–, tarifäre **184**
Handel(s)
–, komplementärer 203
-modell 249
-ströme 204
-system 63
–, Veredelungs- 215
Handwerk(s)**102**+
-aktivität 31
-betrieb 80, 102
–, Klein- 63
Häufigkeit **183**
Hauptsitz 110, 235
Haushalt(s)
-ausstattung 175
-größe 44
HDI s. Human-Development-Index
Headquarter 110
-Funktionen 110
Herstellungskosten 231
Hierarchie 50, 153
-ebenen 127
–, Grenzgut **134**
-modell **50**
-muster 147
–, Organisationsform **158**
–, System 252
hierarchische Ausbreitung 224
hierarchisches Grenzgut **134**
High-Tech
-Industie 70
-Region 174
Hilfe zur Selbsthilfe 222
Hinterland 248
Historischer Zufall **240**
Hochöfen 71
homo oeconomicus **33**, 65
–, beschränkter 49
Homogenitätsannahmen 135
Hub-and-Spoke System 235
-Distrikt 114°
Human-Development-Index **176**
Human
-kapitalintensiv 83, **85**+
-vermögen 34
hybride Verbraucher **44**

IBRD s. Weltbank
IDA s. International Development Association
Idealzustand, räumliches System 239
IFC s. International Finance Corporation
ILO 195
Image 80
immaterielle Außenverflechtungen 42
immaterielle Güter **22**
Import
-restriktionen 231
-substitution 231
Indikator 165
–, gesellschaftlicher**167**

–, sozialer **167**
–, ökonomischer **167**
–, umweltökonomischer **180**
Individualisierung 98
Individualität der Landschaft 54
Industrialisierung 27, 193
–, geographische 113, **116**
Industrie **102**+
–, Atmosphäre 113
–, Bekleidungs 77, **88**+
-betriebe 102
-branche **70**
–, chemische 92
-distrikt **113**, 115
–, Elektro- 92
-geographie 17, 66
-güter 208
–, High-Tech- 70
–, Klein- 104
-länder 90
–, Messerwaren- 113
-standortwahl 65
-park 46°
-sektoren 96
–, Stahl- 92
-standort 65
-standorttheorie 14
-unternehmen, multinationale 121
Information(s) 78
-beschaffung 49
-grad 79
-mittel **46**+, 47
informeller Sektor **28**, 29+, 169, 190
Infrastruktur 35
–, materielle199
-politik **47**+
Innovation(s) 16, 66, **81, 82**+
-empfänger **226**+
-lebenszyklus **85**
-leistung 104
–, Milieu 113, **116**, 117
-system 224
–, Verbesserungs- **83**
Input
-Indikatoren 225
-materialien 69
-Output-Beziehungen 121
-Seite **37**
Institutionen 219
–, Entwicklungszusammenarbeit **220**°
-Ökonomie **48**
-; politische 235
Instrumente
–, direkte **46**
–, harte **46**
–, indirekte **46**
–, Standortgestaltung 19
–, weiche **46**
Integration 230, 255
–, territoriale **101**
integrierte ländliche Entwicklung 261
Intensitätsunterschied 57
Intensivgebiete, agrarische 61
Interaktion(en) 15, 16, 19, 166

-prozess 23
-these 26, **148**
Internalisierungsvorteile **212**
International
- Bank for Reconstruction and Development s. Weltbank
- Development Association 197
- Finance Corporation 197
Internationaler Währungsfonds 195, **196**
interne Wachstumsdeterminanten **181**
Invention **81,** 91
Investition(s)
-motive 215
-sicherheit 39
-strategien 93
-zulage 47
Isodapanen **68**
isolierter Staat 54
IWF s. Internationaler Währungsfonds

just-in-time **99**
joint-ventures 159

Kalorienangebot 175+
Kapital 34, 181
-bestand 217
Kapitalismus, peripherer 189
Katastrophenhilfe 221 s.a.Entwicklungszusammenarbeit
Kathedrale in der Wüste 259
Kaufkraftparitäten **170**
käuferdominierte Warenkette 120
Kenntnisse 117
Ketten, freiwillige 157+
KKP s. Kaufkraftparitäten
Klein
-handwerk 63
-industrie 104
Klima 185
Klumpen 144
Kolonialismus 188
Kommunikationsmedien 225
Kompatibilitätsvorteile **142** s.a. principle of compatibility
Kompetenz, technologische 223, 224°
komplementärer Handel 203
Konditionalität **197,** 221
Kondratieff-Wellen **90**
Konglomerat 101
Konjunkturpuffer 245
Konkurrenz
-anziehung 141
-druck 230
-fähigkeit 218
-lebenszyklus 86
-meidung **132,** 141
-vorteile 212
Konsum
-güter, langlebige 24
-muster 99
-ort 68
-präferenzen 201
Konsumenten 18, 33, **42**
–, Handlungsspielraum **162**°

-orientierte Dienste **126**
-orientierter Dienstleistungsbereich 29
Kontakt
-aufnahme 124
-intensität 129
Kontingent 184
Kontrollfunktion 110
Konzentration 121
–, dezentrale 44
–, räumliche 250
Koordinierung(s)
-form 51
-mechanismus 95
Kopplung(s) 43, **163**
-vorteile 154
Kosten
- Gesamt- 73
–, Lage- **74**
-oberfläche 76 s.a. cost surfaces
–, Stück- 85
- und Erlösrelationen **74**
-vorteile, komparative 206
Kräftefeld 240
–, zentrifugale 242
–, zentripetale 242
Kreativität 117
Kritischer Rationalismus 12+, 14
Kuba 264
Kulturerdteile 179
Kumulationsvorteile **142** s.a. cumulative attraction
Kundenfrequenzen 142
k-Wert 137

Ladengruppe **139, 140**+
Lage 254
-kosten **74**
-rente **54**
Lager
-fähigkeit **22,** 124
-haltung 98
Ländergruppen 209
länderkundliche Beschreibung 1, 12
Landesregierungen 32
ländliche Wirtschaft 190
Landnutzungssystem **56**°, 60°
Landschaft, Individualität 54
Landwirt 54
Landwirtschaft 53, 58
–, Produktionskomplex 31
lean production **99**
learning-by-interaction 112
Leben(s)
-erwartung 175+
-mitteleinzelhandel 153
-situation 174, 175
-stile 44
Lebenszyklus
–, Betriebsformen **150**°
–, Innovations- **85**
–, Konkurrenz- 86
–, Profit- **85**
–, Produkt- 84°
–, Produktlebenszyklushypothese **83**
Leistungsverwertung 37

Sachregister

Leitbild 19, **44**
–, räumliches **44**
Lernprozess 223, 226
–, technologischer **227**+
Liberalisierung 197, 198
Lifestyle-Produkte 44
Loesch-Güter 90
Logistik
-dienstleister 124
-konzepte 148
Lohnsatz 50, 244
Lokalisationsvorteile **241**+, **241**
Lokalisierung 118
lokalisiertes Material **67**
LROP (Raumordnungsprogramm der Länder) 135 s.
  Raumordnungsprogramm
Luftverkehr 235

Macht 63
-beziehungen 121
Magnetbetriebe **142**
make-or-buy 183
Malaysia 233, 252
managed floating 196
Manufakturen **102**+, 102
Maquiladora-Industrie **215**
Marco Polo 193
Markt 50
-beziehungen 63
-gebiet/-smodell **131**, 137, 144
–, gemeinsamer **228**
-lücke 156
-mechanismus 243
-modell **49**, 49°
–, Neben- 56
-ort 54
-preis 54
-prinzip 135
-überlegung 71
-überschneidung 44, 202
-unsicherheit 159
Massen
-konsum 44, 97, 98
-produktion 75, 83, 97 Zeit des M.-konsums 188
Maßstabsebene 78, 166
Material 67
–, lokalisiertes **67**
-fluss 42
  fundorte 68
-index **68**
–, ubiquitäres **67**
Maximalkopplung (Einkäufe) 163
Mehrbetriebsunternehmen 40, **101**, 105, 206
Meistbegünstigung 198
MERCOSUR 229
Merkmale, interne 18, **101**
–, soziale **43**, **44**
Messerwarenindustrie 113
Methodologischer Individualismus 49
MIGA s. Multilateral Investment
  Guarantee Agency
Milieu, innovatives 113, **116**, 117
Mindest
-anforderungen 39

-kopplung (von Einkäufen)163
-verdichtung 95
Minimalpunkt, tonnenkilometrischer **67**
Ministerkonferenz für Raumordnung (=MKRO) 135
  s. Raumordnungsprogramm
Mittel
-zentrenstrategie 260
-zentrum 136+, 140+
Mobilität(s)
-hemmnisse **182**
–, Produktionsfaktoren 243, 257
-prozesse 165, 245
-verbote 262
Modell der langen Wellen 91°
Modernisierungstheorien 174, 184
modulare Organisation 159
Monopol 66
-situation 170
motorische Einheit **258**
Multilateral Investment Guarantee Agency 197
multinationale
-Unternehmen 101
-Unternehmensorganisation 215+
-Industrieunternehmen 121, 215
Multiplikator
-effekte **42**, 245
-prozess 233

Nachbarschaftszentrum 140+
Nachfrage(r) 18, 33, **42**
-anstieg 29
-basierte Dienste 124 s. demander-located
  services
-bedingungen 116
-kategorien 127
-orientierung 139+
-potential 44
-muster, räumlich flexible 44
-seite 141, 156
-verhalten 44
-volumen, räumliches **43**
-zuwachs 159
Nachhaltigkeit **180**
NAFTA 229
Nähe
–, institutionelle 112
–, kulturelle 112, 215
–, organisatorische 112
–, räumliche **111**, 112
Nahrungsrohstoffe 77
Nationalstaaten 227
Naturdeterminismus 12+
–, Sichtweise 14+
Nearest-Center-Bindung 143
Nebenmarkt 56
neoklassischer Ansatz **243**
Netz
-ausdünnung 155
-muster **145**
Netzwerk/-beziehungen 42, **112**, 159
Neue Wirtschaftsgeographie 12+, **16**
New Economic Geography 12+, **16**
NGO s. non governmental organizations
Nicht-Diskriminierung 198

nicht-tarifäre Handelshemmnisse s. Handelshemmnisse
non governmental organizations 219
non-basic-sector 232
non-separated services 125
Nutzenmaximierung 49, 51, 132
Nutzung(s)
-struktur 53
-zone 55°

Oberzentrum 136+, 140+
Obstanbau 56
ODA s. official development assistance
öffentliche Dienste **127**
official development assistance 219
off-shore-Auslagerungen 214
Ökologieziel **44**
ökologische Ausgleichsräume 44
ökologischer Fußabdruck **180**
ökonomische Indikatoren **167**
Ökosozialprodukt **180**
Operative Betriebsteile 106
Optimizer **33**, 65, 131
-Verhalten 40
Organisation(s)
–, Angebotsstandorte 134
-form 81/ hierarchische O. **158**
-innovation **82,** 149
–, modulare 159
–, Phasenmodell räumlicher - **249**
-strukturen 108°, 158
–, Nähe 112
–, virtuelle 159
Output-Indikatoren 225
Output-Seite **37**

Parallelitätsthese 26, **149**
Parzelle 60
Paradigma, eklektisches **211**
Parameter, Dienstleistungs- 156+
–, Preis- 156+
–, Sortiments- 156+
Patente 225
Peripherie 244, 250
peripherer Kapitalismus 189
Peripherisierung 111
Persistenz **80**
Personalproduktivität 150
Phasenmodell
- des sektoralen Wandels 29+
- räumlicher Organisation **249**
Pionier-High-Tech-Distrikt 114°
Pionierunternehmer 150
Planer 18, 33, **44**
Planung, räumliche 135
Planungsseite 129
Planwirtschaft 50
Polarisation-Reversal-Hypothese **250**
Polarisation(s)
-ansatz **245**
-tendenzen 246
Politiker 18, 33, **44**
Politik
–, Infrastruktur- **47**+

–; Fiskal- 197
–; Flächen(nutzungs)- **47**
–; politische Institutionen 235
–; Stabilität 39
–, staatliche 74°
–, politisch-strategische Grundsatzentscheidung **254**
–, Verkehrs- 262
–, Wirtschafts- **47**+, 76
Portfolioinvestitionen **211**
Post-Fordismus **99** /Produktionssystem 201
Präferenzzone **228**
Preis
-parameter 156+
-unterschiede **200**
primärer Sektor **22**, 22+
Primärgüter 87, 203, 208
-exporteure 230
Primat
-region 256
-städte **247**
Primacy, funktionale **248**
Principal 51
Principal-Agent
-Ansatz **48**
-Theorie **51**
principle of compability 142 s.a. Kompabilitätsvorteile
Prinzip
–, tayloristisches **98**
–, Verkehrs- 135
–, Versorgungs- 135
–, Verwaltungs- 135
Privatisierung 197
Problemlösungskapazität **79**
Produkt
-enkunde 12+, 14
-innovation **82**, 85
-lebenszyklushypothese **83**
–, reifes 90
Produktion(s)
–, Großserien- 21°
-ausfälle 200
-faktor **34**+, **34,** 244 /Mobilität 243, 257
–, flexible **113**
–, fordistische **114**
-konzept 27
-organisation 97+
-orientierte Tätigkeiten 149+
–, rohstofforientierte 217
–, sachkapitalintensive 88
-stätten 110
Produktionssystem
–, globales **101**
–, klassisches 106
–, post-fordistisches 201
–, räumliches (gegliedertes) **105**°,106
Produktionsziele 98+
Produktivität(s) **25**+
–, allgemeine **25**+
-fortschritt 148
–, Personal- 150
Produkt
-lebenszyklus 84°
-lebenszyklushypothese **83**

Sachregister

-zyklen 27
produzentendominierte Warenkette 120
Profitlebenszyklus **85**
Programmhilfe **222**
Projekthilfe **222**
Pro-Kopf-Einkommen 23, **168**
Property-Rights/- Ansatz **48, 50**
provider-located services 124
Prozess 15
-innovation **82**, 85
- und Ordnungspolitik 116

Qualifikationsprofile 93, 116
Qualitätsunterschiede **201**
Quantitative Revolution 12+, 14

Rahmenbedingungen
–, agrosoziale 53
–, gesellschaftliche 53
-gesetzgebung, wirtschaftspolitische **47**+
Rang-Größen-Verteilung **246**
rank-size-rule 246
rational-ökonomische Auswahl 40
Rationalismus, kritischer 12+, 14
Raum **19, 165**
–, homogener 54
–, ländlicher 59+, **61**
-ordnungspolitik **47**+
-ordnungsprogramm 135
-organisation 97+
-sektor 137
-struktur, vorindustrielle **249**
-system **19, 165**
-typen, territorial integrierte **100**
-überwindung 162
–, Verdichtungs- 252
räumliches Leitbild **44**
Raumwirtschafts
-forschung 15
-politik 15
-theorie 15
raumwirtschaftlicher Ansatz **15**
Realeinkommenstransfer 209
Rechtssicherheit 213
Recycling 203
Regelungssysteme 98
Regionalentwicklung, autozentrierte **264**, 256°
Regionalisierung(en) 17, 166, **194, 195**+
regionalwirtschaftliche Effekte **42**
Region(s)
–, High-Tech- 174
-image 35
Regulation(s)
-theorie **95**, 96°
-weise 95
Reichweite 131
Reifephase **83, 151**
Reingewichtsmaterial **67**
Rekrutierungsmöglichkeiten 35
relationale Wirtschaftsgeographie **11, 16, 17**°
Ressourcen
-ausstattung 200
-fundorte 249
–, natürliche 185

Reurbanisierung 254
Reziprozität 112, 198
Rhein-Main-Raum 94
Ricardo-Güter 87
Rohstoffexporte 205
RROP (Raumordnungsprogramm der Regionen) 135
 s.a. Raumordnungsprogramm
Rückbildungsphase **151**
Rückwärtskopplungseffekte **42**
Ruhrgebiet 94

Sachkapital 23, 88
sachkapitalintensive Produktion 88
Satelliten-Distrikt 114°
satisficer/ Satisficer 15, **33**, 66, 79
Satisficer-Verhalten 40
Scheininnovation **83**
Schlüssel
-industrien 93+
-innovation 93+
-technologiefelder 91
Schrumpfungsphase **83**
Schwarzarbeit 169
Schwellenland 90, **174**, 201, 203, 205
Sektor 19, **22**, 256
–, formaler 190
–, informeller 28, 29+, 169, 190
–, primärer Sektor **22**, 22+
–, sekundärer **22**, 22+
–, tertiärer Sektor **22**, 22+, 125
–, Wandel 27
–, Wirtschaft 17
Sektoralstruktur **28**
Sektorentheorie **23**
Sekundärer Sektor **22**, 22+
Selbstregulierung 112
Selektivität 245
separated services 125
shared business **142** s.a. gemeinsame Anziehungskraft
shareholder-value-Ansatz **104**, 104+
Siedlungsgröße **29**, 30°
Silicon Valley 90, 94
Sonderkultur 57°
Sortimentsparameter 156+
soziale Dienste **127**
Sozialgruppen
-grenzen 44
-standards 199
Sparquote 186
Speditionen 153
Spezialgeschäft 21°
Spezifität 51, **183**
spin-off **104**, 119
Spiralbewegung 157
Spitzentechnologie 86+
spread-effects 242
Staatsklassen 186
Stabilitätsziel **44**
Stadien wirtschaftlicher Entwicklung 186
Stadt, expandierende 60
Städtenetz, funktional interdependentes 250
Stadtteilzentrum 140+
Stahlindustrie 92

Stakeholder
-Ansatz 104+
-Verhalten **104**
Standardisierung 176
Standort **17**
-analyse 80
-anforderung 81, 88
-ansprüche 153, 155
-dynamik 123
-eigenschaften 141
-entscheidungsprozess **38**, 40+
Standort
-gemeinschaften 143
-kenntnis 80
-kosten 213
-orientierung 75+, 76
-planungsabteilung 80
-präferenzen, außerökonomische 75
-präferenzprofil **33**, **38**, 39°
-suchraum **80,** 81°
-system **17,** 65, 131
-vorteile **212**
-wahl, industrielle 65
-wahlfaktoren **34**
Standortfaktoren
–, Angebotskategorien 127
–, Dienstleistungsbetriebe 129°
–, Gestaltungskategorien 127
–, harte 35+, **35**, 127, 130
–, Nachfragekategorien 127
–, weiche 130
Steuerungsfunktion 110
Strafzölle 199
Strategie
–, Allianzen **119**+, **120**
–, Mittelzentren- 260
–, regionalpolitische **254**
–, Subzentren 250
- von oben 255
- von unten 255
strategische Allianzen **120**, 159
Streulage 140+
Struktur 15
-analyse **166**
-anpassungsprogramme 197
–, multidivisionale **110**
-veränderung 25
Stückkosten 85
Stufenansätze **246**
Subsistenzwirtschaft **169**
Substitution(s) 203
-prozess 73, 149
Suburbanisierung 155, **253**
Subvention 47
Subzentren 251
–, strategische 250
Suchprozess 223
supranationale Integrationsräume 198, **227**
suscipient business **142** s. fremde Anziehungskraft
sustainability 180
Synergieeffekte 117
System
–, hierarchisches 252
–, planwirtschaftliches 50

–, unternehmens- 214
–, Verkehrs- 56, 58

tacit-knowledge **112**
take-off-Phase 187
tarifäre Handelshemmnisse s. Handelshemmnisse
Tätigkeiten
–, dispositive 101
–, operative 102
tayloristisches Prinzip **98**
technisches Wissen 34, 181, **223**
Technologie
-effekt 217
–, Kompetenz 223, 224°
–, Lernprozess **227**+
-regionen 226
-transfer 227+
- und Gründerzentrum 104
-zentrum 47
Teil
-raumeinheiten 195
-verfügungsrecht 50
terms-of trade **208**
territoriale Desintegration **100**
tertiärer Sektor **22**, 22+, 125
Teufelskreisansätze 185
Textilindustrie 77
Theorie
- der langen Wellen **90** s.a. Kondratieff-Wellen
- Marktnetze 136
- Spiralbewegung **155**
- Zentralen Orte **131**
Thünen-Güter 90
Tigerstaaten 174
tonnenkilometrischer Minimalpunkt **67**
Tourismus 210
Trade Related
- Aspects of Intellectual Property Rights 199
- Investment Measures 199
trading-down 153, 157
trading-up 156
Tradition 80
traditionelle Gesellschaft 186
Tragfähigkeit 252
Transaktionskosten 16, **48**, **51**, 51,58, 67, 69, **70**°,
    105, 112, **183**, 199
-vorteile 119
Transferleistung 59
Transformationsländer 215
transnationale Unternehmen 101, 215+
Transportbereich 69
Transporteure 125
Transport
-kosten 112, 131, 182, 199
-kostenempfindlichkeit 54
-system 235, **248**
-technologien 105
Triade 202
TRIM s. Trade Related Investment
    Measures
TRIP s. Trade Related Aspects of Intellectual Property Rights

ubiquitäres Material **67**

Sachregister

Umfeld
–, gesellschaftliches 35
–, innovatives 117
–, staatliches 35
Umsteiger
-frequenzen 142
-wellen 235
Umwelt
-beeinträchtigungen 218
-belastungen 93
-standards 199
umweltökonomische Indikatoren 180
UNCTAD 195
UNEP 195
UNESCO 195
UNIDO 195
United Nations Organization 195
Universitäten 32
UNO s. United Nations Organization
uno-actu-Prinzip 23, 124, 210
Unsicherheit, Grad 51, **183**
Unternehmen(s) 8, 33, **101**
–, Außenverflechtung **41**[+]
-berater 80
-expansion **107**°, 110
–, Konglomerate 101
–, multinationale 101
–, multinationale Industrie- 121
–, multinationale –organisation 215[+]
–, interne Struktur 66
–, Organisation, transnationale 215[+]
–, transnationale 101
-orientierte Dienste **126**
-orientierter Dienstleistungsbereich 29
-philosophie 38, 40
-system 214
-übergreifende Zusammenarbeit **158**
Unternehmer
-leistungen 73
-persönlichkeiten 92
unternehmensorientierte Dienste **126**
Urbanisationsvorteile **240**
Urbanisierungsphase **252**
Urproduktion 22[+]
Utopia 240[+]

Vakuum 156
venture capital **104**
Verantwortung, soziale 219
Verbesserungsinnovation **83**
Verbraucher
–, hybride **44**
-schutz 59
Verbrauch(s)
-häufigkeit **26**[+]
-profil **161**
Verbraucherwünsche 44
Verderblichkeit 55
Verdichtung(s)
-mechanismus 246
-raum 252
Veredelungshandel 215
Verflechtungen 42
–, externe 38, **101**

Verfügbarkeitsunterschiede **199**
Verfügungsrecht 50
Vergleichsprobleme 169
Verhalten
–, Akteure 48
–, Entscheidungsträger 33
Verhaltensmatrix **78**, 79° s.a. behavioral matrix
-weisen, soziale **43**
Verkehr(s)
-infrastruktur 235
–, Luft- 235
-mittelverfügbarkeit **43**
-politik 262
-prinzip 135
-system 56, 58
-träger, spezieller 78
Verlagswesen **102**[+], 102
Versorgungsprinzip 135
Versorgungsziel 45[+]
Verteilung (s)
–, räumliche 19
–, Wirtschaftssektoren 29
-disparitäten 189
Vertrauen 112
Vertrieb(s)
-büros 108
-netz 108
Verwaltungsprinzip 135
Vorleistungen **168**
Vorwärtskopplungseffekte **42**

Wachstumsanalyse **166**
Wachstumsdeterminanten
–, externe **182**
–, interne **181**
Wachstum(s)
-dynamik 259
-phase **83**
-rate 171
-struktur 95
-theorie/ zentralörtlicher Systeme 161, 239
-zentren **258**, 260°
-ziel **44**
Wandel, sektoraler **27**, 29[+]
Waren
-handel 205
-kette 43, 59 s.a. Commodity Chains
Wechselkurse
, deregulierte 197
–, feste 196
Wellenform 153 (Ausbreitungsprozesse)
Welt
-bank 195, **197**
-exporte 204°
Welthandel(s) 205[+]
-geographie 12[+], 14
-ordnung **196**[+], **198**
-organisation **198**
Welt
-markt 190
-währungsordnung **196**[+]
Weltwirtschaft (s)
–, Aktivitäten 194
-ordnung **196**[+]

Wertvorstellungen 118
Wettbewerbsvorteile 115°
WHO 195
window of opportunity 86
Wirtschaft(s)
-beratung 32
–, Dualismus 191
-formation 12+, 14
-geist **177**
-geographie/ –, relationale **11, 16, 17°**
-klima 35
-kreisläufe 262, 264
-kunde 12+
–, ländliche 190
-landschaft 12+, 14
-liberalismus 206
-politik **47+**, 76
-raum 12+, 14
-sektor 173
–, sektoren Verteilung **29**
-union **228**
–, verarbeitende 22+
-zweige, Systematik **23**
Wissen(s)
-; Faktor 83
-ökonomien 83
-ressourcen 34
–, technisches 34, 181, **223**
-transfer 194
Wohlfahrtsansatz 12+, **16**
Wohnfunktion 60
world cities **235**
WTO s. Welthandelsorganisation

Zahlungsbilanz 182°

Zeitalter des Massenkonsums 188
Zentralen Orte Theorie **131**
Zentralität **133**
–, hilfszentrale Orte 159
zentrifugale Kräfte 242
zentripetale Kräfte 242
Zentrum 144, 244, 250
–, innerstädtische –typen 154
–, innerstädtisches -system 138, **139**
–, Nachbarschafts- 140+
–, Wachstums- **258**, 260°
-Peripherie-Ansätze 188
-Peripherie-Unterschiede 226
Ziehungsrechte 196
Ziel
–, raumwirtschaftliches **44**
-vorstellung 19
zirkulär-kumulativer Prozess **245**
Zivilisationen 179
Zoll 198, 228
-satzdifferenzen **232+**
–, Erziehungs- **231**
-schutz 231
-union **228**
Zuckerfabrik 71
Zusammenarbeit
–, finanzielle 221 s.a. Entwicklungszusammenarbeit
–, unternehmensübergreifende **158**
Zusammenhänge, globale 219
Zwangsmittel 47+
Zweigbetriebe 108
Zweite Welt 178+
Zyklen 95
Zyklizität 87